安徽省和县第一中学

校 史

(1902—2022)

安徽省和县第一中学　编

中国文史出版社

编纂委员会

主　　任：汪　静

副 主 任：沈　强　吴光华　王武志　范明锁　杜　虎
　　　　　薛从军　许　森

编纂人员

主　　编：汪　静

副 主 编：薛从军　许　森　王武志　姚锐锋

编　　辑：赵延志　邓　华　徐祝云　李江浦　陈帮军
　　　　　王海东　周　枫　洪　生

审　　稿：王久江　常兴胜　江德成　严寿斌　夏业干

中共早期青年运动领导人恽代英为和含学会会刊撰写序言（手稿）

和县中学童子军

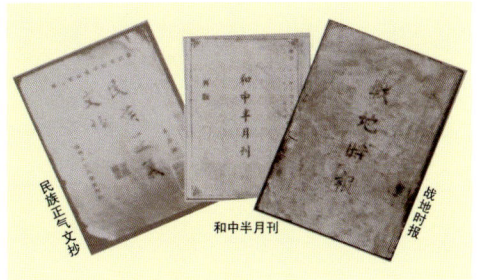

抗战时期，和县中学编印的《和中半月刊》

和县中学校歌

张学宽：和县名师

俞建章：1927—1928 年任
和县县立初级中学校长

张亮：1930—1934 年、1939—1942 年
两任和县县立初级中学校长

禹子邕：1944 年 8 月—1945 年
2 月任和县中学校长

侯学煜（左）：中科院学部委员，曾在和县县立初级中学任教

尹兆明：和县中学特级教师

章善义：全国优秀教师

1997 年 10 月，全国政协教科文卫委员会副主任黄辛白（左一）在巢湖行署副专员朱邦福（左四）陪同下来校考察

时任安徽省教育厅副厅长江春（左七）来校考察

2004 年 6 月，第六届国家督学文喆（右一）在巢湖市教育局局长钱光荣（左三）陪同下来校督导

2022 年 6 月 6 日，和县县委书记马永来校检查高考准备工作

和县一中"青蓝工程"
教师师徒结对仪式

和县一中庆祝建团 100 周
年、建校 120 周年暨第十九届
校园文化艺术节文艺汇演

和县一中慈善基金成立仪式

和县一中党委成立暨换届选举党员大会

安徽省和县第一中学校园全景

安徽省和县第一中学新校落成典礼

体育场

春晖亭

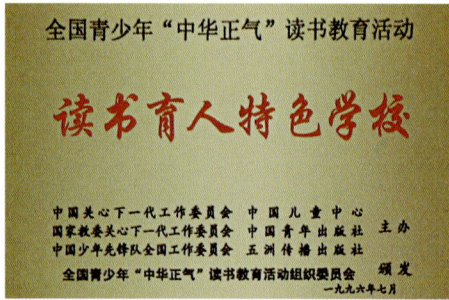

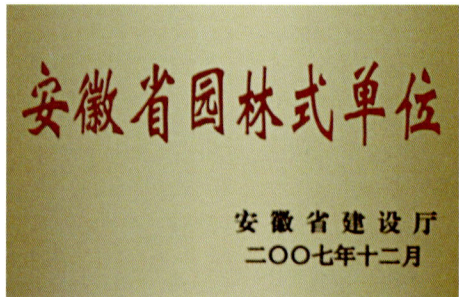

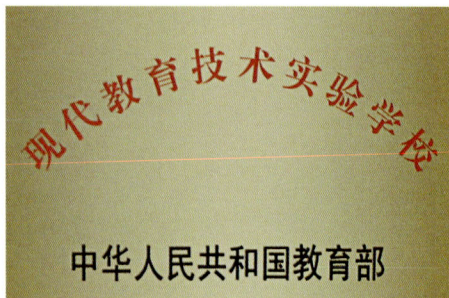

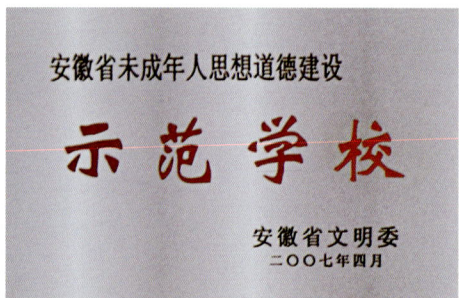

全国青少年"中华正气"读书教育活动

读书育人特色学校

中国关心下一代工作委员会　中国儿童中心
国家教委关心下一代工作委员会　中国青年出版社　主办
中国少年先锋队全国工作委员会　五洲传播出版社
全国青少年"中华正气"读书教育活动组织委员会　颁发
一九九六年七月

安徽省示范高中
Model Senior High School in Anhui

安徽省教育厅
Anhui Provincial Department of Education

安徽省学校艺术教育工作

先进单位

安徽省教育厅
二〇〇一年一月

安徽省第五届

文明单位

中共安徽省委
安徽省人民政府
二〇〇二年四月

安徽省第六届
ANHUI PROVINCIAL 6TH

文明单位
MODEL UNIT

中共安徽省委
ANHUI PROVINCIAL COMMITTEE OF CPC
安徽省人民政府
ANHUI PROVINCIAL PEOPLE'S GOVERNMENT
2004年2月 Feb.2004

安徽省园林式单位

安徽省建设厅
二〇〇七年十二月

现代教育技术实验学校

中华人民共和国教育部

安徽省未成年人思想道德建设

示范学校

安徽省文明委
二〇〇七年四月

安徽省绿色学校

ZHB

安徽省环保厅　安徽省教育厅

安徽省文明校园

安徽省精神文明建设指导委员会

安徽省和县第一中学历史沿革表

（1902—2022）

和州官立中学堂 1902—1912 校址：和城东门大街北	和县县立初级中学 1934—1937.8 校址：和城东北角石营旧址	和县中学 1952.9—1969.1 校址：和城喜雨亭四周
⬇	⬇	⬇
和县中学（和阳中学校） 1912—1914 校址：和城东门大街北	和县中学 1937.8—1939.2 校址：和城东北角石营旧址	和县石杨五七学校 （和县中学下迁办学） 1969.1—1970.5 校址：石杨山区 和县卫东中学（和县中学下迁石杨的初中 4 个班回原校，和县初级中学迁入和县中学，成立和县卫东中学） 1969.9—1972.3 校址：和城喜雨亭四周和城新生街
⬇	⬇	
皖北中学 1914—1924 校址：和城福音堂	和县县立初级中学 1939.2—1940.2 校址：戚桥小学	
⬇	⬇	⬇
和初一高 1924—1926 校址：和城百福寺	和县中学 1940.2—1945.2 校址历迁：和城文庙、北区香泉、高皇殿庵内、善厚集乡皂角保小崔刘村	和县中学（和县卫东中学改名） 1972.3—1973.11 校址：和城玉带河路 76 号
⬇	⬇	⬇
和县县立初级中学 1926—1930 校址：和城百福寺	和县县立初级中学 1945.2—1949.4 校址：和城喜雨亭四周	和县第一中学 1973.11—2009.9 校址：和城玉带河路 76 号
⬇	⬇	⬇
和县县立初级中学 1930—1934 校址：和城喜雨亭四周	和县初级中学 1949.9—1952.9 校址：和城喜雨亭四周	和县第一中学 2009.9— 校址：和城通江路 888 号
⬇	⬇	

序 一

汪 静[*]

　　安徽省和县第一中学在 120 年的发展历程中，培育和彰显了厚重、具有鲜明特色的和县一中精神。

　　第一，爱国主义精神。和县中学的师生在国家危难之际，挺身而出，奔走呼告。一是声援北京爱国运动。1919 年五四运动传到和县，王大杰、李可航率领师生示威游行，高唱正气之歌，犹如平地起惊雷。五卅惨案传到和县，和县师生开展声势浩大的反帝斗争，如暴风骤雨。二是亲近进步人士，建立党的组织。1921 年，和、含两县在芜湖读书的学生成立和含学会，创办会刊，恽代英应邀撰写序言。1927 年 4 月 2 日，禹子鄳等人创建中共和县第一支部，在长江之滨树起了第一面红色旗帜。和县中学学生傻怀镭光荣加入中国共产党。三是捐躯赴国难，视死忽如归。学子成本华与日军英勇作战，惨遭杀害。她蔑视敌人，昂然挺立，令人无比震撼！校长张亮因公赴善厚集，被日兵砍烂颈部，以身殉国，令人无比敬仰。和县中学师生高歌"仗剑天门，弯弓乌浦，江上起惊雷；三年有成，万方多难，黾勉在吾侪"。唱响一曲曲悲壮、奋进、动人的抗战之歌。

　　第二，矢志不渝精神。学校在战火中办学，几经周折，几遭磨难，几度迁徙，然而办学矢志不渝，弦歌不断。

---

* 汪静，和县第一中学校长。

1939年2月，和县中学借戚桥小学校舍复课。4月4日，张亮再任校长。因教学成绩突出，省教育厅将补助费增加一倍半，批准设立高中部。1940年2月，学校迁到城内文庙上课。4月27日，日军数千人攻占和城，学校仓皇迁往北区香泉。6月24日，在和县善厚集，县立中学复课。1942年2月，日军侵犯高皇殿、善厚集一带，学校校舍被敌摧毁，所有校产册籍损失殆尽。1942年，张亮殉职。省教育厅推提孙履平代校长，勘定善厚集乡皂角保小崔刘村为校址，学校于11月底正式复课。沦陷区青年纷纷插班就读，高中1个班，初中5个班。教材缺乏，教师编写讲义，刻写、油印；没有课桌，学生随身携带活动小座凳，上面铺块木板，即成书写台。学校成立膳食委员会，一日三餐，黄豆做菜，偶尔加餐，生活十分清苦。晚上自习，每人一杯香油，用灯草点燃。尽管如此，学校能够按规定开设课程，教学管理严格，安排月考、期考，教学活动正常，期末发放成绩报告单，实行升留级制度。

尽管环境极其艰苦，但灯草燃烧的学习之火，照亮了学子爱国发愤之心，可歌可泣。正值抗日艰苦岁月，语文教师编选《民族正气文抄》，有岳飞的《满江红》、文天祥的《正气歌》、史可法的《复多尔衮书》，抗清义士戴重的《河村文集》有关篇章，激起了学生的爱国热情，增强了抗战必胜之心。学校汇集了和县所有的宿儒名流，在战火中办学与发展。

第三，安贫乐道精神。1944年，和县中学上年度办学成绩荣列乙等，获安徽省政府奖励，《和县简报》报道此事。这年秋，校长孙履平因患急性肠炎，不幸溘然逝世。师生公祭校长，挽联众多。战后不久，满目疮痍，教育事业尤为凋敝。汪侗辞去乡农会之职，出任校长，锐意整顿，并力求振兴。三年后，学校面目焕然一新，成绩卓著，有口皆碑。

1957年12月，全县开展反右派斗争。和县中学60多名教师中有18人被划为右派分子，30多人被列为有严重错误和右倾思想分子。尽管如此，老师安贫乐道，忠于教育，勤奋工作，培养了一批又一批高素质的毕业生。1960年高中毕业生60名，参加高考58名，录取56名，其中本科43名，专科13名，高考升学率达96%，名列芜湖专区11个县之首，其单科物理成绩第一，化学第二，敬应龙以平均成绩92分（百分制）的优异成绩被中国科技大学录取，和县中学因此名声大振。

三年困难时期（1959—1961年），学校建农场和猪场，饲养生猪十多头；办鸡场，挖塘养鱼；利用山地种蚕豆，用豆子蒸做豆酱。伙食每月收费6元，有的学生加上助学金每月只交四五元，困难学生只交一两元。尹兆明先生多次资助学生伙食费。学生马礼和被列为特困生，学校到民政局为他申请救助棉被、棉衣，单衣由教师捐助，在学校的关心下，他后来考上了大学。三年困难时期，全校师生没有一人因饥饿患浮肿病，未流失一名学生。1959年至1965年，七届高中毕业生共760名参加高考，本、专科录取人数共500多名，平均达线率66%。

第四，发愤图强精神。"文革"时期，教师随同学校下迁分散到石杨中学、香泉中学、乌江中学、姥桥中学、善厚初中、绰庙初中、螺百初中。同时，将和县中学的课桌凳、教学仪器、图书等校产分配给各个中学。

拨乱反正后，原来下放到各镇的和县中学老教师返回和城；恢复招生考试制度；表彰教师，促进教师教学；激发学生奋发学习精神。1984年，按上级规定，初、高中分别设置12个班，计24个班，学生1500余人。学校师资配套，师资力量雄厚，特级教师1人，高级教师23人，一级教师25人，全校教职工100人。10月，侯学焘奖学金基金委员会举行首届"侯学焘奖学金授奖大会"，和县第一中学与和县第二中学共10名高中女生获奖。从1978年至1989年，共11届毕业生，考入高校1000多人。此阶段校友获博士多人，如在美国获得博士学位的有张寿武、汪德亮、沈扬、王昊、田兵、陶悦群；在法国获博士学位的有董正杰、刘伯安；在澳大利亚获化学博士学位的有陆兆斌；在国内获得博士学位的有徐飞、杜克林、夏溟、沈旭等。老师发奋教，学子奋发学，硕果累累。

第五，求真务实精神。2019年1月，校党总支班子围绕"求真务实，坚决把党中央决策部署落到实处"的主题，召开了年度民主生活会。2021年2月20日，党中央召开了党史学习教育动员大会，强调："全党同志要做到学史明理、学史增信、学史崇德、学史力行，学党史、悟思想、办实事、开新局。"

校党委高度重视师生党史、国史学习教育，把党史学习教育有机融入教学中，教育学生有理想信念、求真务实、奋斗的精神。学校开展一系列教育活动，如国旗下讲话、网上主题团课等，要求各年级部采取多种形式开展教育活动。在学史明理中，最可贵的就是求真务实的治学精神。在教学探究、道德教育、课题研究、学术论文等方面坚持真理、修正错误。同时，学校在管理层面上，以严谨的治学精神贯穿全过程。学校在科研、教学实绩、学生道德成长等方面都有显著成效。

第六，健康生活精神。保障师生身心健康是各项工作的基石，学校要求各个部门务必做好这项工作，从老师、班主任、年级部干部，到总务处、政教处、教务处、教研处、办公室，到校党委委员，都高度重视，力求做好与之相关的每一项工作。2012年以来，学校常抓不懈，设置了心理室，为学生的心理疏导做了不少工作，确保了学生身心健康。

特别是 2020 年春季以来，一场突如其来的新型冠状病毒肺炎疫情给生产、生活、学习、工作带来了巨大的影响，学校投入了大量人力、物力、财力，做了大量细致的工作，保障了校园的安全和教学；引导师生员工做好科学防护，养成良好的卫生习惯和健康的生活方式，保证其身心健康；坚持开展线上线下教学，完成教学任务，确保了教学质量，取得了可喜成绩。

上述六种精神，贯穿 120 年整个历史过程，体现在每位校长、老师、学子身上。和县第一中学培养万千学子，遍布世界各地，有很多校友在国内外都崭露头角，如张寿武、汪德亮、汪家道、许传华等科学家，他们是某一学科的国际权威；有的在学术界取得了巨大成就，有的是政界、军界的领导干部，在各个部门取得了佳绩；有的是著名企业家，在母校设立奖学金和助学金。这些杰出校友，我们引以为豪，敬佩不已。还有那些在平凡工作岗位上默默奉献的校友，我们由衷地感谢他们为社会做出的贡献。从校长、教师，到校友，无不体现和县第一中学精神，这种精神必将发扬光大。

是为序。

2022 年 8 月

序 二

秦贤清[*]

　　以史为鉴，可以知兴替。校史是教育史的一个重要组成部分，一个学校的发展历史，是一个时代教育史的缩影，或者是微缩景观。看一本校史，就能大体上了解到当时的教育状况，进而了解到那个时代的状况。编写校史，就是以史为鉴，让后人知道学校发展史，感悟其中的得失、成败、兴衰之由。

　　和县第一中学从 1902 年创办，时至今日有 110 年历史。从晚清洋务运动开始，经辛亥革命、五四运动、北伐战争、抗日战争、解放战争，社会动荡不安，和县第一中学校址被迫几度搬迁，在战火中办学，在流离中教书，十分艰辛；而先贤们不屈不挠之精神，矢志不渝之毅力，学子求学上进之心意，奋发有为之志气，真是感天地、泣鬼神！编写校史就是弘扬这一精神毅力、这一心意志气。

　　新中国成立后，又历经几次政治运动，学校受到各种干扰。尽管困难重重，阻力很大，但学校老师精诚团结，全身心投入，在办学上取得了一些成绩。例如 1959 年高考升学率为 61%，1960 年高考升学率达 96%，在芜湖地区颇有名气。在这巨大的困难面前，我们的老师依然全身心地扑在教书育人事业上，令人赞叹！编写校史，就是弘扬他们这种诚挚的敬业精神。

　　自粉碎"四人帮"之后，学校开始走上快速发展之路。学

---

　　[*]　秦贤清，和县第一中学原校长。

校的规模日渐扩大，1982 年，初中 11 个班，高中 12 个班（内有和县第二中学高中班并入），学生千余人。1993 年，初中 12 个班，高中 18 个班，学生 2000 多人。2007 年，学校的规模已达 48 个教学班，在校学生 3400 多人。2009 年，新校区占地 20 万平方米，可以容纳 72 个班。学校的发展，与党和政府大力支持分不开，与国家教育政策紧紧相连。编写校史，意在告诉人们：没有好的国策，就没有学校的快速发展。

一个学校的历史，就是一部大书。学校的前贤先哲和无数校友就是书中的丰富内容。在国家危急存亡之时，一中的先贤与校友常常挺身而出，义无反顾：1919 年 5 月 7 日，五四运动消息传到和县，校长王大杰和体育教师李可航率领 200 名师生，声援北京学生运动；抗战爆发，学生孙仁琦、周毅、阿基肇等组织成立了"和县抗敌救援会"，演街头戏，唤起民众抗日激情；国文教员黄立松发表《起来吧，和县民众》一文，揭露日军暴行，唤起国人奋力抵抗；1938 年，校友成本华抗击日军入侵和县，由于力量悬殊，成本华被俘，不幸被日军杀害；1942 年，张亮校长在抗日斗争中奔走呐喊，喋血善厚集；这些可歌可泣的事迹，彪炳历史，光耀后人。编写校史，就是颂扬这一爱国精神、献身精神。

还有一些校友，他们取得了令世人瞩目的成就，然而，他们始终不忘家乡，不忘母校，真挚的情怀令人感动。从 1996 年开始，46 级校友、被誉为"江南一枝梅"的著名国画家端木礼海先生，在母校设立"梅花奖"；和县第一中学校友、著名的地理学家侯学熹女士，早在 1984 年就在家乡设立奖学金，1998 年又将家藏的巴金先生自费出版的文集 14 卷及本人编绘的《农业地图集》《土地利用集》转赠和县人民政府；美国数学家、一中校友鲍家駬，国际著名神经网络专家、一中校友汪德亮，先后在一中设立奖学金；一中校友，南京大有汽车贸易有限公司秦永贵先生、戚福霞女士于 2009 年捐款设立"大有"奖学金；知名校友鲍家駬、汪德亮、张寿武、陈华东、王沂、端木礼海等经常到母校，或作学术报告，或与学生交流，或献计进言，表现出对母校的极大关注与关心。"谁言寸草心，报得三春晖"，这种至高至上的大家风范，值得人们永久学习。编写校史，就是宣扬他们的人品和风范，以激励后来人。

许多贤达和校友的成长之路，很值得求学者借鉴。他们胸怀大志，坚韧不拔，不懈奋斗，任劳任怨；他们谦虚谨慎，治学严谨，不耻下问，不断进取；他们关心别人，尊重他人，孝敬父母，助人为乐；他们不好高骛远，不傲视他人，不自以为是，不故步自封。所有这一切，是值得求学者好好学习的。编写校史，就是给后学者提供学习的楷模。

　　百年校庆之后，学校发展加速。由于领导尽心，教师敬业，学子奋发，取得了许许多多的成绩，共同绘制了一中光辉灿烂的图景。这里有他们的辛劳，有他们的智慧，有他们与时俱进的品格，有他们大胆创新的精神；他们深深知道，自己肩负着历史使命，承担着和县人民的希望，关系到千家万户的大事，不可掉以轻心。编写校史，就是让我们明确责任，肩负使命，从严要求自己，为办人民满意的学校而不懈努力奋斗。

　　时下正兴新课程改革，推进素质教育。我校依据国家课程设置的标准，根据学生认知特点，紧密结合科学技术发展现状，充分利用乡土文化资源和百年老校的历史文化底蕴，开发校本教材。这本《校史》，就是校本教材之一。了解学校的历史和发展，学生更会珍惜今日的学习，激发学习的志气，从中获得许多有益的启示和感悟。

　　《校史》付梓，是为序。

　　　　　　　　　　　　　　　　　　　　　　　　　　　2012 年 8 月

　　（本文是 110 周年《校史》的序言）

目
录

第一章

烽火兴学

（1902—1949）

第一节 初创开篇（1902—1937）

引 言

和县、含山县、南京市浦口区的部分地区，于公元 555 年（天保六年，北齐、南梁在历阳议和）始称和州。唐宋元时期，这一带一直是和州行政区，下辖历阳县、含山县、乌江县。明清时，和州称直隶州，下辖含山县。1912 年 4 月，和州改为和县。含山县是与和县并列的县。

这一带教育发达。唐代设有州学、县学；明代有书院，最早的书院是峨嵋书院，亦称历阳书院；清代有和州书院，亦称和阳书院，书院设在和州城内；书院设置目的是服务科举，研究学术。清末，和州私塾广布民间；维新运动时期主要两件事，一是广设学堂，提倡西学；二是废除八股，改革科举制度。

清末，由书院而学堂，是教育变革第一阶段，学堂实行新式教育，改变了封建社会教育的目的、制度和内容，是近代教育的重大变革。辛亥革命时，由学堂而学校，是教育变革第二阶段，实行普通教育。五四运动时期，教育变革进入第三阶段，爱国运动兴起，中共和县第一支部创建。教育变革第四阶段，教育内容与考察方式变革。

和县中学的校名发生了几度变称，显示教育变革的一般状况。

一、中国近代教育的第一次变革（1902—1911）：1902 年设立和州官立中学堂，开创新式教育

1903 年，清政府颁布的"癸卯学制"是中国近代史上第一个最为完备并以法令形式颁行的学制，它使全国分散的学堂统一成为一个有机的整体，从形式上终结了中国传统的封建教育制度，使中国教育开始走上一个新的发展轨道。学制的制定是中国教育史上具有教育革新的划时代的历史意义。

1901 年（光绪二十七年），清末"新政"。1901 年 9 月 4 日，清政府命令各省城

书院改成大学堂，各府及直隶州改设中学堂，各县改设小学堂，并多设蒙养学堂[①]。

1902年（光绪二十八年）2月13日，清政府公布推广学堂办法；1902年8月15日，清廷颁布管学大臣张百熙主持拟定《钦定学堂章程》，称为"壬寅学制"。

1902年，和州知州德馨（满族人）改"和阳书院"为"和州官立中学堂"，学堂负责人称堂长。校址位于和城东门大街北边，实有学生30名，实行班级授课制度，学制5年。以州产、串票、契约、纸税、提款及兵部册书提款为常年经费，全年经费约为白银3090两，学堂资产约为白银9200两。因经费不敷，无力购买教学器具。

1904年（光绪三十年）1月13日，清廷颁布张百熙等人重新拟定的《奏定学堂章程》，称为"癸卯学制"，为中国第一个由中央政府颁布在全国范围内实行的法定近代学制系统，标志着近代新式学校教育制度的确立。

"癸卯学制"规定，学堂开设修身、讲经、舆地、博物、历史、地理、物理、化学、法制、理财、图画、体操、中国文学、外国语等课程，但和州官立中学堂由于多种原因，仅开设修身、讲经、舆地、博物等文科课程。还规定学制，自蒙养院至通儒院分为三段七级学堂。第一段为初等教育，分为蒙养院、初等小学堂及高等小学堂三级；第二段为中等教育，只有中学堂一级；第三段为高等教育，分为高等学堂或大学预科、分科大学及通儒院三级。

学堂管理规则重要的有五点：一、学生的品性考核，在讲堂内由教员考核，在宿舍由监学及检查官考核。考核的内容为语言、容止、行礼、做事、出游等六项。二、在讲堂及礼堂内悬挂"圣谕广训"，不论教员或学生，务必遵奉。初一，由监督、教员传集学生在礼堂行礼，敬读"圣谕广训"，并宣讲尊崇孔教爱大清之义。三、每逢初一、元旦、纪念日、开学日、散学日，举行礼仪活动。四、对学生的行为，设有种种禁忌。五、不准联盟纠众、立会演说或潜附他人会党。

学堂考试制度，据《奏定学堂章程》规定，考试分为五种，即临时考试、学期考试、年终考试、毕业考试、升学考试。临时考试，一月一次或间月一次，由教员自己决定；学期考试，半年一次，由学堂监督会同教员于假期前执行；年终考试，由学堂监督或堂长会同各教员于年假前执行。年终考试后，计算各门分数，及格者升级，不及格者留级。毕业考试，由地方官会同学堂监督、堂长及各教员于毕业前举行。升学考试，由本学堂初试，再经学政复试，以定去留。

---

① 对儿童进行启蒙教育的学堂。

1909 年，和城内东、西两所小学堂合并为高等小学堂，附于和州官立中学堂内。学堂一直延续到 1911 年。

这期间的堂长为何人，待考。

二、中国近代教育的第二次变革（1912—1919）：1912 年更名和县中学，实施普通教育

1911 年 10 月，辛亥革命爆发后，教育的内容、方法及组织形式等方面都得到了前所未有的更新，演绎了由封闭僵化走向开放创新的历史进程。

1912 年 1 月，孙中山成立中华民国临时政府，废除道、府、州。改学部为教育部，任命蔡元培为教育总长。1 月 19 日，颁布了《普通教育暂行办法》，其要点为：从前各项学堂均改称学校，监督、堂长改称校长；初等小学可以男女同校；小学读经科废止；中学为普通教育，不分科；废止旧时奖励。同时，教育部还颁布了《普通教育暂行课程标准》，规定了小学、中学的课程及教学计划；其中规定中学科目为修身、国文、外国语、历史、地理、数学、博物、理化、图画、手工、音乐、体操，女子加设缝纫、家政。

1912 年 4 月，和州改为和县，和州官立中学堂改名为和县中学。

1912 年 9 月，教育部公布了《壬子癸丑学制》。这个学制规定，儿童从 6 岁入学，到二十三四岁大学毕业，整个学程为 17 年或 18 年，分三段四级：初等教育，分两级，初级小学 4 年，高等小学 3 年；中等教育，设中学，学习 4 年，毕业后可入大学、专门学校或高等师范学校；高等教育，设大学本科 3 年或 4 年，预科 3 年，专门学校本科 3 年（医科 4 年）、预科 1 年。此外，下设蒙养院，上有大学院。

当时和县中学为初中，在校学生 20 余名，民国元年（1912）毕业生仅 3 名，且有 2 人考试不及格（见《安徽公报》）。家长不满意，社会颇多微词。和县教育会向安徽都督府呈文，弹劾办学经纪人贪腐，请求严惩。安徽省都督府训令和县知事，勒令和县中学改为乙种实业学校，后因多种原因未实施。

1913 年，和县中学又名和阳中学校，清末进士张学宽（字立庵）曾在此任教。[①]

1914 年，"美以美"教会接办和县中学，更名为"皖北中学"，校址设在和城福音堂内。校长为牧师屠光斗，教务主任为江泽恒。学校开设英语、圣经等课，学制四年；当时保送了不少学生上南京金陵大学，和县一些知名人士曾就读于该校。

[①]《薛氏家谱》序言，为张学宽所作。其序曰："吾友薛君仁智，字鉴如。本倜傥通达之士，豪杰心胸，不受羁勒。余初教习和阳中学校，即深器之。"写作时间为"癸丑岁仲夏上浣"，即 1913 年 5 月上旬。

学校延续到 1924 年。

1918 年，当年大旱，突降大雨，和县县长金梓材联想苏东坡造喜雨亭一事，在和城仿效建喜雨亭。亭如鹤立，占地三间，坐北朝南，砖木结构；亭高 15 米，两层，立朱色柱 16 根；二楼四周皆窗，屋面皆灰色小瓦，八角飞檐，顶脊两端龙首高昂。

三、中国近代教育的第三次变革（1919—1927）：1919 年五四运动，学生在爱国运动中受到教育。1924 年成立和县县立初级中学，1927 年创建中共和县第一个支部

"五四"前后，各种教育思潮林林总总，互相激荡，对教育的开放创新起到了巨大的推动作用。其中影响较大的有主张教育走向平民化、大众化，打破传统的贵族主义等级教育的平民主义教育思潮；有提倡"以工兼学、勤工俭学、工人求学、学生做工、工学结合、工学并进、培养朴素工作和艰苦求学的精神，以求消弭体脑差别"的工读主义教育思潮；有高呼"儿童中心、教育即生活、学校即社会"的实用主义教育思潮，另外还有职业教育思潮、科学教育思潮和国家主义教育思潮等。这些思潮与国内教育变革的思考和探索相结合，极大地提高了中国当时的教育认识和实践水平，推动了中国教育的前进步伐，形成了中国教育史上一个空前的百花齐放、百家争鸣的时期。1921 年，中国共产党成立以后，共产党人与进步人士一起，在各地创办农民补习学校，宣传革命。

1919 年 5 月 7 日，五四运动的消息由上海传到和县，县立高等小学师生首先响应。校长王大杰和体育教师李可航率领 200 名师生示威游行，声援北京学生运动，并到采石邮电所复电响应。6 月下旬，在芜湖任教的禹子邕、齐坚如和在芜湖学习的进步青年相继返和，于和县城内福音堂成立了五四运动和县外交后援会，反帝爱国运动在和县波澜壮阔地展开。师生游行示威，厉行检查日货，向民众进行爱国宣传。"后援会"负责人禹子邕将查封的 50 匹棉布当场甄别，确定是日货后，立即焚毁。当时县长金梓材恼羞成怒，拔出手枪，威胁"后援会"，令其放弃焚毁日货的行动。爱国师生异常愤怒，一齐高呼"打倒汉奸"和"打倒庇护汉奸的金梓材"等口号，金梓材不得不罢手。

1921 年，和县、含山两县在芜湖读书的学生成立和含学会，创办会刊，恽代英应邀撰写序言。

1922 年，教育部在济南召开学制会议，将全国教育联合会通过的学制草案稍加修改，11 月公布《学校系统改革令》，此令称为"壬戌学制"。这个学制分为标准、系统表和说明三项。标准为七点：一、适应社会进化之需要；二、发挥平民教育之精神；三、谋个性之发展；四、注意国民经济力；五、注意生活教育；六、使教育易于普及；七、多留各地方伸缩余地。整个学制分为初等、中等和高等三个阶段。初等教育 6 年，初级小学 4 年，高级小学 2 年；中等教育，初中 3 年，高中 3 年；与中学平行的有师范学校和职业学校；大学 4～6 年。儿童 6 岁入学，全学程共十六七年。

1922 年，回族人禹友鹤，捐款委托和县中学建房 3 间，创办友鹤图书馆。[①]

1923 年，和县劝学所改为和县教育局。

1924 年，根据省教育厅要求，本县一些热心绅士倡议，于本县第一高等小学的校址（和城百福寺）成立和县县立初级中学。和县第一高等小学附设在和县县立初级中学内，故时人简称"和初一高"，原和县第一高等小学校长王大杰兼任和县县立初级中学校长。此时学校实行"壬戌学制"，除开设一般课程外，还开设动植物课，初一开设数学，初二开设数学、化学，初三开设物理，所开课程已趋现代化。

1925 年五卅惨案发生，和县各校师生展开声势浩大的反帝斗争。6 月 18 日，禹子卨、齐坚如等筹建并组织五卅惨案和县外交后援会，6 月下旬，组织和县学生进行游行。8 月，和县县立初级中学招生上课。

1926 年初，和县县立第一高等小学从"和初一高"迁出。全道云女士任和县县立初级中学校长。[②]

1927 年 3 月，北伐军到达芜湖后，禹子卨与李克农、钱杏村等中共党员积极发动和领导芜湖人民支援北伐军，开展工运、农运，扩大党的影响。

1927 年 4 月 2 日，禹子卨等人创建中共和县第一个支部（地址：和城原夫子庙东面明伦堂），禹子卨任书记，领导和县人民开展了反帝、反贪官污吏的运动。1927 年 4 月 12 日，蒋介石在上海发动了反革命政变。4 月 18 日，国民党右派在芜湖发动了"清党"事件。禹子卨通知在和县的中共党员，立即撤退。1927 年 7—8 月间，禹子卨由外地到和县，一直在和县教书。

四、中国近代教育的第四次变革（1927—1937）：教育内容与考察方式变革

在共产党的领导下，全国各地相继掀起了农民教育运动的热潮。教育对象平民

① 和县地方志编纂委员会：《和县志》，黄山书社 1995 年版，第 14 页。
② 材料来自夏福康编著：《台湾回教史·全道云哈佳生平事略》，河海大学全道荣教授提供并证实。

化、教育活动乡村化、教育内容大众化。

1927年，地方人士公推俞建章为和县县立初级中学校长（1927—1928）。

俞建章是我国著名的地层生物学家和教育家，留学英国布里斯托尔大学，获博士学位（是我县新中国成立前三大博士之一）。他任校长后，按照现代教育理念，厉行改革，建章立制，设立评议会，吸收教员参加，实行教员治教，校长治校；严格考评教员，改变教员懒散习惯；主张学生自治，鼓励学生组织自己的社团，出版校刊；设立图书馆，丰富学生课余生活；开办平民夜校，教民众识字，宣传"劳工神圣"。俞建章的民主办学理念，深受师生欢迎，获得时人称赞。当时安徽省教育厅曾给予很高的评价："俞校长学识渊博，练达有为，如此规划之县立中学，诚皖省不易观也。"[①]

继俞建章之后出任和县县立初级中学校长的，还有林式如（1928—1929）、李齐琳（代校长，1929—1930）、王尧铎（1930年2月—1930年8月）等人。此间，学生不满百人，教职员12人。

1929年，国民政府教育部将教育宗旨修改为"中华民国之教育，根据三民主义，以充实人民生活，扶植社会生存，发展国民生计，延续民族生命为目的，务期民族独立，民权普遍，民生发展，以促进世界大同"；同时，还规定教育宗旨，实施八项方针。教育部又颁布《中学课程暂行标准》，开设党义、国文、外语、历史、地理、算术、自然、生理卫生、图画、体育、工艺课程，职业科目有童子军。除童子军科外，各科都实行学分制。和县县立初级中学均遵照执行。

1930年9月，张亮任校长。张亮，和县张家湾人。他主校后，先后在喜雨亭周围建立校楼7幢，其中有楼房、平房，学校规模不断扩大。据《安徽省教育厅统计》：1931年和县县立初级中学有初一年级1个班，初二年级2个班，学生111人，教职员16人，全年经费为9449元。

1931年，教育界知名教授邰爽秋、程其保等发起联络京、沪教育界人士，拟定每年6月6日为教师节，并发表《教师节宣言》，提出改善教师待遇、保障教师工作、增进教师修养三项目标。这个教师节日期，到1932年被国民政府教育部确定为全国教师节。

1933年，和县县立初级中学增至5个班，学生200余人。为解决集会场所等问题，张亮又多方筹集资金，兴建大礼堂，并撰《和县中学大礼堂奠基志》。全文如下：

① 《安徽教育行政周刊》。

和县中学^①大礼堂奠基志

民国十九年夏，余奉命长校，黉舍^②阙如^③，爰^④就喜雨亭四周，披荆斩棘，建楼七幢。时越三稔^⑤，由一级而五级，学生达二百余人。顾负笈而来者，与日俱增。每届集会，辄假^⑥教室，鹄立^⑦拥挤以行之秩序，观瞻两有所碍。大礼堂之建筑，尤为刻不容缓。本年秋，武进县公云骧来长吾邑，下车伊始，莅临视察，顿兴广厦之念，弥增多士之感，斥巨资兴建大礼堂，大礼堂之基础于焉以立。复赖地方人士，慨然相助，以补不足。并由教育局长鲁君梓钦董^⑧其成，惟时^⑨一稔建成。而谢公犹能顾及黉舍，加惠士林，其重视吾教育为如何耶！值奠基之始，谨撮土立碑以垂不朽云尔。

中华民国二十二年十一月　校长　张亮　识

张亮锐意改革，办学有方。他整顿秩序，健全制度，毕业生按年度分别届次；同时聘请教师任教，如聘请尹伯西为教导主任、孙履平为数学教师、陈廷树为外语教师、禹子邕为语文教师。这些教师当时都很有名。张亮主校时，制定了校歌，教员朱霜菊作词，尹伯西作曲。歌词：

仗剑天门，弯弓乌浦，江上起惊雷。

文献昭垂，雄风斯振，桃李尽成材。

茹古含今，融中汇外，极目山河改。

三年有成，万方多难，黾勉^⑩在吾侪^⑪。

1933年，取消学分制，改为时数单位制。县立初级中学根据教育部的课程规定，开设公民、国文、英语、体育、卫生、算术、历史、地理、物理、化学、动

---

① 和县中学，张亮是用学校初始之名，此时学校之名仍为县立初级中学。

② 黉（hóng）：古代的学校。

③ 阙如：欠缺。

④ 爰：于是。

⑤ 稔（rěn）：庄稼成熟，三稔即三年。

⑥ 假：暂时借用。

⑦ 鹄立：鹄（hú），盼望，等候。

⑧ 董：监督管理。

⑨ 惟：助词，用在年、月、日之前。

⑩ 黾勉：努力；勉力。

⑪ 吾侪（wú chái）：我辈；我们。

物、植物、劳作、图画、音乐 15 门课程。

1934 年，张亮离职。陈宪章（字秉诚）接任校长（1934—1937），请同窗好友、当时清华大学校长罗家伦（1897—1969）书写"安徽省和县初级中学"校牌。为兴建校园，陈宪章四处筹募款项，并捐家资。建成后的校园位于县城东北角（石营旧址，后被日军炸毁）。陈宪章还延聘了后来成为中科院学部委员、生态学家侯学煜来校任教，其他任课教师大多是大学毕业生。

1936 年，和县初级中学的童子军代表队作为安徽省代表团的主要成员，参加了在南京紫金山麓举行的全国童子军大露营活动。5 月，和县县立初级中学的初二学生李冰作为德智体全面发展的典范，经层层检试考核合格而被选拔为正式代表，于 1937 年参加了在荷兰举行的第五届世界童子军大露营活动（爬山运动），是全国 12 名选手之一，历时 4 个月，于同年 9 月 25 日返校。

此期间，学校教学质量不断提升，多次参加专区（芜湖、滁州等地）会考，成绩斐然，曾获得芜湖中学生会考总分第一。学校声誉日隆。

附： 　　　　**《安徽省和县县立初级中学二十五年度第一学期教职员表》**

姓　名	籍贯	年龄	性别	学　历	月薪
陈宪章	和县	44	男	国立北京大学法学士	90
张铭铨	淮安	30	男	南京金陵大学农学士	75
张荫荪	和县	43	男	芜湖皖江中学	45
俟允逊	和县	41	男	芜湖芜关中学	32
成康彭	和县	44	男	和县中学堂	23
单仁静	江浦	26	男	江浦县立师范传习所	22
张伯安	宣城	39	男	北京协和医院医药专科	15
倪良钧	镇江	25	男	江苏省立扬州中学毕业、国立中央大学肄业	60
王指行	嘉庆	28	男	上海东亚体育暨童子军教练员训练班	55
陈少陵	和县	28	男	武昌中央大学肄业	50
林　靖	和县	31	女	上海复旦大学文学士	45
王殿林	和县	32	男	上海大夏大学肄业	40
齐敬钧	和县	33	男	安徽省立第四师范	40
张芝影	镇海	22	女	上海东亚体育	35
章书简	和县	40	男	皖北中学	20
张子易	和县	46	男	江苏陆军军官教育团	15

陈宪章任校长，经历：北京平民大学，京师大同中学，和县县立初级中学。张铭铨任教导主任，经历：淮安县立初级中学，福州高级农机学校，河南实验学校。成康彭任书记；单仁静任会计；张伯安兼校医。[1]

① 材料来源安徽省档案馆档案，档案号 L001-002（1）-1616-012。

第二节 育英抗战（1937—1945）

抗日战争时期，和县有三方面势力办学。国民党政府在县境西北的善厚、金城、高祖一带办学，称和县中学；和城与一些集镇以及公路沿线，基本上属于日伪势力范围，汪伪政府在和城办学，也称和县中学；中共和县民主政府在以长建为中心的农村建立了抗日民主根据地，在县境西南的新塘南城村办学，称和含中学。

一、日军侵占和城，师生宣传并参加抗战

1937 年，学校开四个班，学生 186 人，教职员 17 人，岁出经费 8716 元。[①]

1937 年 7 月 7 日，卢沟桥事变，日军侵华。和县县立初级中学奉命停办。

1937 年 8 月 25 日，和县县立初级中学增设高中班[②]，改称和县中学。

1937 年 11 月 25 日，日军汽油船十余艘由采石渡江，步兵 200 余人从城东金河口登岸，攻入和城。日军所到之处，烧杀淫掠，无所不为。不久，又渡江至芜湖。

1938 年 4 月 23 日，日本第六师团中野部队板井支队由芜湖出发，24 日晨从和县金河口抢滩登陆，上午沿东门（朝阳门）进城，占领和县。

家住和城朝阳门旁的成本华（1914—1938），就读于和县县立初级中学，常帮抗日部队搞宣传慰问和服务，参加过童子军，童子军编号为 1194 团。成本华于 4 月 24 日上午到城门楼找部队时被俘，被严刑拷打审问，下午被日军杀害在城门下。从日本渡边记者当时拍的新闻照片看，她双手交叉胸前，昂然挺立，无所畏惧，令人震撼！

4 月 24 日，在石营所建的和县中学被日军所毁。学校不得不停课。

此时学生组成抗日宣传队，演街头戏，唤起民众抗日激情。学生孙仁琦、周毅、阿基肇等组织成立了"和县抗敌救援会"，从事敌后抗日工作。

1938 年 10 月，由 200 余名东北学生组成流亡抗日挺进队，进入和县善厚集一带，开展抗日救亡运动。

[①] 《安徽教育要览》。

[②] 省档案馆档案号 L001-002（1）-01619-018。

和县中学童子军教练王指行等教师积极响应，组织部分学生成立战地服务团，毁坏敌方桥梁，破坏公路，阻止敌军进犯；编印《战地日报》共 340 期。

和县中学编印了《和中半月刊》，刊登了学生偰怀镭（时年 14 岁）的三首诗[1]：

其 一

峥嵘头角，笔势横扫倭奴军；

气概凌山岳，看我辈宣传抗日。

其 二

疾向西风一促装，寥寥征雁塞云长。

流沙万里原非远，去国孤踪性若狂。

楚客江鱼身可葬，汉臣马革骨犹香。

青山处处皆吾土，何必天南是故乡。[2]

其 三

剑笛关山志未舒，韶光将逝学犹虚。

高歌旧事谁弹泪，痛哭新亭且读书。

绛帐方沾时化雨，青阳又逼岁华除。

临歧何必增惆怅，再坐春风二月初。

这三首诗表达了和县中学学生的爱国心声。

偰怀镭，又名孔平，1924 年出生于和县城北偰大村，自幼熏陶于家学，九一八事变后，毅然决定投身抗日运动。曾以诗言志："疮痍满目欲何从？倭寇奸邪似小虫，中华儿女齐上阵，烦疴消散敌无存！"

1940 年，中共江（浦）和（县）全（椒）工委书记胡克诚指示香泉区委书记张智锦做偰怀镭的工作。张智锦以律诗试探，偰怀镭收读后激动不已，向张智锦和诗述志：

---

[1] 中共和县县委党史研究室：《熔岩》，中国时代经济出版社 2013 年版，第 220–221 页。

[2] 这首诗与明代艾穆《终太山人集》卷九《西窜出都》所载基本相同："病向西风一促装，寥寥征雁塞云长。流沙万里殊非远，去国孤踪信若狂。楚客江鱼身可葬，汉臣马革骨犹香。青山到处皆吾土，岂必湘南是故乡。"个别词稍有不同。

山自青青水自流，梧桐摇落又经秋；笙歌聒耳谁家乐，忧郁满怀吾独愁。万里关山成齑粉，五更剑笛飔风留。他年若遂平生志，斩尽妖邪方罢休。[①]

后经张智锦介绍，傻怀镭加入中国共产党。

1940 年秋冬，党组织派傻怀镭到淮南路西区党委训练班学习。学习结束返回和县后，他以《和县中学半月刊》编辑的公开身份，从事地下抗日活动。

二、在战火中艰难办学，成就显著

和县县政府呈安徽省政府《为呈报恢复本县初级中学并恳俯予加委张亮为校长由》（教字第 729 号）："查本县县立初级中学，自去岁敌军压境，县城失陷以来，即无形停顿，本府为维持战时教育及救济失学青年起见，提经县政大会议决，积极恢复本县初级中学，并于本县本年度实施教育计划，内呈报各在案。惟查核该校长陈宪章离职他往，时逾年余，应予免职。业经本府委任张亮为本县县立初级中学校长。""查张亮系本县人，国立北京大学毕业，曾任国立武昌中山大学讲师，北京适存中学总务主任兼教员，安徽省立第一中学事务主任兼教员，中国国民党安徽省和县执行委员会常务委员兼组织部部长，安徽省政府分派宁国合肥六安等县教育督导。""和县县长许克久　民国二十八年三月一日"[②]。这是 1939 年 3 月 1 日之事。

1939 年 2 月，和县中学借戚桥小学校舍复课，恢复和县县立初级中学校名。

1939 年 4 月 4 日，安徽省教育厅正式任命张亮为该校校长。[③]此时，因和县县立初级中学教学成绩突出，省教育厅将原定教育补助费增加一倍半，并批准设立高中部。

《安徽省非常时期中小学教育纲要》颁布，和县中小学按此《纲要》调整教学内容，并贯彻《安徽省各县县政府推行特殊教育办法》，各中小学协助政府安定民众，坚定抗战意志。

1939 年，国民政府决定改立孔子诞辰日农历八月二十七日（9 月 28 日）为教师节，并颁发了《教师节纪念暂行办法》。因为战争环境，当时未能在全国推行。

---

① 中共和县县委党史研究室：《熔岩》，中国时代经济出版社 2013 年版，第 69 页。
② 省档案馆档案号：L001-002（2）-00718-052。
③ 省档案馆档案号：L001-002（2）-00718-051《关于委任张亮为和县县立初级中学校长的委令》时间：民国二十八年四月四日（安徽省教育厅稿　第 901 号　厅长：方中）。

1940 年 2 月，和县中学校址迁到和城文庙。国民政府教育部对中学课程标准重新修订，修订后，初中课程为公民、童子军、体育、国文、英文、算术、自然分科制（生理卫生、植物、动物、物理、化学）、历史、地理、劳作、图画、音乐。高中课程为公民、体育、军事训练或家庭看护、国文、外国语、算术、生物、矿物、物理、历史、地理、劳作、图画、音乐。

1940 年 4 月 24 日，日军数千人攻占和城，建立了伪政权。国民党和县政府迁往山区善厚集，学校仓皇迁往北区香泉。1940 年 6 月 24 日，和县善厚集（县府行署地）县立中学复课，本学期高、初中共有 7 个班，学生 355 名，其中高中学生 51 名，教职员十余人。[①] 傻怀镭等学生组成抗日宣传队，开展抗日救亡宣传活动。1940 年，国民政府调禹子邑任《和县日报》主笔。《和县日报》每天都刊登抗日诗文，鼓舞人民抗日斗志。国文教员黄立松在《和县日报》上发表《起来吧，和县民众》一文，揭露日军暴行，唤起国人奋力抵抗。一些校友以诗歌为武器，抒发抗日情怀："男儿志气冲云霄，热心涌如潮。国耻不雪仇不昭，心中恨难消。锻炼体魄，熟习军操，好为民族争光耀。"[②]

且看《和县日报》1940 年 12 月 18 日部分内容：

想念新四军

夜站门口心多焦，看星望月眼呆了。

风吹柳枝红花香，只盼新四军早回乡。

当兵要当新四军

吃菜要吃白菜心，当兵要当新四军。

新四军爱的是穷人，穷人要当新四军。

这年年底，禹子邑调回和县中学任教。

伪县长翟翰樵、教育科长杨玉书、周澄宇等人，在和城百福寺，筹款兴办和县中学，并重修喜雨亭，以亭为办公室。次年春开学，招收初一、初二、初三 3 个年级各一班。1942 年增设高中部。校长周澄宇，教导主任张引恒，训务主任兼总务主任朱太阶。教职员有张荫荪、李云航等 19 人，学生有 300 多人。学制，初、高

---

① 安徽省档案馆档案 L001-002（2）-00777-002《关于和县县立中学复课情形》（1940 年 6 月 24 日）。

② 《和县日报》。

中各 3 年。开设国文、数学、英文、日文、物理、化学、历史、地理、体育、美劳等科。

1940 年 7 月初，因环境险恶，和县县立中学难以继续复课，"除将学生化整为零，商请教员分别补习外，整个学校唯有待至暑期后再行恢复，并设法将本学期未授完之课程补足，以免误学生学业，至本校教职员聘约均以一学期为限度，而授课暨筹备复课。"① 1940 年 9 月，在香泉镇复课，当时米价每担 50 元，其他物价飞涨数倍。重庆财政部汇发和县县立中学 1—5 月份补助费 1250 元及义务班补助费（1939 年下季至 1940 年上季）360 元。② 安徽省教育厅每月补助费项下提拨半数作为和县中学教职员米贴。③ 1941 年春，国民政府实施教育部颁布的《修正各科课程标准》，并开始将各科课程进行进度预定，以资考核。

三、张亮校长殉难

1941 年，因濮集、乌江沦陷，学校又迁至高皇殿庵内上课。"本学期增设初中春季班 1 班，于 2 月 8 日开学，13 日上课，计划到校学生 325 名。"④ 重庆财政部补助和县中学经费并估给奖学金。⑤

1942 年 2 月，日军侵犯高皇殿、善厚集一带，学校校舍为敌摧毁，所有校产册籍损失殆尽。张亮校长因公赴善厚集，被日兵杀害，以身殉国。安徽省档案馆档案《关于回复和县中学张校长遇害经过及学校近来情形的呈》⑥：

> 伏查敌人于二月八日黎明袭击善厚集，张校长是时适当在县党部住宿，拟向县政府支领经费，闻变逃出，伏于防空壕内，为敌人搜获。因提包内藏有中国国民党三青团委任令一张，敌人大为震怒，（张亮）遂遭杀害，颈部砍烂，甚为惨烈。敌人并将该项公文用砖压于尸身之上。敌退后二日，有县党部孙书记会同地方士绅购棺收殓。当敌袭击善厚集时，和中所在地之高皇殿亦告沦陷

① 安徽省档案馆档案 L001-002（2）-00777-003《关于和县县立中学环境险恶难以继续复课及教职员待遇问题》（1940 年 7 月 6 日）。

② 安徽省档案馆档案 L001-002（2）-00777-005 古河转和县县立中学（1940 年 9 月 9 日）。

③ 安徽省档案馆档案 L001-002（2）-00777-007（1940 年 12 月 30 日）。

④ 安徽省档案馆档案 L001-002（2）-00777-008《和县中学开学上课及到校人数准予备查的指令》（1941 年 3 月 20 日）。

⑤ L001-002（2）-00780-038《关于补助和县中学经费并估给奖学金》[重庆财政部鲁佩璋]。

⑥ 安徽省档案馆，档案号 L001-002（2）-0912-001。

区内。而本县区域迄今数月仅余善厚乡一乡完整。另高皇殿六保区域过小，人心未定，恢复中学颇不易。因而教师数人分在各地，召集学生以私塾灰色名义掩护教学，如教师禹子罳在西南乡南义、丰山一带，教师李云航与职合作在北乡石拔河一带设立私塾，学生尚称发达，不意大招敌方所忌，屡逼职等进城教学，职等不得已，将私塾解散，暗嘱学生西上，并先后至善厚集商筹恢复县中。幸新任谭县长热心教育规正，积极设立中学筹备处，大约最短期内可望成立。惟职等均系贫士，际此物价飞涨之时，突告无以为生，仰诉钧处代为转请教育厅，先于和中津贴内，迅拨部分，酌予救济，至为感盼。又旧日严恕堂教师现在善厚集教学，至仍在沦陷区挣扎。不甘者尚有教师刘前学、尹伯西数人，亟待救济。至丧心病狂、认贼作父，先后附敌、任有伪职者有张荫荪、王业全、王宝槐、朱泰阶四逆，亦请报省府备案通缉。所有和县中学最近情形理合具文呈复。

　　谨呈

　　安徽省军管区编练处处长　李

　　　　　　　和县县立中学军训教官陈恳博　恳

　　　　　　　钧处三人字第七一号训令内开

张亮牺牲得十分惨烈。可见当时和县中学办学情景举步维艰。

四、孙履平等校长复校

1942年，安徽省档案馆《和县中学请招收高、初中新生（省政府）》（1942年9月13日）"立煌教育厅：沦陷区逗留，推提孙履平代校长，积极筹备恢复。"[1] 经县临时会议通过，政府委派禹子罳为筹备委员，负责复校工作，并遴选孙履平（1902—1944）为校长，勘定善厚集乡皂角保小崔刘村为校址。小崔刘村（3个村庄相连）位于滁河南岸，树木葱茏，环境幽静。学校于11月底正式复课，沦陷区青年纷纷插班就读。高中1个班，初中5个班。因教材缺乏，教师编写讲义，雇用工读生钢板刻写、油印。没有课桌，学生随身携带活动小坐凳，上面铺块木板，即成书写台。学校成立膳食委员会，公选学生代表参加。一日三餐，黄豆做菜，偶尔加餐，生活十分清苦。晚上自习，每人发一杯香油，用灯草点燃。尽管如此，学校

---

① 安徽省档案馆，档案号 L001-002（2）-01889-085。

能够按规定开设课程（体育改为军训），教学管理严格，安排月考、期考，教学活动正常，期末发放成绩报告单，实行升留级制度。

这一时期正值抗日艰苦岁月，但师生爱国矢志不渝，求生存、灭日军的热情不减。如语文教师编选《民族正气文抄》，有文天祥的《正气歌》、岳飞的《满江红》、史可法的《复多尔衮书》，还选抗清义士戴重的《河村文集》有关篇章，激起了学生的爱国热情，增强了学生抗战必胜的信心。此时教导主任先是刘习之、尹伯西，后是陈全武。先后任教的有黄以绅、朱泰阶、禹子邑、章子握、徐世寅、张克武、蒋子清、王东屏、张萌生、毕虚之等，另有教官陈恩、体育教师王宝槐、校医张伯安、女生指导鲁士莲，学校几乎汇集了和县所有的宿儒名流。

孙履平教数学，课堂语言简练，善于启发学生，引导学生寻找演算错误的原因，学生很尊重他。禹子邑善于做学生思想工作。一次军训中，教官打学生，激起公愤，闹得沸沸扬扬，很难收场。禹子邑冷静分析形势，设法疏导学生。此时，当地驻军首脑东北人柏承君司令（杀人魔王）正在搜查新四军战士。禹子邑说："如果再闹下去，给柏承君以借口，乘机到学校抓人，我们无力保护你们，岂不两败俱伤?"后来军训教官调出，学校恢复平静。教员章子握是专门研究荀子的，国学功底深厚。教员毕虚之才思敏捷，文字精练，辞章华美。教员尹伯西教地理不用挂图，在黑板上一挥而就，国界省图，山川河流，轮廓清楚，地标准确。他边讲边画，善用比喻，可见功底之深厚。语文教员张克武，能诗善文。他在《赠毕业同学》诗中写道：

> 杖藜载酒醉花间，帷下董生意未闲；
> 他日青成蓝谢后，与君重访掉尖山[①]。

1943年皖东五县（和县、含山、滁县、来安、全椒）在善厚集大郭乡联合举行中学生体育运动会，和县中学获得31项冠军。

1944年，和县中学上年度办学成绩荣列乙等，获安徽省政府奖励，奖金4000元，《和县简报》登报表彰。教育部督学秦文渊来和县视察学校，对学校的成绩予以肯定。国民党征召十万青年学生从军，和县中学学生张登尧、黄正海等入伍。这年秋，校长孙履平因患急性肠炎，无医无药救治，不幸溘然逝世。师生公祭校长，

---

① 掉尖山下迢迢谷，为清初画家戴本孝旧居处，位于高皇殿。

挽联众多，其中有"敌伪病害三公"联语，意指抗战时期三位校长，一死于日军屠刀，一死于日伪戕害，一死于急性肠炎。

孙履平病逝后，禹子邕被调任十三临中任校长（13 个县联合成立的临时中学）。1945 年秋，日军投降，学校恢复，夏禹功被选为临时参议会议长，兼任和县中学校长（1945.2—1945.8）。夏禹功 1932 年毕业于安徽省立第一师范。1942 年 8 月—1943 年 7 月，曾任和县县立中学教导主任。[①] 此时，省教育厅电令和县中学高中部撤并到十三临中，学校和地方曾力争数次，均未获批准，于是和县中学复改为和县县立初级中学。后任校长为陈钝（1945.8—1946.2）。

1945 年春，中共和含专员公署根据和含参议会议决议，于新塘乡南城村建立和含中学。专员魏今非兼任校长，季秀任中共和含中学支部书记。初办时，有学生 40 余名，此后，增至百名。学制沿用民国的"戊辰学制"，初、高中各为 3 年。课程有政治、国文、数学、历史、地理、物理、化学等。政治课主要讲形势、任务和政策。教材由民主政府编印。每天上 4 节课，没有严格进度。课外活动唱抗日歌曲，排演宣传抗日的话剧和歌剧。校舍借用民房，课桌也借用老百姓家的桌子。学生入学，免缴包括学生伙食费在内的一切费用。

7 月，国民党一三八师与一七一师进犯和含抗日根据地，形势紧张。8 月，新四军北撤，抗日民主根据地所有学校先后停办。

第三节　迎接曙光（1945—1949）

一、抗战胜利，起步艰辛

抗日战争胜利后，省教育厅同意将省立十三中学划归含山县管理，改名"安徽省立含山中学"。和县中学高中部并入省立含山中学，初中部仍留和县。1945 年 2 月前是完全中学。1945 年 2 月后直到 1949 年解放是初级中学。[②]

和县县立初级中学随县署迁回和县城内，定址于喜雨亭四周。

1945 年秋，和县县立初级中学接办了日伪时期的和县中学。接收时，将学生

---

① 安徽省档案馆，档案号 1001-000002-00206-063。

② 和县档案馆登记号 084：《伪和县中学解放前情况调查整理》（1960 年 3 月 9 日），陈全武回忆。

进行甄别，成绩合格者发给证书。此时，连同一班简师在内，共 7 个班；初三 2 个班，初二 2 个班，初一 3 个班，学生总数 280 人左右。[①] 和县县立初级中学还有 1 个义务班，全班有 50 多人，当时的学生有姜起忠、孙佩英、王起政、撒世清、段本源等。[②] 学校范围，除喜雨亭原址外，还合并了战前百福寺小学所在地，共占地 40 亩。南北修长，东西略短。操场北首两幢平房为教室，拾级而上可达大礼堂；东西各有两幢平房为学生宿舍；喜雨亭为办公室，亭后草房数间为女生宿舍。

和县县立初级中学 1945 级学生，可查到名单的计 43 人。后来多数从事教育，例如何必钊、沐家旺、葛开兴、裴正清、陈庭、王宝榆、乔一平、张从礼，分别在张集初学、新桥中学、白桥中学、和县第二中学、城南初中、马鞍山第一中学、西埠教委办、江苏江浦石桥小学等处工作。陈培森在澳门政府新闻司工作。[③] 林厚康，1952 年毕业于南京大学电机系，历任江苏南通邮电局机务站技术员、邮电部邮电科学研究院工程师和第六研究所、第五研究所副所长、副总工程师，安徽省邮电管理局总工程师、高级工程师，中国通信学会第二届理事；撰有《电缆载波系统的干线均衡》《电缆载波系统的最佳发送电平和串杂音分配》等论文。

抗战后和县县立初级中学首任校长为和县临时参议会议长夏禹功兼任（1945.2—1945.8）[④]。夏禹功为校长时，陈全武为教导主任，孙学明为训育主任，刘蔚然为事务主任，陈恳（又名陈师平）为军训教官。

夏因公务繁忙，1946 年 2 月辞去议会长与和县县立初级中学校长职务，任和县县立初级中学、简易师范两校的历史教师（1946.2—1946.7）。他自制历史图表，认真备课，讲授得法，学生普遍反映："听得懂，记得牢，有趣味。"

夏禹功推荐陈钝任校长（1945.8—1946.2）继其事。当时办学十分艰难。1946 年 2—6 月和县县立初级中学校长是陈钝，教导主任是陈全武。1946 年 6 月—1948 年底，校长是汪侗，教导主任是陈全武；1947 年 12 月，陈全武到汉口，由杨怀仁继任教导主任。[⑤]

1946 年 3 月 30 日，《县立初级中学招收插班生》一文说："本学期遵令于二月廿一日开学，但因受天雨影响，正式上课延迟至二月廿八日。一、二年级旧生本学

---

① 和县档案馆登记号 084：《伪和县中学解放前情况调查整理》（1960 年 3 月 9 日），陈全武回忆。

② 和县档案馆登记号 084：《伪和县中学解放前情况调查整理》（1960 年 3 月 9 日），戴昌明回忆。

③ 参看《安徽省和县第一中学（1902—2002）校友通讯录》。

④ 安徽省档案馆，档案号 L001-002（2）-1149-005：《安徽省临时参议会悬予恢复和县中学高中问题》。

⑤ 和县档案馆登记号 084：《伪和县中学解放前情况调查整理》（1960 年 3 月 9 日）。

期因春荒严重，一部分休学或转学，各班均有缺额，一年级拟补招插班生 20 名，二年级招 10 名，理合一并先行电请。代理校长：陈钝（许复和造）。"1946 年 4 月 23 日《和县县立初级中学三十五年度第二学期员生表》[①]："初一至初三（上）各一班，初二（下）两班并为一班。校长：陈钝。[②]"学校办学困难，生源难招。

陈钝不愿从教，未及一年，便引退，力荐汪侗为校长。

二、汪侗治校，卓有成效

当时教育经费十分困难，据和县县政府 1946 年《施政报告》载："各学校均无固定基金，靠乡镇筹集经费，为数极微。在生活日高之现象下，不足以维持生活。""教职员按照省规定支薪已实难维持，生活益感困难。"[③]

在这种情况下，地方知识界及行政当局，均希望汪侗任校长。汪侗遂辞去乡农会理事长一职，出任和县县立初级中学校长。战后不久，满目疮痍，教育事业尤为凋敝。汪侗到职以后，锐意整顿并力求振兴。任职 3 年，学校面目焕然一新，成绩卓著，有口皆碑。汪侗采取下列方法治校。

一、扩大生源。1946 年秋季开学，由原来 4 个班级扩大为 7 个班级：初一 3 个班、初二 2 个班、初三 1 个班，并附设简易师范 1 个班。学生来源以农村为主，而农村学生必须在校食宿，首先必须拥有若干宿舍及大型食堂，以满足学生最低生活需求；同时又必须减少学生家庭之负担。因此学校除呈请县政府减免学杂费外，同时因陋就简，扩充校舍，保证学生有书可读，有室可居，有饭可吃。

二、扩建礼堂。和县县立初级中学原有礼堂一座，规模狭小，而今班级扩大，学生人数骤增，开会集合，无法举行，学校将原有礼堂扩建为多功能之场所，集开会、自习、娱乐、就餐于一体。礼堂之内，新置若干靠背椅及简易之讲台，并设有屏风，辟出一间教室，作为简易师范学生之课堂。晚间自修，集中在大礼堂内，两盏汽油灯，便可大放光明。礼堂历时一个月竣工；竣工之日，特勒石碑以记其事。

三、引进外地教师。入城以后，外地教师几至绝迹。其原因不外经费支绌，无力应付，以及待遇微薄，难以留人。汪侗主校以来，不惜重金延聘外地教师，特别

---

① 安徽省档案馆，档案号 L001-002-0032-010《核示和县县立初级中学（三十四年度第二学期）呈报概况调查表》。
② 和县档案馆，档案号 j034-01：陈钝，1900 年 3 月出生，和县城南殷村人，曾在北京历史研究院工作，1951 年在城区小学从事小教工作，1963 年退休。
③ 转引和县教育志编写组：《和县教育志（1989 年）》，第 208 页。

在数理化、音美劳各科，更以外地教师为主（因县内缺少此类人才）。其中佼佼者如中大毕业生李洪钟、浙大毕业生于文彬以及体育教师李恩铭、音乐教师旷任民，均来自岭南，学有专长，循循善诱，深受学生欢迎。同时也随之注入新思想、新学风，使学校呈现出一派生机，深得各界人士之好评。地质学家俞建章（字端甫）为学校书写校牌，生态学家侯学煜为学校推荐教师。而所有受益之学生，津津乐道当年之盛况，对汪侗校长倍加怀念。

四、保护进步教师。和县县立初级中学远在抗战前，即有进步学生从事革命活动，虽未成势，但已播下革命种子。汪侗主校以后，大量引进进步教师，如杨怀仁、陈潘旭①、魏尚书等。不仅在校内灌输进步思想，而且在校外播下革命种子。当时反动政府及特务机构已有所发觉，不时进行威胁。汪校长极力保护，直至解放前夕，所有进步教师得以安全离开。

五、成立升学与就业指导委员会。鉴于当时情况，汪校长联络地方有识之士及县级行政机构，特聘若干人士，成立升学与就业指导委员会。其主要职责在于了解学生之实际程度及经济情况，能升学者，尽量鼓励与促使其报考高一级学校，继续深造；委实不能升学者，则设法为其寻找出路，落实工作：或由政府委派，或由单位聘用，务使各得其所，做到人尽其才，才尽其用。毕业生无不深受其益。

当时有 100 多人集体加入三青团②。

1946 级学生可查者 46 人。其中杰出者不少，如陈华东，后来为开封大学教授，副校长（1990—1994）。汪沂，四川外语学院德语教授。孟绪武，致力于昆虫研究，取得优秀成绩，安徽农业大学教授。陈大珂，森林经营学专家、森林生态学家，东北林业大学教授。安佛华，国防武器研究专家、国防部第五研究院研究员。陈炳富，1947 届校友，经济地理学家、教授，原南开大学管理系主任，中国管理学开拓者之一。端木礼海，国画家。呼安泰，新闻记者编辑。汪航，高级工程师，空军大校。鲍家驷（1930—2019），男，国际著名数学家、教育家。和县县立初级中学 1946 级学生，毕业于台湾大学土木工程系，1962 年获美国堪萨斯州大学应用

----

① 和县档案馆登记号 084：《伪和县中学解放前情况调查整理》（1960 年 3 月 9 日）。据陈全武回忆，教导主任杨怀仁，中共地下党员，解放后改名杨哲生，1957 年在浙江金华任教导主任。陈潘旭，中共地下党员，上海解放前夕，据说在上海牺牲。据裴正清回忆，杨怀仁 1946 年春，和县中学任英语教师，1947 年任教导主任，兼三年级英语教师。

② 和县档案馆登记号 084：《伪和县中学解放前情况调查整理》（1960 年 3 月 9 日）。陈全武回忆：1946 年 6 月，三青团曾在和中发展一批团员，当时校长汪侗兼三青团指导，学生凡年 14 岁，不超过 25 岁的，都可以填申请表参加。在那一次集体入团的有 100 多人。

力学硕士学位，1968年获得美国匹茨堡大学数学博士学位。[①]

1946年4月5日，县召集各乡、保小学校长在和县县立初级中学礼堂成立"和县教育研究会"。8月，国民党省政府颁发的《整顿学风办法十条》，内中规定："学生思想谬误，训诫不悛，应及详报本厅，以凭转省党部核办。如有隐瞒不报，一经查出，校长、训导人员、级任导师及军童训人员负连带责任。"国民政府加强了对学校的管辖与钳制。

1946年县政府制发各学校的标语：

一、教己教人。二、人生以服务为目的。三、学而不厌，才能诲人。四、不耻下问。五、从做中学，在学中做。六、伟大的事业，建筑在高深的学问上。七、有不断的学习，才有不断的进步。八、学问为济世之本。九、现在学什么，将来就做什么。十、将来想做什么，现在就学什么。[②]

1947年2月，县政府依照部令《安徽省各县市教育局组织规程》，组设和县教育局。在和县城隍庙筹建私立新生中学，成立校董事会，聘尹伯西为校长。

1947年7月24日，美联社发出一条消息，对当时国民党政府发行的法币购买力进行了非常形象的描述：100元法币，民国三十二年（1943）只能买一只鸡，民国三十四年（1945）只能买一只鸡蛋，民国三十六年（1947）只能买一盒火柴的三分之一。[③]可见当时物价飞升，民生之艰，办学之难。尽管如此，学校还是取得了不少成就。

1947年8月，和县县立初级中学有7个班，274名学生。

和县县立初级中学1947级学生可查者有78人。其中不乏优秀者，如朱恩彬，中共党员。历任山东师范大学文学理论教师、中文系主任、教授。教育部赴朝鲜工作组组长，中国古代文论学会理事，山东美学学会副会长、秘书长。著有专著《文学理论基础知识》（合作），主编《文学理论辞典》《中国古代文艺心理学》《文坛百代领风骚——儒家的文学精神》《生活、心灵、艺术》，参编《中国历代诗学论著选》以及《中国历代文章学论著选》。论文70余篇。

[①] 鲍家驳博士在北卡州大学担任数学教授有30多年，终身从事数学研究与教学，不接受任何行政职务。本书人物传略有介绍。

[②] 《和县教育志（1901—1988年）》，第62页。

[③] 转引喻长志：《马鞍山市近现代新式教育研究》，安徽大学出版社2014年版，第113-114页。

三、针锋相对，迎接曙光

1948 年，国民党统治区的经济状况急剧恶化，军费开支日益增多，占整个财政支出的 80% 以上，对一般公教人员工资不能及时发给。据《安徽省教育厅郭有玉视察和县教育概况报告》称："教师之每月薪金，自 4 元起至 18 元左右，即此少数薪金，尚有拖欠三月有奇，未领分文者，既无以赡养家室，又时虞己身冻馁。"①和县县立初级中学与和县简易师范教师的微薄工资也不能及时发放。当时进步教师有杨怀仁、李恩平、陈潘旭、董原等人，在魏尚书（共产党员）带动下，教师组织索薪斗争，他们联络和城各个学校教师代表和部分学生代表，至县政府及参议会进行交涉，要求发给欠发教职员的工资。县长为避免事态扩大，不得不发放欠资。

在魏尚书带动下开展驱杨宝凤②活动。国民党党部通过教育局派杨宝凤到和县县立初级中学教书，其目的是要了解和县县立初级中学日益开展的反独裁、争自由民主进步活动的底细。魏尚书、杨怀仁等人便有准备地组织进步学生就杨宝凤所教课程的内容，在课堂上向杨宝凤提问，杨一时回答不出来，学生就在课堂上起哄，进而又组织杨授课班级学生罢课，迫使学校、当局解聘了杨宝凤。

创办《和中导报》宣传进步思想。《和中导报》共出版 20 余期，多数是辅导学生学习内容，并在其中宣传进步思想。这一阶段，和县县立初级中学师生民主气氛浓厚，反内战呼声越来越高。1948 年底《和中导报》因发表《论群众和群众斗争》一文，被县党部审查，认为是鼓动学生反对当局，被迫停刊。国民党和县当局还派遣军警搜查教师杨怀仁的宿舍，迫使他离开和县③。

1949 年 1 月，国民党统治风雨飘摇。国统区物价飞涨，社会秩序混乱。青年学生处于无法安心读书的境地。"解放区好，到解放区去！"已经成为进步学生的愿望，1948 年教职员最多时有 20 多人奔赴解放区。④

---

① 《安徽教育行政周刊》三卷二十一期。
② 杨宝凤系县三青团秘书长。
③ 中共和县县委党史研究室著：《中国共产党和县地方史》，安徽人民出版社 2010 年版，第 311–313 页。
④ 和县档案馆登记号 084：《伪和县中学解放前情况调查整理》（1960 年 3 月 9 日），陈全武回忆。

第二章

不断发展

（1949—1978）

第一节　恢复教育（1949—1956）

一、接管改造学校，明确教育目的

1949 年 1 月 15 日，和含爱国民主政府改为和县民主政府，县长潘效安[①]。4 月 20 日，中国人民解放军胜利渡江，西梁山、裕溪口国民党守敌相继溃逃。4 月 22 日，和县民主政府由姥桥镇桃园拐迁进和城。4 月 23 日和县全境解放，归巢湖地区管辖。和县县立初级中学暂时停办。

7 月，和县人民政府文教科成立，首任科长齐家振。暑期，全县 20 余名中小学教师参加巢湖专区暑期教研会。秋季，和县初级中学复校，县长李志兼任和县初级中学校长（1949—1952）；李志平时很忙，教导主任李山樵代理校长，处理学校诸事。招收新生 174 人，共 3 个班，教职员 11 人。随后，将 1949 年春创办的绰庙集民办初中撤并到和县初级中学，其负责人李山樵随校调至和县初级中学任教导主任；此时有 7 个班，学生 192 人，教职员 21 人。

1949—1950 学年度和县初级中学概括表[②]

时　间	学　校	班级	学生	职员	备　注
1949 年第一学期	和县初级中学	3	116	11	男生 84 女生 33
第二学期	和县初级中学	3	187	8	男生 134 女生 3
1950 年第一学期	和县初级中学	4	239	14	男生 185 女生 54
第二学期	和县初级中学	5	192	21	男生 139 女生 59

根据此表，当时校名应是和县初级中学。

---

① 和县档案馆，档案号 j001-043-07，《李志同志谈解放初期和县政权建设情况》第 4 页："我去之前，县长是潘效安。"

② 《和县教育志（1901—1988 年）》，第 139 页。

新中国成立后，培养什么样的人的问题，成为教育事业面临的首要问题。1949年9月通过的《共同纲领》中明确规定："中华人民共和国的文化教育为新民主主义的，即民族的、科学的、大众的文化教育。"为了贯彻这一方针，1949年12月，教育部召开第一次全国教育工作会议，明确了新中国教育工作的目的，即"为人民服务，首先为工农服务，为当前的革命斗争与建设服务"。"两为"作为我国新民主主义教育方针，确立了新中国成立初期我国教育的基本职能和作用。1949年12月，和县划归南京市管辖。①

1950年2月28日，和县召开第一次文教扩大会议，为时7天。

1950年春，和县又划归巢湖地区管辖。

8月，教育部颁布的《中学暂行教学计划（草案）》规定：中学分初、高两级，初中设政治、语文、数学、自然、化学、物理、历史、地理、外语、体育、音乐、美术等科；高中增设生物学科和制图，减去自然一科。解放初期，中学语文课本，为适应新民主主义到社会主义过渡时期的需要，以解放区的一些语文课本为蓝本，吸收国统区的一些语文课本编写的经验，注重语文课本的政治思想性，密切配合当时的革命形势，选入大量反映革命战争和政治运动的文章。

1950年6月30日，中央人民政府根据全国解放后的新情况，颁布了《中华人民共和国土地改革法》，它规定废除地主阶级封建剥削的土地所有制，实行农民的土地所有制。规定了没收、征收和分配土地的原则和办法。

1951年2月，县文教科通知，组织学习《土地改革问题讲话》，并要求各校配合土改，开展宣传。和县初级中学组织学生宣传土地改革有关政策。

3月，第一次全国中等教育会议提出："普通中学的宗旨和培养目标是使青年一代在智育、德育、体育、美育各方面获得全面发展，使之成为新民主主义社会自觉的积极的成员。"9月15日，县人民政府发出《纠正学校教育工作中混乱现象的通知》，强调各级行政部门不得任意抽调教师和学生搞中心工作。

二、教育转型：明确教育任务、目标、课程和学制

从1952年开始，我国进入由新民主主义向社会主义过渡时期。与此相适应，我国教育也开始了由新民主主义教育向社会主义教育过渡，教育事业中的社会主义因素不断增长。

---

① 和县档案馆，档案号 j001-043-07，《李志同志谈解放初期和县政权建设情况》第4页："四九年十月开过镇江会议以后，和县曾一度划归南京领导，那是经中央几个政治局委员讨论的。"

1952 年 1 月，和县划归芜湖专区管辖。3 月 18 日，经政务院批准，教育部颁布《中学暂行规程（草案）》提出："中学教育的任务，是用马克思列宁主义的理论与中国革命实际相结合的毛泽东思想和普通文化知识教育青年一代，使他们身心获得全面发展，以便为升入高等学校或参加建设工作打好基础。""中学应对学生实施智育、德育、体育、美育等全面发展的教育，其目标：一、使学生能正确运用本国语文，获得现代化科学的基础知识和技能，养成科学的世界观。二、培养学生为祖国效忠、为人民服务的思想，养成其爱祖国、爱人民、爱劳动、爱科学、爱护公共财物的国民公德和刚毅勇敢、自觉遵守纪律的优良品质。三、培养学生体育卫生的智能和习惯，以养成其强健的体格。四、陶冶学生的审美观念，并启发其艺术的创造能力。""中学修业年限为六年，分初、高两级，各修业三年。"和县初级中学遵照上述方针实施教育。

1952 年 3 月，教育部颁布的《试行中学暂行课程（草案）》规定：初中开设本国语文、算术、代数、几何、物理、化学、植物、动物、卫生常识、地理、历史、中国革命常识、时事政治、外国语、体育、音乐、美术。高中增设三角、解析几何、人体解剖学、达尔文理论基础、制图、社会科学基础知识、共同纲领，减去算术、植物、动物、生理卫生和中国革命常识，不开音乐、美术。

1952 年 8 月，县文教科组织教师对全县中小学的财产、场地进行全面普查，登记入册，由国家管理。教师由薪粮制改为工资制。

1952 年秋，原私立新生中学为国家接办，并改名和县初级中学。同时，原公办和县初级中学，增设高中部。根据"两级合设者称中学，单设者称初级中学或高级中学"[①] 规定，和县初级中学更名为和县中学。张范任校长（1952—1956），张范系县委委员，教授政治，语言生动，赢得学生尊重。教导主任为黄亚函，教师有汪维时、林式如、王世雄、单国任、李龙怀、方四章、黄立松、黄亚函、何愁、葛鹏、倪勤筑、汪庆礼等，数理化教师基本配套，其中大部分教师从外地调来。教生物的何愁、教数学的方四章，授课生动，深受学生欢迎；体育教师胡昆排球打得特别好，带动了学校各项体育活动蓬勃开展；此时，学校拆除大礼堂，兴建新教室，开辟理、化、生实验室；开设初中 6 个班，高中 2 个班，共计 8 个班，学生 450人。高一新生在芜湖专区（和县属芜湖专区）12 县内统招，生源质量较高。

1953 年以后，国民经济的恢复与发展，学校规模日益扩大，教学设备日趋完

---

① 1952 年 3 月 18 日教育部颁发试行《中学暂行规程（草案）》。

善。1953 年春，县抽调部分中小学教师到芜湖参加思想改造。学校组织教师学习《人民日报》1953 年 3 月发表的《教学工作是学校压倒一切的中心任务》社论，广大教师明确认识自己的主要责任是做好教学工作，学生的主要任务是学好各门功课。

1954 年 2 月，周恩来在政务会议上提出："我们向社会主义、共产主义前进，每个人要在德智体美等方面均衡发展"；《1954 年文化教育工作的方针和任务》提出："中等教育和初等教育，应贯彻全面发展的教育方针……为培养社会主义社会的建设者而奋斗。"

1954 年和县遭受特大水灾，灾区教师随同灾民上山垦荒，坚持灾区教育。芜湖专署教字第 837 号文件决定撤销和县初级师范学校，校产交给和县初级中学。初师学生并入和县初中，附设师范班。

1955 年，和县中学高中部撤并到当涂中学。[①] 和县中学遵照"提高质量为重点，有计划、有重点稳步发展"的方针，着重改进教学方法，加强劳动教育，贯彻德智体美全面发展方针。8 月，根据国务院《关于国家机关工作人员全部实行工资制和改行货币工资制的命令》和 8 月教育部通知规定，全县中小学教职工工资标准修订为货币工资标准，补加物价津贴。

1956 年，和县中学复招高中新生两个班。

第二节　探索实践（1956—1966）

一、集聚人才，办好学校

1956 年，我国生产资料所有制的社会主义改造基本完成后，全面转入大规模的社会主义建设时期。1957 年 2 月，毛泽东在《关于正确处理人民内部矛盾的问题》中提出："我们的教育方针，应该使受教育者在德育、智育、体育几方面都得到发展，成为有社会主义觉悟的有文化的劳动者。"这一重要论述将马克思主义关于人的全面发展思想，贯穿于社会主义教育培养目标之中，形成了新中国全面发展的社会主义教育方针。这一方针对我国教育事业的发展，发挥了持久的指导作用。

---

① 《和县教育志（1901—1988 年）》，第 140 页。

1956 年教育部提出"加速发展，提高质量，全面规划，加强领导"方针。曲忠任和县中学校长（1956—1962）。自 1956 年起，学校每年从本县和邻县初中选调教学水平高、能力强的教师。如高性天（字亨庸），1957 年从当涂中学调入，国学基础深厚，诗词歌赋造诣较高。还从高等师范院校选聘优秀毕业生，逐步形成一支学科配套、能力较强的高中教师队伍。教导主任先后是狄兴培、魏起、高性天。语文教师戴家英，数学教师何履端、张鹤松、沈克树，物理教师章善义、尹兆明，生物教师任林汉、马承廉，美术教师沈鲁；他们工作严谨，学有专长，各自成为学科带头人。

随着国民经济的恢复与发展，和县中学规模日益扩大，在校园东边葡萄架旁新建 4 个班教室。省教育厅拨款 5000 元购买仪器，完善了教学设备。

1956 年，学校恢复高中建制。当年招收高中新生 2 个班 90 名。[①] 7 月 23 日，县文教科分设文化科与教育科。这年秋，语文学科分为汉语、文学两门学科，政治课改共同纲领为《中华人民共和国宪法》。同时，为了实施基本生产技术教育，增设了工农业基础知识课。

11 月 29 日至 12 月 3 日，县召开和县初等教育先进工作者会议，出席会议代表 100 余人。

二、在反右、"大跃进"运动中贯彻教育方针

1957 年 12 月，全县开展反右派斗争。中学、师范以学校为单位进行反右运动。在反右斗争中，和县中学 60 多名教师中有 18 名被划分为右派分子，30 多名被列为有严重错误和右倾思想分子。

尽管如此，老师们依然怀着一颗赤诚的心，在学校领导带领下，默默地为教育事业而勤奋工作，刻苦努力，培养了一批又一批高素质的毕业生。例如 1957 届毕业生有名可查者 105 人，大部分成才成人：敬应龙、傅天信、王忠恕、沈祥木、于秦生、王国翠等分别在空军政治部、南昌电力专科学校、山东地质科学实验研究所、安徽省冶金研究所、安庆师院物理系、马鞍山市环境监测站工作。还有不少为中小学教师和地方行政干部。

1958 年 9 月，中共中央、国务院发出的《关于教育工作的指示》中明确提出："党的教育工作方针，是教育为无产阶级政治服务，教育与生产劳动相结合"；同

[①]　1956 年至 1965 年共招收 10 届 19 个班 800 多名高中学生。

时指出"教育的目的是培养有社会主义觉悟的有文化的劳动者"，后来概括为"教育必须为无产阶级政治服务，必须同生产劳动相结合"（即"两个必须"）。

1958 年"大跃进"，和县中学掀起勤工俭学高潮，中小学师生都投入大办钢铁运动。和县城内中学，在 8 月 29 日这一天，共建成炼铁小高炉 12 个。

从张子文 10 月 6 日的报告，可见和县中学大办钢铁的情况："战斗组是这样：以校长曲忠、副校长张石樵同志为首亲临战场，指挥督战，下分 18 个班组，分工分业，并成立技术研究组，发现问题解决问题。""拉风箱组，六人一组，二十四人一个风箱，每炉三到四个风箱，五分钟换班，哨子一吹，立即换好，动作特别迅速。""磨炭粉工作间，筛的筛，磨的磨，各有分工，不吵不闹，那些小同学，手快腿快，不怕脏，不怕灰。""磨白泥工作间均是初一小同学，两只小手，既快且灵，很有秩序地按部就班进行操作。""理化教师尹兆明、章善义放下笔杆子，拿起钳子，在生产炉子周围，这里看看，那里查查，步步不离，与同学同吃、同喝、同劳动。""他们的教室已成车间，操场已变为工地。从他们组织情况和工作情况来看，已符合组织军事化、生产战斗化、生活集体化。"和县中学自 9 月 29 日起至 10 月 5 日止，短短六天内，亦有 7 个炉子出炉，每炉出铁 90 斤左右。[1] 继后，和县中学办了细菌肥料厂。

自 1958 年以来，上级要求学校大办工业，提倡师生与工农群众同吃、同住、同劳动，师生负担过重。在这些政治运动中，学校无法保持稳定的局面和正常的教育秩序。

学校在努力提高教育质量的同时，还认真贯彻教育同生产劳动相结合的方针。学校开办翻砂铸造厂，选派的 5 名学生由生产处主任带领，到马鞍山矿山机械厂学习翻砂铸造技术，回来后生产铁轨、铁球，铁轨卖给水利部门，铁球卖给耐火材料厂，年创收 2 万元。1959 年选派 3 名学生到上海柴油机厂学习车工、刨工、钳工技术，并增配一些技术工人，使工厂形成一定规模。每周安排学生到工厂劳动半天。在这种情况下，和县中学 1959 年高考升学率为 61%，实属不易。

三、师生奋发，学校名声大振

1960 年春，县委召开教育工作持续"大跃进"广播动员大会，号召全县中小学继续跃进。1960 年和县中学高中毕业生 60 名，参加高考 58 名，录取 56 名，其

---

[1] 和县档案馆，档案号 j001-042-017-018，和县县委工交部《关于和县中学坩炉炼铁情况的检查报告》。

中本科 43 名，专科 13 名，高考升学率达 96%，名列芜湖专区 11 县（宣城、郎溪、广德、泾县、南陵、繁昌、芜湖、当涂、无为、含山、和县）之首；单科成绩物理第一，化学第二，敬应龙以平均成绩 92 分（百分制）的优异成绩被中国科技大学录取[①]，物理教师章善义、化学教师张德奎晋升一级工资。和县中学自此名声大振。

1961 年，教育部颁发《关于调整和精简中学课程的通知》，规定初一开设 6 门课、初二开设 8 门课、初三开设 9 门课。除体育、音乐、图画外，政治、语文、外语、数学四门课均连续学习 3 年。这时期，中学语文采用十年制的课本，这套课本在选材、内容和读写基本训练方面，有了较多的改进。

1961 年 4 月，和县文教局对教师进行整编，对中学的部分教师逐级下放。这年秋，农业户口的学生考取中学，不再变迁户口和粮油关系。为了贯彻中央调整方针，学校工厂停办。与此同时，和县人民委员会还在县良种实验场西南划拨土地 70 亩给学校办农场。学校在农场种植小麦、山芋等作物和白菜、萝卜、茄子、大椒、冬瓜、瓠子等蔬菜。安排师生每周每班到农场劳动半天，排入课表。开办工厂、农场，不仅为师生提供了经受劳动锻炼、接受劳动教育的良好场所，而且为学校创收，帮助师生度过了三年生活困难时期。

三年困难时期（1959—1961），学校建农场，建猪场，饲养生猪十多头；办鸡场；挖塘养鱼；利用山地种蚕豆，用豆子蒸做豆酱。当时农村住宿学生、部分城里家庭缺粮的学生，都在学校食堂搭伙。伙食标准每月收费 6 元，有的学生加上助学金每月只交四五元，困难学生只交一两元。尹兆明老师多次资助学生伙食费。学生马礼和被列为特困生，学校到民政局为他申请救助棉被、棉衣，单衣由教师捐助。在学校的关心下，后来他考上了大学。学校办翻砂铸造厂，为马鞍山铸造铁球，为兴修水铸造小铁轨。小工厂年创收两万，用于支付师生伙食补助。三年困难时期，全校师生没有一人因饥饿得浮肿病，未流失一名学生。1961 年高考，被全国重点大学合肥工业大学录取的有常声贵、彭宏昌、胡仁德三名学生。

1962 年，张石樵为校长，副校长任国文，教导主任高性天，副主任汪耀华，总务主任屠中一、副主任徐永楷。学校加强常规管理，充分发挥教研组作用，要求重点钻研教材，教好教材，教学采用启发式，每学期都有教学总结。学校将教学经验汇集成册，发给教师，相互借鉴。学生作文、日记篇目都有规定，教师批改认真，有眉批、总评。学校重视学生德智体全面发展，经常开展学生篮球、排球比

---

① 中国科学技术大学于 1958 年 9 月在北京创建，首任校长为郭沫若。建校第二年即被列为全国重点大学。1970 年初，学校迁至安徽省合肥市。

赛。课外活动活跃，师生都能参加晨练。下午两节课后，学生有的参加数、理、化科研小组，进行科学实验；有的参加动物饲养，学习生物解剖。

1962 年 8 月 14 日，县文教局制定《和县中等学校调整工作意见》，撤并和县师范与和县初级农校，保留和县中学、和县初中、功桥初中、香泉初中 4 所中学。这年秋，县成立甄别办公室，经甄别给部分"右派"摘帽子。

1962 年高考，学生被全国重点大学录取的有李长发（北京大学）、纪国经（南京大学）、朱传奇（中国科技大学）等。

1963 年全国掀起学习雷锋的热潮。从此，学习雷锋的活动在全国展开。和县中学响应毛主席号召，开展向雷锋同志学习活动，学生读毛主席的书，写读书心得，在校园或上街做好人好事。

1963 年上半年，和县教初中的教师下放到小学任教 22 人，回乡支援农业生产 187 人。这年秋，中小学教师调整工资，调整面为 40%。

1963 年 7 月，教育部下达《关于实行全日制中小学新教学计划（草案）的通知》，规定政治课按年级分别设置"道德品质教育""社会发展史""中国革命和建设""政治常识""经济常识""辩证唯物主义"及"时事政策教育"，这些内容在政治课堂上教学，不另安排时间学习。

1963 年高考出佳绩。毕业生 90 名参加高考，录取 60 名，录取率 66%，其中被全国重点大学录取的有刘贤忠、杨含炳（清华大学）、王基镕（中国科技大学）、宋先林（西北工业大学）、邢善栋（北京医学院）、张维盛、张修礼、蔡有典、海定广、张家斌、路荣凯、陈礼、李援选（合肥工业大学）等。

1963 年 12 月 5 日，林灿章等老师摘掉右派帽子，调整工资级别。[①]

1964 年暑期，安徽省中学生乒乓球赛在当涂举行，和县中学生代表队荣获男女团体第一名。

全县教育系统开展"四清"运动。和县中学开展"五反"运动。"五反"运动分为两个阶段。第一阶段为学习阶段，由和县中学"五反"学习领导小组具体领导与安排，分为三大组，每星期教员学习 8 小时，职员学习 16 小时，组织工友每周学习 2 小时，组织家属每月学习一次。1963 年 12 月 28 日转入第二阶段，到 1964 年元月 26 日寒假暂停。开学后，从 1964 年 3 月 8 日开始，至 6 月 9 日，共计 130 天。这一阶段，学校领导小组对群众提出的 500 多条意见，多次研究，决定张石樵

---

① 和县档案馆，档案号 j034-02-402-130。

在全体教职员会议上作三次检查。凡能改的立即改，暂不能改的逐步改，如校长住房多了，群众意见一提出，即作了调整。领导深入课堂、食堂，改进教学管理，改善师生伙食。

第二阶段为群众自我教育阶段，过程分三层。一是学习，群众学习毛主席的《为人民服务》《纪念白求恩》《反对自由主义》《愚公移山》《关心群众生活，改进工作方法》《干部政策、党的民主、党的纪律》《青年运动方向》7篇文章。二是忆苦思甜座谈会。教师尹兆明、纪作亮和工友常文明谈家史，通过回忆对比，教师认识到，旧社会教师是没有地位的，从而更加敬业。三是提高认识，"认识到片面追求升学率是资产阶级教育思想，是当前教育战线上阶级斗争中的突出问题。""现在认识到只重视文化知识教育，忽视政治思想教育和生产劳动教育，是一种资产阶级教育思想表现。"

学校改进措施，对学生课业、生产劳动、课外生活都作了调整安排。加强了政治思想教育和劳动教育。组织学生参观县举办的阶级教育展览，在校内组织了家史报告会，除了每周半日劳动外，还在农忙期间组织师生集中一周劳动，农村学生回乡劳动。邀请回乡生产的历届毕业生返校给师生作报告，进行"一颗红心，两种准备"的教育。

"自运动开展以来，同志们思想觉悟大大提高，有6位同志提出加入党组织，有一位青年要求入团，更多的同志要求领导找他谈谈，指出缺点。"在支援灾区捐款活动中，师生共捐款240.79元，最多的是尹兆明老师一次捐款50元，学生也有捐3元、2元的。[①]

1964年学校高考，被全国重点大学录取不少，俞长伦、周军、张之仁、杨寿安、陈聚江、高加柱等同学分别被清华大学、中国科技大学、上海交通大学，同济大学、上海第一医学院、北京工业学院录取。

1965年2月14日，解放军战士王杰在江苏省邳县张楼公社训练民兵时，在炸药即将发生意外爆炸的危急时刻，为保护在场民兵和人民武装干部的生命安全，毅然扑到炸药包上英勇牺牲。1965年11月，人民解放军总政治部、全国总工会、全国妇联、共青团中央和教育部分别发出通知，号召向他学习。此后，在全国、全军广泛开展了学习王杰活动。1965年11月，全县中小学掀起学习王杰的热潮。

1965年高考，被全国重点大学录取的有王丰翠（南开大学）、吕家传（西安电

---

① 和县档案馆，档案号 j001-025-013-010:《安徽省和县中学关于我校五反运动第二阶段小结》。

子工程学院）、戴先乐、林家富、高肇庆（西安交通大学）、邢善所、耿兆恩（解放军测绘学院）、孙绍卿（北京石油学院）、吴体汉、杨宗兰、马茂兰（合肥工业大学）。

和县中学办学规模逐渐扩大。1966 年秋，学校设初中 11 个班、高中 6 个班，共计 17 个班，学生 900 多人。此为新中国成立后鼎盛时期。这时期的教师，教学各有特色，沈克树反应敏捷、快速，对学生教育循循善诱，赢得学生称赞；马承廉政治课分析透彻，用时虽少，但收效很好，高考成绩突出，深受学生欢迎；尹兆明认真严肃，章善义严谨清晰，张德奎敏快透析，纪作亮博引旁征，各自教学风格显著。

1959 年至 1965 年，七届高中毕业生共 760 名参加高考，本专科录取人数共 500 多名，平均达线率 66%。1966—1968 年三届高中毕业生因高校招生停止，失去了高考机会。

第三节　曲折历程（1966—1976）

一、"文化大革命"运动的兴起和大串联

1966 年 6 月，县委派以县委党校校长鲁正宽为组长的工作组进驻和县中学，领导师生开展"文化大革命"运动。那几年，中学一般上《毛主席语录》《毛主席诗词》和军体课。

9 月 5 日，中共中央和国务院发出《关于组织外地革命师生来北京参观革命运动的通知》，要求各地组织大中学校学生或学生代表、教职工免费来北京，参观"文化大革命"，红卫兵和学校师生的大串联开始逐步走向高潮。1967 年 8 月，毛泽东号召"就地闹革命"，串联活动才基本结束。

二、66、67、68 三届高、初中毕业生到农村接受再教育

1968 年，全国 66、67、68 三届初、高中毕业生计 400 多万人全部到农村接受再教育。

10 月，和县中学招生取消考试制度，采取推荐办法。新招初中 4 个班学生。

11月，和县中学高、初中三届毕业学生响应毛主席的"农村是广阔天地，在那里大有作为"的号召，全部到农村插队落户。

三、和县中学下迁石杨公社

1969年1月16日，和县革命委员会政工组决定，将和县中学下迁到和县石杨山区。随后，和县中学10多名教师和1968年招收的初中4个班学生到达石杨山区，以石杨小学为基础，成立石杨五七学校，继续进行斗批改。

由于交通不方便、生活条件差，学生不安心，经常爬军垦农场军车回和城。教师对下迁想不通，只坚持了一个学期。7月，教师带着4个班学生回到和县中学原校址。在干部、教师中开展清理阶级队伍、定性、定案等工作，学生放假回家。

9月，县革委会政工组坚持将和县中学下迁石杨，随同学校下迁到石杨的和县中学干部和教师有汪耀华、张良鸿、潘益杰、尹兆明、张德奎、单国任、黄慧林、华云程、马承廉、雷云存、王克翠等13人。另有13名干部和教师下放到和县农村其他中学，张石樵、裴正瑜、翟笃发、沈鲁到香泉中学，章善义到乌江中学，沈克树到姥桥中学，王世雄、张泰安、郑日佩、李象到善厚初中，倪琴筑、林灿章到绰庙初中，史家浩到螺百初中。并考虑一些教师的实际困难，将年老体弱和父母年迈而身边无子女以及外省籍的教师赛勤万、李本凯、王宝良、汪子琏、李文健、仝茂椿、胡瑜、杨盛旺、韦捷杰、宋虎盛、胡珍云、戴佩芬12人调至后来称之和县卫东中学。聂国平调至乌江区委会，苏光发调至县革委会教育小组，汤信才、王久江抽调到县革委会审干室。徐永楷、柳献富、吴旭初3人留在学校成立护校小组。同时，将和县中学的课桌凳、教学仪器、图书等校产，分配给以石杨中学为主的各个初中。

10月，和县革委会发布154号文件，撤销文教局，改设教育小组，隶属县革委会政工组。

1970年5月，由于学生人数剧增，石杨公社决定中小学分开，中学迁出。根据县革委会政工组的要求，和县中学下迁到石杨的干部、教师，开始就地筹建中学。先组建学校领导班子，成立校革委会，由中士李村农民、革命烈士胡业桃的父亲任校革委会主任，后来张荣升任校革委会主任，和县中学下迁到石杨的行政干部汪耀华任副主任，负责学校全盘工作。校革委会研究，拟定学校名称为"和县石杨五七中学"，校址选在石杨街东南的黄泥山，并报请县革委会审核批准。随后，县革委会拨款0.6万元给和县石杨五七中学兴建校舍。石杨五七中学就利用这笔款子在黄泥山上兴建校舍 13 间，其中教室 9 间，办公室 4 间。

学校建成后，下迁的教师遵照毛主席的"五七"指示，在认真搞好文化课教学的同时，积极开展"学工、学农、学军"活动。学校与荒草圩军垦农场的驻军联系，取得了驻军部队的支持，将荒草圩农场定为学校"学工、学农、学军"基地。学校开展勤工俭学，组织师生上山挖中药材，每年创收 500 多元；种麻，打麻绳，年创收 500 多元；开展科研攻关，研制九二○农药，取得显著成绩，受到县革委会的表彰。

1972 年，经县教育局批准，石杨五七中学面向石杨区招收二年制高中新生，成为完全中学，改名为和县石杨中学，成为全县 8 所县办中学之一。

四、和县卫东中学成立

1969 年秋，和县初级中学迁至原和县中学校址，和县中学下迁到石杨的初中 4 个班学生回到原校，成立和县卫东中学[①]，和县卫东中学革委会副主任李群主持学校工作。

1970 年 8 月，省下放干部史宝玉任革委会主任（1970 年 8 月—1973 年 5 月），李群、李维苏、方维升为副主任。学校共 18 个班，学生近千人。全校实行军事编制，年级为连，班级为排，共成立 3 个连。学生边学习，边参加学工、学农劳动。初、高中（高中两年制）毕业生少数由排连长推荐升学或参军，大部分下放到农村。

这年秋，根据"学制要缩短，教育要革命"的精神，学制改为二二制，即初中、高中修业各两年，中学开设政治、语文、数学、外语、工业基础知识、农业基础知识、军体课。

1971 年 10 月，县委召开全县教育工作会议，贯彻《全国教育工作纪要》和《安徽省教育工作座谈会纪要》。

五、和县卫东中学更名为和县中学

1972 年，和县卫东中学更名为和县中学。县革委会政工组发出通知，要求各地派贫下中农宣传队进驻学校，兼任革委会领导，管理学校。此时学制改为三二制，即初中三年，高中两年。

---

① 《和县教育志（1901—1988 年）》，第 172 页。

1973 年，《安徽省中小学学制和课程设置计划（草案）》颁发，规定开设政治、语文、数学、外语、农业基础知识、卫生常识、物理、化学、历史、地理、艺体等科。政治课分年级上《无产阶级革命接班人》《社会发展史》《中国现代革命史》《辩证唯物论常识》《社会主义经济建设》。

六、和县中学分为和县第一中学、和县第二中学

史宝玉调出，副主任刘训潮主持工作（1973—1975）。

1973 年 11 月，和县革命委员会决定：将和县中学分为两所中学，安徽省和县第一中学、安徽省和县第二中学。两校均为完全中学。和县第一中学校址设在原和县中学地址；和县第二中学校址设在原初级中学地址。1974 年 2 月，新学期开始分校上课。

第四节　徘徊调整（1976—1978）

1976 年 10 月，粉碎"四人帮"，结束了十年动乱，和县第一中学获得新生。此时，学校充实领导，重组教师队伍。校革委会主任仍为孙裕选，副主任先后有张石樵、李群、汪耀华、张书勤；教导主任张三益，张三益退休后，江德成、王闾先后继任，总务主任为郭恒才。原下放各乡镇的和县中学教师陆续调回和城。

孙裕选主校时，重修喜雨亭。这座近百年古建筑到"文革"后期已破旧不堪。彻底翻修后，恢复原样，红柱绿瓦，熠熠生辉。同期还建成 1260 平方米实验楼，巢湖地区教育局配发了理、化、生仪器设备。实验楼成为和县各中学的实验中心。

1977 年 3 月 23 日，县教育局发出通知，要求全县中小学开展学习雷锋活动。县教育局发出通知，全县中小学自 1978 年起，恢复秋季始业与毕业以及升学考试制度。

当年秋，中小学教职工调整工资，调整数为 682 人。

10 月，恢复招生考试制度后，县教育局召开高等院校、中等专业学校招生工作会议。

11 月，全县历届高中毕业生汇集和县第一中学参加高考。

1978 年，教育部颁发《全日制中小学教学计划试行草案》，规定中学开设政

治、语文、数学、物理、化学、外语、历史、地理、生物、农业基础知识、体育、生理卫生、音乐、美术 14 门课程。

4 月初，经县委批准，和县第一中学为县重点中学。随后，和县第一中学被确定为巢湖地区重点中学。

当年夏，县教育局成立案件复查办公室。（至 1988 年，"右派"改正 304 人，平反 298 人）。

8 月，中小学恢复升学考试制度。

9 月，普通中学学制由二二制改为三二制，即初中修业三年，高中修业二年。

10 月，和县选招 68 名民办教师为公办教师。

第三章

改革奋进

（1979—2012）

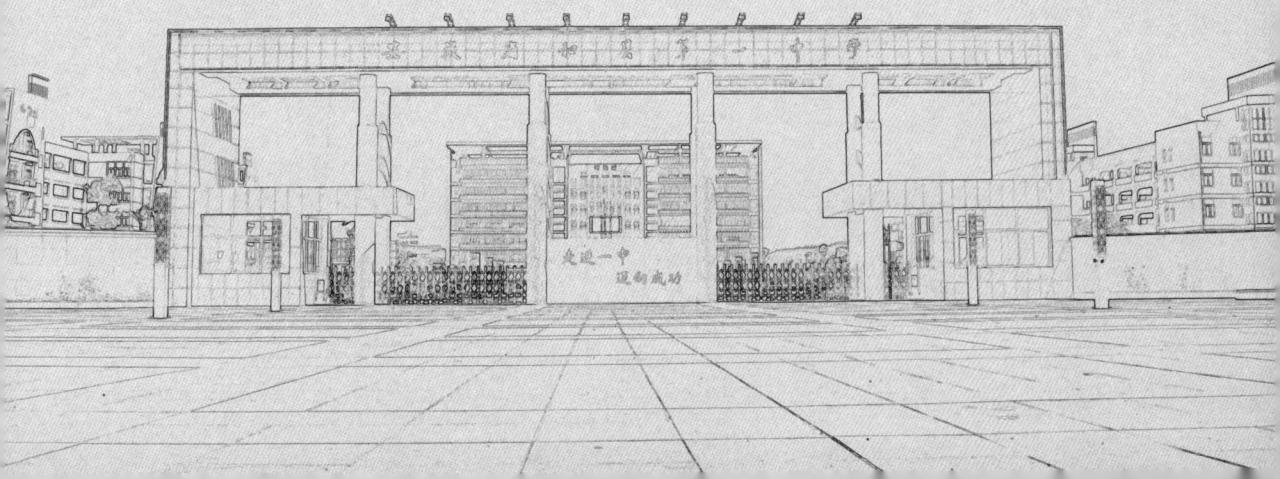

第一节　中兴之举（1979—1992）

一、制定法规，让教育走上正轨

1979 年 9 月 5 日，县教育局发出贯彻部颁《中小学学生守则》的通知，要求各校要把贯彻守则当作一件大事来抓。

1980 年，和县第一中学教师尹兆明被评为中学特级教师。

1980 年 11 月 15 日，县教育局印发《普通中学和小学班主任津贴执行办法实施细则》，从当月起实行。

1981 年，教育部颁发《全日制六年制重点中学教学计划（试行草案）》《全日制五年制中学教学计划（试行草案）修订意见》，对六年制中学和五年制中学的课程作了具体规定。

1981 年 3 月 16 日，县教育局召开中小学思想政治工作座谈会，为时两天。自秋季始，和县第一中学改为六年制中学，高、初中为三三制，使用人教社的统编教材。

1982 年，安徽省教育厅颁发《安徽省全日制六年制中学教学计划（试行草案）》。

1982 年前后，由省教育厅、地区教育局直接分配到和县第一中学的高校毕业生十多人，为学校输入了新的血液，这些青年学子日后都成了学校的骨干。学校规模日益扩大，有初中 11 个班，高中 12 个班（和县第二中学高中班并入）；学生千余人。

1982 年，县教育局发出通知，从今年起，实行高考预选。

恢复高考后，从 1978 年至 1982 年，和县第一中学每年考入高校的应、历届学生有 100 余人。

1983 年 4 月，县人民政府召开全县教育系统先进集体、先进个人表彰大会，和县第一中学有不少教师受到表彰。

1983 年，南京地理研究所副研究员、和县籍侯学焘女士捐赠和县教育局 1 万元作为奖学金基金，奖励和县高中成绩优秀的贫困女学生。

1983年孙裕选调出。1983—1984年由副校长汪耀华主持工作。

二、重组领导班子，选配教师，兴建教学楼，大胆改革

1984年，丁纯富任校长，副校长吴行才、张书勤、吴昌余（1990年调入），政教处主任江德成，教导主任王闿、陈伯平，总务主任孙基文、费邦杰，工会主席沈春智。按上级规定，初、高中分别设置12个班，计24个班，学生1500余人。学校师资配套，师资力量雄厚，其中特级教师1人，高级教师23人，一级教师25人，全校教职工100余人。

1984年10月，侯学焘奖学金基金委员会举行首届"侯学焘奖学金授奖大会"，和县第一中学与和县第二中学10名高中女生获奖。

这一年，重建学校大门，兴建学生宿舍、临街商业用房。

1985年1月21日，全国人大常委会第六届第九次会议作出决议，将每年的9月10日定为我国的教师节。

1986年12月，南京师范学院地理系教授鞠孝铭，捐献1万元作为师范、高中学生奖学金基金。

1988年至1990年，拆除原有16个班教室共48间平房，兴建2400平方米教学楼。此楼是和县学校第一座大楼，能容纳32个班级。大楼落成时，举行了盛大的落成典礼，并刻碑纪念。碑文如下：

和县第一中学教学楼落成记

和县第一中学创造于1902年。革命军兴，初具规模。抗战三迁，弦歌不断。1949年起，兴土木，增设备，日臻完善，为地区重点中学。中兴之际，县委、县政府集资百万，兴建教学楼，主体五层，两翼四层，两千四百平方米。为建此楼，县领导殚精竭虑，热忱树人，堪称重视教育之典范。

致天下之治者在人才，成天下之才者在教化，教化之所本者在学校。发展教育，振兴经济，昌盛科技，造福乡民，惠及子孙，斯亦百年之盛事也，是为记。

校长：丁纯富

1990年10月

此外，学校还绿化环境，美化校园；制定新校歌，确定"守纪、勤奋、求实、开拓"八字校训；制定岗位责任制；各科教学进行量化评分管理，教学管理工作逐步走向标准化、规范化。在教学中大胆改革，重用年轻人挑大梁，把一部分青年骨干教师调任高三挑重担。同时，学校从全局考虑，把在农村中学的优秀教师提请教育局调入和县第一中学，加强学校师资力量。

加强廉政建设、廉政自律蔚然成风。有一位领导干部利用工作之便，私下建了小厨房，受到了严肃处理。校长要求领导班子成员都要做到谦虚谨慎，见荣誉就让。省里下达一名先进工作者指标，有人推荐丁纯富校长，丁校长坚决推辞；又有人推荐陈伯平主任，他也坚决推辞："事情是老师做的，让我享受荣誉，不妥。"丁校长因势利导说："对，今后上级下达荣誉指标，让给教师，领导班子不享受。"这作为一项原则贯彻下去，和县第一中学很长一段时间保持了这一良好的风气。

此时，第二课堂成绩斐然，每年都有学生参加全国、省、地学科竞赛，获得较好名次。如学生王祖友、许森的政治小论文分别获省一等奖、华东地区二等奖；学生刘伯安、余尽、汪劲松、姜政浩获省数学竞赛一、二等奖和鼓励奖；学生黄腾飞获省物理竞赛一等奖；学生祝俊、刘力分获省历史竞赛二、三等奖，学生李晓峰获华东六市作文竞赛二等奖。获奖人较多，不一一列举。

从1978年至1989年，共十一届毕业生，考入高校1000余人。此阶段，和县第一中学很多校友在全县科、局、区、乡担任干部，承担政府主要工作。还有校友在国内外获得博士学位，在国外获得博士学位的校友有张寿武、汪德亮、沈扬、陶悦群、王昊、田兵、陆兆斌、董正杰、刘伯安等，在国内获得博士学位的校友，有徐飞、杜克林、夏溟、沈旭等。

1991年2月，校长丁纯富不幸病逝。1991年元月至1992年秋，和县第一中学由副校长吴昌余主持工作。

从1992年开始，省实行高中会考制度。高二下学期，全县高中二年级学生全部集中到和县县城参加会考，成绩合格者，省教育厅统一发高中毕业证书。此前毕业证书由学校颁发。

第二节　改革振兴（1992—2002）

一、规划校园，启动三项工程，学校声誉逐渐升高

1993 年秋，黄彩林任校长，副校长吴行才、秦贤清，政教主任江德成，教导主任窦筑生，总务主任吴起义。此时初中 12 个班，高中 18 个班。学生 2000 人。学制三三制，采用教育部颁布的统编教材。

学校启动安居工程、健康工程和名师工程。

学校对校园整体规划，实施办学条件达标工程和教职工安居工程。学校将教学区与教师宿舍区分离，将原来与学校分离的运动场改建成教师宿舍楼，将原来在学校内的与教学区紧紧相连的教师宿舍 80 户平房全部拆除，改建运动场。这样运动场与教学区相连成片，教师宿舍楼又远离教学区。1999 年，学校投资 500 万元，建造五幢共 120 套教师宿舍楼，使 90% 以上教师住上标准套房，落实了安居工程。

1993 年，安徽省教育委员会、财政厅教计字〔1993〕11 号文件，作出表彰和县实现中小学校园"六配套"的决定。[①]

1994 年 5 月 6 日，根据县直机关党委〔1994〕10 号、24 号文件批复意见，同意和县第一中学成立党总支及其所属高中、初中、行政三个党支部。[②]

从 1995 年起，学校每年给全体教职工体检，实现了健康工程。1995 年、1996 年连续两年全体教职工均到南京 454 医院体检。

学校启动名师工程，制定《和县第一中学十年（1993—2002）发展纲要》。第一步：用三年时间，强化管理力度，改变懒散状况，提高教学质量，规范学校管理。第二步：到 1999 年，再用三年时间，积极推动教育教学改革，提高教师素质和办学水平，积极申报省示范高中。为达此目标，学校组建了年龄结构有梯度、文理两科相均衡的领导集体，实现"统一领导，分工负责，双轨体制（年级组集体办公，教研组定期集中开会），考核分明（量化评估，奖惩分明）"。

此时专任教师 95 人，其中特级教师 1 人，省优秀教师 3 人，中学高级教师 34

---

① 和县档案馆，档案号 j034-01-307。

② 和县档案馆，档案号 j034-02-832，和一中（94）10 号。

人，一级教师 58 人。专任教师岗位合格率 100%，学历达标率为 90% 以上。语文教师陈昌禄获 1997 年省首届"中小学教坛新星"称号；生物教师施立奎辅导的吴灵灵同学获 1997 年省生物竞赛一等奖、全国优胜奖；施立奎作为省队教练，率队参加 1997 年全国生物奥赛；施立奎辅导的林隐同学获得 1998 年省生物竞赛二等奖。

在此期间，学校筹措资金，加大投入，加强校园基本建设。首先是加强了电教硬件建设。30 个教室全部配上"三机一幕"，开通 4 个频道闭路电视教学系统；重点改建、扩建了一座布局合理、设备齐全、功能完备的 1800 平方米的综合性科学馆，此馆集实验、微机、语言于一体。馆内有理、化、生实验室 6 个，仪器准备室 4 个，另有 64 座语言室 2 个，24 台英文打字室 1 个，仪器设备达到国家一类标准。其次是改建校门，平整教学楼前的大道，将教学楼前的青砖路改建为水泥大道，增添了绿化带，替代了原道路两侧的桧柏。更换了阅报栏；重修了 6 个水泥篮球场。

由于全面推行素质教育，学校教学质量稳步提高，三年三大步。1995 届高考本科达线 38 人，为巢湖地区重点中学第一，实现历史性突破。1996 届戴洁同学高考成绩位列安徽省理科第四名，被清华大学录取；学校和校长受到县政府的表彰和奖励。1998 届高考本科达线人数 83 人，1999 届林隐同学高考成绩位列安徽省文科第七名，被北京大学录取。

从 1996 年开始，1946 级校友、被誉为"江南一枝梅"的著名国画家端木礼海先生，开始在母校设立"梅花奖"，用精心创作的梅花图，奖励每年高考文、理科前三名的考生和获第一名考生的班主任。

1996 年，学校被巢湖行署教委评定为地区第一所规范完中，先后被评为"全国读书育人特色学校""地区二五普法先进集体""省电化教育和实验室先进集体"以及县首批表彰的文明单位。政教处主任刘正胜获得"全国读书育人"工作者乙级奖章，应邀参加在人民大会堂举行的全国表彰大会。

1997 年，全国人大常委会教科文卫委员会副主任、教育部原副部长黄辛白，教育部基础教育司司长王文湛，安徽省委副书记杨多良，安徽省副省长蒋作君，省教育厅厅长陈贤忠等领导，先后来和县第一中学考察、视察。

1997 年和 1998 年两届，学校高三年级增设了新桥文、理两个班。

1998 年，《喜雨》创刊。

1998 年 10 月，和县第一中学校友、著名的地理学家侯学焘女士将巴金先生自费出版的文集 14 卷以及侯学焘本人编绘的《农业地图集》《土地利用集》，转赠和县人民政府。

二、以百年校庆为契机，实施素质教育，不断进取

1999 年秋，林厚银任校长，秦贤清（次年调入和县第二中学任校长）、窦筑生任副校长；2000 年，何宗祥（从和县第二中学调入）、王训舟（从新桥中学调入）任副校长；2003 年，窦筑生退休，乔德季、赵恒平（从沈巷中学调入）任副校长。林厚银主校时期，一是抓住省教委评估省示范高中这个契机，全面规划学校发展；二是抓住百年校庆这一契机，再接再厉，不断进取。

学校锐意改革，全力以赴，迎接挑战，力争顺利通过省示范高中的评估验收，进入安徽省前 50 所重点中学行列。学校制订了《七年三步走发展规划》，加大经费投入，完善配套工程。（1）建造资料信息中心，电子高速公路通向世界各地，实现图书、资料网络化。（2）建造五层 65 个标准间的学生公寓。（3）建造集现代化高科技实验室于一体的科学馆。（4）建造四层高三教学楼。（5）新树旗杆，全新绿化，美化校门区，新建不锈钢雕塑"升腾"和玻璃钢浮雕"世纪风"。（6）建造生物标本室、美术活动室、现代教育技术 CAI 课件制作室、校史室、制作规划模型；编写《和县第一中学校史》。（7）建喜雨亭植物园林小区。（8）改造校园电路。废除电线杆，线路全部为地下电缆。

学校优化科学管理，加强制度建设，提高管理效率，讲究工作实效。实行初中、高中分离，提高办学效益；改进后勤管理办法，实行后勤服务社会化。

1999 年 6 月 13 日，中共中央办公厅颁发的《中共中央、国务院关于深化教育改革全面推进素质教育的决定（中发〔1999〕9 号）》："实施素质教育，必须把德育、智育、体育、美育等有机地统一在教育活动的各个环节中。学校教育不仅要抓好智育，更要重视德育，还要加强体育、美育、劳动技术教育和社会实践，使诸方面教育相互渗透、协调发展，促进学生的全面发展和健康成长。"

学校全面贯彻党的教育方针，推进素质教育，把德育、智育、体育、美育等有机地统一在教育活动的各个环节中的同时，狠抓德智工作，形成全面、全责、全程育人的工作新局面；强化育人功能，形成德育常规；加强行为规范教育，培养新世纪合格人才。1999 年 2 月，在全县树立先进典型促进师德建设活动和教书育人工作中做出显著成绩的耿礼金老师被授予县首届"师德标兵"称号。在巢湖地区微机比赛中，林厚银和团队连续三年名列第一，并代表地区赴省比赛，取得优异成绩。

学校积极组织读书活动，加强法制、艺术和科技教育。由于采取有效措施，提

高了学生素质，教育教学效果显著。学生的毕业会考合格率、优秀率逐年上升。

2000 年，县政府把学校创建"省示范高中"，列入全县八件大事之首，高度重视学校申报"省示范高中"。

2000 年 10 月 23—25 日，安徽省教育厅示范高中工作组对和县第一中学进行了为期三天的评估验收，认为学校已达到省示范高中标准。

2001 年 4 月 6 日，省教育厅下达《关于同意和县第一中学为安徽省示范高级中学函》，批准和县第一中学为"安徽省示范性普通高级中学"①。同年 5 月 31 日，和县第一中学举行了隆重的揭牌仪式。2001 年，高考再获佳绩，133 名优秀学子达本科线，2 名达飞行员标准。教师杨相俊、李善亮、赵善华获得第二届省"教坛新星"称号。安徽省教育厅、省教育工会作出决定，号召全省教育界向张德平同志学习；省委组织部将张德平事迹的电视专题片作为培训党员干部的指定教材，号召全省党员干部向张德平学习。2002 年，学校停止初中招生，为独立高中；初中教师逐步调出。高考 164 名优秀学子达本科线。

自省教育厅评估验收定为省示范高中后，学校抓住这一机遇，做了下列工作。（1）强化育人环境。在多年的工作中形成了具有特色的工作体系，即"三会""八活动"。"三会"是每学期一次校会、各年级一次家长会、每周一次班会（其中每学期主题班会不少于三次）。"八活动"是：三月学雷锋活动，读书教育征文演讲活动，优秀学生暑假夏令营活动，新生入学军训活动，社会实践调查活动，每周一次"升旗仪式"活动，创建文明单位活动和每天早晨播放新闻活动。（2）加强德育工作，以德治校。学校分析各年级学生思想、道德等行为特征，探讨教育的新方法。抓住学生是德育的主体，构筑新型德育模式。在教育教学中，实施情感教育模式，以情感人，以理服人。（3）重视养成教育。建立自查、自评和班级考核制度，让社会公德成为学生自我要求与自觉行为。（4）开展爱国主义教育活动，先后举行报告会、主题班会、读书交流会等活动，让学生受到爱国主义教育。此外，还通过"校园之声"广播、校园生活、电视、图片等方式配合教育。（5）"五育"并举。学校认真执行国家和省颁发的必修课、选修课、活动课三大模块课程方案，改变学业负担过重、忽视个性特长的弊端，重视提高课堂 45 分钟效益。学校成立了多种兴趣小组，组建了文学社、篮球队，开展了丰富多彩的课外活动。

与此同时，学校采取多种措施，全面提高教育质量。

---

① 和县档案馆档案号 jo34-01-564-001（pdf），案卷号 564。

1. 建立质量监督体系。学校领导齐心协力抓教学，深入教学第一线，听课、评课，召开座谈会，参加教研活动，检查教学工作。学校职能部门建立详细的考查档案，档案从备课、上课、作业、辅导、考试，到教研活动、教案评比、教学活动，都有详细的记载。

2. 加强课堂教学研究，实行集体备课。制定《和县第一中学集体备课的几点意见》，对集体备课的对象、方法、要求、地点等都作了明确规定。集体备课的主要内容是：教材的重难点、教案设计、教学方法、现代教育技术的运用、课外延伸等。

3. 实施教科研兴校。学校制定了《和县第一中学教科研兴校实施方案》，要求做到"三全"，即全员参加、全方位引入、全过程管理；还要求做到"三进"，即进头脑、进课堂、进活动。学校承担市级以上的教育课题15项，其中省级7项。"中学审美教育与人格美塑造""计算机辅导教学和课件制作"课题已取得阶段性成果。《中国美学年鉴》2002年卷中《2002年全国学校美育会议综述》一文（作者姚全兴，河南人民出版社2002年版）如此评论："和县第一中学他们学校树立环境美育的教育理念，构建学生人格形成与发展的自然基础，用环境美的内涵，培养学生健全的人格。"中华美学学会美育研究会会长蒋冰海教授考察和县第一中学，对学校的美育工作表示赞赏与肯定，并奋笔题写："以美育人，全面发展。"和县第一中学已成为中华美育研究会团体会员单位。

4. 发挥现代教育技术作用，提高工作质量与效益。学校开通了高规格的校园网，对学生的成绩管理、老师工资的发放、学校的档案管理、学生的图书借阅等工作，都实现了电脑化。学校电子图书量有1.6万余册。一批中青年教师多媒体教学水平在全市处于领先地位。

在美国执教、1946级校友鲍家驷博士欣闻和县第一中学百年校庆，捐资1万美元作为奖励基金，奖励和县第一中学优秀学生。

2002年10月4—5日，和县第一中学举行百年华诞庆典，新、老校友近4000人汇聚一堂，共庆华诞。省教育厅督导员郝运福亲临一中，市、县领导致辞。杰出校友、空军政治部副主任敬应龙少将、中国科技大学徐飞教授先后发言，表达对母校、对师长的感激之情。校庆期间，举办了"杰出校友与家乡发展论坛"报告会，举行了盛大的庆典晚会。报告会上，海内外知名校友献计献策，共商家乡发展蓝图；庆典晚会上，广大师生载歌载舞，共庆母校百年华诞。

第三节 快速发展（2002—2012）

2003—2006年，林厚银继续任校长。2004年，高考应届达二本线208人。2006年10月，林厚银校长因胃癌离世。2006年8月，秦贤清调回和县第一中学，任常务副校长、党总支副书记，次年任校长、党总支书记。其时，何宗祥、王训舟、赵恒平、乔德季任副校长。2006年，何宗祥因到龄离任。2007年张孝海调任副校长。2009年7月，赵恒平调任和县第四中学校长。2011年3月1日，陶先祥、陈昌禄、耿礼金任和县第一中学副校长。

一、加大投资，改善教学环境

这一阶段，校园建设分为前、后两期。

前期（2002—2007）校园建设，共投入1500万元。完成老校区高三国债楼和面积2500平方米的学生公寓的建设；增加床铺350张，男、女生实行分楼住宿；购买了原鞋帽厂厂房，改建成学生食堂；对教学楼前的广场、道路、绿化、路灯等进行了整修；对喜雨亭景区进行规划，增添了长廊、草坪、雕塑。同时，改善教师办公条件，购置了144套屏风式办公桌椅，配置了空调，安装了电话和饮水设备；在原有的校园局域网的基础上，引进宽带信息网，建立了10个多媒体教室。

2005年3月，校团委组织学生开展"学雷锋，送温暖"活动。5月，召开第四届第四次"教代会"，修订了《和县第一中学毕业班奖励办法》《和县第一中学考勤办法》。7月，学校召开"党的先进性教育活动动员大会"。8月，巢湖市委巡视组来校巡视指导党的先进性教育工作。9月，省委党的先进教育巡视组来校指导工作。10月，老校友、美籍华人禹如斌先生来校向贫困女生捐款，设禹阿梅清寒女生助学金。校团委、学生会举行第八届学生会干部竞聘演说。12月，党的先进性教育活动结束。

2007年学校的规模已达48个教学班，在校学生3400多人，教职工187人。学校管理体制是党总支领导下的校长负责制，管理机构设教务处、政教处、总务处、教科室和办公室5个职能部门，另有工会、团委、学生会、关工委等机构。学校党总支下设5个支部（高一、高二、高三、行政、退休），共有中共党员73名。

后期（2007—2009）校园建设，即和县第一中学新校区建设。

2006年9月，县委、县政府决定调整和城中、小学布局，成立了和城中、小学规划领导组，县委常委、常务副县长王炳祥担任组长，宣传部部长刘春光任副组长。为了拓展优质教育资源，满足更多学生享受优质教育的需求，县委、县政府决定将和县第一中学整体搬迁到和城新区通江路旁。此方案在和县政府网上征求网民意见，并进行投标，广大网民积极参与。县委还相继召开了和县教育系统、县人大代表、县政协委员、县老干部代表、和县第一中学教师代表座谈会。10月，常务副县长王炳祥带领教育局、建设局、和县第一中学等单位负责人到无锡、绍兴等地考察中学新校园，并邀请同济大学、东南大学、上海东华大学等规划设计院，安徽省建筑设计院等单位专家，为和县第一中学新校园进行整体规划设计，2007年4月，经县委常委会研究同意，同济大学城市规划设计院为设计中标单位。

县政府成立和县第一中学新校园建设指挥部，县委副书记王炳祥为政委，分管副县长（何乐平、郭俊峰、武元庆）为指挥长。建设局、土地局、环保局、供电局、电信局、水务局、城市投标公司、教育局、县一中等相关部门为工作单位，设立新校园建设办公室，秦贤清同志任办公室主任。城市投标公司代表政府负责一中建设招投标及工程预算等工作。一中基本建设办公室负责督促、协调建设的进度与相关问题。

新一中占地300亩，土地由政府无偿划拨。预算建设总投资1亿元，政府承担教学区、运动区、办公区等基础设施的建设，总投入6000万元；学校承担生活区及基本教学设施的建设，共投入4000万元。

2007年11月18日和县第一中学新校园开工兴建。2008年3月3日，学校为教学第一线教师配备笔记本电脑。2008年11月28日，和县第一中学学生家长协会成立。[①]

2009年秋，新校区正式启用。新学校占地20万平方米，绿地和水域面积10万平方米，建筑面积8万平方米，可以容纳72个班。校区分为教学、运动、生活三个区域。三幢教学楼连为一体，实验楼、信息中心、艺术楼、办公楼、田径运动场、体育馆、食堂、学生公寓错落有致。各类专用教室、实验室、媒体室功能齐全，硬件设施省内一流。这是一所集现代化、数字化、信息化于一体的生态校园。

---

① 和县档案馆，档案号 j020-2008-y-176，和民办〔2008〕137号。

二、新校区、新理念、新目标

2009 年 9 月，和县第一中学新校区正式启用。9 月 1 日，高一、高二年级在新校区开学上课，高三年级留在老校区上课。2010 年 5 月 31 日，高三年级在新校区上课。7 月 16 日，宏晶集团洪必钊先生捐赠六柱"和文化"主题的大理石雕，价值 50 万元人民币。8 月 1 日，新校区南大门竣工。

此时学校行政领导：校长秦贤清，副校长王训舟、乔德季、张孝海、陶先祥、陈昌禄、耿礼金；办公室主任王娟、副主任宋晓虎，教务主任施立奎、副主任陈远美、黄万年、陈仁明，政教处主任杜虎、副主任兼团委书记林波，教研室主任刘新华、副主任贾相伟、吴光华，总务主任卜祖云、副主任李考、郭元宏、杨永春，工会主席王训舟，常务副主席周兆义，喜雨服务公司总经理查辅东。

学校秉持"办人民满意的教育"的办学宗旨，确立"为学生成长尽心，为教师发展尽力，为家庭幸福尽责"的办学理念，提出"构建和谐一中，实施精品战略，创建省内名校，培育一流人才"的办学目标。

学校为此目标采取了一系列举措：

1. 加强制度和组织建设。

学校率先在年级部建立党支部，与年级部行政领导构成双重管理机制。制定了《安全保卫制度》，加大安全保卫工作的力度。健全财产、财物和资金管理制度，实施政府采购和招标制度，实行阳光操作。全方位调动教职员工的积极性，制定了《教育理论学习制度》。完善教职工聘任制、结构工资制和校长负责制，完善党总支领导下的"教代会"民主监督管理机制，加强领导班子建设。

2. 重视领导班子建设。

每年召开一次领导班子务虚会。2007 年暑期在马鞍山市濮塘召开第一次务虚会。2012 年春节后，在和县林海生态园召开以"走内涵式发展"为主题的务虚会，倡导行政干部学习和调查研究之风，强化责任意识，实行行政干部分管、联系教研组、年级部制度，坚持行政干部值班入住公寓制度。2009 年秋，推进领导班子年轻化，王娟、陈仁明、吴光华、杜虎、林波等一批中、青年骨干教师被推上中层领导岗位；陈帮军、赵延志、徐祝云、姚瑞峰等一批年轻有为的教师被推上了年级部管理岗位。2011 年 3 月，陈昌禄、耿礼金被提拔为副校长，2012 年 5 月林波同志调和县三中任校长助理。

3. 发挥党总支作用，实行民主管理，发挥教工会、教代会、妇代会作用。

学校结合实际，采用多种方式，加强党组织思想作风建设，全面落实党风廉政建设的责任制，发挥全体党员先锋模范作用。以实行绩效工资为契机，改革教职工的考核体系，建立健全分配机制，分配向一线教师倾斜。探索行政部门、年级部交叉管理模式，规范年级部、教研组管理，创兴公寓与后勤管理。

学校重大决策、重要制度的出台，经教代会通过。重大事项，如评优、晋升、财务、招标、奖学金、助学金等项目公示。坚持每年召开一次教代会，听取教职工对学校工作的评价与审议。2008年3月19日，第五届教代会第二次会议，讨论并通过《关于建设新校区向全体教职工借款的决定》。2009年6月5日，召开第五届教代会第三次会议，讨论并通过《新校区后勤管理等相关的决议》。

学校开源节流，规范收费，杜绝乱收费。加强水电、财产、食堂、超市、公寓等管理。积极化解债务。关注贫困生，确保不让一个学生因贫困而失学；管理好各类助学金、奖学金，确保各类资金落实到位。

4. 努力建设一支业务过硬、素质较高的教师队伍。

学校制定了师资队伍建设的四项目标：（1）具有先进的教育思想，师德高尚，有进取创新精神，敢于实践的实干品格。（2）学历要求：大学本科学历。（3）能力要求：一专多能，除能开设本专业学科的必修课外，至少能开设一门选修课或活动课；能掌握教学艺术，掌握现代教育技术为教学服务，具有较强的科研能力。（4）青年教师要"一年入门，三年合格，五年过硬，六年成名"。

学校采用"走出去，请进来"办法，加强教师培训，更新教育理念，提高教师素质。有计划地组织教师到外地参观学习。2007年，学校先后组织部分教师赴扬州中学、海安中学、洋思中学、东安丘四中、杜郎口中学等学校学习考察；赵恒平副校长带领部分教研组长赴江浙著名高中参观学习。2008年，高三教师赴江苏海安中学学习，张孝海副校长带领部分教研组长赴苏沪著名高中参观学习；高三部分教研组长和骨干教师赴山东、江苏、上海等地著名高中考察学习；部分中层干部赴六安毛坦厂中学学习交流，赴南京扬子中学、大厂中学学习。11月，陈仁明、唐凝赴山东潍坊参加"全国小组合作学习经验交流会"。

2008年9月10日，学校被评为"安徽省未成年人思想道德教育示范学校""巢湖市绿色学校"。

2009年5月，赵恒平副校长带领高一、高二年级班主任赴江阴参加全国著名教育专家李镇西班主任工作艺术报告会。6月18日，秦贤清校长带领部分行管人员、高三班主任赴浙江长兴中学、江苏宜兴中学考察学习。2010 年 4 月，部分语文教师赴芜湖参加语文报组织的"活动与教学品质的追求"高峰论坛会；10 月，高三班主任、部分中层干部赴杭州二中参观学习。2011 年 4 月，高一年级部分教师到泗县二中参加"导学案"教学观摩课听课。2012 年 3 月，高三教师赴南陵中学、青阳中学学习。一中教师、行政管理人员赴外地考察学习，提高了教育理论素养、教学艺术水平和业务能力。

学校还有计划地请外地专家和知名校友来校讲学。2006 年 8 月 26 日，杰出校友、美国哥伦比亚大学教授张寿武回母校讲学。12 月 4 日，广东实验中学高中英语教改专家、和县第一中学校友林文老师来学校讲学。2007 年 4 月 26 日，教科室会同市、县科协邀请中国科大李志超教授作"世界古代四大发明"科普报告。5 月 7 日，南京大学科技园南博科学教育研究所专家来校作"超级学习"报告。2008 年 10 月 28 日，中国素质教育大讲坛郑子岳教授来学校作"有效学习与快乐成长"报告。12 月 20 日，第十一届教学年会召开，特邀请南京十三中特级教师曹勇军作学术报告。2009 年 4 月 8 日，北大心理学博士、中国青少年健康教育专业委员会副秘书长李一教授来校作"高考减负"报告。9 月 2 日，1988 届校友杜克林博士回母校作"信息时代的特征"专题报告。12 月 14 日，南京人本素质教育研究所陈峰所长为学校行政干部和班主任作"学生学习习惯养成"专题报告。12 月 19 日，邀请香港联成国际教育集团有限公司高志新博士给全体教师作"西点执行力"培训报告。

2010 年 3 月 16 日，校召开"学生学习提升与良好习惯培养"培训会，由南京人本素质教育研究所陈峰所长主讲，校行政干部、班主任以及学生家长共 2000 多人参加了培训会。4 月 19 日，阜阳师范学院程向阳教授来校讲学。5 月 9 日，市语文学科专家组来校视导，听了 19 位青年教师的课，并举办了"青年教师专业化成长"的微型培训会。

学校鼓励教师参加各类教学大奖赛，让青年教师脱颖而出。2006 年 9 月 23 日，张圆圆老师在巢湖市高中组教学观摩暨研讨会上研究课题获市二等奖。2007 年 5 月 10 日，陈仁明老师获巢湖市新课程课堂教学评比一等奖，并代表巢湖市参加省课堂教学评比。2008 年 4 月，吴光华、陈晓明、沈强、裴吉平老师参加省"第三届教坛新星"比赛。10 月 24 日，吴光华、裴吉平、夏如宝、周茂虎老师荣获巢湖市第二届"中学骨干教师"称号。2009 年 5 月 7 日，市历史教学大奖赛在我校举行，孙时林、许森老师获巢湖市一等奖。11 月 8 日，张勇获全省新课程课堂教学竞赛二等奖。11月26日，孙时林、许森分别获省历史新课堂教学竞赛二等奖、三等奖。12月15日，沈强被评为巢湖市"科技创新人才"。2011年4月2日，陈仁明教师荣获巢湖市"优秀教师"称号。11月，我校参加马鞍山市普通高中数学、政治两科课堂教学比赛，谢秀芳、夏如宝分别获市一等奖，章学明、管大芝分别获市三等奖。

学校认真实施"青蓝工程"，加速青年教师成长。一中办学规模在不断扩大，2000年至2012年间，学校引进大批青年教师，占教师总人数近60%。对青年教师的培养和使用，成为学校战略发展的重要课题。对青年教师实施"青蓝工程"，不间断已经进行了13期，结业教师110人。

"青蓝工程"指师徒结对，培养青年教师达到一定的目标。学校有计划地引进高水平青年教师或研究生，同时鼓励教师在岗进修，攻读硕士。进一步完善教师的考核、评价、奖励制度，完善教研组集体备课和教学研讨制度，逐步形成竞争上岗的用人机制和动态管理、人才流动机制。借助省、市教学大赛的平台，推出一批优秀教师。

具体做法是：（1）岗前培训，对即将步入课堂教学的青年教师，实行岗前培训，全面介绍学校发展历程、取得成绩、工作要求、制度建设等。（2）教师节为青年教师培训，指导教师参加。（3）制定成长目标。（4）提出具体要求。（5）适时检查、验收。

具体内容是：（1）确定成长目标。学校为参加工作或教龄在五年之内的教师制定了"一年适应教学，三年成为合格教师，五年成为成熟教师，六年成为骨干教师，九年成为优秀教师"的成长目标，每年暑期，学校用20天时间，对其进行师德修养、教育理论、教学科研、教学技能等岗前或岗位培训。（2）实施师徒结对共进。学校规定研究生学历（含新调入教师）结对时间一年，结业时间两年；本科生学历结对时间二年，结业时间三年。师徒每两周开展一次业务性研讨活动，以听、评课为主。青年教师每周至少听导师一节课（每学期不少于20节）；指导教师每学期至少听青年教师8节课。导师指导青年教师制定教学计划、备课、教学小结，每月批阅青年教师备课笔记。青年教师主动将备课笔记交导师处检查和批阅，并将每次负责命题的测试题及考查结果交导师审阅。导师对青年教师上的活动课进行指导，并检查其效果，每学年对青年教师的思想及工作作出评价和鉴定。青年教师每年将结对活动情况写入自我鉴定中，交教研处存档。师徒结对期满，青年教师要认真写出个人总结，导师要对各方面情况作出鉴定。学校进行全面考核。（3）强化考核激励机制。学校成立"青蓝工程"领导组，期中、期末进行"青蓝工程结对检查"，学年结束全面总结，存入教师档案。领导小组将分阶段、多渠道对教师工作进行目标考核。通过考核检查，对实行教学小循环有困难的青年教师，督促其尽快掌握教材、教法，适应工作需要。同时，学校在教育教学、教科研成果等方面，制定了分等次详细的奖励规则，以激励青年教师更好成长。有学科竞赛指导教师奖、教育教学评比和论文奖、课题立项和结题奖、体艺类奖、读书教育活动和征文比赛奖。

"青蓝工程"实施中，指导教师在指导青年教师的同时，自身业务水平也随之提升，教育理念、教学艺术都得到了发展。学校涌现出一批教育、教学骨干和出类拔萃的名师。陈晓明、沈强、裴吉平、吴光华等教师获省"教坛新星"称号，薛从军为省特级教师，刘新华获市"学科带头人"，许森等 4 位为市"骨干教师"，吴光华获市"科技进步奖"，同时获市"科技创新人才"称号。

2009 年，学校共有教职工 214 人，其中特级教师有何宗祥、薛从军 2 人，中学高级教师 50 人，中学一级教师 30 人。2012 年又增加一名特级教师陈晓明。

5. 学校坚持科研兴校的战略方针。

学校健全教科研制度，营造"校长领导科研，教研处管理科研，教师人人搞科研"的氛围。学校引导教师走"学习、实践、科研三结合"之路，实现教师由教书匠向教育专家转化目标。要求教师加强新课程理论学习，加强对国内外教育流派的了解，加强对体现时代积极精神的教育观念、教育思想的学习和研究，开阔视野，深化教学改革。

实施《和县第一中学教研工作评估细则》，完善教科研活动各项规章制度，落实学科备课组集体备课制度，形成规范化、科学化的教科研管理模式，抓好每周教研活动，开展正常的校本教研活动，确保校本培训实效。学校坚持执行半天集体备课制度和教研活动考勤制度，做到定时、定点、定人。

教研组长认真履行职责，精心准备教研组活动，组织好每次教研活动，开展"备好课、上好课、评好课、现代教学理论学习"等专题教研活动。组织教研组开展公开课和校际教学开放日活动，促进学科教学的互动交流。

学科备课组在备课组长的带领下，依据《备课组活动办法》开展备课组活动，促进学科发展。学校在政策上向教科研活动倾斜，在经费上予以保证。

教研组不断加强高中数学、物理、化学、生物、英语、信息技术（计算机）学科竞赛辅导的指导工作，每年高一、高二各竞赛学科需提前制定好学科竞赛辅导计划，按计划进行辅导，确保竞赛取得成效。

学校涌现了一大批优秀的竞赛辅导教师。如数学学科的贾相伟、耿小平、耿萌芽等；物理学科的刘新华、周茂虎等；化学学科的沈强、吴体皓等；生物学科的施立奎、朱志斌、吴光华等；英语学科的刘东宝、吴丰兰等；信息技术学科的郭琦、施建国等，都是优秀的竞赛辅导教师。十年来，各学科的竞赛成绩有大面积提高，获奖等级不断上台阶，物理、化学、生物学科，都获有一定数量的全国联赛二等奖；2010 年刘梦醒同学获得安徽省数学联赛一等奖。

这期间涌现了一大批科技创新辅导教师，他们辅导了多名学生在国家级、省级青少年科学论坛中获奖；也有多位同学在省、市级青少年科技创新活动获奖，且有不少同学的研究性学习论文在期刊中发表，教师在国家、省、市级杂志上发表论文达数百篇，在省、市级论文评比中获奖的多达 600 余篇。

学校不断完善国家级、省级、市级、校级教育研究课题，申报立项、验收结题工作顺利推进，收到很好的效果与高度的评价。

从 2003 年起，教育部进行教材改革，学校在教育改革上大胆探索，取得了一系列成果。五年来（2002—2007），在国家级、省级以上刊物发表论文 27 篇，省、市级获奖论文达到 57 篇，省级以上立项课题 8 项。

2007 年 3 月 29 日，我校"英语立体化教学模式研究"，获省级课题和专家组验收，该课题曾于 2001 年 4 月被安徽省教育科学规划领导小组和省教育厅审批立项（省教育厅教科研〔2001〕02 号），经过五年多的实验和研究，取得了一定的成绩。赢得专家高度评价。该课题组组长是巢湖市英语学科带头人李英老师，组员有刘东宝、张晓玉、吴丰兰、耿礼金和赵延志 5 位老师。他们的实验活动和科学研究得到广泛好评。

2008 年 5 月 20 日，省级教育重点课题"中学审美教育与中学生人格美塑造"通过专家组结题验收，该课题于 2000 年 9 月被安徽省教育科学规划办审批立项（省教育厅教科研〔2000〕75 号），经过 7 年艰难和曲折的探究，取得了丰硕成果。该课题得到中华美育学会的悉心指导，得到安徽师范大学和南京师范大学支持与帮助；课题研究的创新性和前瞻性，及取得的研究成果，得到了专家们的充分肯定与高度评价。课题组组长是省特级教师薛从军老师，组员有林厚银、施立奎、耿礼金、盛涛、李兴明、陈元美、裴吉平、李仕平、陈以宽、张子贱、王娟、陈昌禄、夏如宝、王进、宋晓虎、赵善华、尹春、张德平 18 位老师。课题在中学美育中起到带头示范作用。伴随该课题的研究，和县第一中学教师的人性化教育、教学成为共识，学生的人格美建设不断完善。

2010 年 1 月，举行市级五项课题开题报告会。1 月 6 日，举行省级课题"初、高中化学衔接问题研究"开题报告会。这一课题是和县第一中学与卜陈中学联合申报立项。一中黄万林老师任组长，卜陈初中秦成翠老师为主要实验人员，沈强、王韦高、戴继等老师为课题研究成员。课题在立项前，曾就初、高中化学教材衔接问题在老师和学生中进行问卷调查；在课题研究过程中，对教材衔接出现的问题进行系统而精细的研究，得出了有价值的结论，成果编写成《初高中化学衔接实验教材》，2012 年 6 月 29 日举行结题鉴定会，安徽师范大学化学学院江家发教授代表省教科院主持鉴定会，专家充分肯定课题研究的意义，对研究成果给予较高评价。

2012 年 3 月 17 日，由马鞍山市教育局教研室主办，和县第一中学承办的第六届皖江语文教育论坛在一中举行。省教科院文科一室主任杨桦、省教科院语文教研员傅继业、市教育局副局长徐良、副县长王竹梅等出席会议。来自安庆、铜陵、宣城、马鞍山、黄山等五市的语文教师和教研员共 260 多人语文工作者参加了本次论坛。会议旨在整合区域教育资源，加强城市之间的教学交流，进一步提高语文高考复习质量和效益，提高语文教育、教学质量。

3 月 26 日，马鞍山市历史教学研讨会在我校举行，来自马鞍山市的历史教师和教研员共 60 多人参会，市教科室的历史教研员徐灿华主持了研讨会。马鞍山二中副校长、特级教师李代贵阐述《2012 年安徽历史考试说明》，和县第一中学许森以高三历史二轮复习漫谈为题，谈了建议。与会人员还观摩了学校升旗仪式。

4 月 13 日上午，我校成功召开了马鞍山市市级课题"信息技术下课堂教学中开展探究性学习的实践研究"开题论证会。马鞍山市教育局副局长陈章永、市教育局教科所副所长梅立新、市教科所刘决生、市教研室数学教研员刘义杰及县教研室副主任王金根参会。

学校还定期举行观摩周开放日教学活动，开展省、市、县三级教学研究活动。此类活动课，由本校教师和外校教师共同评议。2006 年 10 月 17—23 日，教科室开展教学观摩周活动，特级教师薛从军上示范课。2007 年 4 月 24 日，教学开放日，全市百余名教师参加听课、评课活动。2008 年 11 月 20 日，教学开放日，近20 所学校 120 位教师参加听课与交流活动，其中滁州中学、全椒中学共有 12 位教师参会交流。2010 年 4 月 28 日，学校承办市级高中化学新课程课堂教学示范观摩课活动，教师沈强上示范课，受到观摩、学习教师的较高评价。此类活动，增强了校际教学交流。

6. 大力推进新课程改革。

2001 年，教育部根据《国务院关于基础教育改革与发展的决定》（国发〔2001〕21 号）文件精神，大力推进基础教育课程改革，调整和改革基础教育的课程体系、结构、内容，构建符合素质教育要求的新的基础教育课程体系，拉开了新课程改革的序幕。从 2003 年秋，我省实行新课改。

我省实行新课改，高中从高一年级开始更换教材，分三年逐步推进新教材更新。高中各学科以模块呈现，分为必修教材和选修教材，实行学分制。必修课程突出课程的基础性和均衡性，选修课程也应体现基础性，但更应致力于让学生有选择地学习，促进学生的个性发展。必修和选修课程均按模块组织学习内容，每个模块共有 36 学时，2 学分。每个学期分两段，每一个学段（约 10 周）完成一个模块的学习。选修课程设计五个系列，每个系列设计若干个模块。学校按照各个系列的课程目标，根据本校的课程资源和学生的需求，有选择地设计模块，开设选修课。学生修满必修课的 10 学分就视为完成了本课程的基本学业，达到了高中阶段最低要求；学生根据自己的学习兴趣、未来学习和就业的需求，从五个系列的选修课程中任意选修 4 个模块，获得 8 学分，共可得 18 学分。学生如果想进一步深造，还可选修 3 个模块，这样一共可得 24 学分。新课改，积极倡导自主、合作、探究的学习方式。高二下学期对必修教材举行省级考试，称学生学业水平考试，考试成绩分为 A（优）、B（良）、C（及格）、D（不及格）四等，D 等需要补考。高考命题结合必修教材全部内容和选修教材部分内容命题。

新课改对教师要求高：教师是学习活动的组织者和引导者。教师应认真研究《基础教育课程改革纲要（试行）》和《普通高中课程标准（实验）》，研究教学对象，从本课程的目标和学生的具体情况出发，灵活运用多种教学策略，有针对性地组织和引导学生在实践中学会学习。在教学中充分发挥主动性、创造性使用教科书和其他资料。

第一轮新课改是从 2003 年开始至 2009 年结束。学校根据课改的要求，对全体教师进行新课程培训。从 2003 年开始，每年的暑期，安排教师参加安徽省教育厅统一组织的新课程骨干教师培训。多次聘请专家来校讲学，宣讲新课程改革。立足课改前沿，组建骨干教师引领团队，带动教师成长。主要做了下列工作：学习和研究课改前沿的最新实践成果，带动校本教研，整合课程资源，开发校本课程；组织骨干教师外出考察观摩，学习先进中学的课改经验；组织学科课改骨干成立文科、理科两个教学视导组，采取推门听课的方式，深入课堂进行教学视导；对教学方式落后、效果不佳的教师，进行口头或书面评议，督促整改；对体现新课改理念的优质课在全校推优展示。坚持以课程改革为动力，提高课堂教学效率。

第二轮新课改从 2009 年开始，学校实施新课程的目标和任务是：第一认真执行教育部《普通高中新课程方案（实验）》和《安徽省普通高中新课程标准（实验）》所规定的教材。第二构建由学习领域、科目、模块三个层次构成的课程结构和课程设计的科学方案，为学生提供尽可能多的课程选择机会。学校要求教师备课应体现国家对不同阶段的学生在知识与技能、过程与方法、情感态度与价值观等方面的基本要求，要体现各门课程的性质、目标、内容框架，并有相应的教学方法设计。第三提高教师开发课程和整合课程资源的能力，促进教师专业发展。第四建立普通高中新课程教育的相关制度：教学管理，学分管理，学生选课，学业考试，教师评价，课题研究。第五加大对中青年教师的培养力度。充分发挥年级部、教研组、备课组的作用，开展灵活多样、讲求实效的教研活动。第六推进新课程下的课堂教学改革，着力于教师教学方式和学生学习方式的转变，在合作学习和综合实践活动等方面，探索新课程教学秩序。第七以新课程实验为契机，做好学校长远发展规划。

学校拓展教材范围，开掘本地文化，编写校本教材，补充部颁教材内容。2009年 8 月 22 日，校本教材《百年一中》《久话和州》《趣味语文》《家用电器常识》《生活与化学》正式付印。

学校每周一次教研组活动，坚持研学同步，实行主讲人引领、同伴互助、共研、共享方式。认真抓研究性学习、校本课程和活动课程，落实课程标准。

7. 抓德育、美育，促进学生积极主动、健康成长。

学校始终把德育、美育工作放在重要位置上，常抓不懈。

健全德育体制，充分发挥党政工团、政教处、年级主任、班主任、政治教师五支骨干队伍的积极性，强化网络化的管理体系，完善德育工作各项制度。

校长秦贤清始终突出德育工作重中之重，常抓不懈。2006 年 9 月 19 日，在全校教师大会上，作了《创省内名校，育社会拔尖人才》主题报告；2010 年 1 月 19日，为学生作了《珍爱生命、敬重生命》教育专题报告；3 月 12 日，为师生作了《创建优秀示范高中，做高素质的一中人》主题讲话；2011 年 2 月 24 日，在校教职员工大会上，作了《静心专心戒浮躁，书写美好青春篇》主题报告。

学校多次召开德育工作会议，强化德育工作。2006 年至 2007 年，先后召开了全校班主任会议、德育年会暨首届智育论坛、德育工作领导组会议。2009 年至

2010年，先后召开了德育年会暨第四、五届德育论坛、德育工作领导组会议、班主任工作会议。学校提高德育工作者、班主任待遇。加强班主任队伍建设，精心挑选责任心强、业务水平高的教师担任班主任，实行"本人申请、年级部推荐、政教处审核、校长办公会批准"的选聘班主任制度。加强业务培训，每年暑期进行一次班主任全员培训。每学年学校举办一次德育年会或论坛。2011年承办"全县首届德育论坛"活动。2012年5月，学校与定远中学、宁国中学、南陵中学、无为中学组建德育联盟，创立江淮五校"德艺"论坛；2013年4月、2018年4月，学校成功组织承办第二、第七届江淮五校"德艺论坛"。

学校修订《和县第一中学班级考核评估办法》，实行班主任工作手册制度。要求班主任认真做好"育心工程"，努力做到"勤、细、实、恒"。要求班主任勤看、勤讲、勤跑、勤动手、勤思考，为每个学生建立个人档案，细致、准确把握学生成长过程中的每个细节。

根据不同年级，不同学段的德育目标和学生品德发展规律及学校的实际情况，实行德育目标化管理。利用每周一次的国旗下讲话和班会，围绕一个主题对学生进行系列化教育。学校与南京人本素质教育研究所合作，开展"生活自理、学习自主、行为自律"活动，对学生进行"良好学习习惯培养与学习力提升"实验。学校开展学生会干部竞聘以及各种演讲比赛、经典诵读、18岁成人仪式等活动。每年举办一次艺术节、科技节，全面提高学生的综合素质。

加强学生安全教育、法制教育和心理健康教育。牢固坚守"生命至上，安全第一"的教育底线，确保学校不发生任何安全事故。聘请校外法制副校长，定期邀请公安、交通、消防、食品卫生、禁毒等领导和专家来校作报告。设立心理咨询室，配备专职心理辅导教师，每学年都邀请心理专家来校给高一新生和高三毕业生作心理健康讲座。每周举行一次应急疏散演练活动。

加强环境教育，开展文明创建活动。学校成立注册青年志愿者服务队。青年志愿者承担校园内卫生保洁、草坪维护、车辆管理及秩序维持等工作，承担学校组织的各种大型活动的服务工作，如承担每学年的"迎新"、中考、高考、会考和上级组织在我校举办的各种活动的服务工作。

认真做好为期10天的新生入学教育。有计划地开展军事训练，强化国防意识；邀请专家作报告，加强爱国、爱校和组织纪律教育。邀请上届毕业生作高中学习、生活经验介绍，使高一新生很快就能适应高中生活。

加强宿舍管理，关爱留守学生。学生公寓由学校和物业共同管理。公寓管理规范到位，开展"创文明卫生宿舍，过健康安全生活"主题活动。

加强奖学金、助学金管理工作。知名校友侯学焘、鲍家駅、汪德亮、秦永贵、戚福霞等在学校设立奖学金；端木礼海设立"梅花奖"；为帮助贫困学生，许多校友和社会团体慷慨解囊，在学校设立助学金，如"禹阿梅清寒助学金"、广东老乡会"阳光助学金"、渣打银行"心桥行动"、"北京建树助学金"以及"王旭助学金"等。学校不仅加强这些资金的管理与使用，而且加强国家助学金、公益彩票助学金以及各种"慈善助学金"的管理，并从学校预算外经费中拿出大量资金用于贫困生学费减免和学习生活补助，不让一个贫困生失学。学校每年举行一次全体师生爱心捐款活动，帮助家庭发生意外的学生。还专门组织向外校患病学生的捐款活动，支持和鼓励他们战胜病魔。

开展多项活动，让学生在审美活动中陶冶情操，提升人格魅力和审美趣味。

2006年10月24日，教科室、政教处、办公室联合主办"长征胜利七十周年"报告会，历史教研组组长许森主讲。10月26—28日，"捷安特杯""安踏杯"第四届体育节暨第三十二届运动会举行。2007年3月至4月，团委召开校学生会干部会议，政教处召开全校学生干部会议，开展常规教育专项活动；学校召开法制报告会；5月，第六届艺术节举行。10月10—18日，学校心理咨询室对学生开放，举办生理、心理卫生讲座。

2008年1月至3月，校团委组织"诚信考试""倡导社会公德，优化城市环境"签名活动。10月23—25日，举办第六届体育节暨第三十四届田径运动会。2009年4月13日，1946级知名校友鲍家駅、陈华东、王沂、端木礼海回母校与学生交流。

2010年4月29—30日，举办第二届春季田径运动会。5月12日，纪念汶川地震3周年，举行紧急疏散演练活动；5月16—21日，举行第十届校园文化艺术节；2011年5月，为庆祝中国共产党成立九十周年，举行以"历史的选择"为主题的爱国主义读书演讲比赛和书画摄影展。2011年10月，学校组织师生开展多项活动："向国旗敬礼、做一个有道德的人"网上签名，爱国卫生法制宣传；国防教育征文。11月5日，承办全县中小学中华经典吟诵比赛；12月12日，举行"第五届全国亿万学生阳光体育冬季长跑活动"启动仪式。学生在多项活动中提高了道德美育品位，也增强了多项工作能力。

2012年4月10日下午，为响应团中央、教育部发起的"全国亿万学生阳光体育运动"的号召，学校举行了首届跑操比赛，本次跑操比赛，全员参与。5月8—

13 日，学校开展了为期 6 天的艺术节系列活动。形式有黑板报评比、书画摄影展、演讲比赛和专场文艺演出，同学们积极参与，校长秦贤清作了精彩致辞。高一、高二两个年级会演节目中，有合唱、独唱、舞蹈、魔术、情景剧、器乐表演等，精彩纷呈。

学校建立生态校园，增设电子阅览室，开设校史展览室，建成美术教室、音乐室；组织人员编写校史及其他校本教材，宣传地方文化名人和一中优秀校友；开设校园橱窗图片展。《喜雨》校刊和《火花》报，刊登学生优秀作品，报道学生优异成绩；开展各类演讲竞赛活动，举办各种报告会、班级主题班会和开设图书角等。

新生入学进行一系列的教育及军训活动，加强校纪、法规教育；让学生阅读校史、参观校情展览，培养学生爱校、爱学的情操；推行"学习自主，生活自理，行为自律"的成长理念；成立各种社团，培养学生"自我教育、自我管理、自我服务"的能力；推行学生干部公开竞聘制度，充分发挥学生会协助管理学校的作用。成立心理咨询室，把心理健康教育放在重要位置。

学校通过捐款献爱心活动，增强学生关爱他人的高尚道德情操。2008 年 3 月，全校学生为贫困学生献爱心，捐款 2.48 万元。5 月 17 日，向四川汶川大地震灾区捐款，共捐款 11 万元。2010 年 2 月 11 日，为患病的武汉理工大学学生晏菲、乌江镇中心小学学生李靖童献爱心，共募得 17520 元，已转交他们。2011 年 3 月 28 日，校团委组织全校师生开展了每年一度的爱心捐款活动，共筹得贫困助学金 88730.70 元。2012 年 4 月，开展向赵希荣同学捐款活动。赵希荣同学为和县第一中学 2011 届高三毕业生，考入安徽工业大学，不久被查出患有急性淋巴白血病，治疗费花了 100 多万元。学校共筹得爱心捐款 71202 元，于 4 月 23 日上午全部汇入赵希荣同学账户。

学校用助学金方式，让受益学生感受到党和人民对他们的关爱。2008 年 1 月 26 日，向部分品学兼优及家庭贫困学生发放"广东同学会"阳关助学金和体育彩票助学金。3 月 29 日，"渣打银行"上海分行开展捐资助学"心桥行动"，每学期为 28 名学生提供学费，并在校园内栽植"心桥之树"。2009 年 10 月 23 日，"渣打银行"上海分行开展捐资助学活动，32 名学生共收到 32000 元助学金。2010 年 1 月 27 日，县领导吴桂林、王炳祥、刘春光、魏正文来校结对助学四位学子，每人捐助 500 元。

2011 年 12 月 22 日，学校举行 2011 学年度秋季学期国家助学金发放仪式。此次国家助学金惠及 673 名家庭经济困难的学生，发放助学金款 504750 元，占学生总数 26.6%，资助资金由中国工商银行和县支行直接存入学生工行灵通卡。2012 年 1 月 12 日，校长秦贤清、副校长张孝海、耿礼金，校团委书记林波慰问了学校部分贫困学生，送上了新年的问候及慰问金。

学校的一些知名校友用不同形式表示对母校学生的关爱与激励。2006 年 8 月 10 日，端木礼海"梅花奖"十周年纪念会和颁奖仪式举行；2007 年 8 月 6 日，举行"汪德亮奖学金"签约仪式。1979 届校友汪德亮教授设立奖学金，对每年高考应届文理科第一名的学生给予奖励。2008 年 8 月 8 日，举行端木礼海"梅花奖""汪德亮奖学金"颁奖仪式。2011 年 8 月 20 日，举行鲍家驳、汪德亮、"大有"奖学金和端木礼海"梅花奖"颁奖仪式。

一中德育工作取得了显著成绩，受到上级部门多次表彰。学校被确定为安徽省"未成年人思想道德建设示范学校"；2003 年 6 月，耿礼金老师被中共巢湖市委授予"全市优秀共产党员"称号。2006 年 6 月，耿礼金老师被中共安徽省委授予"全省优秀共产党员"称号。2010 年，学校被评为省"绿色学校"，连续两届被授予"省文明单位"。2011 年，学校青年志愿者服务队被评为"市级优秀单位"，校团委被评为省"五四红旗团委"。2011 年，学校被评为"市社会治安综合治理先进单位"。2012 年 4 月，学校承办由省文明办、马鞍山市文明委主办的"安徽省中华经典诵读（清明篇）马鞍山站展演"活动，市委常委、宣传部部长盛厚林，省文明办思想道德处处长王运慧，市委宣传部副部长、市文明办主任章莉，县长朱来友、副县长王竹梅、县政协主席陆光英以及三县三区宣传部部长、文明办主任等出席此次展演活动。学校获 2011 年经典诵读市级优秀组织奖。

8. 因材施教，开展学科竞赛，加大对学科特长生的培养。

学校进一步完善学科特长生培养的各项制度，保证学科特长生培养的物质条件和经费。学校要求数、理、化、生、英语、计算机、音、体、美等学科组制订学科特长生培养计划，并要求在工作中落实。

2006 年 11 月，学校获巢湖市省、市示范高中第六届中学生田径运动会男子团体总分第三名。11 月 20 日，高二（4）班学生陈慕薇获全国中学生首届"未来杯"创意设计竞赛三等奖。2008 年 5 月 10 日，30 名学生参加全国中学生生物奥林匹克（安徽赛区）竞赛。2009 年 11 月 23 日，高三（16）班刘梦醒获安徽省高中数学竞赛一等奖。2010 年 6 月 25 日，刘梦醒荣获安徽省高考理科状元。6 月 30 日，2010 届高考表彰总结大会召开，县四大班子领导出席了会议，县委书记吴桂林发表了热情洋溢的讲话。10月11日，参加全国中学生地球小博士科技大赛获大面积丰收，共有79名学生获奖。其中一等奖14名，二等奖29名，三等奖36名。学校被中国地理学会授予"全国科普先进基地"，校长秦贤清被授予"全国优秀科教先进校长"称号，陈晓明、王俊、温泉、刘煜鑫被评为"优秀辅导教师"。11月11日，学校在第二十四届全国高中化学竞赛中，参赛学生获省级二等奖19名、省级三等奖18名，学校获优秀组织奖。11月17日，高中生物竞赛再获丰收，4位同学获全国三等奖，3位同学获省级三等奖，11位同学获市级奖。12月1日，在市级中学生乒乓球比赛中获女子组团体第二名，男子组团体第三名。

2011年11月，沈航、李昂两位同学参加安徽青少年科学论坛比赛获三等奖。在全市中小学开展的"我与中华经典成长"古诗文朗诵和书法比赛中，学校获奖颇丰。第二十五届全国高中化学竞赛（省级赛区），刘明涛、沈航获省级二等奖，李昂、林东东、张陆涵、陈超获省级三等奖，邵阳、王东琦、刘缘晓、刘晓天获市级二等奖。

9. 实行半封闭管理，走后勤社会化之路。

半封闭管理，就是对家不住在和城的学生实行封闭式管理，统一在校住宿；家住在和城的学生本着自愿的原则，不作强行要求。学校在广泛征求意见的基础上，决定实行半封闭管理。学校的后勤设施到位，食堂6000平方米，一次性可容纳2800人就餐；宿舍每间住4~6人，卫生洗浴全部到位，每位学生除配备一张床铺外，另配挂衣橱、衣柜、书架、写字台、座椅各一个。浴室、洗涤房、超市、理发店、电话亭、书店一应俱全，完全满足学生的生活需求。

学校对新校区生活服务实行社会化。做法是：成立和县喜雨教育服务公司，独立法人，属学校二级机构，主要从事学校后勤社会化管理、租赁及教育培训等业务。食堂、超市、浴室、洗涤房、理发室由公司对外发包。参加上述服务行业投标单位须具备相应的资质和必备的经济实力，方可参加竞标，具体招标方法、合同签订由公司负责；治安管理中的门卫、学生公寓及垃圾运输均由物业公司管理；学校总务处对其监管。

学校实行后勤社会化，可以减轻人事管理的负担，降低行政管理成本，使行政能腾出更多的精力从事教学管理。

10. 加强毕业班管理。

学校成立毕业班工作领导组，集全校之智慧，举全校之力量，为每届毕业班提供学习、生活等方面的保障，激发学生学习兴趣，调动学生学习的主动性、积极性，不断增强成功的信心。

主要举措有：（1）调动毕业班教师的积极性，采取"走出去，请进来"的办法，提高教学水平，发扬高尚的敬业精神。走出去，就是让毕业班老师到外校考察，进行学习交流；请进来，就是请外校的老师到学校交流，开展研讨。（2）激发学生学习兴趣，调动学生学习的主动性、积极性，不断增强成功的信心。每年 8 月 18 日召开高三学生誓师大会，还召开高三学生冲刺大会。（3）认真组织月考，做好学情分析，加入皖南八校联考和江南十校素质检测，作比较，找差距，相磋商。（4）加强对高三教学视导、检查，分析学情，及时诊断存在问题，提出改进意见。（5）关爱所有学生，开设心理咨询室，请专家作心理辅导报告，缓解学生心理压力。（6）狠抓教风、学风，倡导自主学习，推行诚信考试。（7）针对不同层次的学生，采取不同的教育方式，使之明确各自奋斗目标，让所有的毕业生都能发挥很好的水平。（8）充分拓展教育资源，广泛搜集高考信息，与兄弟学校结盟，共商教育大事。2006 年加入皖八校联盟，2011 年加入安徽名校教科研联盟，实现了资源共享。

学校为毕业生做了大量工作，取得了可喜成绩。2006 年 9 月至 11 月，高三年级皖南八校联考，秦贤清校长等四人赴湖北黄冈中学参加 2008 届高三备考研讨会。2008 届高三教师赴江苏海安中学学习。滁州中学李校长带领高三年级教师来校学习交流。12 月，高三年级开展"冬之砺"活动，高三年级参加皖南八校联考。

2008 年 1 月至 4 月，学校召开 2008 届高三第二轮复习专题研讨会，高三江南十校素质检测；召开高三学生家长会；高三学生高考体检。皖南八校联考。

2008 届高考取得的成绩。本科达线 727 人，其中一本达线 186 人、二本达线 541 人，600 分以上 56 人（全县 58 人）；理科应届 291 人（一本 127 人，二本 164 人），文科应届 89 人（一本 21 人，二本 68 人）；理科往届 122 人（一本 27 人，二本 95 人），文科往届 36 人（一本 9 人，二本 27 人）。全校应届二本达线比去年增加 8%，应、往届二本达线比去年增加 9.8%，三本达线总数 110 人，其中理科 76 人，文科 34 人；体育达本科线 32 人，艺术达本科线 39 人，飞行员 2 人。

2008 年 7 月 3 日，学校举行高考表彰会。县四大班子领导亲临会场。

2009 年 7 月，2009 届高考取得的成绩：本科达线 801 人，文理科 600 分以上 105 人，应届二本以上 495 人（不含体艺），达线率 62.1%，耿颖同学获巢湖市文科状元、被北京大学元培学院（实验班）录取。9 月 29 日市教育局召开教学工作会议，学校获 2009 年教育质量目标管理奖和高考进步奖。10 月，召开 2010 届高三学生家长会。11 月，对高三年级进行教学视导。

2010 年 1 月，高三皖南八校联考；高三教师参加皖南八校联考分析会。高三年级二轮复习研讨会。2 月至 3 月，举行高三学生心理辅导报告会，参加高三年级江南十校联考，高考冲刺誓师大会。铜陵一中李强校长带领高三教师来校交流。4 月至 5 月，高三学生体检，巢湖二模考试，高三部分教师赴庐江二中学习交流，校领导走进各个班级，召开主题班会。5 月 31 日高三学生来到新校园上课。6 月 9 日，举行 2010 届高三毕业典礼。

2010 年 6 月 25 日，高考成绩揭晓，学校高考报名 1228 人，三本以上达线率 71.1%；应届报名 802 人，应届二本以上达线 515 人（不含体艺达线人数），达线率 64.2%；应届三本以上达线 610 人（不含体艺达线人数），达线率 76.06%；本科达线 928 人，文理科 600 分以上 95 人，一本达线 302 人（其中应届 258 人，历届 44 人），二本以上达线 709 人（其中应届 515 人，往届 194 人），三本以上达线 873 人。刘梦醒同学获安徽省高考理科状元。6 月 26 日，县领导前往乌江镇刘通自然村看望并慰问刘梦醒同学，政府奖励 3 万元，学校奖励 4000 元。安徽卫视记者随行采访。6 月 30 日，2010 届高考表彰大会召开。

2011 年高考取得成绩：应届报名 964 人，本科达线 716 人，达线率 74.3%，二本及以上达线 578 人。理科应届 544 人（一本 220 人，二本 234 人，三本 90 人），文科应届 164 人（一本 31 人，二本 85 人，三本 48 人），体艺应届 8 人。

2011 年学校应、往届高考报名 1284 人，本科达线总数 941 人，本科达线率 73.3%；一本达线人数 284 人（应届 251 人，往届 33 人），二本达线总数为 439 人（应届 319 人，往届 120 人），三本达线总数 193 人（应届 138 人，往届 55 人），体育、艺术达本科线 25 人。理科 600 分以上 40 人（应届 36 人，往届 4 人）。

2012 年 5 月 6 日下午，学校特邀合肥师范学院心理学教授李群，给全体高三学生作高考考前心理辅导。李教授讲授深入浅出，使高三同学对即将到来的高考，充满信心。

2012 年高考取得的成绩：本科达线人数 928 人，其中一本达线 287 人，二本达线 710 人，文理科 600 分以上 70 人。本届高三在生源较弱（全县小学五年学制改六年学制）。

11. 成立和县第一中学家长协会，探索家校管理新模式。

2003 年以来，每届都成立学校家长委员会，各年级成立分会。学校及时召开各年级的家长会议，通报本年级学生学习与生活情况，并广泛征求家长对学校工作的意见与建议，改进学校教育和管理。每年各年级要召开两次家长会议，2007年4月、10月先后召开两次家长委员会会议。

随着教育改革的深入推进，学校于2008年秋，报请县民政局民间组织管理局批准，成立和县第一中学家长协会，具有独立的法人资质。2008年11月23日召开成立大会，选举产生第一届会长、副会长、常务理事。会长由张孝海副校长担任。会议通过了家长协会章程。各年级成立家长协会分会。每学期学校家长协会召开一次理事大会。此前，各年级部召开本年级的家长协会分会会议。学校、年级部分别通报学校与年级部的工作情况，与家长协会成员共同研究学校教育、教学中的新形势、新问题，探讨解决的新办法。

协会工作正常开展。2009年4月9日，家长协会举行理事会。2010年7月7日，召开高三家长协作会议。11月14日，召开家长协作理事会。2011年11月1日，召开陪读学生家长会议。

2012年1月2日，家长协会第二届会员代表大会召开，200多名与会代表推选出新一届会长、副会长、常务理事，揭开了2012年家协工作序幕。

12. 学校硕果累累，成就斐然。

2012年5月11日，马鞍山市教育局宣布第二批名校长（园长）工作室、名班主任工作室、第三批名师工作室入选人员名单，和县第一中学校长秦贤清被评为马鞍山市第二届名校长。5月22日，市级"秦贤清名校长工作室""傅香平数学教育工作室"揭牌仪式在一中举行。市教育局调研员陈章永、教科所所长梅立新、县教育局局长陈为根、总督学张久奋及"秦贤清名校长工作室""傅香平数学教育工作室"的全体成员参加了揭牌仪式。仪式由梅立新主持。名校长工作室主持者秦贤清表示，将以名校长工作室为平台，不断提升自己，从更高的层次和目标着眼，倡导研究，完善名校长工作室的管理机制，不负众望。

学校获得了许多奖项与荣誉称号：全国现代教育技术试验学校，全国读书教育活动特色学校，中华优秀文化艺术传承学校，全国读书教育活动优秀组织奖，中华美育学会美育研究会团体会员单位，安徽省示范高中，安徽省第五届文明单位，安徽省第六届文明单位，安徽省艺术教育工作先进单位，安徽省电化教学先进单位，安徽省电化教育设备一类达标学校，安徽省安全财会室，安徽省教育工会工作先进集体，安徽省园林式学校，安徽省绿色学校，《安徽青年报》学生记者站，安徽省未成年人思想道德建设示范学校，巢湖市首届文明单位，巢湖市绿色学校先进单位，巢湖市综合治理先进单位，巢湖市实验工作先进单位，共青团巢湖市

"五四红旗团委"，巢湖市禁毒先进单位，巢湖地区普法先进单位，巢湖市第三届文明单位。

新校区建成，给学校带来新机遇。学校肩负着历史使命，秉持"办人民满意的教育"的办学宗旨，进行了一系列改革，不辜负社会和市民的希望，不辜负政府重托。

第四章

乘风航行

（2012—2022）

第一节 校庆契机

2012年10月2日上午，和县第一中学110周年庆典大会在学校中心广场隆重举行，有各级领导、高校和兄弟学校代表、校友代表，计5000多人参会。

大会宣读了部分高校和兄弟学校的贺信、贺词。全国各大学和省内中学分别发来贺信，充分肯定和县第一中学办学成就。北京大学、清华大学、复旦大学、武汉大学等63所高校分别发来贺信。清华大学给和县第一中学贺信说："贵校是一所历史悠久、桃李满天下的著名中学，长期以来，向清华大学输送了大批优秀毕业生。"北京大学贺信说："自建校以来，贵校为北京大学输送了许多优秀学子，他们在北大取得优异成绩，为北大也为贵校赢得了荣誉！我们感谢贵校，并希望今后有更多的贵校学子升入北大，梦圆北大！"浙江大学贺信说："贵校秉承优良的办学传统，坚持先进的办学理念，以育才为己任""英才辈出""十分感谢贵校长期以来对我校的大力支持，并期待着与你们更紧密合作。"南京大学贺信说："贵校秉承优良办学传统和深厚文化底蕴，从严治校，创新办学""形成了校风纯正、教风严谨、学风浓厚的办学特色，为国家培养了大批拔尖创新人才和社会建设者，也为高校输送了一批又一批优秀毕业生，赢得了良好社会声誉和莘莘学子的青睐！"安徽省合肥一中、马鞍山二中、安庆一中、全椒中学等20多所中学分别发来贺信，寄以和县第一中学厚重的期望。166所兄弟学校领导亲临现场。

安徽省委教育工委副书记江春在会上提出："希望和县第一中学以今天的庆典作为起点，抓住时代的机遇""力争学校各项工作再上一个新台阶，为社会培养更多的优秀人才。"马鞍山市委常委、宣传部部长盛厚林出席大会并讲话。和县县长朱来友主持大会，副市长杨跃进以及部分高校和兄弟学校代表出席大会。和县第一中学校长秦贤清在大会上发言，高度概括了和县第一中学110周年的精神与传统：持久坚韧的文明传承，崇德尚教的价值取向，以天下为己任的社会担当，开拓向上的群体精神。秦校长充满信心："有百年文化的积淀，有百年树人的基础，有优质教育资源的保障，有各级领导的关心，有众多校友的支持，有广大师生的齐心协力，和县第一中学这艘古老而充满生机的航船，一定能载着一中人的新梦想，驶向更加辉煌的明天！"

和县第一中学许多校友挥毫撰文，表达自己对一中眷念的心声。如陈华东《出席和县第一中学110年校庆庆典有感》："今日重游求学第，钟声运去未了缘。"王泰炳《新址校庆感赋》："百年老校迁新境，每幢高楼冲宇坤。"马云、艾文《继往开来，大步向前》颂扬一中奋斗历史："我们的母校，呐喊在'五四'的大湖里，奋战在抗日的烽火下，拼搏在改革的岁月中，与民族风雨同舟，同国家荣辱与共。"2011级学生杨雨月在《110周年校庆献词》中表达学生心声："往届校友们所达的高度，正等待我们去超越；和县第一中学的光荣传统，正等待我们去弘扬；在今天如此庄严神圣的时刻，我以青春的名义，代表全体在校学生郑重承诺：牢记老师嘱托，不忘家长的厚望，秉承一中精神，续写一中的传奇！"

晚上，学校举办110周年盛大庆典文艺汇演。许多知名校友和在校师生观看校庆演出。首先，副校长陈昌禄致辞，祝愿本次校庆文艺汇演圆满成功。文艺节目丰富多彩：有教师朗诵《和县第一中学赋》、大合唱、魔术表演、笛子独奏、校友献歌、学生表演等等，最后全体演员与校领导合影。

学校以校庆为契机，以"构建和谐一中，实施精品战略，创建安徽名校，培育一流人才"为目标，努力践行"为学生成才尽责，为家庭幸福尽心，为教师发展尽力"的办学理念，全面提升精品化质量。

学校进一步规划和美化环境，提升校园文化品位。在南大门竖立以"和文化"为主题的六根柱子雕塑，在校园广场竖立以"和"为主题的标志性雕塑，在小山上建造擎天阁和春晖亭、建南大门入口池塘护栏、建造教师停车场、改造校史室、美化小山、建造校史园；学校修编校史和校友录、印刷画册《百十春秋谱华章》、拍摄校庆专题片《薪火》。

第二节　党的建设

一、历届党组

2012年10月至2016年4月，秦贤清同志担任党总支书记。总支委员有杨相俊、张孝海（2014年9月调出）、耿礼金、陶先祥、王娟、施立奎等同志。因秦贤清退休，2016年5月10日，在县教育局党委领导下，和县第一中学党总支进行了换届选举工作，成立了新一届总支部委员会。汪静同志任党总支书记，卜祖云同志任党总支副书记，总支委员有统战委员陶先祥、组织委员耿礼金、宣传委员王娟、群团委员施立奎、纪检委员吴光华。

2012年10月以来学校党组织情况一览表

时　间	党组织名称	书　记	副书记	委　员
2012.10—2016.4	党总支	秦贤清		杨相俊、张孝海、陶先祥、耿礼金、王娟、施立奎。
2016.5—2020.5	党总支	汪　静	卜祖云	陶先祥、耿礼金、施立奎、吴光华、王娟（2020年6月调出）。
2020.6—	党委（6月21日，和县第一中学召开第一届党委成立大会）	汪　静	卜祖云（2021年2月不再担任副书记、2021年5月不再担任党委委员）；耿礼金（2021年2月不再担任副书记、2021年5月不再担任党委委员）；范明锁（自2021年2月担任副书记）。	范明锁（自2021年2月担任副书记）、沈强、吴光华、王武志、陶先祥（2021年5月不再担任党委委员）、施立奎（2021年5月不再担任党委委员）。

2020年6月21日，经上级党委同意，中国共产党和县第一中学委员会成立暨换届选举大会召开。大会选出汪静、耿礼金、施立奎、卜祖云、陶先祥、范明锁、吴光华、土武志、沈强9位党委委员，汪静同志当选校党委书记，卜祖云和耿礼金同志当选党委副书记。

2021年2月，县教育局党委任命范明锁同志担任党委副书记，免去耿礼金、卜祖云两位同志的党委副书记。5月15日召开校党委会议，研究决定，同意卜祖云、耿礼金、陶先祥、施立奎等4位同志辞去校党委委员。并于2021年5月20日向教育局党委进行了报备。

二、党组织建设

校党组织建立、健全全体党员的信息档案，坚持组织生活制度，坚持开好党政联席会，坚持开好民主生活会、组织生活会，认真开展民主评议党员活动，加强对党员的政治理论教育，努力提高党员思想政治素质。

2020年6月20日以前，学校党组织为党总支，下设5个党支部，每个党支部有 2 个党小组。2020 年 6 月 21 日以后，学校党组织为党委会，下设 5 个党支部。校党委书记汪静，副书记范明锁；党建办主任李江浦、副主任严寿斌；第一党支部书记严寿斌，委员李孝进、万伟刚，党小组长朱兴刚、丁开创；第二党支部书记李江浦，委员章学明、龚伯奇，党小组长龚伯奇、汪斌；第三党支部书记林茂华，委员孙萍、李杉杉，党小组长李薇、陈光琴；第四党支部书记邓华，委员周枫、刘星，党小组长刘星、周枫；第五党支部书记周兆义，委员刘新华、杜永印，党小组长江德成、高丽。

（一）召开民主生活会

2014 年 8 月，学校党总支按照省、市、县委的统一部署，报请县教育局党委同意，召开了党的群众路线教育实践活动专题民主生活会。以党的十八大精神为指导，按照"照镜子、正衣冠、洗洗澡、治治病"的总要求，坚持高标准、严要求，对作风之弊、行为之垢来一次大排查、大检修、大扫除，着力解决校领导干部在党性、党风、党纪方面存在的问题，下大力气解决群众反映强烈的教育教学、师德师风、学校德育等方面的问题。

2016 年 1 月 22 日，校党总支召开"三严三实"民主生活会。秦贤清同志代表总支领导班子作对照检查以下几个方面：一是在党的大政方针的学习上存在不够深入，不够及时的现象；二是在工作中存在对党的路线、方针、政策宣传贯彻力度不够；三是思想认识还没有完全到位，缺乏抓好、落实的狠劲和韧劲；四是工作措施较为简单、笼统，缺乏操作性较强的制度规定；五是落实"两个责任"的形式主义仍比较突出。

2017 年 1 月 20 日，根据中共和县纪委、县委组织部下发的和组字《关于开好 2016 年度党员领导干部民主生活会的通知》精神，校领导班子召开了 2016 年度党员领导干部民主生活会。

2018 年 2 月，校党总支根据中共和县纪委、县委组织部下发《关于开好 2017 年度党员领导干部民主生活会的通知》要求，召开党总支 2017 年度党员领导干部民主生活会。9 月 1 日上午 10 时，党总支召开了"讲严立"专题警示教育推进会，传达学习"讲忠诚、严纪律、立政德"的会议精神，并布置学校专题警示教育工作，全体党员参加了此次会议。

2019 年 1 月，校党总支班子围绕"求真务实，坚决把党中央决策部署落到实处"的主题，召开了年度民主生活会。校党总支班子成员和各支部书记参会。

2020 年 6 月 29 日，校党委召开民主生活会，落实市委巡察反馈意见。校党委班子全体成员参会。汪静书记作了重要讲话，并针对《中共和县第一中学党总支对第七巡察组反馈意见的整改方案》的实施，提出要求。

2021年2月28日，校党委召开2020年度中央巡视整改专题民主生活会，会议学习贯彻习近平新时代中国特色社会主义思想和习总书记考察安徽重要讲话精神。县教育局党委督导组领导陈敬友、校党委书记汪静和党委班子成员参加会议，开展了批评与自我批评。

2022年1月26日上午，校党委召开2021年度党史学习教育专题民主生活会。会议由校党委书记、校长汪静主持，县委党史学习教育第四巡回指导组组长陈华清、县教育局党委书记陈敬友莅临会议指导，校党委班子全体成员参会。

（二）教师党史学习教育

自党史学习教育开展以来，校党委全面贯彻落实党中央、省、市、县各级党委关于开展党史教育的工作要求，结合学校实际情况，将党史学习教育同学校教育有机融合，较好地完成了各项工作。

2021年2月20日，党中央召开了党史学习教育动员大会。习近平总书记在大会上强调："在全党开展党史学习教育，是党中央立足党的百年历史新起点、统筹中华民族伟大复兴战略全局和世界百年未有之大变局、为动员全党全国满怀信心投身全面建设社会主义现代化国家而作出的重大决策。全党同志要做到学史明理、学史增信、学史崇德、学史力行，学党史、悟思想、办实事、开新局，以昂扬姿态奋力开启全面建设社会主义现代化国家新征程，以优异成绩迎接建党一百周年。"

根据上级党委有关要求，学校党委成立了党史学习教育领导小组，校党委书记为组长，党委副书记为副组长，党委委员、支部书记、党员中层干部为成员。召开了党史学习教育动员大会，制定了《和县第一中学党史学习教育实施方案》。根据方案，采取多种形式开展学习，如"三会一课"、党员干部教育日、党史知识测试、学习强国积分月赛、收看有关党史教育的文艺作品和"七一"庆祝大会等。党员干部通过学习，提升党性修养，强化跟党走的信念，增强全心全意为人民服务的意识。教育学生学习党史，采用国旗下讲话、班会课、思政课、主题征文、演讲比赛、中华经典诵读、党史知识竞赛等多种形式，将党史、国史学习拓展到课堂上、深入学生心里，厚植红色基因。组织开展党员干部上"战疫"前线，上护堤巡坝防汛前线，结对帮扶困难学生，开展培优补差等活动，将党史学习教育落到实处。

党史学习教育的五种形式：

1. 政治理论学习。以党委理论学习中心组（扩大）会议为载体，校党委坚持每月召开一次集体学习会议，党委班子成员、党支部书记及各处室负责人以党史、习近平总书记重要讲话为主要学习内容。学习习近平总书记党史系列讲话，学习习总书记考察安徽、西藏、青海等地讲话精神，学习党的十九届六中全会、省、市、县党代会精神等。

指导各党支部依托"三会一课"，组织全体党员开展理论学习，将习近平总书记系列讲话精神、党的十九大及历次全会精神，把党代会的精神传达到位、学习到位、贯彻到位。

2. 主题党日活动。以党支部主题党日活动为载体，组织全体党员积极开展各类形式的教育实践活动，组织党员赴濮塘革命烈士陵园、和含支队纪念馆、薛家洼生态湿地等地开展主题党日活动，重温革命先辈艰辛的革命历程，感悟革命精神；组织党员同志参加疫情值班，结对帮扶，培优补差，帮助群众解决实际困难，推进党史学习教育走深走实。

3. 党史测试，积分月赛。为检测理论学习效果，强化理论学习氛围，校党委组织中心组成员和全体党员参加党史知识测试和"学习强国"平台积分月赛活动。通过检测和评比，达到以考促学、以学促用的目的。

2021年度，校党员教师中，有18位党员在"学习强国"平台2021年度积分达到17800以上，最高分为党委副书记范明锁同志18731分。尹颖同志荣获全市党史学习教育英语演讲大赛优秀奖。

4. 收听收看庆祝大会、重点文艺作品。7月1日，学校组织全体党员集中收听收看"七一"庆祝大会，集体学习习近平总书记讲话精神。组织党员先后收听收看《榜样》系列节目、《皖东星火》《和含支队》《红叶颂》等重点文艺作品；用优秀共产党员的先进事迹教育党员。

5. 召开党史学习教育专题生活会。校党委根据《关于基层党组织召开党史学习教育专题组织生活会的通知》精神，召开各党支部书记会议，传达精神。编印了《和县第一中学党史学习教育专题组织生活会工作指导手册》，校党委副书记范明锁对各支部书记、委员进行专题培训，并提出了明确的规范要求。

各党支部围绕"学党史、悟思想、办实事、开新局"主题，认真贯彻"学史明理、学史增信、学史崇德、学史力行"要求。召开党组织专题生活会，通报支部半年来工作，特别是党史学习教育开展情况；组织学习习近平总书记一系列讲话精神和党史学习指定的教材，开展批评与自我批评，增强全心全意服务意识。

党委带领支部围绕教学中心工作，开展了一系列活动。

2014年2月开始，党总支按照县委和县教育局党委的统一部署，开展教育实践活动，完成"学习教育、听取意见"，"查摆问题、开展批评"，"整改落实、建章立制"三个环节的各项工作，听取300多人次的意见，收集教师建议42条，家长建议17条，学生建议66条。严格落实中央《党政机关厉行节约、反对浪费条例》，健全完善学校办公用品管理、公务接待等制度，规范差旅消费，防止超预算开支、超标准接待，杜绝铺张浪费。修订和完善《专业技术岗位内部等级晋升实施方案》《教师绩效考核办法》《高级教师职评评分办法》《和县第一中学班级考核细则》，制定《和县第一中学效能建设整改方案》《和县第一中学关于禁止教师从事有偿家教的暂行规定》，开展专项整治活动。做好"回头看"补缺补差工作，彻底查找和解决学校存在的"四风"方面的问题。

2017年10月18日，校党总支要求党员在办公室收听党的十九大报告。2017年12月，学校各党支部组织党员和积极分子瞻仰西梁山革命烈士陵园，接受革命精神洗礼。

2018年1月15日，各党支部以"不忘初心，牢记使命"为主题，开展学习与体悟活动；1月19日，各党支部参加"宣传贯彻党的十九大精神主题"文艺晚会；11月，庆祝改革开放四十周年主题活动。

2020年7月，校党委号召广大党员干部积极参与县防汛值班工作，发挥党员先锋模范作用。

2021年4月，各党支部开展爱国主义教育进教室活动，深入宣传爱国主义精神；7月，校党委在全校开展党员干部"学党史，收听收看庆祝建党100周年大会"主题活动；11月，各党支部开展"建设美好安徽"主题活动，到马鞍山博物馆、薛家洼生态园观摩学习；12月，各党支部开展"追寻红色印记、传承红色基因"主题党日活动，赴新四军和含支队纪念馆观摩学习。

（三）学生党史学习教育

校党委高度重视学生党史、国史学习教育，把党史学习教育有机融合到教学中，教育学生"听党话、强信念、跟党走"，学校为此开展一系列教育活动。

1. 国旗下讲话、网上开主题团课。组织学生会干部以党史、国史为主要内容进行国旗下讲话，面向全体学生宣讲爱国主义。每周开展一次网上主题团课学习活动，学习党史、国史。

2. 开展"从小学党史、永远跟党走"主题教育活动。根据教育部办公厅《关于在中小学组织开展"从小学党史，永远跟党走"主题教育活动的通知》和市教育局转发的文件精神，校党委决定在全校开展此项主题教育活动。要求各年级部采取多种形式开展教育活动，如观看"从小学党史"专栏视频、召开主题班会、学科教育渗透等活动，取得了扎实的成效。

班会课上，老师讲述中国共产党的百年奋斗历史；学生深切感悟到中国共产党从诞生之日起，就肩负中华民族伟大复兴的历史使命。学科教学中，各科老师把党的故事、党的思想、党的历程渗透在所教授的学科中，让同学们懂得了坚定理想信念的重大意义。

3. 党史知识竞赛。2021 年 7 月 1 日，校第三党支部联合政、史备课组在高二年级开展了党的历史知识竞赛。各班在初赛的基础上，推荐了 58 名优秀学生参加了竞赛。比赛评选出一等奖 6 名，二等奖 12 名，三等奖 40 名。此次活动，让广大学生进一步重温了建党百年来的光辉历程，增强了听党话、跟党走的信心和决心。

4. "九一八"主题教育征文活动。学校开展"勿忘国耻"主题征文活动，共收到 134 篇作品，评出一、二、三等奖作品 36 篇。

5. 校党委开展"举旗帜，送理论"党史学习教育宣讲活动。2021 年 6 月 19 日，校第四党支部书记邓华作了主题为"让红色故事代代相传，永远跟党走"宣讲报告，介绍了中国共产党始终在为人民的自由、民主、幸福而不懈奋斗。与会学生干部和部分思政课老师、党员代表表示：要坚定不移紧跟"知党、信党、颂党、热爱党、跟党走"时代主旋律。

6. 同上一堂党史大课。2021 年 6 月 18 日，校党委根据市教育局党委的统一部署，集中开展了"同上一堂党史大课"活动。学生通过活动，了解了中国共产党红船精神、井冈山精神、长征精神、延安精神、太行精神、红岩精神、大别山精神、新四军精神、渡江精神、西柏坡精神、雷锋精神、铁人精神等等。

7. 深入学习习近平总书记"七一"重要讲话。2021 年 7 月 1 日上午，校党委统一部署，组织学生在教室集中收看了庆祝中国共产党成立 100 周年大会的现场电视直播。9 月 1 日，学校根据县教育局党委要求，开展学习"七一"讲话专题宣讲。校党建办牵头，组织全校班主任重温习近平总书记在庆祝中国共产党成立 100 周年大会上的讲话精神；班主任在开学第一课向学生宣讲"七一"讲话精神。

8. 开展"四史"①宣传教育。校党委根据上级党委文件精神，贯彻落实"四史"学习教育，将"四史"学习教育融入工作中。校党委推出学习"四史"参考书

---

① 四史：党史、新中国史、改革开放史、社会主义发展史。

目，依托网络红色视频、微信公众号、微党课等资源，宣传"四史"；召开全体党员会，组织集中学习党在四个历史时期的贡献。集中收看了浙江大学刘召锋教授"改革开放前的探索：过渡、建设与曲折"的专题讲座和《皖东星火》等红色专题片；安排党员教师、高一、高二全体学生观看"四史"学习视频，收到了党史教育效果。

（四）规范发展党员

校党委发展党员工作，严格按照"控制总量，优化结构，提高质量，发挥作用"和"成熟一个，发展一个"的原则，强化发展程序：谈话、培训、座谈、评议，思想汇报、组织考察；严把党员"入口关"，提高新党员的质量，真正把优秀教师及时吸收到党的队伍中来。

近年来，党委严格按照党员发展程序和规定，相继将十多位优秀教师发展为党员。2015 年沈强、蒋宝童、徐祝云 3 位同志加入党组织，2016 年段国勇、赵延志 2 位同志加入党组织，2017 年时军、张勇 2 位同志加入党组织，2019 年李孝进、王曙辉 2 位同志加入党组织，2020 年杨来、伍征晗 2 位同志加入党组织，2021 年汤斌、倪受军、徐炫、唐凝和鲁浩 5 位同志加入党组织。

三、党风廉政建设

校党委坚持把反腐倡廉工作作为学校工作的大事来抓。校党委成立和县第一中学党风廉政建设工作领导小组，校党委书记任组长，党委副书记任副组长，各党支部书记、处室和年级部党员主任为成员。为进一步强化工作，校党委与各党支部、各处室及各年级部签订了《党风廉政建设责任书》，把党风廉政建设贯彻到教育教学工作中。要求各党支部、处室和年级部负责人严格落实"一岗双责"制度，既对本支部、处室和年级部的各项行政工作负责，又对党风廉政工作全面负责。坚持集体领导与个人分工相结合，将党风廉政建设责任逐级分解。谁主管，谁负责，一级抓一级，层层抓落实，职责清晰，措施到位。学校党风廉政建设做到制度化、规范化。

（一）抓党风促教风

校党委抓党风、促教风，优化教风学风。一是反腐倡廉工作与政治理论学习相结合。校党委坚持每月召开一次以党史、习近平总书记讲话为主要内容的政治理论学习活动。校党委书记汪静多次在会上强调反腐倡廉，教育党员干部要严守纪律、严守底线。二是反腐倡廉工作与师德、师风教育相结合。校党委有计划地对党员教师进行师德、师风教育，利用教职工大会、党支部"三会一课"和年级部教师例会等多种方式，组织教职工学习先进典型，如学习叶连平、张桂梅等先进事迹。向全体教职工通报"违反教师职业行为十项准则典型问题"和身边的典型案例。通过"双向"教育，引导教职工向先进典型学习找差距，向反面案例找底线，有效提升了学校教职工的师德、师风素养。三是反腐倡廉工作与思想道德建设相结合。校党委多次召开党员大会和教师例会，要求党员模范遵守国家法律、法规，遵守社会公德，崇尚艰苦奋斗，反对腐朽，反对攀比，反对铺张浪费。同时，教育党员响应各级党委和政府的号召，积极参加疫情防控值班、防汛抗洪抢险等各项活动，为社会做出榜样。2021年末，校党委在全校师生中征集了十余篇（幅）廉政文化作品，收到了良好的廉政教育效果。四是反腐倡廉工作与主题党日活动相结合。以党支部主题党日活动为载体，组织全体党员积极开展教育实践活动。充分利用本地红色资源，重温先辈革命历程，感悟革命精神，增强身份意识、政治意识。五是反腐倡廉工作与解决广大师生困难、为群众办实事相结合。校党委开展了一系列活动：志愿服务防控疫情、摸排老一中宿舍人员疫苗接种、资助家庭经济困难学生、结对帮扶困难学生、开启个性化住宿、关爱住校生、报告家庭教育状况、培优补弱、兴建教职工健身房等等。通过"我为群众办实事"实践活动，解决了群众"急难愁盼"问题，锤炼了党员的党性。

（二）强化责任落实

在党风廉政建设工作中不断完善各项规章制度。"三重一大"事项，按"集体领导、民主集中、个别酝酿、会议决定"的要求，坚持民主集中制原则。校党委通过教代会修订和完善学校各项管理制度，形成制度汇编。各项制度在"阳光"下运行。校党委会集体决策，落实一把手末位表态制度。加大检查力度，接受群众监督。2021年重要干部任免、多次大额度资金使用（含物资采购、工程招投标等）等事项研究，校党委会严格遵守规章制度，在阳光下运行。

健全廉政工作机制，促进党风廉政建设。主要有五点做法：（1）定期开展学生评教、问卷调查，全面了解师生及家长对学校领导、党员和教师在廉政建设方面的意见以及是否有违法、违纪、违规行为；（2）做好校务、政务、财务公开工作，严格执行学校财务制度，控制公务招待，规范公务出差报销，对财务收支状况在一定范围内公示；（3）充分发扬民主，坚持"三重一大"集体决策制度，学校重大采购，都提交到党政联席会议讨论决定；（4）禁止乱收费，加大收费审批和检查力度，禁止任何私自收取费用；（5）加强反腐预防和警示教育，通过会议学习、观看警示教育纪录片等多种方式，开展反腐预防和警示教育。

四、党建成果

学校抓实党建工作，取得了可喜的成绩。学校先后被评为马鞍山市级文明校园、马鞍山市健康学校、2017年度全市中学共青团规范化建设"十佳提名学校"、马鞍山市"五好"关工委、马鞍山市"优秀家长学校"、教育宣传工作先进集体、首届安徽省文明校园；2021年6月，在建党百年之际，中共和县县委授予我校党委"和县先进基层党组织"称号。

教师涌现出一批优秀党员。李江浦、林茂华、孙仕林等先后被县教育局党委授予"优秀共产党员"称号，李江浦在2021年6月建党百年之际，被中共和县县委授予"优秀共产党员"称号，徐祝云、宋晓虎等获得"优秀党务工作者"称号。沈强被中共和县县委授予"全县防汛抗洪优秀共产党员"称号。孙仕林、李江浦等获得"县师德标兵"称号。

第三节 思政教育

学校思政教育工作，以立德树人为根本，以培育和践行社会主义核心价值观为主线，采取适合学生年龄与身心特点的教育方式，实施思政举措，主要有下列几点。

一、立德树人

（一）加强德育建设

学校定期召开班主任工作会议，建立常态化学习机制。政教处每月召开一次会议，年级部每周召开一次会议，定期开展德育论坛和班主任沙龙活动，交流工作经验。以《和县第一中学班主任工作绩效考核细则》为依据，公平、公正考核班主任工作。考核结果作为优秀班级、优秀班主任评选的重要依据。在考核为优秀班主任中选拔人员参加市、县班主任基本功大赛。专家对参赛选手听课、评课和磨课。2012年以来，多位班主任代表学校参加市级比赛，庆逸先、时军、李凌等老师分获市级二、三等奖。多位班主任获市、县级优秀班主任荣誉；他们所带的班级获得了市、县级优秀班集体。多名学生获市、县三好学生、优秀学生干部等荣誉称号。

2014年2月，教师潘晓红获市优秀德育工作征文二等奖。10月，教师庆逸先获马鞍山市第二届"马外杯"班主任基本功大赛三等奖。

2018年4月19—21日，和县第一中学承办的第七届"江淮五校"德育论坛在上海举行。论坛主题为：新高考，新德育，让班主任工作绽放新魅力。上午，与会人员首先参观了上海市重点高中格致中学，听取了格致中学校长、特级教师吴照讲座；下午听取了两场报告。第二天，江淮五校优秀班主任代表先后作交流发言，对班级管理的各个环节与技能方面开展了深入探究，拓宽了教育视野，更新了观念，感受到发达地区先进教育理念。

2020年6月，陶悦群先生设立的和县第一中学"杨悦师德仁馨班主任奖"正式实施。唐凝、王宏园、李孝进、尹颖、李本平、周道明六位班主任获得首届"杨悦师德仁馨班主任奖"，县政府在教师节举行了隆重的颁奖仪式。2021年8月25日，政教处开展了和县第一中学首届"青蓝工程"班主任师徒结对活动，高一年级12位新老班主任成功结对。经验丰富的优秀班主任发挥"传、帮、带"作用。10月25日，范明锁、王海东、孙萍、丁开创、郑苑思、范传凤等人赴马鞍山二中参加全市高中教学研究暨市二中火炬接力课堂教学示范活动，听了两节别开生面的"梦想"主题班会课，王海东老师给予课堂点评。

（二）汇聚教育合力

学校开展家校交流活动：通过不同形式的家访，了解学生在学校、家庭、社会三方面的情况，相互配合教育；家长参与学校管理。学校举办家长开放日与家庭教育培训会，提高家长教育水平。2013年4月28日，学校特邀全国著名的家庭教育专家、广州英豪家庭教育研究所首席讲师杜小元老师为高一、高二学生家长作《将成功传给下一代》专题报告，本次活动提高了学校、家庭、社会共同教育的合力意识。

2018年12月，学校被市关工委和市教育局评为"马鞍山市优秀家长学校"。

（三）营造优良学风

学校以《中学生守则》和《中学生日常行为规范》为标准，强化学生的行为习惯和语言文明，规范学生的仪表。采用国旗下讲话、主题班会、板报、橱窗和电子屏等形式，加强学生爱国、诚信、文明、感恩等教育。2012年12月5日，全县中学生思想道德大讲堂在和县第一中学成功开讲。县关工委、县教育局关工委、县一中关工委联合举办中学生思想道德教育宣讲活动。相关单位领导出席了会议，一中高一年级全体班主任和1200多名学生与会听讲。宣讲团成员、县一中语文特级教师薛从军主讲。他以人格与境界为主题，从人格、诚信、信仰等方面阐述学生如何加强自身道德修养、提高人格素质的道理。演讲富有激情，生动活泼，深入浅出，感染了学生和老师。

开展纪律、学习、卫生、节俭等教育活动，培养良好的行为习惯。学校以《和县第一中学学生手机管理规定》为依据，防止沉迷网络和游戏，严禁学生携带手机进入校园，让学生专心学习。2015 年 12 月，学校积极响应县委、县政府号召，深入开展"三城同创"暨"向不文明行为告别，做文明有礼的中学生"活动，通过一系列活动，学生文明素质有了提高。

新生入学教育。为了高一新生尽快适应高中学习生活，学校开展一系列教育活动，为期一周。活动主要内容有：队列跑操训练，班风、班纪教育，疫情防控培训、安全教育。各班级在新生入学教育系列活动中，涌现出一批入学教育积极分子，学校给予了表彰。

（四）学科德育渗透

学校发挥各学科特点，开展学科德育渗透教育。语文、历史、政治、地理等学科相互协作，加强学生思想教育。多学科老师指导学生参加相关的征文活动，提高学生践行社会公德能力。2015 年 12 月，学校科普教育渗透德育做法，取得显著成绩，被省地震局、省教育厅、省科协联合授予"安徽省防震减灾科普示范学校"荣誉称号，学校是马鞍山市唯一获此殊荣的中学。2016 年 9 月，在第十九届全国青少年五好小公民"老师您好，我的好老师"主题教育征文活动中，校师生成绩显著。庆逸先老师指导的学生陆晋文获得高中组特等奖，李凤老师指导的学生姜雨婷获得高中组二等奖，李本平老师指导的学生顾昕敏获得高中组三等奖；三位老师分获指导教师特等奖、二等奖和三等奖。2017 年 11 月 2—4 日，学校开展了为期 3 天的研学旅行活动，组织学生探访复旦大学、上海交通大学，感悟高等学府的文化内蕴。由此拓展实践活动，让学生感受历史悠久文化，践行社会主义核心价值观。2019 年 11 月 14—16 日，高一年级研学旅行活动在浙江大学、横店等地有序开展，主题为"放飞梦想·走进浙大·重走长征路"，让同学们接受红色文化洗礼。

2021 年 9 月 18 日，政教处开展了"九一八"主题教育系列活动：举行升旗仪式，在国旗下讲话；电子屏播放宣传图片；各班级召开纪念"九一八"主题班会，了解"九一八"事变的历史；开展"九一八"主题教育征文活动，评选出优秀作品，给予表彰；历史老师进课堂，上"九一八"专题课；上午 9 时 18 分，学校开展了防空和紧急疏散演练活动，此次活动弘扬了爱国主义精神。

开展疫情常态化防控工作，为师生做好健康服务。新冠疫情发生后，学校完成了多项疫情防控工作，建立与教育主管部门、卫生健康部门信息联动机制，做好师生各类信息和流动情况摸排上报工作；每学期开学编印新学期学校疫情防控工作手册；实行"零报告""日报告"制度，对每日师生出勤情况和健康状况统计上报，做好师生疫苗接种和全员核酸检测工作，保障身心健康。

二、营造环境

（一）创设文化氛围

主要以活动形式营造校园文化氛围。每年4—5月校园文化艺术节，安排下列活动：征文、演讲、书画摄影、歌咏、中华经典吟诵、文艺表演。每年举办校园文化艺术节，涌现的一批具有艺术才能的优秀学生，代表学校参加了多次市、县级中学生艺术展演活动，并分别获得一、二、三等奖。学校一直把中华经典系列活动作为常规活动。每年的市、县级中华经典吟诵和创作比赛时，学校选送了一批批高质量的节目和作品参赛，在县级比赛中蝉联冠军，在市级比赛中多次获一、二等奖；在书法比赛和诗歌征文比赛中，每年都有数十位学生获得市级一、二、三等奖，多位教师获优秀指导教师奖，学校多次获优秀组织奖。自2016年起，学校每年组织高一新生先后赴南京大学、南京师范大学、浙江大学、上海交通大学和复旦大学等高校开展研学活动。

2018年11月12—14日，组织高一年级学生研学旅行活动。师生共计800余人参观全国爱国主义教育示范基地——沙家浜，参观上海青少年社会实践基地——东方绿舟，走进复旦大学和上海交通大学，感受中国高等教育最前沿的魅力，增强了团队精神和合作意识。

（二）开展主题教育

结合节日、纪念日，先后开展爱国主义、革命传统和中华美德三方面教育。用演讲、征文等形式，讴歌抗疫英雄，赞美伟大祖国，弘扬中国精神，表达跟党走的信念。每学期依次开展养成、环保、感恩、诚信、青春期等教育，提升学生综合素质。2013年5月28日，学校举办了"何志诚红色经典报告会"，县教育局及校领导出席会议。83岁的老党员何志诚身着军装、胸佩军功章，用通俗的语言、准确的数据、生动的图片向师生讲述了革命先辈艰辛历程，激发同学们爱党、爱国、爱民的情怀。2013年"八一"建军节86周年之际，秦贤清一行走进县消防大队，代表一中向战斗在酷暑的消防一线官兵表示节日的祝贺和衷心的感谢。学校教师篮球队与消防大队篮球队举行了篮球友谊赛。2014年5月17日，和县老年大学与一中举行联谊活动，此次活动，增进了学生与老人的情感，营造了尊老爱幼文化氛围。全校每年元旦开展班级联欢活动，活跃了课余生活。2016年7月1日，组织教职工观看"庆祝建党95周年大会"电视直播。

师生参加多种文化活动，获奖频频。2020年8月，孟夏同学获全市中小学生第二届"阅读伴随我成长"演讲比赛高中组一等奖，代表马鞍山市参加全省比赛，获省三等奖。孟夏同学还作为获奖者代表在评选发布会上现场展演。2021年10月，裴吉平、王海东、高衡、乔尚四位老师的诗朗诵节目《红船，从南湖起航》，获得了安徽省第三届中华经典大赛市级一等奖和省级优秀奖。

开展文明创建活动。通过校园宣传栏、橱窗、广播、黑板报、班会等宣传阵地，开展文明活动。政教处带领学生走进社区、街头和田间地头，争当劳动先锋，养成良好的劳动习惯。2022年3月1日，政教处组织开展了"喜迎120年校庆，做文明有礼一中人"主题教育活动，以班会为载体，对学生进行文明礼仪和环境保护教育。形式多样：名人名言赏析、故事感悟、图片展示、问卷调查；内容涉及校园生活多方面：环境卫生、会议场所文明、爱护公物、宿舍日常管理、行为规范，课堂礼仪。开展此项教育活动，对培养新时代人具有促进作用。

开展"厉行勤俭节约，制止餐饮浪费"活动。学校贯彻习近平总书记关于制止餐饮浪费行为的重要指示精神，倡导文明健康的饮食文化，引导学生用实际行动践行光盘精神，坚决抵制浪费行为，养成爱惜粮食、勤俭节约的良好习惯。

开展学习身边好人活动。2021年11月12日下午，500多名师生在校报告厅观看县庐剧团创作的庐剧《红叶颂》，《红叶颂》讴歌的是叶连平老师的动人事迹，他退休后创办"留守儿童之家"，一直义务辅导留守儿童，资助困难儿童；获得全国优秀共产党员等多项荣誉。师生观看，深受感动，表示要向叶老师学习。

第四节　团的建设

2016年，团中央和教育部联合印发的《中学共青团改革实施方案》提出，初中、高中阶段毕业班的学生团员比例要在3年左右分别控制在30%、60%以内。2022年，校团委下设61个团支部，有团员1465人，其中高一340人，高二568

人，高三 557 人。

学校团委立足共青团规范化建设，围绕学校中心工作，开展了一系列有教育意义的活动，提升了学生思想品位，推动了学校文明创建工作。

一、团组织建设

校共青团规范建设主要有三点。

一是制度建设。逐步完善团的各项制度，包括培训制度、入团审定制度、评选优秀团支部和优秀团员制度。培训对象主要是团外积极分子和团员。搞好培训制度的常规化；入团审定制度，严把入团关，认真执行入团程序：推选、考察、学习，班主任提出意见，团支部和团委会审定，确保入团质量。认真规范团组织关系接转手续，做好团员档案管理。注重激励机制，每学期表彰先进团支部和优秀团员。

二是素质建设。每学期开学，以班级为单位，设立团支部，完善团干部的配备。及时召开学生干部培训大会，明确学生干部职能和工作方法，要求他们成为学生的表率、老师的助手、团组织的尖兵，带动同学开展各项活动。校团委为了选聘热心有能力的学生会干部，采用竞聘制。学生自愿申请，再经过公开的竞职演说，综合考评，择优录用。已成功举办了 22 届竞聘活动。每届学生会干部任期一年，注重后备干部的培养。注重团干与学生会干部在工作中提高素质和能力。团委组织团员开展一日常规检查活动；参与学校的卫生、纪律、车辆停放等检查活动。这些活动提高了团员自我服务、自我管理、自我教育的能力，增强了主体意识和责任感。学校每年艺术节、体育节等大型活动，校团委协同各部门做了大量工作。

三是阵地建设。利用校园之声、黑板报、宣传栏等舆论阵地，对广大学生开展多种主题教育。整合校园之声栏目，抓好新老广播员交接工作，节目贴近学生生活，成为沟通思想、陶冶情操的重要平台。

二、锤炼品德

校团委开展了多项主题教育活动，提升学生思想素质和社会工作能力。

2013 年，校团委、高三年级部举行了优秀毕业生学习经验交流会。陈业伟、杨洋、王克胜、李袭宝、王鹏、韩毓瑾、曹馨雨 7 位考入高校的校友，分别从学习方法、学习心态、考试技巧、志愿填报等方面作了详细的介绍与说明，参会的高三学生受到了启发和鼓舞。学校有 3 位学生获全国"学雷锋，做有道德的人"爱国主义读书教育活动征文比赛奖；两位学生分获"建设幸福中国"爱国主义读书教育活动省、市奖；沈玥等 10 位学生获市中小学生中华经典教育活动古诗文书法比赛奖。

校团委在青年节、母亲节、建军节、教师节、国庆节等节日以及入学、入团等具有特殊意义的日子，开展系列活动"五四"志愿活动、绿色环保小卫士、"绿色上网"、学习中国好人、清明节网上祭英烈、清除"牛皮癣"、践行诚实守信、"安全在我心中"。每年校团委组织校全体团员参加学雷锋、志愿者服务等活动。

2014 年 3 月 5 日，即第 51 个"学雷锋纪念日"和第 15 个"中国青年志愿者服务日"，团委组织团员与志愿者高举共青团和志愿者的旗帜，在和州路开展服务活动，清除道路两旁各个角落遗留的纸屑、包装袋等垃圾，维护了城区的环境，增强了环保意识。

每逢周五下午第四节课，在校政教处和团委带领下，班主任和全体学生参与全校卫生大扫除。高二年级近百名青年志愿者分成两组，分别负责东大门、南大门以及相应的广场卫生清洁工作，清除烟头、纸屑等垃圾。活动结束后，学校对活动统一检查，并作通报。

2015 年 12 月 5 日（周六）上午，为鼓励和动员全县市民共同投身到全县"三城同创"中去，和县县委、县政府在桃花坞广场隆重举行了"告别不文明行为，争做文明有礼和县人"启动仪式，和县第一中学许可同学代表全县学生发言，近百名学生参加，在返回途中，将清理道路两旁的果皮纸屑统一放入垃圾袋，并向道路两旁的商户以及过往市民发放宣传袋，以此引起市民关注"三城同创"。

2015 年，校团委被评为市"五四红旗"团委，夏红获市优秀青年教师荣誉称号，高二（5）班团支部被评为市"五四红旗"团支部。

2017 年清明节，校团委开展"网上祭英烈"的活动。通过网上学习、浏览革命先烈的英雄事迹，倡导同学网上献花、网上留言、文明祭祀，缅怀先辈，弘扬文明新风。

2018 年，学校开展师生文明志愿者行动与校园保洁活动，此项活动由一系列小活动组成：开主题班会，出主题黑板报，开展环保活动、宣传环保知识。班级开好以"环境保护"为主题的一堂班会，宣讲生态环保知识。学校开展一次以环保为主题的班级黑板报比赛，开展一次环保志愿者活动。环保志愿者在校园清除草坪的杂物、塑料袋、果皮、纸屑，学生会干部定期检查校内卫生；开展"垃圾回收"行动。各班学生深入校园、大街、社区，开展"你丢我捡"活动，逐步消除乱扔垃圾、乱贴乱画等现象；开展"分类处理垃圾""变废为宝"等活动，宣传节能降耗理念。

校团委根据自身的特点和优势，多渠道开展多项活动，加强校园文化建设。

学校一直坚持举办校园文化艺术节活动。每次艺术节参演节目形式新颖，有合唱、舞蹈、诗朗诵、杂技、相声、舞台剧等。2019年，校园歌手大赛的成功举行，丰富了校园文化生活。在洋溢着节日气氛的舞台上，同学们身着漂亮的服装，用嘹亮的歌声、优美的舞姿，讴歌校园，赞美老师，歌颂祖国，展示蓬勃向上的精神风貌。

2020年，县委组织部、宣传部、县教育局、共青团和县委员会联合在全县范围内开展"心向党，迎五四，颂青春"征文活动。校团委积极组织学生参与并获得优异成绩。2020年，全体师生开展了"纪念抗美援朝70周年"主题教育活动。学校全体班主任通过课件展示、材料讲解和视频播放等形式，把伟大的抗美援朝精神切实融入铸魂育人之中。

2020年7月1日，迎来了中国共产党建党99周年。校团委根据校党委的部署，开展了"七一"建党节系列活动：以"我心向党"为主题的黑板报活动，各班围绕主题对板报进行设计。各班开展"学党史，感党恩，树信念"主题班会，重温党的光辉历程，缅怀革命先烈。开展"永远跟党走"主题征文比赛，学生认识到：只有中国共产党的领导，才能实现中华民族伟大复兴的中国梦。

学校召开2021届高三百日冲刺誓师大会，校党委书记、校长汪静代表学校勉励全体学生，寄予厚望。在裴吉平老师的带领下，同学们高举右拳，宣读了誓词，奋力冲刺，超越梦想。

2022年，在"雷锋月"活动之时，学校学生代表在国旗下讲话，向全校师生发出《弘扬雷锋精神，做有道德的一中人》倡议，倡议"学雷锋"活动"从我做起，从身边的小事做起"。

第五节　教学指导

学校根据上级有关文件精神，制定了《和县第一中学课程开设实施方案》（以下简称《方案》）。《方案》共开设语文、数学、英语、思想政治、历史、地理、物理、化学、生物学、信息技术、通用技术、音乐、美术、体育与健康、综合实践活动15门学科，科学合理开齐课程，开足课时。除综合实践活动学科以外，每门学科都有教学指导意见。

一、教学指导

（一）教师教材培训

学校一直关心教师的成长，依据国家、省、市、县教育部门有关要求，加强教师继续教育。采取网上远程教育、校本培训等措施，以师德建设、高中课程建设、综合素质提高、现代教育技术的应用为教育内容。广大教师积极接受教育。

2012—2022年，教育部对教材进行多轮改革。教育部和省教育厅对教师进行多轮教材培训。随之，学校教师参加各类培训和课程建设会议。2010—2012年，教师参训218人次；约百人次参加不同类别的新课程培训会议。2012年以来，马鞍山市使用北师大英语教材，学校英语教师全员参加市级英语学科两轮教材培训。2016—2017学年度，多次派出教师参听走班教学的专题讲座；到浙江省嘉兴市两所高级中学和上海市闵行中学进行实地考察。2018年暑假，高一教师参加新课程标准改革培训。2017—2019年教材新变革，学校教师参加新教材培训237人次。2020年9月，安徽省统一利用暑假期间对教师进行了新教材网上培训。政治、语文、历史三科教师参加教育部与人教社网络全程培训。

构建课堂教学三个维度评价：教学方案，教学指导过程及其效果。评价要求以教师为主导，以学生为主体，以教材为载体，灵活运用多种教学手段，创设情境，激发学生学习动机，促其主动学习，积极参与，变被动吸收为主动探求。

2017年以来，课程建设以课程标准为主，要求课堂教学空间走向开放，给学生提供更多的自由发展空间，让学生通过自主性探索获得新知。教师课堂教学实践中，对课程内容进行深刻的理解和准确的把握，采用新的教学方式和策略，帮助学生在自我建构中谋求个性发展。

学校开足、开齐高考要求的各选修课，还自主开发《百年一中》《趣味语文》《化学与生活》《主题班会设计》《常用家用电器》《数学七彩桥》《久话和州》《生命的奥秘》等校本教材，这些校本教材在高一新生军训期间，利用自习课和班会时间授课。

（二）适应高考改革

2012—2015年，安徽省高考自主命题。从2016年开始，安徽省高考使用全国卷。2021年安徽省实行新教材新高考改革。

学校根据《国务院关于深化考试招生制度改革的实施意见》和2021年《安徽省深化普通高校考试招生综合改革实施方案》的精神，结合学校实际情况，制定了

《和县第一中学新高考选课走班指导工作实施方案》。

学校成立新高考方案解读及学生选科指导小组，组长汪静，副组长沈强、吴光华、王武志、范明锁、杜虎。小组成员有学校部门负责人与高一年级部全体班主任。小组全体成员认真学习教育部、省教育厅相关文件精神，结合和县第一中学实际，确定目标，责任到人，了解学生的优势学科和弱势学科，有针对性地开展选科指导工作。

必修课的实施方案：2019级高一第一学期结束或从高二年级开始，学生从物理、化学、生物、政治、历史、地理、技术7门学科选课走班教学。每位学生只能从这7门学科中选择3门作为"选考"科目。根据安徽省新高考方案，学生在高一、高二年级完成学业水平考试。语文、数学、英语、体育、音乐、美术等学科不作选择，按行政班教学。

学校在调查学生兴趣、爱好、特长的基础上，充分发挥教师的专业特长和社会课程资源，有目的地开发兴趣特长类课程。每学年开学前，提前公布学校本学年拟开设的兴趣特长类选修课程计划、课程信息和学分认定办法。学生在教师指导下，自主选课。根据学生选课情况，组织走班教学。将对选修课制定学分认定和考核方案，按照《方案》及时进行考核和学分认定。

高一年级部分层次召开班主任会议和任课老师会议，宣传上级文件精神和工作要求，责任到人。发放安徽省教育厅编印的《政策解读问答》，师生人手一册；班主任负责对班级学生指导讲解，让学生准确把握选科精神，自主选科。2022年初，学校召开高一全体学生与家长会议，分析校情、学情，指导学生选科。班主任和授课老师帮助学生分析特长与成绩，把各科成绩作横向和纵向的分析、比较，看清楚自己哪科更具竞争力，让学生了解自己的优缺点。建议选科时兼顾兴趣与特长，以未来发展为标准。

学校重视各类考试。各年级每学期均安排期中、期末考试，年级部根据教学进度统一安排平时测试。高三全年安排了考试如下：学校自主考试3次，江南十校考试1次，马鞍山市质量检测3次，高考前预考1次。皖南八校模拟考试由所属学校轮流承办。学校自2010年成功承办皖南八校第一次考试之后，2016年成功承办皖南八校第二次考试，2021年再次成功承办了皖南八校第二次考试，获得众多学校好评。

承办考试工作，包括命题、审卷、阅卷、析卷和评卷等工作。学校专门成立了"皖南八校二模联考"领导小组，校长为组长，成员由分管教学的副校长和教务处主任担任，具体事务由教务处负责。

学校成立命题组。高三教师回避命题，选拔高一和高二一线教师成立命题组。要求命题教师具有高度的事业心和强烈的责任感，作风正派，严守秘密；熟知本学科《课标》《中国高考评价体系》《中国高考评价体系说明》，具有丰富的考试命题经验。每学科 2 人，其中一人为组长。数学科分文理两科命题，命题组总人数20 人。

严肃认真对待命题。命题过程分为前期准备、一审、二审几个阶段。前期准备阶段。制定了联考命题工作实施方案、工作时间表、与命题教师签订《命题卷工作保密协定》，确保了稳步有序地推进。一审阶段，要求第一组命题教师密切关注省教科院、省考试院安徽省高考的各种信息和高考的最新动态，严格命题。二审阶段。主办方把试卷交给相关中学进行审卷。反馈后，启用第二组命题教师再次审卷，通过封闭做题，修改补充，最终定稿。

各校按时完成阅卷后，教师根据网络阅卷系统逐题分析各项得分率，结合学生答题错误情况，提出教学改进意见。

二、视导评教

学校开展教学视导，坚持以问题为导向，从不同角度对年级部的管理和教学工作全面调查、总结，客观公正评价得失。聘请各学科专家和外校专家为视导组成员，视导对象为高二年级高考文化课所有教师。视导工作程序是：组织动员、推门听课、学生评教、学生座谈会、视导组与备课组交流、视导结果反馈。

学校每学期对全体教师开展由班级学生对授课教师进行评教活动。从八个方块评教：教学考勤、教学态度、关爱学生、教学方法、教学内容、作业辅导、学生评教、综合评价；每块 3 分，总分 24 分。评教结果设 A、B、C、D 四个等次，其中在科目总分前 1/3 为 A 等，第二个 1/3 为 B 等，接下来 1/4 为 C 等，剩余 1/12 为 D 等。教务处主任对于评教为 D 等次的教师分别约谈，帮助、提升，及时解决存在的问题。

问卷调查部分主要依托信息技术平台，学生针对教师在课堂教学中的语言、出勤、教学、作业等情况作出 A、B、C 等次评判。学生的评判基本符合教师教学实情。此类活动，有助学校对教师的考核与评价，也有助教师本人的自省。

学校召开学生代表座谈会，听取学生的要求、建议或意见。每班 2~3 名学生代表，反映班级学习、班主任管理、教师教学、取得成绩以及存在的问题。学生反映的基本情况，为班级、年级部调配或置换教师提供依据。教务处、政教处、团委协作，对各班级报送优秀学生进行评选。评选出优秀生及相关材料，录入个人综合评价，形成个人档案。

和县划归马鞍山市后，每年9月份，马鞍山市教育局对全市高中进行教学视导，重点在毕业班。2015年9月8日，马鞍山市教科院到和县第一中学进行教学视导。2016年9月13日，市教育局进行高三视导。2020年10月26日，启动本学期青年教师推门听课及全校期中教学检查活动；活动结束后对结果进行汇总，对表现优秀的教师大会表扬，对发现的问题通报并督促纠正。

三、教学建设

（一）教学管理建设

学校要求信息教研组专项落实信息和通用技术课。6名老师负责高一、高二的课程教学，并承担学生技能大赛的辅导。

1. 加大硬件建设。硬件投入300万元左右，满足教育、教学发展需要。学校信息和通用课程的教室分设在常规教室、经纬楼微机房、行知楼通用技术专用教室。2. 依据信息和通用课程的标准，开展学生信息与通用知识竞赛，获奖学生较多；专业老师的技能教学竞赛在省、市级获奖层面逐年增多。3. 专门的录播教室设在经纬楼4楼，各班级都设有班班通设备。学校录播室在教学实践活动中录播教学，彰显教学成效。在防新冠病毒的线上教学中发挥作用，停课不停学，采用线上辅导与授课，满足了居家防疫的学习需求。

（二）图书建设

学校图书室和阅览室的主体集中在经纬楼的1—3楼，有办公室、藏书中心、教材薄本中心、教师阅览中心和学生阅览中心。有电子图书和网络阅览设备，有专门工作人员。在教学楼各办公室，学校还配有相关的教育教学书籍，供教师临时阅览；部分班级教室还建有图书角。

学校注重图书建设，一是努力建设标准化图书馆。制定图书馆规章制度，实施图书借阅信息化管理；增加电子阅读和有声阅读设备；划定专门阅览场地。二是坚持图书阅览室的管理联动机制，学校从人员配备、图书购置、开放时间等方面全面管理。在非常时期，如疫情期间的闭馆、教师资料的查阅提供、学生读书的时间安排，图书馆执行学校统一要求与规定。三是积极发挥图书馆作用，通过读书节、征文、经典诵读等活动，引导学生读好书、好读书，构建"书香校园"。

（三）开展体育运动

自 1975 年开始，学校每年下半年举行运动会，至 2021 年已举办 47 届。为增加运动比赛的趣味性，自 2003 年开始，更名为和县第一中学体育节暨田径运动会。每年上半年高二年级以班级为单位举行篮球赛，历时一周。2009 年搬迁新校区后，课间操以广播体操为主，运动区域扩大。为更好锻炼学生体质，改广播操为跑操。高一年级绕校广场内圈跑两圈，高二年级、高三年级分别绕广场外圈、校内池塘各跑一圈。每年下半年举办一次体育节暨运动会。

2013 年 10 月 17—19 日，学校成功举办第十一届体育节暨第三十九届运动会。12 月 10 日，举行第七届阳光体育运动冬季长跑活动启动仪式。此后年年举行体育节和运动会，到 2020 年 10 月 29—30 日，举办了第十八届体育节暨第四十六届田径运动会，全校有 3000 多名师生参加本届体育盛会。

四、历届高考

2012 年，应届高三高考，一本达线 189 人，二本达线 501 人，三本达线 650 人，本科达线率 74%。

2013 年，应届人数 1007 人，其中理科 702 人，文科 305 人。本科达线 873 人（不含体艺），达线率 86.7%。其中理科 621 人，文科 252 人。一本达线 357 人，达线率 35.5%；其中理科 288 人，达线率 41%；文科 69 人，达线率 22.6%。二本以上达线 718 人，达线率 71.3%。其中理科 529 人，达线率 75.3%；文科 189 人，达线率 62%。

2014 年，应届高考一本达线 441 人，达线率 40%；二本达线 802 人，达线率 72.9%；三本达线 945 人，达线率 85.8%。

2015 年，高考应届二本达线 701 人，文理科 600 分以上 197 人，文科 76 人，理科 121 人。宣雅以 696 分位列全省 18 名，被清华大学录取。

2016 年，高考本科达线 993 人，其中一本 475 人，二本 308 人，三本 210 人。

2017 年，高考本科达线总数 975 人，应届一本达线 410 人，应届本科达线人数 893 人；文科最高分 606，理科最高分 661，文理科 600 分以上共有 26 人。

2018 年，学校高考本科达线总数 967 人。其中，应届一本达线 424 人（不含体艺）。应届本科达线 831 人（不含体艺）。文科最高分 650 分（马鞍山市文科第 1 名，全省 114 名）。理科最高分 672 分。文理科 600 分以上 61 人。

2019 年，学校高考本科达线总数 1198 人。其中，应届一本达线 401 人（不含体艺）。应届二本达线 797 人（不含体艺）。文理科 600 分以上 50 人。理科最高分 653 分。文科最高分 623 分。本科达线率 78.6%。

2020 年，高考本科达线 965 人。应届一本达线 417 人（不含体艺），二本达线以上 737 人（不含体艺）。应届文理科 600 分以上 86 人。理科最高分 686 分，文科最高分 600 分，本科达线率 75.59%。

2021 年，应届报名 997 人，达一本线 505 人，达线率 50.7%；达本科线 802 人，达线率 80.4%。达 600 分以上，应届 66 人，往届 7 人。理科应届报名 651 人，达一本线 430 人，达线率 66.1%；达本科线 607 人，达线率 93.2%。理科应届张飞扬同学以 679 分位列全省 284 名；文科应届李文璟同学以 644 分位列全省 550 名。

2022 年，应届报名 974 人（不含体艺），达一本线 485 人，达线率 50%；达本科线 748 人，达线率 77%。达 600 分以上，应届 43 人。理科应届报名 741 人，达线 610 人，达线率 82%；文科报名 233（不含体艺）达线 137 人，达线率 59%。理科应届丁迥涛同学以 673 分位列全省 252 名；文科应届呼邦旭同学以 600 分位列全省 652 名。

第六节　研教互补

"以研促教，教研兴校"，是学校秉承的教学理念。教研处加强教研组建设，以"公开课、示范课和教学开放日"为重点，提高教师教学素质和专业技能；发挥"名校长工作室""名师工作室"引领作用，推进"青蓝工程"，助力青年教师成长；强化学科竞赛，提升学生的素质和学校知名度。

一、教学研究

以教研组为教研单位，组织教师学习课程标准和相关考试说明，指导备课组活动，明确学科教学目的、任务和教学要求，制订学期教学计划。教研组活动主题明确，力求做到有目的、有内容、有学术气氛、有所得，每次教研活动都有记录。

集体备课是教研处的工作重心，是各教研组的重点工作。在教研处与教研组的共同努力下，集体备课做到"三定"：定时间、定地点、定中心发言人。各年级同一学科、同一类班级做到"四统一"：统一目标、统一进度、统一作业量、统一考核标准。集体备课坚持个人钻研与集体研究相结合，解决教法、教材重难点。实行"主备课人"制度，每周由一位教师作为主备课人，就下一周授课内容提出设想，其他教师提出建议，然后形成集体教案。重视二次备课环节：教师在上课之前，根据实际情况对集体教案进行个性化处理，形成个性教案。每次集体备课时，总结上周授课情况，交流"课后分析"，探究教学可能出现的问题，做好教学的计划性和前瞻性。

每学年举行一次教学开放日活动。"开放日"期间，每个备课组开一次公开课。教研处安排、确定担任开放课的教学人员，积极磨课，认真准备，在开课前打印好完整的教案。教研组具体落实，认真组织听课；在开课后一周内，将听课的评议记录及该课教案上报教研处。学校收集整理开放日活动意见，与授课老师交换意见，旨在提高教师教学水平。

开展校内公开课。教研处具体部署，教研组长、备课组长积极配合，倡导"上好一节课，听好一节课，评好一节课"，促使教师相互学习、共同提高。我校有一批教学经验丰富的省特级教师、高级教师、省教坛新星、马鞍山市学科带头人、市骨干教师，为了更好地发挥这些教师的示范、引领作用，学校开设示范课、观摩课，为全校教师提供学习范例。

学校重视课题研究工作。学校的课题成果喜人，先后结题的有：汪静校长主持的《基层中学教师发展环境的实践研究》；沈强主持的《新课标初高中化学衔接研究》《作业功能激活化学高效课堂的研究》；吴光华主持的《信息技术下课堂教学中开展探究性学习的实践研究》《高中生物校本学案、校本练习的开发研究》；温泉主持的《基于现代知识观下的地理思维能力培养研究》；孙萍主持的《基于POE策略的高中化学"四重表征"课例研究》；唐凝主持的《信息技术下课堂教学中开展探究性学习的实践研究》《新课改背景基于微课的高中数学校本教材的开发与研究》；王冬冬主持的《高中生物必修教材实践活动的开发与利用研究》《STEM推进：核心素养视域下高中生物教材拓展性实践课程的开发与利用研究》（省级）；高衡主持的《增加高三语文教学趣味性的行动研究》《新高考改革背景下的增强高三语文作文教学实效性的行动研究》；姜浪主持的《"认识PHTOTSHOP"项目式教学学案软件的开发和应用研究》。

《喜雨》校刊创办于1999年，每学期2期，一年4期。为学生提供展示的窗口，为教师提供交流的平台，为校友创设联系母校的纽带。创办24年来，《喜雨》刊物质量不断提高，逐渐形成了鲜明的办刊特色，不仅深受师生和家长的欢迎，也得到了主管部门和社会各界的好评，对建设有品位的校园文化，起到了示范引领作用。《喜雨》校刊主要发表学生作品，也经常刊登校长与老师的文章，还报道学校重大活动。

2017年，《喜雨》获安徽青年报组织评选的省级优秀校刊，汪静校长荣获优秀校刊"校长支持奖"。

主要活动：

2013年11月22日，开展了"教学开放日"活动。

2014年1月8日，学校召开市级课题论证会。黄万林老师主持的课题《新课程背景下初高中化学教学衔接研究》，获省级课题二等奖。12月5日，成功举办"教学开放日"活动；12月19日，举行马鞍山市语文教研活动。

2015年1月20日，学校召开吴光华名师工作室市级课题开题论证会；3月27日，学校召开秦贤清名校长工作室课题结题会议；12月16日，学校举行唐凝负责的市级课题《信息技术下课堂教学中开展探究性学习的实践研究》结题会议。11月12日，开展"教学开放日"活动。

2017年9月17日，开展全学科示范周活动；12月15日，举办"教学开放日"活动。

2017年12月29日，学校召开陈晓明名师工作室课题结题会议。2020年6月18日，学校召开马鞍山市二中朱凌燕老师与和县第一中学何玲老师课题开题会。

2018年1月10日，举行教研处学科教师发展中心启动仪式。

2020年，汪静，吴光华、张勇，高衡，张勇、唐凝，王冬冬5组市级课题结题。

2021年4月8日，学校召开马鞍山市数学和英语开题会议。

二、青蓝计划

青取之于蓝而胜于蓝。学校为了尽快建设一支师德优良、业务精湛的青年教师队伍，充分发挥优秀教师的传帮带作用，实施"青蓝工程"计划。

"青蓝工程"就是师徒结对。对导师有具体要求，导师重在指导青年教师制定教学计划、备课和撰写教学小结，检查青年教师的活动课及其效果；每学年对其思想及教学工作作出鉴定。师徒每两周开展一次教学研讨活动，以听课、评课为主。青年教师每周至少听导师一节课（每学期不少于20节），将每次负责命题的测试卷及考查结果交导师审阅；将每年拜师活动情况写入自我鉴定，交教研处存档。教研处每学期不定期开展推门听课，及时召开总结反馈会，帮助青年教师提升教学水平。安排教师外出学习时，优先考虑青年教师。

教研处为名师工作室开展活动提供保障和支持。适时邀请市、县专家来校对名师工作室工作进行指导。利用本校名师资源，召开专家学术报告会，开展各类教师培训活动。鼓励省特级教师、市学科带头人、市骨干教师积极开展教学示范活动，发挥辐射效应。学校先后成立了秦贤清市名校长工作室、汪静县名校长工作室，吴光华、沈强、陈晓明等名师工作室。

名师工作室负责人主持日常工作，确定研究方向，拟定工作目标和方案，制订学年培养计划，组织研究等活动，邀请专家指导工作，组织成员外出学习交流；指导成员制订自我发展计划，整理教育资源；考核与评估成员业绩，建立档案；制定日常管理制度，负责经费使用和管理；总结并推广教育、教学先进经验、教育理念。工作室成员协助负责人、导师，设立教育、教学资源库；协助开展研修活动，主动提交研究成果；准时参加工作室活动，接受负责人的检查和评估；及时汇报工作，总结经验。

主要活动：

2014年9月15日，举行"青蓝工程"第16期"师徒结对"签约仪式。

2015年1月20日，吴光华名师工作室召开市级开题论证会；3月27日秦贤清名校长工作室课题结题；9月15日，和县高中生物选修课教学研讨会暨吴光华名师工作室活动在校举行；9月21日举行"青蓝工程"第17期"师徒结对"签约仪式；10月13日，吴光华名师工作室高中生物同课异构教学研讨活动在校举行；12月16日，学校召开市级课题《信息技术下课堂教学中开展探究性学习的实践研究》结题会。

2016年10月18日，学校召开市级生物课题结题会。

2017年8月31日，举办了"青蓝工程"第19期师徒结对仪式暨新学期首次教研组长工作会议；12月29日，学校召开陈晓明名师工作室课题结题会。

2018年1月10日，学校举办了学科教师发展中心启动仪式；11月3日，举办文综、理综教师基本功大奖赛；11月6日，举办了2018年马鞍山市数学同课异构教研活动；11月9日，举办了汪静名校长工作室三年规划研讨会；12月3日，学校举办市高中历史同科异构教研活动。

2019年3月25日，学校召开"青蓝工程"检查反馈工作会议；3月29日，召开汪静名校长工作室市级课题开题会；11月8日，校长汪静赴上海向东中学学习；12月2—4日，汪静校长率工作室成员赴上海向东中学开展教学交流。

2020年12月3日，学校召开市语文教学活动。

2021年3月25日，巢湖四中领导来访；4月8日，举办市数学和英语开题会议；4月13日，召开数学二轮复习会暨新教材探究会。

三、学科竞赛

学校重视学科竞赛辅导，要求参与竞赛的学科应争取获得省级以上奖项。每学期开学初，各教研组将竞赛计划上报教研处。教研处编制校内学科竞赛活动计划，统一组织命题、制卷，下发到各学科实施。教研组制订完整的竞赛辅导计划，计划中有辅导内容、方法及预期的目标。备课组每学期制订详细的辅导计划，包括辅导内容、方法、所用的资料、预期效果。学科带头人、骨干教师承担辅导任务，同时选用年轻老师参与。

各年级各学科指定一名教师为主教练，日常辅导工作由主教练负责组织，冲刺阶段以主教练辅导为主，竞赛辅导小组的其他成员协助。年级部采取措施，组织优秀学生参与学科竞赛。每学期，年级部上报学科参与辅导的人数及重点培养对象的名单。每位学生以参加两门学科竞赛为限，年级部与教研组做好协调工作。参赛科目，每周安排一次2课时辅导；其余时间，由竞赛辅导老师安排。上辅导课的老师，认真备课，写出详细教案，及时反馈；适时检测学生学习情况。教研处定期检查教师的上课情况。竞赛结束后，学科将竞赛成绩交教研处，由教研处按一定比例确定获奖名次，学校给予奖励。

主要活动：

2012年3月，第六届皖江语文教育论坛和马鞍山市历史教学研讨会在学校召开。

2013年，学校多名学生获第二十七届全国高中生化学竞赛佳绩，获全国高中数学联赛、物理竞赛佳绩；12月26日，学校举行高二年级三校联考分析会。

2014年4月8日，高二年级邀请家长参加监考；6月25日，学校举办海外优质教育资源专题讲座；11月29日，学校获全县中小学生中华经典诵读比赛高中组奖励。

2015年1月19日，学校召开第十届教学年会；3月2日，学校召开2015年高考冲刺动员大会；3月19日，学校获"美丽中国"第二届全国国家版图知识竞赛个人赛优秀组织奖；9月20日，学校召开北师大高中英语教材培训暨含山和县高考复习研讨会；12月9日，学校获县"三城同创"主题辩论赛冠军。

2016 年 4 月 1 日，学校召开市地理教学研讨会；9 月 13 日，市教育局来学校进行高三视导；12 月 24 日，学校举办江西教育专家刘运芳"高三学法指导"讲座会；12 月 28 日，学校召开马鞍山市 1+4 教育互惠共同体教研组长论坛会议。

2017 年 2 月，学校分别从各学科抽调 7 位教学业务骨干前往马鞍山二中驻点学习；3 月，学校组织高一年级 300 多名学生赴上海交通大学开展"高校游学·励志向上"研学旅游活动；5 月，学校举办第十五届校园文化节。8 月 22 日，学校召开 2018 届高三高考"课标、考纲及教材解读"备考研讨会；9 月 11 日，学校召开 2018 届高三毕业班备战高考动员大会。

2018 年 1 月 8 日，学校召开高三两轮自编资料专家审定反馈会；3 月 5 日，学校召开 2018 届高三毕业班冲刺高考 100 天动员大会；3 月 14 日，学校召开 2018 年市学科带头人、骨干教师评选办法专家解读会议；5 月 12 日，学校青年教师基本功比赛；6 月 5 日，学校派人参加教育局召开的高考培训会；6 月 12 日，学校召开 2019 届高三教学视导总结会；8 月 27 日，学校召开 2019 届高三考纲解读会；8 月 29 日，学校召开 2018—2019 学年度第一学期教研工作会议；11 月 11 日，学校启动 2019 届高三年级综合考试，召开高三语数外学法指导会议；11 月 21 日，学校举行 2018 届校骨干教师评选打分排序；11 月 23—24 日，学校举行高三 G20 联考暨高三第二次考试；12 月 20—21 日，学校举行高三皖南八校第二次联考暨一中高三第三次考试。

2019 年 1 月 27 日，学校召开高三教师会议；2 月 11 日，学校分别召开高三学生家长会议和高三教师会议；3 月 7—8 日，学校举行 2019 届高三江南十校考试；4 月 8—9 日，学校举行马鞍山市二模考试；4 月 19—20 日，学校举行皖南八校三模考试；4 月 23 日，学校召开高三励志报告会；4 月 26—27 日，学校派员参加在宣城二中召开的皖南八校三模考试分析会；5 月 6—7 日，学校举行马鞍山市三模考试；5 月 19 日，学校举行 2019 届高三三轮模考；5 月 20 日，学校召开高二年级老师座谈会；5 月 26 日，学校召开高二年级家长会；8 月 15 日，学校分别召开 2019 级高一新生报到暨家长会议和 2020 届高三家长会议；9 月 20 日、27 日，先后召开文理科学法指导会议；10 月 31 日—11 月 2 日，学校举行高一年级期中考试暨第一次和含联考；11 月 14—16 日，学校举行高二年级期中考试暨第二次和含联考；11 月 21—22 日，学校举行高三 G20 考试；12 月 12—14 日，学校举行高一年级第二次考试。

2020 年 1 月 10—12 日，学校举行高一年级期末考试；1 月 12—13 日，学校举行高二年级期末考试；1 月 16—17 日，学校举行马鞍山市第一次高三摸底考试；

3 月 17 日，市教育局来学校对高三一模情况督导分析；4 月 1 日，学校召开高三督导组专家会议；4 月 3 日，学校召开高三督导组、专家组、备课组会议；4 月 27—28 日，学校举行高三皖南八校三模考试；5 月 7—8 日，学校举行高三马鞍山二模考试；5 月 22—23 日，学校举行高三"A10 联盟"考试和高一、高二培优联盟考试；7 月 22—23 日，学校举行高二学业水平考试；8 月 25—26 日，高二开学考试；26—27 日，高一实验班考试；10 月 16—17 日，高二培优联盟考试；10 月 30 日，学校派员参加定远三中高三皖南八校第一次联考成绩分析会；11 月 18 日，举办国家心理咨询师、应用心理学硕士研究生王国栋主讲的"谁是下一个奇迹"励志报告会；11 月 24—25 日，市教科院来校教学督导；12 月 3 日，和县第一中学、桂芳语文教育工作室联合举办市语文新教材课堂教学研讨会；12 月 7 日，马鞍山市北师大版新教材研讨会在校举行。

2021 年 3 月 7—8 日，学校举行江南片考试；4 月 6—7 日，学校举行高三市二模、高一高二年级月考；4 月 13 日，学校召开马鞍山市数学两轮复习会及新教材探究会议；4 月 22—23 日，学校举行皖南八校三模考试；5 月 6—7 日，学校举行马鞍山三模考试；6 月 1—2 日，学校高三送考。

各科竞赛师生获奖情况如下。

2011 年，教师在报刊发表文章 8 篇，省、市论文评选获奖 30 篇。在课堂教学比赛，2 名教师获市级一等奖，3 名教师获市级三等奖，1 名教师代表市参加全省英语课堂大赛。名师工程建设，4 名教师成为市学科带头人；5 名教师成为市骨干教师，1 名教师被评为省特级教师。13 位教师分获县、市、省优秀教师。

2012 年，学生竞赛成绩颇丰。数学竞赛获省级三等奖 5 人，获市级 56 人；物理竞赛获省、市级奖 9 人；化学竞赛获省级三等奖 5 人，获市级 37 人；生物竞赛获市级 25 人；信息技术竞赛获市级 5 人；市中学生运动会 8 人获奖。英语竞赛大面积丰收，获国家级一等奖 2 人，二等奖 10 人，三等奖 10 人；获市级奖 55 人。在全国中学生地球小博士科技大赛中，学校共有 61 名学生获奖，其中一等奖 17 名，二等奖 18 名，三等奖 25 名。学生沈逸凡获一等奖，并获"地球小博士"称号。中国地理学会授予和县第一中学"地理科普教育先进单位"，授予秦贤清"全国优秀科教先进校长"，授予 4 位地理教师"优秀辅导教师"。

教师发表的论文获国家级、省级三等奖以上 10 篇，获市级 50 篇。全年共有教学论文、电教论文、课件等 100 余件（篇）作品送交省、市参评。

2013 年，学生数学竞赛获省二等奖 1 人，三等奖 4 人；物理竞赛获省二等奖

1人、三等奖2人；化学竞赛获省二等奖11人、三等奖20人；生物竞赛获全国三等奖3人、省一等奖1人、二等奖3人、三等奖7人；英语竞赛获全国一等奖1人、二等奖4人、三等奖5人。在省级科技创新活动中，2项作品分获省级二三等奖；在科技论坛中，1人获省级三等奖；地球小博士科技创新大赛，3人获得地球小博士称号，获一等奖18人、二等奖33人、三等奖55人。

2014年，生物竞赛获全国联赛二等奖1名、三等奖5人；省二等奖3人、三等奖2人。数学竞赛获省三等奖3人。物理竞赛获省三等奖1人。信息技术竞赛获省三等奖1人；英语竞赛获全国二等奖1人、三等奖8人；作文竞赛获全国特等奖1人、一等奖2人、三等奖2人、优秀奖12人。地球小博士科技大赛，获小博士称号3人，一等奖26人、二等奖44人、三等奖55人。参加教育部关工委组织的"美丽中国，我的中国梦"征文活动，获一、二、三等奖各1人。全市青檬书信大赛获一等奖1人、二等奖1人、三等奖3人。全县"美丽家园——文明从我做起"征文比赛，获一等奖2人、二等奖4人、三等奖3人，优秀奖5人。县中华经典吟诵比赛，获集体一等奖。

教师发表论文26篇，论文评比获省级5篇、市级2篇。教学评比中在省市获得荣誉称号8人，获市级一等奖11项、二等奖19项、三等奖24项。

2015年，学生参加青檬书信大赛，获一等奖2人、二等奖1人、三等奖3人；参加市中华经典征文比赛活动，2人获二等奖、5人获三等奖。陶晓丽、王曙辉老师分别获"全国中小学互动课堂教学实践观摩活动课"二等奖、三等奖；翟媛媛老师在市英语优质课大赛中获市一等奖；蒋宝童在市数学技能大赛中获市特等奖；施建国获通用技术优质课大赛省三等奖；张子怡等5人获市教学类一等奖；吴静静等7人获二等奖。教师发表论文共23篇，其中获省一等奖2篇、二等奖1篇、三等奖2篇；获市一等奖9篇、二等奖8篇、三等奖5篇；学校获市教育信息化大赛、微课程大赛一等奖3项、二等奖4项、三等奖7项。

2016年，学生竞赛16人获国家级奖项，74人获省级奖项，103人获市级奖项。地球小博士活动中，3人获地球博士称号。学校获县中华经典诵读比赛二等奖，获县"三城同创"辩论赛冠军。陶晓丽被英国布莱顿大学评为优秀留学生。孙萍老师获省级化学实验课大赛一等奖；翟媛媛老师获省级英语说课大赛二等奖；学校12位教师获市级学科大赛奖。教学论文获省一等奖5篇、二等奖2篇、三等奖3篇；获市一等奖9篇、二等奖10篇、三等奖9篇。教师教学论文共101篇，其中论文获奖38篇，各类刊物发表论文29篇。2016年吴光华被评为省特级教师。

2017 年，教师获奖较多。高莹丽获第三届"中国好教育"高中政治"同课异构"教学全国总决赛一等奖、马鞍山市教育系统教师基本功比赛一等奖；翟媛媛获全国高中英语教学优秀课展评一等奖；吴静静获省优质课评比二等奖；王武志获马鞍山市历史新课程大赛一等奖；王武志等 6 人被授予马鞍山市优秀教师称号。2017 年论文评选中，获省级论文评比一等奖 3 人次、二等奖 2 人次、三等奖 1 人次；市级论文获奖一等奖 6 人次、二等奖 11 人次、三等奖 2 人次；在专业期刊及报纸上发表文章 20 余篇。

教师指导的学生竞赛喜获丰收。全国数学竞赛，倪军指导的学生获省二等奖 1 人、省三等奖 1 人、市一等奖 2 人、市二等奖 3 人、市三等奖 4 人；蒋宝童指导的学生获省三等奖 2 人、市一等奖 2 人、市二等奖 3 人、市三等奖 5 人；陈帮军指导的学生获省三等奖 1 人；章学明指导的学生获省三等奖 1 人、市二等奖 3 人、市三等奖 5 人；吴成霞指导的学生获市三等奖 2 人；徐祝云指导的获市二等奖 1 人、市三等奖 2 人。物理奥林匹克竞赛，李江浦指导的学生获省三等奖 2 人、市一等奖 5 人、市二等奖 14 人、市三等奖 22 人；邓小宝指导的学生获市一等奖 1 人、市二等奖 2 人、市三等奖 6 人。化学奥林匹克竞赛，黄晓水指导的学生获省三等奖 1 人、市一等奖 1 人；李敏指导的学生获省二等奖 1 人、三等奖 5 人，市一等奖 4 人、二等奖 11 人、三等奖 11 人。生物全国竞赛，龚伯奇指导的学生获国家级三等奖 3 人、省二等奖 2 人、三等奖 4 人、市一等奖 9 人、二等奖 3 人、三等奖 2 人。信息学奥林匹克竞赛，郭琦指导的学生获省优胜奖 1 人、市一等奖 3 人、二等奖 1 人、三等奖 1 人；施建国指导的学生获省三等奖 1 人、优秀奖 1 人。地球小博士科技创新大赛，尹成指导的学生获地球小博士称号 1 人、一等奖 11 人、二等奖 21 人、三等奖 33 人。英语全国竞赛，吴静静指导的学生获国家二等奖 1 人、市三等奖 1 人；赵延志指导的学生获国家三等奖 1 人、市一等奖 1 人、二等奖 5 人；李杉杉指导的学生获国家三等奖 1 人、市一等奖 1 人、二等奖 1 人、三等奖 7 人；周道明、张园园、汤家贵、刘东宝、晏显、吴丰兰、翟媛媛、黄静、刘永平、陈康静、孙步天等老师指导的学生获市一等奖 4 人、二等奖 5 人、三等奖 13 人。《语文报》竞赛，获奖很多。郭思俊、杨笑笑、乔尚、高衡、庆逸先、许莲、苏成强、杨相俊、夏红、战明惠、李本平、臧磊、余莹、杨长江、童玲、陈翠、胡静、姚锐锋、陈小婷、王妞、李兴明、胡迎雪、徐亚萍、张业芸等教师指导的学生，获国家级二等奖 4 人、三等奖 4 人、省级一等奖 16 人、二等奖 16 人、三等奖 16 人。中华吟诵比赛和演讲比赛，裴吉平、王海东、吴莉莉、王芳芳等老师指导的学生获市二等奖 4 人、三等奖 8 人。中华传统文化知识竞赛陈仁明指导的学生获省级二等奖 1 人。市田径比赛，洪生、王琴等老师指导的学生获市一等奖 1 人、二等奖 2 人。

2018 年，校长汪静获县、市名校长荣誉称号，并相继成立县、市名校长工作室。在马鞍山市优质课大赛中，吴莉莉获语文课一等奖，王冬冬获生物课一等奖；范世祥课件"深入浅出：数学概念教学的备课历程"、王曙辉课件"数学归纳法"分获省级一等奖、三等奖。全年教师在 CN 学术刊物发表论文近 20 篇。

高一学生金安琪获"第二届安徽省美德少年"荣誉称号。全市中华经典教育四项活动中，冯瑞琪、王宇凡、施昌濡等获征文二等奖；施昌濡获诗歌创作类一等奖；在市"时刻听党话，永远跟党走"征文活动中，耿季怡、杨彩月获高中组二等奖。学科竞赛取得好成绩。全国数学竞赛，王曙辉、唐凝、汤斌、杨来、彭宏平、艾园园等老师指导的学生获省二等奖 3 人、三等奖 4 人、市级一等奖 4 人、二等奖 8 人、三等奖 18 人。物理全国竞赛，周茂虎、张伟、杨萍、方华、孙仕林、毛奋韬、段国勇、过申兵等老师指导的学生获省三等奖 1 人、市一等奖 9 人、二等奖 20 人、三等奖 21 人。化学全国竞赛，赵永艳、鲁浩、凤健、黄万林等老师指导的学生获省三等奖 6 人、市一等奖 10 人、二等奖 6 人、三等奖 8 人；化学校论文竞赛，沈强、赵永艳、洪三毛、蔡瑛等老师指导的学生获市一等奖 2 人、二等奖 7 人、三等奖 11 人。生物全国竞赛，倪受军、王冬冬老师指导的学生获国家级三等奖 4 人、省三等奖 8 人、市一等奖 12 人、二等奖 17 人、三等奖 14 人。

英语全国竞赛，高一赛区，韦荣平、赵延志、刘婷婷、李娟、万慧莹、王琴、尹颖、李旭阳、王宗武、陈定、郭元宏、李颖、何启训等老师指导的学生获国家级三等奖 2 人；省二等奖 1 人、三等奖 6 人；市一等奖 13 人、二等奖 18 人、三等奖 10 人。高二赛区，仝云、林茂华、周海燕、陈宝华、吴惠、方仁花、王宏园、胡业保、郑德兵、夏元霞、李薇、李杉杉、李园园等老师指导的学生获国家级三等奖 1 人、省三等奖 5 人、市一等奖 16 人、二等奖 13 人、三等奖 23 人；高三赛区，刘东保、周道明、吴丰兰、汤家贵、翟媛媛、黄静、何青、吴静静等老师指导的学生获市一等奖 3 人、二等奖 5 人、三等奖 7 人。

"语文报杯"全国中学生作文大赛，何玲、吴莉莉、童玲、夏红、叶国芹、庆逸先、余莹、杨笑笑、许莲、高衡、李本平、何希、严寿斌、张业芸、苏成强、姚锐锋、王妞、战明惠、王超琼、周成军、郭思俊、杨长江、凌莉、陈小婷、臧磊、王芳芳等老师指导的学生获国家级二等奖 2 人、三等奖 2 人、省一等奖 17 人、二等奖 20 人、三等奖 33 人。

2019 年，汪静、吴光华、王曙辉等 17 位老师在 CN 刊物发表教学论文和文章共 24 篇。李颖、章学明等 18 位老师教学论文获市一等奖 2 人、二等奖 11 人、三等奖 5 人；在教学竞赛及特色活动中，杨静、蔡瑛等 15 位老师获省一等奖 3 人、二等奖 2 人、市一等奖 4 人、二等奖 7 人、三等奖 1 人；汪静校长获全国科技先进校长；陈晓明、温泉、刘煜鑫、孙秀丽四位老师获全国科技辅导员；刘圣兵、周道明、张世主三位老师获马鞍山市中学生辩论赛指导教师奖。

第十七届全国中学生英语演讲比赛安徽赛区，徐戬进入全国总决赛并获得三等奖；全市中华经典教育四项活动中，许雪吟、刘青获得征文类二等奖、尹祺远获三等奖；全国高中数学竞赛，杨来、蒋宝童、吴成霞指导的学生获二等奖 1 人、三等奖 7 人；全国物理高中竞赛，段国勇指导的学生获省三等奖 1 人；全国高中化学竞赛，沈强指导的学生获省三等奖 5 人；全国高中生物竞赛，赵立指导的学生获省三等奖 6 人；电脑制作和计算机表演竞赛，郭琦指导的学生获省三等奖 2 人、优秀奖 1 人、市二等奖 1 人、三等奖 1 人；唐凝指导的学生获省三等奖 1 人；姜浪指导的学生获市二等奖 1 人、三等奖 1 人；地球小博士科技创新大赛，温泉指导的学生获全国一等奖 10 人、二等奖 27 人、三等奖 36 人；马鞍山市中学生辩论赛，刘圣兵指导的学生获市二等奖 9 人；市运动会竞赛，周枫指导的学生获奖 4 人。

2020 年，蒋宝童、沈强、王冬冬、时军、唐凝、王永猛、黄静、高衡等 7 位老师在 CN 刊物发表教学论共 14 篇；吴光华、姜浪、龚伯奇、江芸、王慧莹、唐凝、张勇、王永猛、苏成强、杨来、张园园（小）等 11 位教师论文获省二等奖 1 人、三等奖 1 人、市一等奖 3 人、二等奖 5 人、三等奖 5 人。

学科竞赛获丰收。数学竞赛，吴成霞、蒋宝童指导的学生获省二等奖 1 人、三等奖 5 人；科技创新大赛，温泉指导的学生获市三等奖 1 人；生物竞赛，胡文、谢家强、龚伯奇指导的学生获二等奖 1 人、三等奖 6 人；"地球小博士"评选，张文、尹成、刘春、陶晓艳指导的学生获地球小博士称号 1 人、全国一等奖 22 人、二等奖 84 人，三等奖 76 人；政治小论文征文竞赛，张世主指导的学生获市一等奖；计算机小论文竞赛，郭琦、姜浪指导的学生获市一等奖 1 人、二等奖 1 人、三等奖 3 人；化学小论文竞赛，黄晓永指导的学生获省三等奖 5 人、市二等奖 1 人、三等奖 1 人；马鞍山市 2020 年中学生运动会 3000 米竞赛，严敬树指导的学生获第二名 1 人、第三名 1 人。

语文报杯作文大赛获奖较多，李兴明、刘圣兵、姚锐锋、许莲、苏成强、庆逸先、夏红、陈小婷、余莹、杨笑笑、王娟、胡静、陈远美、杨长江、童玲、凌莉、高衡、杨相俊、徐亚萍、李本平、王妞等 21 位老师指导的学生获国家级一等奖 2 人、二等奖 7 人、三等奖 9 人；省一等奖 43 人、二等奖 59 人、三等奖 54 人。

2021 年，教师教学论文，尹颖、汪斌、黄晓永等 13 位老师在 CN 刊物发表论文计 15 篇。万慧莹、黄光亮、姜浪等 17 位教师论文评比获省二等奖 1 篇、市一等奖 2 篇、二等奖 3 篇、三等奖 4 篇；县一等奖 1 篇、二等奖 8 篇、三等奖 4 篇。教学比赛，周枫、胡文、尹颖等 21 位老师获省二等奖 1 人、市一等奖 6 人、二等奖 9 人、三等奖 7 人；县一等奖 1 人、二等奖 1 人。

地球小博士竞赛，伍征晗、丁开创老师均获优秀辅导员，他们指导的学生，获一等奖 3 人、二等奖 7 人、三等奖 12 人；在征文比赛中，高衡获优秀指导教师称号，光彩杯诗歌大赛，她指导的学生获市一等奖 1 人、三等奖 1 人、优秀奖 1 人；第六届青少年科技创新大赛，姜浪指导的学生获省三等奖 1 人、二等奖 1 人、市一等奖 5 人、二等奖 1 人、三等奖 6 人；中华经典诵读比赛，陈小婷、乔尚、高衡等老师指导的学生获一等奖 3 人；语文报杯征文全国竞赛，叶国芹、王芳芳、王超琼、何玲、胡迎雪、姚锐锋、杨笑笑、童玲、李兴明、何希、凌莉、张业芸、周成军、苏成强、严寿斌、余莹、许莲、庆逸先等 18 位教师指导的学生获金牌奖 10 人、银牌奖 17 人、铜牌奖 27 人；化学奥林匹克竞赛，戈国民、陈光琴、孙萍、龚先林、鲁浩等 5 位老师指导的学生获省二等奖 1 人、省三等奖 9 人；全国物理竞赛，王振东老师指导的学生获省三等奖 1 人；全国数学竞赛，唐凝、江家胜、徐炫等三位老师指导的学生获省二等奖 3 人、三等奖 4 人；政治小论文竞赛，邓华指导的学生获市一等奖 1 人、二等奖 3 人；市中学生运动会田径赛，洪生指导的学生获第一名 2 人、第二名 1 人、第三名 2 人。

第七节　后勤服务

总务处常规工作为教育、教学服务，确保教育、教学稳定有序开展，提升责任担当意识。

一、常规工作

教学服务工作。新学期开学前，总务处根据实际情况，做下列工作：教学和办公用品的采购和维修，制定交纳学费方案，整理校园环境，维修或更换供水、供电的设备，维修食堂、寝室。及时维修破损路面，维护排水、排涝、防雷电、供水、供电等设施，检查、检修教学用具，更换体育器材。

把服务教学放在首位。每年在编制预算时，首先保证教育、教学基本资金有效利用。筹集资金，为教育、教学现代化服务。2013—2017 年，总务处按照上级要求，利用专项资金改建了学校原有的四间计算机房，更新 240 台电脑，兴建录播室，建成面积约 400 平方米青少年心理咨询中心。2021 年，在县科协指导下，建成科普知识展览馆。学校一次性投资 200 万元，采用高清智慧班班通设备，更换了教室投影设备。在上级政策支持下，部分班级开设智慧课堂，学生可以用平板电脑等现代化工具学习。学校申请专项资金，为每位教职工配备办公电脑。多方位筹集资金，对教师办公室进行亮化。自 2012 年以来，学校分批次为各教室更换或安装空调。简化教师外出学习报销程序，尽量方便教师。

学校承担全县的高考、中考任务。总务处按照标准设置考场，已建成 84 个标准化考场，考场配有高清摄像头、空调、音箱、探测仪、屏蔽仪等设备。疫情流行时期，根据防疫要求，还配备体温枪、洗手液、口罩、防护服等防疫物资。为中考体育加试提供相应的服务。根据艺术节、体育运动会等活动安排，未雨绸缪，做好服务和后勤保障工作。

校园宣传工作。根据工作的需要，在经纬楼室外、各教学楼、校会议室等处安装了显示屏；校园内外设置了多处宣传橱窗，为各处室（年级）配备了活动宣传展板，在各楼宇悬挂文化宣传标牌，教室内张贴《中学生守则》《社会主义核心价值观》等宣传牌。根据相关情况，在校园围墙等处悬挂宣传横幅。在重大节假日时，在学校大门、围墙处悬挂灯笼和彩旗。2017 年，建成了校园广播系统。

环境美化建设。根据不同场地和季节特点，合理布局，栽种绿色植物。2012年以来，学校绿化面积和水域面积达到 15 万平方米。每年安排专项资金对绿化校园、校史室、擎天阁等设施和场地进行维护并逐步改造。

防疫工作。新冠疫情暴发以来，总务处把防疫工作纳入日常工作，积极筹备防疫物资，做实做细防疫物资采购、分发、校园消毒等工作。在校园内搭建了检测通道，建成全县第一家智能测温系统，为参与防疫的教职工提供后勤服务。第一次新冠疫情结束后，迅速做好有关复学的各项准备工作，有力地保障了教学和各类考试顺利进行。

2020 年 4 月 2 日，学校召开疫情防控督查工作会议；4 月 3 日，汪强县长一行到校检查、落实高三复学疫情防控工作；4 月 7 日，高三年级部复学并召开了疫情防控宣传和心理疏导广播会议，严格施行入校戴口罩、测体温、入班再测体温的措施。6 月 18 日，省、市疫情防控领导来学校检查。

后勤服务保障。食宿管理中心精心组织、安排，食堂每天提供多种类型的饭菜，以满足全校师生就餐。狠抓食堂服务质量和安全管理，严把进货关，打造"明厨亮灶"；严格食品留样、配餐等制度。利用食堂二楼空间，开设了个性化服务；二楼设有教师餐厅，满足教师用餐需求，为师生提供优质服务。

学校有六幢学生宿舍楼，共 650 间宿舍。总务处根据学生与家长的不同需求，开设个性化寝室：有两人间、三人间、四人间宿舍。每间宿舍配有床铺、学习书桌和卫生间；在每栋宿舍楼配备了洗衣机、开水炉、吹风机、浴室；供学生自主选择。自 2018 年起，逐步为寝室安装空调。2021 年底，对原有的浴室进行改造，将浴室设置在寝室内；对原有的洗衣机、吹风机、开水炉进行更换。

为师生服务。在校园内扩建学生停车棚、教师停车场、电瓶车充电桩。2015年，学校为了解决开学缴费不便捷，在全县教育系统中率先开设网络交费平台，深受欢迎。2021 年春季，在学校东、南大门安装了高架射灯，方便学生家长晚间接送。在工会的建议和支持下，2021 年改建了工会活动中心，工会活动中心占地面积约 400 平方米，配有现代化的文体设施。

学校理财。2015 年以来，学校在全校师生中间开展爱护公物、节约水电等活动，实行每日通报制度，取得了良好效果。学校根据实际情况逐步增加校园的太阳能路灯数量，更换节能器材。2016 年，学校获"市节能型先进单位"称号。每学期总务处和各处室、各年级、班级签订财产责任书，在学期末进行验收检查，严格执行损坏赔偿制度。通过一系列的措施，学校能够拿出部分资金偿还债务的部分利息。2021 年在政府的支持下，由银行贷款偿还全部集资。

平安校园。安全工作涉及面广，总务处平时注意以下工作：巡查围墙护栏，检查各类消防器材，做好恶劣天气预防。2015 年开始建设校园监控系统，为平安校园提供了保障。消除各类安全隐患，确保校园平安。

文明创建。学校一直支持政府倡导的社会服务工作，参加文明创建、专项治理等活动。学校配合防疫、防汛工作，配合做好建档立卡学生资助工作，及时宣传"居民合作医疗保险"等相关政策。

制度保障，强化力度。总务处在实践工作中，严格遵守国家的法律、法规，认真落实上级部门和学校党委的要求。根据工作特点和实际情况，制定了《和县第一中学财务制度》《和县第一中学采购制度》《和县第一中学基建工程管理制度》《和县第一中学国有资产管理办法》《和县第一中学公务接待管理办法》等规章制度和管理办法，涉及收费、采购、工程等方面，保证总务工作在法律、法规框架内运行。总务处根据每年的内控报告，完善各项制度，减少各环节的风险性。

二、历年工作

2012 年，将校园分为教学区、运动区、生活区三大板块。就教学区来说，有教学楼、实验楼、信息中心、办公大楼、体育馆、食堂、学生公寓等 17 幢大楼；还有标准的塑胶跑道。教学楼教室均安装多媒体，其他区增设配套设施。

2013 年，校园南围墙建设完工，新建微机房一间，安装太阳能路灯，开设个性化寝室，装修体育馆。

2014 年，完成了体育馆内装修，体育馆对社会开放。安装 14 盏太阳能路灯，新建微机房。改造校园西北边的围墙，更新校园旗杆。教室配备投影仪（班班通），规范校园广播线、网络线；建立"全国中小学校舍信息管理系统""安徽基础教育资源应用平台""全国中小学教育技术装备统计系统""国家教育信息化工作进展信息系统""安徽省教育信息工作管理系统""和县事业单位国有资产管理系统"。

2015 年，启用南大门。加高景观塘的池塘护栏，改造或维修校园东围墙和护栏，防锈喷漆室外体育器材，新建了 4 个 60 座的计算机房，增设心理咨询室，教室安装直饮水设置，新增班级投影仪（班班通），为教师配置办公电脑，改建学生浴室、洗衣房，扩建学生车棚，更换报告厅音响，改造照明，安装教学楼网管，为教室、办公室安装企业级路邮器。

2016 年，粉刷文昌楼内墙，升级高考考试平台，建成全县青少年心理健康咨询活动中心、录播室、学生学费缴纳网络平台；改造寝室线路和食堂二楼教师餐厅。学校获市"节水型先进单位"称号。

2017 年，升级校园网络安全监控系统和校园广播系统，实现校园无线网络全覆盖。安装学生寝室电压限流开关，粉刷喜雨楼内墙，改造教师办公室，改造东大门入口广场路面。

2018 年，改建学校高压配电房（双供电线路），更换高考考场广播线路，粉刷和阳楼内墙，改造教师办公室。添置 1200 套学生课桌椅，安装部分寝室空调。

2019 年，完成文昌楼教师办公室和教学楼空调线路的改造，更换、新增太阳能路灯，更换报告厅投影设备，升级学生宿舍安全监控。偿还建行 600 万元贷款。

2020 年，防疫、抗疫常态化，更换高考监控系统，升级高考监控平台。在政府支持下偿还借款利息。为教师参与防疫、防汛提供后勤保障，为部分办公室安装自动消毒机。为高考、中考的考场配置空调，为报告厅安装电子显示屏。

2021 年，安装班级高清电子显示屏（班班通），建成 2020 级高二年级 4 个班级智慧课堂。改建工会活动中心，增添运动设施和器材，改建乒乓球场（硅 PU）、增添 20 张乒乓球台。在政府支持下化解学校所有债务。编制建校 120 周年校庆相关项目并上报申请专项资金。

2022 年，改建校园文化设施，更新校史园，更换和新添校园绿化植物，增添班班通设备。

第八节　多方助学

学校资助学生工作，在市、县教育局的正确领导下，全面贯彻国家、省对普通高中学校家庭经济困难学生的各项资助政策，完成高中学生资助的各项任务。

一、资助工作

成立学生资助机构，制定实施方案。学校成立了学生资助管理领导小组。汪静校长为组长，领导小组下设学生资助工作办公室，一把手亲自抓，分管领导具体抓，制定了严格细致的实施方案。分工明确，责任到人，确保学生助学金按政策发放。

实行阳光操作制度。学校将资助政策、资助项目、资助对象和条件公布。学生根据政策规定的条件，提出资助申请，汇报家庭基本情况和贫困的原因。班主任在班级评议审核后，报送年级部复审；复审通过后提交校资助办。校资助办根据相关材料，按困难程度分为特别困难、相对贫困、临时贫困、不贫困四种类型，分类分级统筹审议。确定资助名单后，在全校公示 5 天。如公示期有异议，经调查属实，及时更换，再公示，确认为贫困——并为其建档；学生对建档的资料确认签字。

2015 年秋季学期，学校对国家助学金进行两轮认定三档次。第一轮认定特殊困难学生为一档（每生 3000 元／学年），第二轮认定困难学生为二档（每生 2000元／学年），一般困难学生为三档（每生 1000 元／学年）。其中，建档立卡家庭经济困难的学生在第一轮就直接认定为一档。实施逐层管理负责制：班级评议小组评议、资助办审核和校领导小组审批的三级评审；分层公示，班级公示3天，学校公示5天。助学金资助发放全过程本着公开、公平、公正的原则。

规范资助档案。校资助办认真研读有关资助政策。确保资助政策宣传到位，落实到位。根据市资助档案建设相关文件的精神，规范资助档案。对相关文件、材料及时收集，定时清理，年终复查，保证文件材料收集完整、齐全，严防遗失和泄密。材料科学归档，分类装订成册；存放有序、方便查找。

加大资助力度。本校大多数学生来自贫困家庭，资助面广。国家资助有限，政府投资有限，学校虽然负债，但还坚持自筹资金，增加帮扶对象。学校牵头，争取社会资助。联系企业、经济能人，进行一对一帮扶。每年发动学生，开展互动互助，对突发事件导致贫困的同学或突发危病的同学，献爱心捐款帮扶。

实施导师制。学校定期开会，要求贫困生导师经常与学生、家长联系，帮助学生申请资助。每周至少与学生交流或辅导一次，每月至少家访或电话访谈一次，反馈学生在校受助情况。每次交流、辅导和家访情况，都详细记录在《贫困生成长手册》。每学期结束，将《贫困生成长手册》复印，分别放入学生家庭及行政村扶贫档案袋。学生毕业、升学，将其学段受助情况及成长表现，移交于高一级学校，继续帮扶。

学校在实施资助工作同时，重视学生诚信、励志、感恩、勤俭等道德教育。通过班会、学生急病捐款、灾区捐款等公益活动，帮助学生树立正确人生观和社会责任感。

二、发放助学金

普通高中国家助学金工作（建档立卡学生享受最高档资助）逐一落实到位。资助工作严格按照市、县教育局资助中心的安排，及时、足额打卡发放到位。自2013年起至2022年，享受国家助学金人数、金额的总体情况如下：

2013年春季学期资助学生684人，金额51.3万元；秋季学期学生698人，金额52.35万元。2014年秋季学期资助学生698人，金额52.35万元。

2015年春季学期资助学生697人，金额52.275万元；秋季学期资助学生640人，金额64万元。学校为濮陈初中白血病患者曹奥运捐款1万元。校内资助109学生，发放资金10.5万元。中央彩票公益金滋蕙计划和励耕计划实施，学校坚持公开、公平、公正的原则，资助40名学生每人2000元，资助1名教师1万元。全校共有 640 人获得国家助学金。

2016 年秋季学期资助学生 660 人，金额 66 万元。2017 年春季学期资助学生 660 人，金额 66 万元；秋季学期资助学生 424 人，金额 42.4 万元。2018 年春季学期资助学生 424 人，金额 42.7 万元；秋季学期资助学生 700 人，金额 70 万元。2019 年春季学期资助学生 700 人，金额 70 万元；秋季学期资助学生 426 人，金额 42.6 万元。

2020 年春季学期资助学生 426 人，金额 42.6 万元；秋季学期资助学生 655 人，金额 65.5 万元。2021 年春季学期资助学生 655 人，金额 65.5 万元；秋季学期资助学生 260 人，金额 26 万元。2022 年春季学期享受国家助学金学生 260 人，金额 26 万元。

为家庭经济困难的学生减免学费建档立卡。学校按照省教育厅、财政厅《关于做好免除普通高中建档立卡家庭经济困难学生学杂费有关统计工作的通知》精神，逐一落实到位。具体情况如下：

2016 年秋季学期和 2017 年春季学期，为 103 名家庭经济困难、建档立卡学生共减免学费 8.755 万元（850 元 / 学期 / 人），其中建档立卡学生 41 人、残疾学生 3 人、农村低保学生 58 人和农村特殊救助供养学生 4 人。

2017 年秋季学期，为 101 名家庭经济困难、建档立卡学生共减免学费 8.585 万元（850 元 / 学期 / 人），其中建档立卡学生 68 人、残疾学生 1 人、农村低保学生 30 人和农村特殊救助供养学生 2 人。

2018 年春季学期，为 110 名家庭经济困难、建档立卡学生共减免学费 9.350 万元（850 元 / 学期 / 人），其中建档立卡学生 74 人、残疾学生 1 人、农村低保学生 34 人和农村特殊救助供养学生 1 人。秋季学期，为 119 名家庭经济困难、建档立卡学生共减免学费 10.115 万元（850 元 / 学期 / 人），其中建档立卡学生 77 人、残疾学生 3 人、农村低保学生 36 人和农村特殊救助供养学生 3 人。

2019 年春季学期，为 123 名家庭经济困难、建档立卡学生共减免学费 10.455 万元（850 元 / 学期 / 人），其中建档立卡学生 76 人、残疾学生 6 人、农村低保学生 39 人和农村特殊救助供养学生 2 人。秋季学期，为 109 名家庭经济困难、建档立卡等学生共减免学费 9.265 万元（850 元 / 学期 / 人），其中建档立卡学生 66 人、残疾学生 6 人、农村低保学生 35 人和农村特殊救助供养学生 2 人。

2020 年春季学期，为 117 名家庭经济困难、建档立卡学生共减免学费 9.945 万元（850 元 / 学期 / 人），其中建档立卡学生 66 人、残疾学生 8 人、农村低保学生 41 人和农村特殊救助供养学生 2 人。秋季学期，学校为 81 名家庭经济困难建档立卡等学生共减免学费 6.885 万元（850 元 / 学期 / 人），其中建档立卡学生 69 人、残疾学生 4 人、农村低保学生 6 人和农村特殊救助供养学生 2 人。

2021 年春季学期，为 112 名家庭经济困难、建档立卡学生共减免学费 9.52 万元（850 元 / 学期 / 人）。其中建档立卡学生 69 人，残疾学生 11 人，农村低保学生 12 人和农村特殊救助供养学生 2 人。秋季学期，为 42 名家庭经济困难、建档立卡等学生共减免学费 3.57 万元（850 元 / 学期 / 人）。

校内资助工作逐年开展。

2013 年春季学期，学校校内资助 33 名学生计 1.76 万元；秋季学期，学校校内资助 71 名学生计 5.92 万元。

2014 年春季学期，学校校内资助 101 名学生计 9.4 万元，其中校内奖学金 0.3 万元、学费减免 0.7 万元和特殊困难补助 8.4 万元；秋季学期，学校校内资助 135 名学生计 9.045 万元，其中校内奖学金 3.24 万元、学费减免 2.805 万元和特殊困难补助 3 万元。

2015 年春季学期，学校校内资助 112 名学生计 7.28 万元，其中校内奖学金 1.89 万元、学费减免 1.19 万元和特殊困难补助 4.2 万元；秋季学期，学校校内资助 109 名学生计 10.25 万元，其中校内奖学金 4.56 万元、学费减免 1.19 万元和特殊困难补助 4.5 万元。

2016 年春季学期，学校校内资助 92 名学生计 7.0311 万元，其中校内奖学金 1.89 万元、学费减免 1.2 万元和特殊困难补助 3.9411 万元；秋季学期，学校校内资助 121 名学生计 13.33 万元，其中校内奖学金 4.83 万元、学费减免 1.2 万元和特殊困难补助 7.3 万元。

2017 年春季学期，学校校内资助 195 名学生计 12.65 万元，其中校内奖学金 2.59 万元、学费减免 1.3 万元和特殊困难补助 8.76 万元；秋季学期，学校为 151 名学生校内资助 9.61 万元，其中校内奖学金 3.44 万元、学费减免 1.3 万元和特殊困难补助 4.87 万元。

2018 年春季学期，学校校内资助 155 名学生计 10.465 万元，其中校内奖学金 2.73 万元、学费减免 4.035 万元和特殊困难补助 3.7 万元；秋季学期，学校为 190 名学生校内资助 11.87 万元，其中校内奖学金 2.425 万元、学费减免 1.86 万元和特殊困难补助 7.585 万元。

2019 年春季学期，学校校内资助 162 名学生计 9.325 万元，其中校内奖学金

1.935 万元、学费减免 0.34 万元和特殊困难补助 7.05 万元。秋季学期，学校校内资助 145 名学生计 12.44 万元，其中校内奖学金 1.565 万元、学费减免 0.255 万元和特殊困难补助 10.62 万元。

2020 年春季学期，学校校内资助 147 名学生计 11.13 万元，其中校内奖学金 1.275 万元、学费减免 0.255 万元和特殊困难补助 9.6 万元。秋季学期，学校校内资助 170 名学生计 11.13 万元，其中校内奖学金 3.78 万元、学费减免 3.485 万元和特殊困难补助 5.45 万元，大学生入学资助 0.1 万元。

2021 年春季学期，学校校内资助 191 名学生计 14.935 万元，其中校内奖学金 4.29 万元、学费减免 5.895 万元和特殊困难补助 4.75 万元。秋季学期，学校校内资助 209 名学生 16.03 万元，其中校内奖学金 3.51 万元、学费减免 6.12 万元和特殊困难补助 6.4 万元。

学校毕业生考入高校资助工作顺利进行。学校根据市、县教育局关于普通高校家庭困难新生入学发放管理工作相关文件的要求，顺利完成了高校新生入学资助的各项工作。

学校历年毕业生获得高校新生入学资助人数与资助金额如下。

2013 年有 38 名学生获得资助，资助金额 2.4 万元。2014 年有 30 名学生获得资助，资助金额 2.1 万元；2015 年有 19 名学生获得资助，资助金额 1.4 万元；2016 年有 24 名学生获得资助，资助金额 1.85 万元；2017 年有 6 名学生获得资助，资助金额 0.4 万元；2018 年有 19 名学生获得资助，资助金额 1.35 万元；2019 年有 22 名学生获得资助，资助金额 1.5 万元。2020 年有 19 名学生获得资助，资助金额 0.9 万元。

中央彩票公益金滋蕙计划助学金发放工作正常开展。2013 年开始，大学新生入学资助更名为中央专项彩票公益金滋蕙计划。学校根据市、县教育局关于《中央专项彩票公益金滋蕙计划管理和实施暂行办法》的要求，切实做好这项工作，具体发放情况如下：

2013 年有 47 名同学获得共 9.4 万元的资助，2015 年有 40 名同学获得共 8 万元的资助，现金发放。2017 年有 25 名同学共获得 5 万元的资助，2019 年有 34 名同学共获得 6.8 万元的资助，2021 年有 50 名同学共获得 3 万元的资助，打卡发放。

社会赞助进校园。"唐学友、孔娜爱心助学金"，是和县第一中学著名校友唐学友先生及夫人孔娜女士设立的专项资助金，基金实行专款专用。每年 8 月份发放一次。2018—2021 年，有 30 名同学共获得 6 万元的资助，现金发放到本人。2020—2021 年，高考前五名优秀学子共获得 6.4 万元的奖励，2020—2021 年，高考前三名学生所在班级的班主任共获得 2 万元的奖励。

"格物助学金"是和县第一中学校友李元双先生和朋友吴蕾女士于 2018 年共同出资设立的助学资金。每年对高中毕业考入大学就读，且家庭经济困难的两位优秀学生捐助，每人 2000 元，用现金方式发放到学生本人，每年颁发一次。助学金名称取"格物致知"前两个字，意在鼓励和支持受助学生克服困难，完成学业，追求真理。

2018 年，在全市资助评比中，学校被评为"学生资助工作先进单位"，资助办主任洪生老师以优异成绩被评为"优秀学生资助工作者"称号。

三、设奖学金

和县第一中学知名校友在学校设立奖学金不少。2002 年，和县籍 1946 级校友、美国著名数学家、教育家鲍家驭捐款 1 万美金作为奖学金的本金，每年奖给和县第一中学高一、高二、高三年级综合排名第一的学生，每人 1000 元人民币。2007 年 8 月 6 日，1979 届校友汪德亮教授捐资 10 万元人民币作为本金，设立奖学金，对每年高考应届文理科第一名的学生给予重奖。学校 1986 届、1987 届两位校友秦永贵、戚福霞于 2009 年设立"大有奖学金"，捐资 100 万元作为奖学金基金，奖励各年级品学兼优的贫困生，每年评选一次。

学生历年获奖学金情况。

2012 年奖学金。鲍家驭奖学金获得者有张宏图、耿朋朋同学。汪德亮奖学金获得者有耿朋朋、胡昕同学。大有奖学金获得者有何月霞、夏永哲、石云帆、戴礼朋、张一凡、周阳、王强、丁俊、吴俊、严玥、李光棕、刘源、王程程、杨瑞东、邱昌珍、曹良富、王娟娟、严雯雯、尹杨、陈贤骏等同学。

2013 年奖学金。鲍家驭奖学金获得者有刘强、成雪琪、刘伟同学。汪德亮奖学金获得者彭子频、刘伟同学。大有奖学金获奖者有陈海燕、张雪、蒋超、朱大柱、夏菁、唐李白等同学。

2014 年奖学金。鲍家驭奖学金获得者有戴浩然、刘强、曹明宇同学。汪德亮奖学金获得者有滕腾、曹明宇、王昊同学。大有奖学金获得者有沈婷婷、王宇、李玲、周丰雯、何超、吴薇薇、张文萱、余梦婷、秦婧、刘强、邰凤阳、宣雅、周海燕樊华、龚雪冬、高德宇、程琦、黄晨、汤春晨、全彤、贺婷雅、缪思、何明倩、汪明智、朱晓慧、杨晨、胡晓玲、王天杭、杨瑞、刘莹、孟小侠、潘凯、吕鹏、程玲、阮旻粤、黄雨昂、朱玉钢、耿涛、成嫣然、陈健、刘凯旋、谭文韬、薛国磊、王胜琳、张婉秋、何志静、程雨欣、王敏、孙一凡、李小雨、邓文静、唐娜、李天慧、鲁娟、柯晶晶、陈健、敬超、赵扬等同学。

2015年奖学金。鲍家駹奖学金获得者有王宇、韦晓凯、宣雅同学。汪德亮奖学金获得者有宣雅、张家秀同学。大有奖学金获得者有宣雅、刘强、温师壮、刘磊、韩雪、张倩等同学。

2016年奖学金。鲍家駹奖学金获得者有朱文志、赵虎、陈健同学。汪德亮奖学金获得者有韦晓凯、陈健同学。大有奖学金获得者有卢继卫、严瑾、褚心瑜、严格、王宇凡、周孜耕、周芳、朱文志、邓启明、孙鹏、俞维杰、张慧敏、张安琪、方义凤、韦磊、丁雨康等同学。

2017年奖学金。鲍家駹奖学金获得者有杨晗、朱文志、赵虎同学。汪德亮奖学金获得者有朱雪榕、赵虎同学。大有奖学金获得者有赵虎、刘雅宁、朱雪榕、陶抗洪、王宇、陈伟等同学。

2018年奖学金。鲍家駹奖学金获得者有王雨寒、严谨、刘思远同学。汪德亮奖学金获得者有刘思远、邵平纹同学。大有奖学金获得者有邵平纹、张风云、储楚、吴浩、许青青、孙丹丹、陈永康、刘思远、张安琪、邓启明、尹仟仟、张菁、杨梅、张慧敏等同学。

2019年奖学金。鲍家駹奖学金获得者有王若昕、王书越、杨晗同学。汪德亮奖学金获得者有郑敏青、陈严蓉、杨晗同学。大有奖学金获得者陈严蓉、郑敏青、杨晗、夏应茹、陈琦、王灿、卢继卫、居冉、陈佳佳、江乙一、洪盈盈、张可冬、鲁江山、孙亮等同学。

2020年奖学金。鲍家駹奖学金获得者有任真言、王若昕、卢明正、李文慧同学。汪德亮奖学金获得者有卢明正、李文慧、赵巍同学。大有奖学金获得者赵巍、邵和晨、赵庭睿、蒋玉冰、吴雨非、王伊玚、杨坤、刘凯、王书越、刘伟、卢茜、潘仁怡、李海韫、郝韵等同学。

2021年奖学金。鲍家駹奖学金获得者有郭响、洪亦鸣、张飞扬同学。汪德亮奖学金获得者有李文璟、张飞扬同学。大有奖学金获得者有巫孝袆、李迎春、李惠琳、耿正伟、吴雅慧、彭仕洋、秦岭、王明月、高宇、蔡荣春、邢晓舒、金安琪、夏文俊、王艳等同学。

2022年奖学金。鲍家駹奖学金获得者有洪亦鸣、王章凡、宋传贤同学。汪德亮奖学金获得者有洪亦鸣、呼邦旭同学。大有奖学金获得者有洪亦鸣、呼邦旭、任真言、刘先枫、葛婧、吕品、吴庆鹏、闵子涵、李翔、张璟、杨涵、邓衡、杨帅、杨胡宗宇等同学。

和县第一中学 1989 届校友唐学友先生及夫人孔娜女士共同出资，设立"唐学友、孔娜教育基金"。自 2020 年 8 月开始，以学年计，捐助年限从 2020 年到 2034 年止，每年捐助 10 万元，共计 150 万元。本基金主要用于资助和县第一中学在籍的高一到高三年级品学兼优的贫困学生、高考应届生文、理科各前五名优秀学子和优秀学生所在班级的班主任。重奖考取清华大学、北京大学的学生及其班主任。此外，还有端木礼海梅花奖，禹阿梅清寒助学金、宝芝林助学金、北京建树助学金、广东阳光助学金。

第九节　有效防疫

2020 年春季以来，一场突如其来的新型冠状病毒肺炎疫情对生产、生活、学习、工作带来了巨大的影响。学校认真贯彻落实习近平总书记"人民至上，生命至上"理念，确保广大师生的生命安全和身体健康，投入了大量的人力、物力、财力，做了大量的工作，保障了校园的安全稳定和正常教学。

一、建立防控体系

学校成立了疫情防控工作领导小组，校党委书记、校长为组长，为第一责任人；分管校领导为副组长，为分管责任人；其他校级领导为副组长，为直接责任人。各部门负责人为成员，是具体责任人。根据实际需要，成立 12 个工作组，即信息报送组、安全保卫组、心理辅导组、清洁消毒组、后勤保障组、教学工作组、宣传教育组、健康检测组、舆情管控组、防疫包保组、核酸检测组、应急处置组。每组人员配备到位，各负其责。建立学校、年级、班级、家长四级防控工作联系网络，及时收集和报送相关信息。明确学校各级疫情报告人，及时向有关单位报送信息。

制定疫情防控工作"两案"，即《学校常态化疫情防控工作方案》和《突发公共卫生事件应急预案》。其内容包括防控措施、师生返校安排、教育教学管理等，明确疫情防控组织领导、工作举措、预警与应急措施，落实防控经费，做好物资储备，加强人员培训，增强应急处置能力。

制定疫情防控工作"九制"。"九制"指九项制度：学校新冠肺炎疫情报告制度、学生晨午（晚）检制度、因病缺课缺勤登记与追踪制度、复课证明查验制度、宣传和健康教育制度、疫苗接种凭证查验制度、心理咨询与干预制度、外来人员入校管理制度、校园清洁与学习生活场所消毒制度，每一项制度都制定了具体操作流程，明确岗位责任，落实到人。

根据疫情防控的形势和政策，根据防控技术、标准和变化，学校及时修订完善了"两案九制"，以适应新的防疫要求。

二、信息精准摸排，返校复学演练

对师生员工的流向和健康状况进行全覆盖精准摸排，全面准确掌握师生员工及其同住人员健康状况，按要求定期开展行程码、健康码等信息核查，定期开展核酸检测，建立师生员工健康台账，实行"一人一档"。

严格落实疫情防控"日报告、零报告"等制度，每天晨、午、晚检结束后，各班级第一时间向年级部报告学生到校情况以及健康信息等，年级部及时汇总，上报学校。遇到突发情况，及时按应急预案要求和规定流程进行报告和处置。

学校在每次停课返校复学前都举行返校复学演练。全体行政人员，班主任，保安、保洁、食堂、宿舍等工作人员及兼职校医全程参与演练。演练内容是：教师入校、车辆入校、学生错峰入校入班、分班开展晨午晚检、食堂分散就餐、进出宿舍查验、分时段放学离校、校园清洁消毒以及突发疫情应急处置，参演人员熟悉相关流程，提升应急处突能力，确保全校师生员工按时返校复学、复工，确保学校疫情防控工作有效开展。

三、线上线下教育教学

在防疫时间内，学校根据"停课不停学、停课不停教"的要求，认真组织教师开展线上教学工作。老师线上讲授新课，线上考勤、布置检查作业、测试和线上召开家长会。复学后，教师根据线上教学情况，合理调整教育、教学工作计划，科学制定教学进度，保障返校复学后教学活动有序开展。同时，做好那些无法及时返校学生的线上同步教学工作。根据疫情防控工作的需要，学校严格压缩各类会议规模、数量和频次，以班级为单位开展相关教育、教学活动。

四、常态化防疫举措

采取多种形式，充分利用家长微信群、QQ 群，开展新冠肺炎疫情防控知识普及教育。要求师生员工及学生同住人员不外出、不聚会、不举办和参加聚集性活动；避免到通风不畅、人流密集场所活动。教会学生戴口罩、洗手常识和"咳嗽礼仪"，要求学生保持 1 米安全距离。引导师生员工做好科学防护，养成良好的卫生习惯和健康的生活方式。

实行校园封闭严格管理。第一，分类入校学生从南大门进出，教职员工从东大门进出；所有小汽车从东大门进出。第二，设置入校通道。南大门开通 8 条学生入校通道，每天早晨学生进入南大门时，值班人员和门卫在通道内对学生进行体温检测，确保不漏一人。若测温发现异常，立即处置。东大门开通一条教职员工入校通道，门卫对进入校园的教职员工核验身份、体温检测和登记。第三，严控外来人员入校。在常态化疫情防控期间，学校体育场馆、设备设施一律不对外开放；学生家长也不得进入校园。若因工作需要必须进入校园的，严格执行学校独创的"5+1"外来人员入校管控措施，即电话核验、扫两码（安康码+行程码）、测体温、戴口罩、登记（身份及车辆信息）+担保签字。实行签字担保制，谁签字担保，谁负责。杜绝无关人员进入校园，严把校园安全"入口关"。

严格执行晨、午、晚检制度。每天早、中、晚时段，学生在进入班级时，班主任开展晨、午、晚检，认真填写相关记录表；发现异常情况及时报告。全体教职工自觉在东门口进行体温检测，检测正常后方可入校。检测信息及时统计上报，严格执行日报告、零报告制度。

严格执行因病缺勤缺课追踪与登记制度。对于迟到、未到校的学生，班主任第一时间向家长电话了解、核实情况，并登记上报年级部，适时追踪。对因病因事请假在家或就医的学生，每天进行 1～2 次电话访问，了解其健康状况。

返校复课的师生，进行严格查验。学生提供本人经医院诊断可以复学的证明、行程码和健康码、学生同住人员的两码等有关材料；若有中高风险地区行程或有密接、次密接而被隔离的同学，提供隔离期满 48 小时内核酸阴性报告。经学校审查后，符合返校条件的批准返校复课。

严格执行校园清洁、学习生活场所通风消毒制度。各年级部每周一次环境卫生大扫除；总务处安排专人负责消毒，定期对教室、办公室、会议室、卫生间、各功能室等进行通风和消毒，及时记录。

五、疫期心理教育

学校制定应急心理干预方案，了解与监测返校学生受疫情影响心理状态，分层分类应对。充分发挥和县未成年人心理健康教育辅导中心作用，请专业人员培训指导。利用相关宣传信息通道，针对学生中存在的共性心理困扰和个别的心理问题，有效地开展学生心理健康教育与心理辅导。

六、防疫物资采购和疫苗接种

每学期开学前，学校都要根据实际需要，测算出所需各类物资数量、金额，及时采购配备到位，做好入库、出库记录。开学后，对库存物资进行盘点，合理增配物资。加强新冠肺炎病毒疫苗接种宣传动员，除极少数患有禁忌证人员外，全体师生员工全程接种了新冠疫苗，达到了"应种尽种"要求。

七、考试防疫工作

每逢高考、中考、学业考等考试，学校成立考点疫情防控工作领导组。组建健康状况监测、疫情报告、考场布置与备用隔离考场设置、异常情况处理与应急处置等 10 个工作小组，明确各组成员职责，落实高考安全责任制。

学校按照上级疫情防控部门和教育主管部门的规定和要求，设置考场、通道，加强人员健康状况监测，细化各项组考防疫举措。对考务人员、考生、考生家长的健康状况监测。从考前 14 天起，每天自测体温，关注身体健康状况。实行考生与工作人员、行人与车辆"分门入校"政策。优化考点入口通道设置，每个通道都设置宽敞的遮阳棚，保证了考生安全有序进入考点。设置临时观察室、健康观察室，对进入考点时出现身体异常状况的考生进行留观、复测和初步处置。设置备用隔离考场以及专用隔离通道，对考试中突发不适或出现异常状况的考生在专职副主考和医疗组的指导下，妥善安排和应急处置。

学校疫情防控工作，确保了师生身体健康和教学工作有序开展。

八、防疫大事记

2020 年元月，全国疫情暴发。疫情期间，学校按防疫要求防控，实行晨、午、晚三次检测制度。每天检测师生体温及时登记，因病缺勤情况，并及时上报。学校在校橱窗共出四期防疫知识，利用班会课对学生进行卫生健康教育。

疫情期间，全校学生居家上网课。自 2 月中下旬至 4 月下旬，每 6 天休息一天，每天各科一节课，每节课 45 分钟，晚自习 2 节课，一节课讲解，一节课辅导。4 月 7 日，高三年级部复课。召开疫情防控宣传和心理疏导广播会议；开始施行入校戴口罩、测体温、入班再测体温举措。因疫情原因，2020 年全国高考推延 1 个月，于 7 月 7 日至 8 日举行。

2021 年 7 月下旬，疫情防控期间，高三暑期补课暂停线下教学，改为线上教学。自 7 月下旬至 8 月中旬。每 6 天休息一天，每天各科上一节课，每节课 50 分钟。晚自习 2 节课，一节课讲解，一节课辅导。

2022 年 3 月中旬至 4 月中旬，疫情防控期间，各年级线上教学。高三提前三周采取半封闭式线下教学，每 6 天休息一天，每天各科上一节课，每节课 45 分钟。高一、高二晚自习 2 节课，一节课讲解，一节课辅导；高三晚自习三节课，一节课练习，一节课讲解，一节课辅导。

第十节　学校规模

一、在职教师与在校学生数

2011 年，学校有教职工 238 人；特级教师 1 人，高级教师 71 人，省级优秀教师 8 人，省教坛新星 8 人，市学科带头人、市教坛新星、骨干教师 18 人，市科技创新人才 2 人，研究生学历 33 人；有 64 个教学班，学生达 3000 多名。

2012 年，学校有教职工 245 人；特级教师 1 人，高级教师 65 人，省级优秀教师 8 人，省教坛新星 8 人，市学科带头人、市教坛新星、骨干教师 19 人，市科技创新人才 2 人，研究生学历 33 人；有 68 个教学班，学生有 3800 多名。

2013 年，学校有教职工 243 人；正高级职称 1 人，特级教师 1 人（陈晓明既是正高，又是特级），高级教师 66 人，中级教师 103 人，省级优秀教师 8 人，省教坛新星 8 人，市学科带头人、市教坛新星、骨干教师 19 人，市科技创新人才 2 人，研究生学历 33 人。有 68 个教学班，学生有 3400 多名。陈晓明、吴光华进入市第五届导师团。

2014 年，学校有教职工 248 人；正高级职称 1 人，特级教师 1 人，高级教师

69 人，中级教师 110 人，省级优秀教师 8 人，省教坛新星 8 人，市学科带头人、市教坛新星、骨干教师 19 人，市科技创新人才 2 人，研究生学历 23 人；有 68 个教学班，学生有 3400 多名。

2015 年，学校有教职工 248 人；正高级职称 1 人，特级教师 1 人，高级教师 70 人，中级教师 113 人，省级优秀教师 8 人，省教坛新星 8 人，市学科带头人、市教坛新星、骨干教师 36 人，市科技创新人才 4 人，研究生学历 21 人，本科学历 211 人，学历合格率 96.27%；有 67 个教学班，学生有 3650 名。

2016 年，学校有教职工 251 人；正高级职称 1 人，特级教师 2 人，高级教师 80 人，中级教师 115 人，省级优秀教师 8 人，省教坛新星 8 人，市学科带头人、市教坛新星、骨干教师 36 人，市科技创新人才 4 人，研究生学历 25 人；有 68 个教学班，学生有 3400 多名。

2017 年，学校有教职工 247 人；正高级职称 1 人，特级教师 2 人，高级教师 92 人，中级教师 102 人，省级优秀教师 8 人，省教坛新星 8 人，市学科带头人、市教坛新星、骨干教师 36 人，市科技创新人才 5 人，研究生学历 26 人；有 68 个教学班，学生有 3400 多名。

2018 年，学校教职工 244 人；正高级职称 1 人，特级教师 2 人，高级教师 92 人，中级教师 103 人，省级优秀教师 8 人，省教坛新星 8 人，市学科带头人、市教坛新星、骨干教师 36 人，市科技创新人才 5 人，研究生学历 26 人；有 68 个教学班，学生有 3400 多名。

2019 年，学校教职工 240 人；正高级职称 1 人，特级教师 2 人，高级教师 97 人，中级教师 101 人，省级优秀教师 8 人，省教坛新星 8 人，市学科带头人、市教坛新星、骨干教师 46 人，市科技创新人才 5 人，研究生学历 26 人；有 68 个教学班，学生有 3400 多名。

2020 年，学校教职工 233 人；正高级职称 2 人，特级教师 2 人，高级教师 93 人，中级教师 105 人，省级优秀教师 9 人，省教坛新星 8 人，市学科带头人 4 人，研究生学历 24 人；有 68 个教学班，学生有 3400 多名。

2021 年，学校教职工 231 人；正高级职称 2 人，特级教师 2 人，高级教师 93 人，中级教师 103 人，省级优秀教师 9 人，省教坛新星 8 人，市学科带头人 4 人，研究生学历 24 人；有 68 个教学班，学生有 3400 多名。

二、学校获得荣誉

2011年，学校已获得荣誉：全国现代教育技术实验学校、全国中华优秀文化艺术传承学校、全国青少年读书育人特色学校、省未成年人思想道德建设示范学校、省艺术教育工作先进单位、省园林式单位、省文明单位。

2013年，学校获市"语言文字规范示范学校"称号。

2014年，学校被评为全国地理科普示范基地、中国校园媒体建设百佳示范学校、省第十届文明单位、市青少年科技创新大赛优秀组织单位、市学校卫生监督量化分级管理A级单位。

2015年，校团委被评为"五四红旗"团委。

2016年，学校被国家授予"地理科普教育先进单位"称号，获"全国青少年学生法制知识大赛杰出组织奖"，被省授予"省级文明单位"称号。

2017年，学校被省政府授予"第十一届省文明单位"，被安徽青年报授予"安徽青年报学生记者站"，《喜雨》校刊被评为省级优秀校刊。

2018年，学校被授予"马鞍山市文明校园""马鞍山市健康学校""马鞍山市中学共青团规范化建设十佳提名学校""马鞍山市五好关工委""马鞍山市优秀家长学校""马鞍山市资助先进单位"等荣誉称号。

2019年，学校被授予"第一届安徽省文明校园""第二十一届语文报杯全国中学生作文大赛教学先进单位""中国矿业大学优秀生源基地""2019年和县宣传教育先进集体""2019年和县教育质量先进单位"等荣誉称号。获得"马鞍山市26届校园文体科技节优秀组织奖""2019年全县中华经典吟诵比赛一等奖""和县2019—2020年度高中教学质量奖"。

第五章
人物介绍

第一节 历任校长

（按任职先后排序）

1. 屠光斗（？），美以美会牧师，和县人，1914—1924 年任皖北中学校长。

据郇山侨民《和州福音堂琐闻》记载，屠光斗"传道多年，热忱为道，爱心待人，素为该处所信仰，调任和州时，数十名教友送十五里之遥"。皖北中学，当时是教会学校。据记载"学生已有三十余名，和州学校高等男子已有十二名毕业，初等男子已有七名卒业。已于阴历十二月十四日二时行毕业典礼。县知事、厘金局长、县视学以及各机关人员均皆入座。来宾约三百余人。闻民国十年开办中学，以免学生来往之劳，约于阴历正月中学开学。"[①] 屠光斗是当时著名牧师，早在 1913 年就发表教文《毋熄圣灵——帖撒罗尼迦前书五章十九节》："毋熄圣灵，所以导以先路，俾始终坚持生道也，兹分三则论之。"[②]

美以美会（The Methodist Episcopal Church），属于基督新教的一个较大的宗派——卫斯理宗。从清末到民国，教会在中国举办了 14 所大学，其中美以美会就举办了两所。1888 年，在南京举办汇文书院，后与其他教会举办的学校合并，发展为南京金陵大学。1889 年在北京举办崇内怀理书院，后改名汇文大学，1916 年与其他两所教会学校合并改名北京大学，后又定名燕京大学，校长是司徒雷登。

据屠光斗《和县教务一束》记载："美以美会自设计和城廿余年矣""自民国四年秋季""本会监督庐公""由江西年议会调黄君光，黄君光来和州为牧师已近两载"[③]。作者写此文时间为 1917 年，而"美以美会自设计和城廿余年矣"，则美以美会在 1897 年来和城布道，创办学校。民国四年（1915），又派黄牧师来和州加强布道。

---

① （安徽）郇山侨民：《和州福音堂琐闻》，载《兴华报》1921 年第 18 卷第 6 期。

② 屠光斗：《毋熄圣灵》，载《兴华报》1913 年第 10 卷第 36 期。

③ 屠光斗：《和县教务一束》，载《兴华报》1917 年第 15 期。

2. 王大杰（1876—1949），字卓甫，清末最后一科秀才，和县教育界著名老先生，1924—1926年任和初一高学校校长。

辛亥革命和州光复时，他曾任和县军政分府参谋。不久，以地方名流的身份出任和县第一高等小学校长。五四运动时，他率领高等小学师生举行示威游行，声援运动。当时和县还没有开通电报业务，王大杰校长和体育教师李可航代表200名师生，渡江到当涂县采石矶邮电所，通电声援北京学生爱国运动。在王大杰带领和县县立高等小学师生游行影响下，和县城内的清真小学、大南门小学、北门小学也立即行动起来，举行示威游行；白桥镇王柯氏辅化小学的师生300余人赴和县西梁山、黄山寺、五显集、姥桥等地示威游行。

1924年，县立初级中学复校后，兼任中学校长。后因北伐军驻军校内，学校停课，先生回家设馆。

1925年6月18日，禹子罾、齐坚如等筹组的五卅惨案和县后援会，组织的全县七所小学示威游行，王大杰带领县立一高师生参加此次游行。群起奋进，声势壮阔，掀起反帝新高潮。

1926年4月，中共芜湖特支成立。1927年4月上旬，中共芜湖特支派禹子罾回到和县，在国民党（左）县党部成立了中共和县支部，禹子罾兼任书记，第一高等小学教员李筠仙为委员。1927年9月，李筠仙的中共党员身份不慎暴露，处境十分危险，王大杰设法搞到出城证，掩护李筠仙顺利脱险。

抗日战争爆发后，新四军在南义一带活动。王大杰避难于南义，住在小何（洪）保村。先后在汤子一、金良新、盛士旺、曹子河、罗李、赵庄及姥桥等地设馆教学，以教国学为主，也教数学和英文。利用假期举办"平民千字课"学习班，帮助平民学习文化，传播新思想。这期间，还给人看病。药物奇缺，就采摘中草药材。遇到家庭十分困难的病人，不收取医药费用。深受好评。

先生致力于地方教育四十年，邑中才俊，多出其门，张亮、夏禹功等都是其学生。在治学方面笃奉程朱，力主寡欲清心，主张义理、考据、辞章并重，教学务求精到。著有《强怒斋诗集》。先生为人端方耿介，正如他自己所作的古诗《瓤》云："器必具棱角，人始名为瓤；士必厉廉隅，行方与俗殊。"[①]

3. 仝道云（1902—1994），女，回族，经名阿依舍，和县人。1926—1927年

---

① 部分材料采用傅永曙先生的《和县反帝老先生王大杰》一文。

任和县县立初级中学校长。

全道云毕业于南京大学，后在早稻田大学读研。1926 年毕业后，任和县中学校长（约一年时间）。此后历任南京中央调查统计局艺术科科长，陕西省教育厅督学，陕西省回教公会主席。

卢沟桥事变后，全道云响应政府号召，奔赴国难。在汉口应蒋夫人之命，参加战时儿童保育工作，经常不顾生命危险，赴战地抢救儿童。1938 年 5 月，中国回民救国协会在汉口召开创立大会，全女士被邀加入。全道

全道云

云本着"兴教救国"之旨及回教牺牲奉献精神，动员回民奋起抗战。全女士经常赴各地演讲，闻者莫不感动。

武汉撤退，政府迁渝，全女士先后担任后方勤务总司令部抚恤委员会委员，中央组织部总干事，国民政府赈济委员会委员，军委会政治部设计委员会少将委员。全女士参加抚恤及赈济工作，直接加惠难民、忠勇将士及其眷属，抚慰伤患，功莫大焉。

中国回教协会成立后，全道云担任常务理事达 56 年。任台湾立法委员达 40 余年。晚年在台湾，节衣缩食，生活淡泊。但对中青年学子升学、留学、经济有困难者则全力相助，毫不吝啬。

1994 年 12 月 28 日，子女遵照全道云的遗嘱，在台北大寺当众将她的遗产 390 万元捐献宗教机构。[①]

4. 俞建章（1898—1980），和县人，字端甫，地质学家、古生物学家、地层学家、地质教育家，中国科学院生物地学部学部委员。1927—1928 年任和县县立初级中学校长。

1911 年，考入和州官立中学堂。1918 年考入天津北洋大学预科。1920 年转入北京大学地质系。1924 年毕业于北京大学地质系，获理学学士学位。受聘河南中州大学任教。

1927—1928 年，俞建章因父亲病故，服丧桑梓，地方人士推他担任和县县立初级中学校长。任事之后，他积极改革教育，建立评议会、教务会、级务会；悉

---

① 材料来源夏福康编著《台湾回教史》书中《全道云哈佳生平事略》一文，河海大学全道荣教授提供并证实。

俞建章

心规划校园，设置图书馆，开办平民夜校，举办学生储蓄会和商社；成立出版委员会，出版校刊，活跃学生的课外生活。俞建章主持和县中学期间，成绩卓著，安徽省教育厅曾给予很高的评价："俞校长学识渊博，练达有为，如此规划之县立中学，诚皖省不易观也。"（《安徽教育行政周刊》）

1928年在上海中央研究院地质研究所任助理研究员，经他的老师李四光介绍进入了中央研究院地质研究所工作，得到美籍地质学家 A. W. 葛利普（Grabau）的指导。他参加了湖北南漳、荆门等地的煤田地质调查工作。于1929年与舒文博共同发表了《湖北襄阳南漳宜城荆门钟祥京山地质矿产》一文。之后，他与葛利普、黄汲清、尹赞勋、计荣森等一道，整理中国著名地质学先驱丁文江组织收集的大量地质资料。在不到5年的时间里，就在珊瑚化石的研究领域取得成果。特别是对中国下石炭统珊瑚化石研究方面，建立了中国下石炭统的四个珊瑚带，首次与西欧作了对比，为中国早石炭世地层和珊瑚的研究奠定了基础。他这一成果，获1933年度中国地质学界设立的赵亚曾奖金。

1935年在英国布里斯托尔大学（Bristol）获博士学位。1936年，俞建章完成了博士论文《中国南部丰宁系珊瑚》后，返回中国，任南京中央大学兼职教授。抗日战争爆发，他随地质研究所去重庆，兼任重庆大学地质系教授，主要精力开始投到地质教育事业上。

1937年受聘南京中央大学兼职教授。1939年任中央研究院地质研究所研究员、重庆中央大学地质系教授。1941年任重庆大学地质系主任，仍兼重庆中央大学教授。1945年任中央研究院地质研究所代理所长，兼任中央大学地质系教授。1947年被选为中国地质学会理事长，中国古生物学会理事。1950年任中国科学院地质研究所研究员。1951年任中国地质工作计划指导委员会研究员，中国科学院古生物研究所无脊椎古生物组主任。11月调到长春地质专科学校任地质科主任。1952年任东北地质学院教授、地勘系主任兼地史古生物教研室主任，兼任中国科学院南京古生物研究所研究员。1953年加入中国民主同盟。

1955年当选为中国科学院生物地学部学部委员（院士）。

1964年任长春地质学院副院长。当选为第四届全国政协委员。

研究工作刚刚开始，由于"文化大革命"而中断。这期间他虽倍受迫害，下放到农村，但仍然不忘这项研究工作。他和助手们经过 3 年的艰苦工作，对中国新疆东部的下石炭统做了详细的划分与对比，弄清了珊瑚群的面貌，发现了大量的异珊瑚类，为中国填补了对这个门类的研究空白。

1978 年，俞建章作为特邀代表出席中国科学大会。当选为第五届中国人民政治协商委员会委员。1979 年当选为国际石炭纪地层及地质分会委员。任中国地质学会第三十二届理事会副理事长。

1980 年 10 月 3 日病逝于长春市，享年 82 岁。

5. 林式如（1896—1960），又名林典仪，和县人。1928—1929 年任和县县立初级中学校长。

1920 年，林式如毕业于南京高等师范商科，经陶行知介绍任教于安徽省正阳关甲种商业学校。后升任教务主任、校长。1923 年在陶行知先生创办的南京安徽公学（后改为安徽中学）任训育主任。1926 年回安徽，先后任寿县中学教务主任、和县教育局局长、和县县立初级中学校长、安徽省教育厅第二科小学股主任科员。抗日战争期间，在四川、福建等省一直从事教育工作。1948 年秋返回家乡后，先后任教于私立新生中学、和县中学、和县初级师范学校、黄麓师范。他为人正直，诲人不倦，受到师生尊敬。他一生的大部分时间都从事教育工作，对地方教育做出了一定的贡献。

林式如

6. 王尧铎（？），和县人，文学学士。1930 年 2 月—1930 年 8 月任和县县立初级中学校长。王尧铎写自己大学毕业时个性特点：

> 尧铎，籍隶皖和。性傲慢，资鲁钝。读书十余载，无成就。好游山水，曩者负笈京江省立中学时，课余暇日，金焦北固竹林之胜，足迹篇穿。近数年来，苏杭风景，燕蓟胜迹，行将遍游。自入大学，始智政治，继攻国学。记问之功，简陋犹昔，惟所交强半枕戈击楫慷慨之士，亦自得也。今已离校，

王尧铎

喜惧交加，学期虽毕，学业未毕，能不努力自勉。无善可述，聊写以充篇幅耳。

王尧铎[1]

王尧铎《留别本系诸同学》[2]诗：

> 千里千堂聚，攻错事事宜。情影如胶漆，不愿话别离。
> 在昔虽云别，寒暑是短期。今朝分袂后，各在天一涯。
> 不患形迹远，所患心志违。人生感意气，会面有时机。
> 男儿志四方，锥颖始脱囊。刀铦初试手，虎跃又龙骧。
> 莫为习俗化，莫禽名利忙。第念学问事，浩博益茫茫。
> 惟有君子者，不息在自强。虽有车笠誓，事业赖赞襄。
> 精神坚结合，万里如一堂。

1925 年，王尧铎《姑苏虎丘古》[3]诗：

> 草色凉凄往事悠，吴王埋骨亦风流。
> 真娘遗墓云轻锁，西子装台月暗浮。
> 试剑英雄忘后患，吹箫羁旅独先愁。
> 青山依旧生公远，白石池中不点头。

7. **张亮**（1899—1942），字叔明，和县人，著名校长。1930—1934 年、1939—1942 年两任和县县立初级中学校长。

他从小学习勤奋，学于县立高小，后求学江苏省立一中学，毕业后入山西大学、北京大学攻读哲学、教育、政治经济，是个很有学问的人。1925 年，任武昌大学讲师。此后，任北京适存中学总务主任兼教员，安徽省立第一中学事务主任兼教员，中国国民党安徽省和县执行委员会常务委员兼组织部部长，安徽省政府分派宁国合肥六安等县教育督导。张亮致力于党政，备极辛勤。

因地方教育亟待推进，1930 年，张亮出任和县县立初级中学校长。任职后，

---

① 载《持志年刊》1928 年第 3 期。
② 载《持志年刊》1928 年第 3 期。
③ 载《政治家》1925 年第 1 卷第 1 期。

他积极筹划复校，在喜雨亭四周建造平、楼房 7 座，备尝辛苦。自此，学校不断扩展。三年后，由复校初时的 1 个班 58 人，扩增至 5 个班 200 余人。为了解决集会场所及雨天学生开饭困难，张亮又四处奔波，多方筹措资金，于 1933 年底，破土兴建大礼堂一幢。此时，学校日趋正规，制度逐步健全。1934 年，张亮离任。

张 亮

1939 年春，因战争影响，中学迁至戚桥，张亮再度出任校长。这一年，经省教育厅核准，学校增设了高中部，成为完全中学。次年春，和城沦陷，中学迁址香泉。越年余，濮家集沦陷，学校又由香泉北迁至高皇殿。1942 年 2 月，日军进犯高皇殿、善厚集一带，学校被毁，所有校产册籍损失殆尽。张亮因公赴善厚集被日军杀害，终年 43 岁。

张亮两度出任和中校长，建树颇多，最后以身殉职。他在和县教育界颇享声誉。原安徽省农学院教授、民盟安徽省副主席齐坚如博士曾为他撰传纪念。

附：张叔明先生传 [1]

先生姓张氏，讳亮，字叔明，安徽和县张家湾人也。童年就业于县立高小，每遇夜阑人静之际，辄见其孳孳不已。卒业后，求学于江苏省立一中学，大进，品益敦，师友称之，嗣游学于晋冀。先后入山西及北京大学，专攻哲教，旁及政治经济。国府成立后，乃致力于党政，备极辛勤。旋因地方教育亟待推进，遂长县立初中。今日吾和青年之佼佼者，莫不出其门下甚盛矣哉！

倭奴入寇，神州震惊。兽兵所至，闾里为虚；铁蹄所及，民命不保。先生不避艰险，毅然重长县中。弦歌赖以不绝，教育于焉复兴。民国三十年腊月间，先生由县中所在地之香泉，至善厚集县府行署，洽领经费，适兽兵突袭，行署沦陷，先生遇敌于途，不屈，乃遇害焉。享年仅四十有三。呜呼，烈矣！

夫明耻复仇，古有明训。先生临难不苟，抉择于泰山鸿毛之际，从容就义，可谓明耻者矣。惟复仇者之举，端在后死者流。抗战胜利后，当局者狃于妇人之仁，竟将兽兵遣散回国。吾知先生死不瞑目，全国男女同胞亦将饮恨于泉下矣。抗战既胜，建国刻不容缓，休养生息，允宜及时与民更始。乃内战不息，烽烟四起。先生

---

[1] 照片为西安范培斌先生提供，《张叔明先生传》为南京傅永曙先生提供。

死有余痛矣。吾不禁以泪和墨为先生传。呜呼！

时民国三十六年七月　同学弟齐敬鑫拜撰 [1]

陈秉诚

8. 陈秉诚（1893—1960），又名陈宪章，和县人，1934—1937 年任和县县立初级中学校长。

1922 年毕业于北大法学系。他一生大部分时间从事教育工作，历任百福寺小学英文教员，和县初级中学国文、英文教员，和县初中女子班主任，训育主任，和县初中校长，和县简易师范校长，和县教育局局长，私立新生中学教员。

当时办得较有声誉，皖东地区初中应届毕业生在芜湖会考，和县初中成绩名列第一。校长陈秉诚特约请包括孙仁琦在内的 4 个学生吃饭，以示庆祝。学生李冰经国民党中央检试合格，被派往荷兰参加世界童子军露营运动，历时 4 个月。

陈宪章是一位热心教育的爱国人士。1934 年主校期间，为了兴建校园，曾捐献不少家资。抗战开始，他发动和县教育界人士为前方将士捐献寒衣。

1946 年，为筹备简师开办经费，陈宪章不辞辛劳，奔波于京、沪之间，筹得巨款，顺利开办了和县第一所师范学校——和县简易师范学校。

1953 年，被选为和县第二届人民代表大会代表。1960 年病逝，享年 67 岁。

孙履平

9. 孙履平（1902—1944），和县人，1942—1944 年任和县中学校长。上海大同大学数学系毕业。毕业后留在原校攻读物理专业。孙履平数理造诣很深，是一位既有真才实学而又热血沸腾的爱国人士。九一八事变时，他在南洋女子中学和江阴中学任教，积极参加抗日救亡活动。1932 年，上海一·二八事变发生。为了声援与日军作战的十九路军，他毅然冲破险阻，参加"上海民众反日救国会"，积极参加救亡活动。

1942 年秋，出任和县中学校长，筹备复校。时值抗

---

① 见《历阳天门张氏宗谱》第一卷。

战极为艰苦时期,办学条件极差,甚至连教本也没有。但在师生共同努力下,学校办得有声有色。民国三十二年(1943年)秋,和县中学组建体育代表队,参加和(县)、滁(县)、来(安)、含(山)、全(椒)5县中学生运动会,和县中学一举夺魁,获31项冠军。孙校长坚持敌后办学且卓有成效,1944年,安徽省政府曾给予该校乙等奖励,奖金4000元,《和县简报》登报表彰。

1944年8月,孙履平校长因劳累过度,英年早逝,终年42岁。

10. 禹子鄮(1885—1949),原名禹诚旺,化名禹鼎,和县人,回族。1944年8月—1945年2月任和县中学校长。兄弟三人,禹子鄮排行老二,人称"禹二先生"。他是和县早期共产党员,中共和县第一任党支部书记。

禹子鄮幼年学习勤奋,爱动脑筋思考问题,深得老师、同学及邻居的赞许。怀着教书救国之志,他只身到南京两江师范学堂(中央大学前身)就读。毕业后,受聘到芜湖公立职业学校任学监兼授代数课。当时许多革命知识分子云集该校任教。禹子鄮得以接触许多革命仁人志士,有机会阅读《新青年》《每周评论》等进步书刊。

禹子鄮

1919年5月中旬,北京发起五四反帝爱国运动,遭到残酷镇压。消息传到芜湖,激起各校师生公愤。禹子鄮同各校发起人始终站在斗争前列,他和刘希平、高语罕等教师及学生代表数十人,在芜湖乙种商业学校举行第一次联席会议。联席会议决定,组织芜湖市教职工联合会、学生联合会,致电声援北京爱国运动。倡议全市商人抵制日货,全市进行罢工、罢课、罢市,示威游行。

1921年1月,时任宣城省立第四师范教师恽代英、《大公报》主笔萧楚女应芜湖学联之邀,到芜湖各校演讲,宣传马克思主义,揭露北洋军阀政府的腐败无能和帝国主义侵略中国的罪行。禹子鄮多次聆听,思想上有了质的飞跃。

6月上旬,安庆军阀当局镇压请愿学生的"六二"惨案消息传到芜湖,王坦甫、朱蕴山、禹子鄮等立即发起组织安徽"六二"惨案后援会,在学生运动的推动下,芜湖、安庆商店罢市、工人罢工、学生罢课。不久,禹子鄮从芜湖返回和县,与齐坚如共同重新组建了五四运动和县外交后援会。新建的"后援会"由禹子鄮领导,召开声讨会,揭露日本帝国主义侵略罪行。

1923 年，根据柯庆施、张秋人指示，芜湖成立了社会主义青年团。王履祥、禹子鬯、周范文等发展为团员。时隔不久，中共中央派施存统到芜湖建立马克思主义学术研究会。余天觉、禹子鬯、孟涵之、周范文等人成为研究会的成员。

1924 年，禹子鬯和陶枕秋等被组织上安排到萃文中学任教师，秘密开展学生运动。1925 年 3 月，孙中山先生噩耗传到芜湖，各界人士纷纷集会，举行悼念活动。萃文中学当局却封锁校门，严禁学生参加。禹子鬯、陶枕秋带领学生抗议，和学校当局开展了针锋相对的斗争。4 月 23 日，恽代英以国民党上海总部代表的名义到芜湖参加追悼孙中山大会，发表了激动人心的反帝反封建反军阀的演讲，播下了革命的火种。5 月 19 日，萃文中学在禹子鬯、陶枕秋等进步教师的发动下，与圣雅阁教会中学联合行动，掀起了一场"反对奴化教育，收回教育权"的学潮风暴，很快波及芜湖全市及安庆、合肥等地教会学校。

1925 年，上海五卅惨案消息传到和县，禹子鬯、齐坚如于 6 月 18 日召集和县教育界知名人士组建五卅惨案和县外交后援会，发动工、商、学界 1000 余人举行反帝示威游行；21 日，第二次万人大游行。7 月 2 日，与商会会长吴骥才等进行斗争；7 月 10 日，"后援会"到县府请愿，迫使和县当局将吴骥才撤职查办。1925 年夏，国民党芜湖市党部（左派）宣告成立，由胡浩川、王坦甫、禹子鬯等 7 人组成执行委员会。禹为执委会委员兼组织部部长。8 月 20 日，高语罕（时任上海总工会宣传科主任兼上海大学教授）抵芜湖，代表中共中央主持了仪式，芜湖青年团员王坦甫、禹子鬯、沈天白等集体转入中国共产党党员。

1926 年 4 月，由周范文、禹子鬯等 12 名中共党员组建直属中央领导的中共芜湖特别支部，先由周范文任书记，后由禹子鬯主持工作。在特支开展的各项工作中，禹子鬯不避险阻，不辞辛劳，出色地完成任务。此时，中共党员曹重堪（和县绰庙集人）从外地调到芜湖。禹子鬯、阿英和曹见面后，筹建国民党和县党部执委会。9 月，国民党和县党部执委会正式成立。在一次群众集会上，禹子鬯作了激动人心、鼓舞斗志的讲话：

> 目前国难当头，外有帝国主义侵略，他们如洪水猛兽，侵占我国领土，兴建工厂，建立租界，如豺狼虎豹，张开血盆大口，掠夺我国资源，侵占我国财富，贪婪地吮吸着我国人民的鲜血和精髓。内有贪官污吏、土豪劣绅，作威作福，鱼肉人民。他们横征暴敛，凶于虎狼，民众受尽盘剥之苦，典衣裳、质农器、卖田宅、丢儿女、破家荡产，处于水深火热之中。而今，我们有志之士应

为振兴中华民族而起，有血要对着那些戮杀我们的仇敌去洒……

1927年4月2日，禹子邕、曹重堪等建起了中共和县第一个支部委员会，禹子邕任书记，领导和县人民开展了反帝、反贪官污吏的运动。不几天，蒋介石发动"四一二"反革命政变。禹子邕事前接到情报，连夜通知党团骨干撤离和县、芜湖。禹子邕辗转南京、上海、武汉，最后回到和县。和县到处搜捕共产党，捣毁了国民党左派县、区两级党部。

1930年，张亮出任和县初中校长，禹子邕立马受聘，除教授数理化课程外，还辅佐张亮扩建学校、兴建大礼堂。3年后，和县初中由1个班58人扩大到5个班200余人。抗日战争爆发后，为确保学生的生命安全，和县初中改为和县中学，迁离和城，先至香泉，后到高皇殿。禹子邕随校下迁。

1940年，国民党和县政府慕禹子邕才华，调其任《和县日报》主笔。经他努力，《和县日报》办得十分活泼，每天都有抗日诗文见诸报端，有力地鼓舞着人民的抗日斗志。年底，禹子邕又被调回和县中学任教。他勤勤恳恳，一丝不苟，深受学生的爱戴和景仰。

1942年2月，校长张亮因公赴善厚集，惨遭日军杀害，和县中学因之停办。夏季，禹子邕奉命筹备复校。学校复课了，担任校长的却是孙履平。禹胸怀大度，非但没有计较个人得失，而且竭力为之协助，学校办得有声有色。1944年夏，孙履平病逝。8月，禹子邕继任校长。他一手抓学校行政、教学管理，开展奖优勉勤活动，一手抓冬季学校植树造林活动，美化学校环境，办学成绩显著。1945年春，被省教育厅调任省十三临中任校长，直到抗战胜利。后调回和县中学任教，直至新中国诞生。

1949年11月15日，禹子邕在和城病逝，终年64岁。

11. 夏禹功（1901—1960），原名夏传懋，和县人，著名教师，1945年2月—1945年8月任和县县立初级中学校长。

幼年勤奋好学，立志上进。在私塾求学时熟读《四书》，稍长即攻读经史，苦练书法。1919年入县立一高，1921年毕业。校长王大杰深为器重，赠号"禹功"。后因家庭贫寒，曾在家设帐教书。1929年考入贵池安徽省立第一乡村师范，1930年由校长王霭吾介绍到舒城桃溪镇县立二高当教务主任，休学一年。1931年冬毕业。先后任和县第十二初小校长、和县中心小学校长兼教导主任。因厌倦家乡人事

夏禹功

纠葛，往合肥任县立实验小学教导主任。1934年，任江苏省省立黄渡乡村师范学校教师；1935年，时局动荡，夏禹功由上海返乡，设馆教书糊口。1937年左右，任和县县政府三科科员，兼任义务教育视导员。1938年和县沦陷后，先后任和县县立初中、皖五区七联中、全椒县县立初中等学校教师。1939年任泗县政府第一科科长。1945年秋，日军投降，县政府与学校复迁和城，他被选为临时参议会议长。1948年，在和县县立简师、省立含山中学继续任教。

他在实践中探索教育规律，积累教学经验，写成《小学辅导之我见》一稿，后散失。他自制历史序表，认真备课，讲授得法，学生普遍反映"听得懂，记得牢，有趣味"。新中国成立初，任和县私立绰庙镇小学教师。1953年，县文教科派他前往巢湖师资训练班学习，结业后分配黄麓师范任教，后因故未就。1956年，被选为县人民代表，并在中、小学代课。1960年病故。

陈 钝

12. 陈钝（1900—1980），汉族，和县人，国立第四中山大学毕业，1945年8月—1946年2月任和县县立初级中学校长。

1945年8月，日军无条件投降。9月，学校由善厚集迁至和城。由于当时接受日伪中学一部分学生，学校班级初一3个班，初二2个班，初三2个班，计7个班，学校总人数280人左右。陈钝校长主要工作忙于搬迁、合并、整顿诸多事务。

1946年，内战爆发后，陈钝到南京的中央研究院历史语言研究所任干事，颇有名声。1949年，国民党败退，从南京撤离大陆前往台湾时，陈钝回家乡。后在城南沈家山文化馆，白桥、功剩桥扫盲班、望江小学、和县历阳一小工作。

和县档案馆有一份和县文教局呈文给县人委报告，摘引如下：

城区小学教师陈钝，男，现年62岁，大学毕业文化程度，解放前曾在北京历史研究院、和县中学等地工作，解放后于1951年从事小教工作，于61年

1929年秋，史语所同人在北平静心斋所址合影。前排：陈寅恪（左二）、吴亚农（右二）、陈钝（立）；中排：李济（左一）、朱希祖（左二）、傅斯年（左三）、赵元任（右三）、罗常培（立）、丁山（立）；后排：容庚（左二）、徐中舒（左三）

4月作动员回乡生产。

我们认为对陈处理不够妥当。根据陈钝年老、从事教育多年等情况，给予退休处理。为此具报请求批准。1963年2月22日。

拟稿人张国椽，签发人尹文良。[①]

13. 汪侗（1909—1951），原名汪泰桂，字馨山，和县人，1946年2月—1948年任和县县立初级中学校长。

以其排行第五，故乡人称之为汪五先生。汪侗少年时已崭露头角。稍长，就读于和县城内第一高等学堂，深受校长王大杰先生之器重。不久，考入南京钟英中学。中学毕业后，考入沪上持志大学文学系，其时著名教授有胡朴安、刘季平、闻一多、李公朴诸贤达。由于当时大学课程重在自习，只需完成学分，可以另行选修，汪侗又考入中国公学大学部法学系，师从胡适及吴晗诸大家，胸襟更加开阔，学识因而大进。其时，他曾

汪侗

---

① 和县档案馆，档案号 j034-01，和文字第 037。

获有双学位之美誉（毕业时分获持志大学文学士学位、中国公学法学士学位）。毕业以后，淞沪战争爆发，汪侗留学意愿随之消失。

历史学家罗纲教授推荐，汪侗供职于国民党中央党部电影审查委员会。不久，罗氏晋升为中央党部主任秘书，汪侗随之离职，返回原籍和县，出任县教育局督学。其时和县教育颇为落后，汪侗锐意整顿，力求振兴，并多次上书当局，但终未能有较大改观。

日军侵占和城时，学校停办，汪侗不得不返回乌江，避乱乡下，待机请缨报国。1941年，汪侗友人盛瑜（即盛子瑾，和县南乡盛旺人）出任皖北第九行政区督察专员，约请汪侗。汪侗应约前往，被委任为泗县管镇区区长。盛氏由于为人宽宏大度，用人唯才是举，不分党派，深受国民党当局忌恨；不久，即被罢免。汪侗随之离职，返回乌江。

回乡不久，即被江浦县政府聘为法官。不久，即晋升为江浦县政府主任秘书，并一度代理县长职务。在主政期间，曾聘共产党人胡泽润创办《江浦民报》，其主旨为宣传抗战，反对投降。由于文字激烈，被国民党特务机关发觉，遂横加干涉，企图加害主办人员。由于汪侗县长保护，停止报刊发行，主办人员得以脱险。

1945年秋，日军投降。县政府由乡村迁回县城，全体公务人员无不欢欣鼓舞。不久，金陵大学在乌江所设立之农业实验区下属乡农会聘他为理事长，负责农业贷款事宜及推广棉花良种。抗战胜利后，和县中学高中部即并入含山中学，初中部仍留和县，由乡村迁回和县城。首任校长为临时参议会议长夏禹功兼任。夏因公务繁忙，不久即辞职，推荐陈钝先生继其事。陈系中央研究院历史语言研究所干事，专攻历史，不愿从教，未及一年，便引退，并力荐汪侗为校长。汪侗遂辞去乡农会理事长一职，出任和县中学校长。任职三年，学校面目焕然一新，成效卓著，有口皆碑。办学举措有五：

（1）扩大生员。1946年秋季开学，由原来4个班级扩大为7个班级：初一3个班，初二2个班，初三1个班，附设简易师范一个班。因陋就简，扩充校舍，保证学生有书可读，有室可居，有饭可吃。

（2）扩建礼堂。将原有礼堂扩建为多功能之场所，集开会、自习、娱乐、就餐于一体。礼堂之内，新置若干靠背椅及简易讲台，并设有屏风，辟出一间教室，作为简易师范学生课堂。从此，既便于召开大会，又可供集体就餐。晚间自修，只需两盏汽油灯，便可大放光明。

（3）引进外地教师。县内缺少人才，学校不惜重金延聘外地教师，特别在数理化、音美劳各科，以外地教师为主。其中佼佼者，学有专长者不乏其人，而且循循善诱，深受学生欢迎。同时注入新思想、新学风，学校呈现出一派生机。

（4）保护进步教师。学校大量引进进步教师，如：杨怀仁、陈潘旭、魏尚书等。不仅在校内灌输进步思想，而且在校外播下革命种子。当时反动政府及特务机构不时进行威胁，汪校长极力保护，进步教师得以平安避险。

（5）成立升学与就业指导委员会。和县知识分子人数甚少，凡持有初中毕业文凭者即可列入知识阶层。而初中毕业能升入高中者，为数寥寥，又苦于无业可就，学生普遍有"毕业即失业"忧虑。鉴于此，汪校长便联络地方有识之士及县级行政机构，特聘若干人士，成立升学与就业指导委员会。其主要职责为：尽量鼓励与促使其报考高一级学校，继续深造；委实不能升学者，则设法为其寻找出路，落实工作：或由政府委派，或由单位聘用，务使各得其所，做到人尽其才，才尽其用。

汪侗宅为二进三间敞厅。中间悬挂林散之大师八尺山水大幅中堂，两旁有曾农髯行书楹联一副："白云见我去，明月逐人来。"又有梁漱溟草书对联一副："人生百事辛苦，清溪一曲盘桓。"敞厅两侧，悬有康长素（长素为康有为号）大草屏条四帧，内容为"荆轲赞"。于右任大草条幅内容为"礼记礼运篇"。此外，还有乌江书豪范培开的狂草，芜湖艺人汤天池铁画，皆为艺术珍品，不幸被日军掠夺一空。汪侗藏书较丰富，举其大者有《胡适文存》《鲁迅全集》《六朝文集》《闻一多诗文集》《古文释义》以及部分《万有文库》《东方杂志》等。

1949年，汪侗奉命去巢湖地区参加中学校长学习班学习。1951年11月，汪侗因历史问题被错杀，终年42岁。1984年，经复查予以平反。

14. 李志，和县县长，1949—1952年兼任和县初级中学校长。

1949年秋，和县中学复校，招收新生174名，县长李志兼任校长。李志材料很少，下面是档案馆找到的材料，仅供参考。

李志任和县县长时期，和县属于江淮区党委五专署领导。当时专署专员是倪则耕，副专员是杜少安。地位书记是程明远，组织部部长是胡德安。当李志离开专署时，地委书记换了杨效春，倪则耕、杜少安也调走，由李坦接任专员，李岩接任副专员。李志离开巢县时正是五月端午节，天下着小雨，那时水大，乘船来到和县。和县政府在哪里？一说在陶厂，一说在和县城里，一说在西梁山。别人告诉他，裕溪口驻有和县防汛人，问问应该清楚。于是由运漕直奔裕溪口，一路寻找到白桥，才找到周恺和龚大胖子。他们知道李志是县长后，就安排住宿。李志很累了，倒下就睡熟了。

第二天到和县，知道王训友负责一切。当时县政府在大王庙。李志到大王庙见到地委组织部部长胡德荣，停了一下，就进了和城。以后县政府搬迁到文庙。名义上叫县政府，实际是空架子，什么都没有。也没有秘书。只有一个副县长何月波去搞恢复铁路去了。水利建设科长周恺负责防汛指挥部。只有公安局局长是谢英，别的科都没有正式建立。张仁最初当粮食科长，后改为粮食局局长。

前任县长是潘效安。但潘效安没有向李志办移交。其实，当时还没有公章，什么都没有，也没有什么好移交的。

1949年10月，开过镇江会议后，和县一度划归南京领导，那是经过中央几个政治局委员讨论的。当时在华东的所有中央委员都同意在苏南、苏北、皖江南、皖江北各划一个县归南京领导。皖江北划和县，皖江南划当涂，苏北划江浦，苏南划江宁。为什么要这样做？就是要以南京为中心调剂粮食。

李志住在潘效安住过的房子，房子很乱，档案都堆得乱七八糟。办公、住家都在里面。县委成员：李志，王训友，王创业，谢英，李新舟。民运部长唐久奎，宣传部部长司贯吾。

下属各区：沈巷区书记孙贤树，区副书记蒋琳；区长王壁，副区长齐天寿。姥桥区书记阚方成，阚方成调走后于海龙接任；区长俞由友，副区长俞永兴。新桥区书记王治平。娘望区书记尹汉庭，副区长吴本寿。濮集区书记王志行，王志行调走后，阚方成接任；区长马刚。乌江区书记黄茂松，区长臧庆甫，副区长蒋克礼。善厚区书记孙耀庭，区长杜庆云。历阳镇镇长周斌。

李志县长主要任务是防汛救灾。剿匪任务不太严重，由大队长李新舟担任。李志到任时，乌江大刀会暴动已经结束。但另一起重大事件发生，就是乌江的一个连叛变了，队伍被拉到乌江、善厚一带活动。军分区为此派一个营来到香泉。李志得到消息后第二天就赶去，采取政治攻势，不到三个月就把这个叛变连解决了。[①]

15. 张范（1926—2009），江苏盐城人，1952—1956年任和县中学校长。

小时，上了多年私塾、小学、补习班。15岁时，听说根据地办了一所中学，便赶去报到，成为第一批入校学生。学习期间，他认真踏实，严格要求自己，常为

---

① 和县档案馆：李志同志谈解放初期和县政权建设情况，1984年6月4日于福州市李志同志家中。征访人：吴峰泉、陈健平。整理人：蔡鹏。档案号j001-043-07。

同学们办好事，办实事。

1941 年参加革命工作，1945 年加入中国共产党。1949 年来到安徽工作。他曾说："我来安徽的前三年，一次都没能回家看望家人，因为当时我正在白龙区（肥东县的一个区）的人民法庭担任审判长，负责镇压反革命活动。后来收到父亲去世的噩耗，我不禁痛哭流泪，很想回去看父亲，但是人民需要我，部队需要我，我不能离开啊！"

张 范

1952 年 9 月，经芜湖地委确定，任和县中学校长并参加县委工作（当时县委不设常委）。

新中国成立初期，百废待兴。和县中学教室简陋，课桌小而破旧，礼堂只能容纳三四百人。教师生活很苦，有家属的教师在校外租房住，单身教师两三人挤在一间房里。尽管这样，学校还是因陋就简，按时开学上课。教师认真备课、教课，毫无怨言。张范大力加强学校硬件建设，改善办学条件，兴建新教室、理化生实验室；扩大办学规模，开设初中 6 个班，高中 2 个班。

1956 年 9 月，张范校长调离和县中学，到中央教育学院学习。这期间，他学习了教育学、心理学、党史、哲学等教育理论。一年半后，任屯溪高级中学校长，学校教学成绩都名列全省前三名，跨入省重点高中的行列。1962 年调任宁国县县长。1964 年 10 月调入安徽劳动大学任教务处处长、党委委员，1970 年任革委会副主任。1973 年任安徽农学院副院长。1977 年任安徽师范大学党委常委、副校长。1978 年进入中央党校学习，1979 年任安徽机电学院副书记、副院长。1983 年任安徽师范大学副校长、顾问。

1986 年离休。张范虽已离休在家，但他关心下一代工作，经常给新生作革命传统报告。在担任离休干部直属党支部书记 16 年间，积极开展形式多样的学习活动。"5·12"汶川地震后，他积极捐款和交纳特殊党费。在多次扶贫救灾捐款中，总是全力配合，起带头作用。他坚持不懈地认真工作，被评为安徽省离退休干部先进个人。国庆六十年之际，张老挥毫写下"锦绣中华"四个大字，作为献给祖国母亲的礼物。

张范同志在和县第一中学百年校庆时，特作对联一副，以表祝贺：

桃李争荣，百载育人多俊杰；杏坛示范，千秋大业展宏图。

曲忠

16. 曲忠（1921—2015），山东省邹平县人。1956年9月—1962年8月任和县中学校长。

1940年7月入党，12月参加工作。历任山东省邹平县旧口乡组宣委员、清河区第二地委会机关会计、邹平县粮库副主任、邹平县政府秘书科长、南进纵队三支队三大队十一中队秘书、华东人民革命大学三部教育科教务干事、华东革大附设上海俄文学校助理、皖北滁县专区土改工作团二队队员。

1952年10月，任和县初级中学副校长、校长。1956年9月，任和县中学校长。1962年8月，任无为师范校长。1975年4月，任和县第二中学革委会主任。1978年1月，任中共和县县委党校第一副校长。1978年8月，任和县县委统战部部长、县纪委副书记。1981年12月，任县政协副主席。1982年12月离休。1994年12月，享受地（厅）级医疗待遇。

曲忠治校，积极贯彻党的教育方针，大力提高教育质量。1956年9月，恢复和县中学高中建制，至1962年，每年招收高中2个班90名新生。1959年7月，首届高中毕业生参加高考，本科录取率为61%，位居芜湖专区名校宣城中学之前，为全国重点大学合肥工业大学输送陈同桂、张登和、石碧桂、李家杉等一批优秀新生。1960年高中毕业生60名，参加高考58名，录取56名（其中本科43名，专科13名），本科录取率达74%，名列芜湖专区11个县之首；单科成绩物理第一，化学第二；学生敬应龙以平均成绩92分（百分制）的优异成绩被中国科技大学录取；物理教师章善义、化学教师张德奎晋升一级工资。当年9月，在徽州召开芜湖专区高考总结会，和县中学教导副主任汪耀华在会上作专题发言，介绍经验。

1958年，学校开办翻砂铸造厂，选派5名学生由生产处主任屠中一带领到马鞍山矿山机械厂学习翻砂铸造技术，回来后生产铁轨、铁球，铁轨卖给水利部门，铁球卖给耐火材料厂，年创收2万元。1959年，选派3名学生到上海柴油机厂学习车工、刨工、钳工技术，并增配些技术工人。工厂有一定规模，安排师生每周每班到工厂劳动半天。1961年4月，贯彻中央"八字"方针时工厂停办。此时，县人委在县良种实验场西南划拨土地70亩给学校办农场。学校在农场种植小麦、山芋等庄稼和白菜、萝卜、茄子、大椒、冬瓜、瓠子等蔬菜。安排师生每班每周到农场劳动半天，排入课表。开办工厂、农场，不仅为师生接受劳动教育、经受劳动锻炼提供了良好场所，而且为学校创收、帮助师生度过经济困难，起到了重要作用。

曲忠认真执行党的知识分子政策，加强教师队伍建设。采取措施：政治上关怀教师进步，工作上支持教师教学，生活上关心教师疾苦。培养了一支学科配套、素质较高、能力较强的高中教师队伍。造就了一批在芜湖专区较有名气的骨干教师。

曲忠保持和发扬党的艰苦奋斗、求真务实的优良作风，具有坚强的党性原则、组织观念和丰富的领导经验，胸怀坦荡，清正廉洁，不计较个人得失。他以高尚的道德品质，踏实的工作作风，显著的工作业绩，赢得了教师的尊敬、学生的爱戴和社会的赞誉。

17. 张石樵（1920—1996），山东省莒县人。中共党员。1962 年 8 月—1967 年 1 月任和县中学校长。

1944 年 5 月参加工作，1947 年 7 月入党。历任山东省莒县文教科科员，胶县县政府科员，华东支前司令部粮站站长，和县、无为县粮食局副局长，含山县政府财粮科长，芜湖专署粮食局副局长，和县中学副校长，和县师范学校校长，和县中学校长及和县西埠中学、香泉中学、和县第一中学副校长。1983 年离休，享受地专级待遇。

张石樵

1959 年 8 月，任和县师范校长。

1962 年 1 月，张石樵和晏子厚作为教育界代表参加和县第四届人民代表大会。8 月，和县师范撤销。张石樵调至和县中学任校长。在和县中学，大力加强组织建设，健全组织机构。配备中层干部，配齐各科教师。带领班子成员深入贯彻中共中央 1963 年 3 月 23 日颁布的指导中学教育工作的文件《全日制中学暂行工作条例》。十分重视落实党的知识分子政策。对教师政治上关怀、工作上信任、生活上关心，充分调动教师的积极性。对于多子女家庭，生活负担重的教师，发放救济费，帮助解决生活上的困难。指导中层干部充分发挥作用，强化教育教学管理。指导教师认真钻研教材，改进教学方法，采用启发式教学。教师每学期都撰写教学总结，学校将教师的教学经验汇集成册，编印分发。学校课外活动也开展得十分活跃，有数理化学习研究、篮球排球训练、动物饲养、生物解剖等多学科课外活动兴趣小组。

重视学校基础建设。建校内水泥大道，植树绿化，增配体育器材和教学仪器，在校外建 200 米环形跑道运动场。

学校教学质量持续提升。1963 年，有 90 名高中毕业生参加高考，考取大学

60 名，录取率为 66%，其中考取全国重点大学 39 名，包括清华大学 2 名，中国科技大学 1 名，西北工业大学 1 名，北京医学院 1 名，合肥工业大学 10 名。1964 年和 1965 年高考，每年考取全国重点大学的都在 10 名以上，其中包括被清华大学、中国科技大学、上海交通大学、同济大学、上海第一医学院、南开大学、北京工业学院、西安交通大学、解放军测绘学院、北京石油学院、合肥工业大学、西安电子工程学院等名校录取。

1962 年，和县师范撤销时，县人民委员会将和县师范农场 36 亩良田并入和县中学，和县中学农场扩大到 106 亩。学校在农场种植粮食和蔬菜。不仅满足了学校食堂蔬菜自给，而且还在市场上销售，收入用于补贴办学经费。

20 世纪 80 年代初，他任和县第一中学副校长时，县政府进行和城改造，新建南大街，为了使其与北大街连成一条直线，要拆除和县第一中学东边一条线校舍、划出一片土地让给街道。为此，张石樵向县委提出自己的建议，要求在进行和城改造时，尽量不要让新街道占用学校的土地。这个建议得到县委、县政府的重视和采纳。

18. 李群（1924—2009），汉族，和县人。原装甲兵学院研究员。中共党员。1969—1973 年任和县卫东中学革委会副主任。

1942 年 5 月，参加新四军，历任香南区民建组织员，和含支队教导队学员，东北坦克团宣传股干事、作战科参谋、高炮营长。1951 年，参加抗美援朝入朝作战，任侦察科长。在解放战争中获"解放奖章"1 枚。在朝鲜战场立三等功 2 次，获"国旗勋章"1 枚。1961 年 8 月，毕业于中国人民解放军装甲兵学院，任南京军事学院教员，装甲兵学院研究员。

1966 年，转业回和县，历任和县县直机关党委书记，香泉中学革委会副主任，和县卫东中学、和县中学革委会副主任。其中，1969 年 9 月—1970 年 7 月，主持卫东中学工作。

1977 年 11 月离休，享受地专级待遇。

19. 史宝玉（1923—1981），河北省定兴县人，中共党员。1970 年 8 月—1973 年 5 月任和县卫东中学革委会主任。

1944 年，参加八路军，解放战争后编入中国人民解放军第四野战军。解放战争时期，担任保卫工作，是牛树才（中共察哈尔省委书记兼张家口市委书记、市军管会主任）的贴身警卫。1949年4月，随军南下。中华人民共和国成立后转业到安徽大学，任党委办公室主任兼保卫科科长。1969年5月16日，全家下放到和县香泉公社七联大队。1970年8月，任和县卫东中学革委会主任。1973年5月，调任和县总工会主席，中共和县县委党校校长。

史宝玉主持和县卫东中学工作期间，正值"文化大革命"，学校教育教学工作受到严重冲击。

史宝玉

20. 孙裕选（1932—1997），和县人，中共党员。1974—1983年，先后任和县中学革委会副主任、主任，和县第一中学校长。

1951—1952年，任和县南义小学教师；1952—1954年，任南义小学校长；1954—1955年，任和县功剩桥小学教导主任；1955—1956年，任和县鲁堡小学校长；1956年，任和县白渡桥小学校长；同年，在安徽省中学教师进修学院学习。

孙裕选

1956—1958年，先后任含山中学团委干事、书记；1958—1959年，在安徽省委党校学习；1959—1963年，任含山中学政治教师、教导主任；1963—1964年，任中共含山县委宣传部干事；1964—1968年，任含山县文教局副局长；1968—1971年，任含山县政工组教育小组组长；1971年，任含山县仙踪中学校长；1972—1974年，任含山县教育局副局长。

1974—1984年，先后任和县第一中学革命委员会副主任、主任、校长；1984—1990年，任中共和县县委统战部副部长、部长、政协常委；1990年4月，任和县政协副主席；1993年6月退休，享受副县级待遇。

1975年，孙裕选任和县第一中学革委会主任时，"文化大革命"已近尾声，学校逐渐恢复教研组、年级组和班级组织，课堂教学也基本恢复正常。学校在城南建立学农基地，初中师生定期下乡劳动或到工厂学工。高中部成立农机、电机、卫生和文艺通讯等四个专业班。

1976年，粉碎"四人帮"后，重建喜雨亭。同年，新建1260平方米的实验楼，成为全县中等学校的实验中心；1977年恢复高等学校招生考试后，学校每年都向高等学校输送一批优秀毕业生；1978 年，和县第一中学被确定为巢湖地区重点中学；1981 年春，确定和县第一中学自当年秋季始学制改为六年制。

在和县第一中学主持工作 10 年，正值"文革"结束后的历史转折时期。在上级政府和教育行政部门的领导下，孙裕选忠实地贯彻"拨乱反正"的方针政策，为恢复学校的教育、教学秩序做了大量的工作，使学校在较短时期内走上了正常的轨道。

21. 汪耀华（1930—），无为县人。中共党员。1955年中专毕业后，被送省教育学院政治专业学习，1956 年结业，分配到省教有厅干训处任干事。1957 年，干训处撤销，分配到和县中学，历任团干、教导副主任等职务。1978—1984 年任和县第一中学副校长，其中 1983—1984年主持和县第一中学工作。

1969 年，和县中学下迁石杨，以石杨小学为基础，成立石杨五七学校。1970 年 5 月，由于学生数剧增，石杨公社决定中小学分开，中学迁出。汪耀华负责选址，

汪耀华

兴建校舍。在黄泥山建成部分校舍，定名为石杨五七中学。1972 年，经县教育局批准，学校面向石杨区招收二年制高中新生，成为完全中学，改名为和县石杨中学，成为全县 8 所县办中学之一。

1978 年，汪耀华调回和城，任和县第一中学副校长。1984 年，调任和县师范学校校长。再次承担迁校建校的重任。其时，县政府决定撤销和县环城中学，将和县师范学校由岚龙山迁回和城，以环城中学校舍为基础，扩建为和县师范新校园。汪耀华团结带领全校干部、教职工，历经艰难，完成了迁校建校任务。

汪耀华任和县幼师第一任校长。1988 年，和县幼师升格为副处级机构。1993年，汪耀华退休。退休后，担任教育系统退休教师协会理事长和教育局关工委主任。1996 年，任县委老干局新成立的和县老年大学校长。

22. 丁纯富（1935—1991），和县人，中共党员。1984—1991 年任和县第一中学校长。

1959 年毕业于芜湖师范；1959 年 7 月—1961 年 5 月任和县功桥中学教导主任；1961 年 5 月—1964 年 7 月任和县城区小学校长；1964 年 9 月—1966 年 12 月调至省委党校学习；1967 年 1 月—1969 年 5 月在和县组织部待分配（临时在红卫兵接

待站工作）；1969 年 6 月—1971 年 3 月回到城区小学工
作；1971 年 3 月—1980 年 3 月在和县县委党校工作（当
时称和县毛泽东思想学习班五七干校），1980 年 3 月—
1984 年 7 月任和县第二中学校长；1984 年 7 月—1991
年 2 月任和县第一中学校长。

在党校工作期间，他认真学习马列理论，举办多次
理论培训班，受到学员们的一致好评。

丁纯富

刚调至和县第二中学任校长时，二中的教学秩序不
正常。校园南边几乎没有围墙，周边的一些群众肆意蚕食
学校土地，学校的操场成了放牛羊、放家禽的场所，校园成了路人的捷径，乱、杂、
吵现象严重，教师怨声四起，时有罢课现象发生。为恢复正常的教学秩序，丁校长
对外多方协调，对内从严治理，面对极个别群众的无理取闹，他不惧怕、不动摇，
耐心做思想工作。在广大师生的努力下，在县政府相关部门的协作下，终于把几户
居民面朝校园的后门堵住了，把所有缺口都砌了围墙，确保了二中校园教学环境。

丁校长善于做细致的思想工作，有一定的凝聚力和感召力，当时还刚刚恢复高
考制度，在他的领导下，广大教职工工作热情高涨，心往一处想，劲往一处使，很
快恢复了正常的教育教学秩序，逐渐步入了正轨并取得了突出的成绩。不论是课堂
教学还是课外活动方面都卓有成效。他工作期间，和县第二中学被评为省教育先进
单位，多名教师被评为省、地优秀教师，1983 年，和县第二中学第一年高考成绩
在巢湖地区名列前茅。

在一中工作期间，丁校长整治环境，重建学校大门，兴建学生宿舍、临街商业
用房。1988—1990 年，县政府拨款，兴建 2400 平方米教学楼。此楼是我县学校第
一座大楼，能容纳 32 个班级。大楼落成时，举行了盛大的落成典礼。绿化环境，
美化校园；制定新校歌，确定"守纪、勤奋、求实、开拓"八字校训；制定岗位责
任制；各科教学进行量化评分管理，教学管理工作逐步走向标准化、规范化。

在教学中大胆改革，重用年轻人挑大梁，把一部分青年骨干教师调任高三把
关。同时，他从全局考虑，把在底层工作的优秀教师提请教育局调入和县第一中
学，加强一中师资力量，为一中可持续发展奠定了坚实基础。

第二课堂成绩斐然，每年都有学生参加全国、省、地学科竞赛，获得较好名
次。学生王祖友的政治小论文获省一等奖、华东地区三等奖；学生刘伯安、余尽、
汪劲松、姜政浩获省数学竞赛一、二等奖和鼓励奖；学生黄腾飞获省物理竞赛一等

奖；学生祝俊、刘力分获省历史竞赛二、三等奖，学生李晓峰获华东六市作文竞赛二等奖。在这期间，学校设立侯学焘奖学金和鞠孝铭奖学金。

加强廉政建设，严格要求自己，不谋私利，并以身作则，要求领导班子廉洁奉公。

他精心谋划，治校有方。有领导艺术，班子团结一致，教职工献计献策，精心办学。丁校长待人诚恳，热情。爱才，惜才，用才。为人大度正直，做事光明磊落，平等友善，善于做思想工作，协调能力强，工作井然有序，虚心接受意见。深得教职工的好评。

丁校长去世后，有人写诗祭奠，诗曰：

一中好校长，治校很有方。以人为根本，重在教书堂。
虚怀犹若谷，气质真轩昂。倾听教工话，意在改革忙。
锐气方创新，教育质量强。百年沧桑校，声誉动四方。
勤勉又艰苦，节流远水长。鞠躬尽瘁日，哀哭学子肠。

吴昌余

23. 吴昌余（1938—2019），和县人。中共党员，1991—1993年主持和县第一中学工作。

1957年，芜湖师范学校毕业，被分配到和县善厚中学任教。1960年，随善厚中学并入香泉中学任教。1962年，被调入县教育局，并由县局选派到芜湖师范专科学校英语专业培训。1965年结业，被分配至和县中学任教。1968年，选调到农村教育宣传队，赴联合公社工作。当时，联合农业中学只有6名学生，公社派其驻联合农中，重新招生，开办联合中学。联合中学很快走上正轨，升学率逐渐提高。遂任联合中学校长。1986年，任香泉中学校长。1990年，任和县第一中学副校长，1991年主持学校工作。1993年，任和县幼儿师范学校校长、党支部书记。1999年退休。

主持联合中学工作期间，为学校从农业中学改制为普通中学，并提高教学质量做了大量工作。主持香泉中学工作期间，加强领导班子团结，整顿教育教学秩序，调动教师工作积极性，升学率逐步提高。主持和县幼师工作时，为使学校从普师向幼师的转轨做了诸多细致的工作。

在香泉中学工作多次被评为优秀共产党员，曾当选市、县人大代表。

24. 黄彩林（1939—），含山县人。大学本科学历。中共党员。1993年8月—1999年11月任和县第一中学校长。

1963年，安徽大学毕业，分配到和县文教局工作；1964年起，先后参加和县城南公社、繁昌县环城公社、无为县二坝公社等地的社会主义教育运动（四清运动）。1968年，担任和县县直机关革命领导小组副组长，后任和县"五七"干校革委会副主任；1970年，干校从岚龙山迁至中共和县县委党校，担任干部学习马列主义毛泽东思想理论培训工作；1972年起，先后任和县新桥区前塘公社、新塘公社，姥桥区大闸公社革命委员会副主任、党委副书记等职务。

黄彩林

1979年，任和县环城中学校长、党支部书记。1984年，任和县第二中学校长、党支部书记。任职期间，严抓教育教学管理，提高学生综合素质，向高等学校输送了孙伟（考取北京大学）等一批优秀学生；1990年，针对和县第二中学南面围墙内土地在"文革"期间被多户居民违法占用，学校多年说服教育都未能解决的问题，报请县政府采取强制措施予以解决。县政府组织成立整顿和县第二中学围墙领导组（由县政府办公室、县土地局、县公安局、县城建局、县教委和历阳镇政府负责同志组成），在副县长刘德贵带领下，利用十天时间，采取大力宣传法律法规、动员主动拆除、按规定给予补偿、强行拆除等措施，拆除了14户500多平方米的违章建筑，收回被侵占土地5000多平方米，解决了十多年一直未能解决的老大难问题，维护了学校的合法权益，为学校扩建400米环形跑道场提供了条件。

1992年8月，任和县幼儿师范校长。和县幼儿师范学校刚从普师转型，各项工作都处于草创阶段。黄彩林带领全校教职员工转变思想，苦干实干，通过艰苦的努力，发展了和县幼儿师范学校。

1993年，任和县第一中学校长。面对高考升学率的巨大压力，带领全校教职员工分析现实情况，深入讨论提高升学率的措施，狠抓提高教育教学质量不放松。从此，高考升学率一年一大步，向北京大学、清华大学、中国科技大学等全国一流高校输送了一批合格的新生。规范教育教学管理，将和县第一中学创办成为巢湖地区第一所规范化学校。

25. 林厚银（1956—2006），和县人，中共党员，1999 年 11 月—2006 年 10 月任和县第一中学校长。此前，曾在和县西埠中学、县教委工作。历任教育股股长、县教委副主任。

林厚银

1999 年秋，林厚银任校长，锐意改革，全力以赴，迎接挑战，为顺利通过省示范高中的评估验收，进入安徽省前 50 所重点中学行列。学校制定了七年"三步走"发展规划，加大经费投入，完善配套工程。

前后共投入 1500 万元，完成老校区高三国债楼建设，增建面积 2500 平方米的学生公寓一幢，增加床铺 350 张，男女生实行分楼住宿。购买了原鞋帽厂厂房，改建学生食堂；对教学楼前广场的道路、绿化、路灯等进行了整修。对喜雨亭景区进行规划，增添了长廊、草坪、雕塑等。购置了办公桌椅，配置了空调，安装了电话和饮水设备。在原有的校园局域网的基础上，全面引进宽带信息网，建设 10 个多媒体教室。

在软件建设方面，学校优化科学管理，讲究工作实效；加强制度建设，推进规范管理，提高管理效率；实行初中、高中分离，提高办学效益；实行后勤服务社会化。

学校全面贯彻党的教育方针，推进素质教育，把德育、智育、体育、美育等有机地统一在教育活动的各个环节中的同时，狠抓德智工作。由于采取有效措施，提高了学生素质，教育教学效果显著。学生的毕业会考合格率、优秀率逐年上升。1999 届学生林隐文科高考成绩位列全省文科第七名（被北京大学录取）。

在巢湖地区微机比赛中，个人和集体连续三年名列第一，并代表地区赴省比赛，取得优异成绩。

2000 年 10 月 23—25 日，安徽省教育厅示范高中工作组对和县第一中学进行了为期三天的评估验收，认为学校已达到省示范高中标准。2001 年 4 月 6 日，省教育厅批准和县第一中学为"安徽省示范性普通高级中学"。

2001 年，高考再获佳绩，133 名优秀学子达本科线，2 名达飞行员标准。与此同时，学校采取多种措施，全面提高教育质量。（1）建立质量监督体系。（2）加强课堂教学研究，实行集体备课。制定《和县第一中学集体备课的几点意见》，对集体备课的对象、方法、要求、地点、内容等都作了明确规定。（3）实施教研兴校。学校制定了《和县第一中学教科研兴校实施方案》。

学校承担市级以上的教育课题 15 项，其中省级 7 项。林校长自己担任"中学审美教育与人格美塑造"省级课题环境美育的研究任务。中华美学学会美育研究会会长蒋冰海教授考察和县第一中学，对一中的美育工作表示赞赏与肯定，并批准和县第一中学为中华美育研究会团体会员单位。林校长参加全国美育会议，介绍了和县第一中学美育开展情况，受到与会的代表称誉。《中国美学年鉴（2002 年卷）》如此评论和县第一中学："他们学校树立环境美育的教育理念，构建学生人格形成与发展的自然基础，用环境美的内涵，培养学生健全的人格。"[①]

2002 年 10 月 4 日至 5 日，和县第一中学举行百年华诞庆典，新老校友近 4000 人会聚一堂，共庆华诞。

2006 年 10 月，林厚银校长因胃癌在职离世。去世时，他家人遵照他的遗嘱，将林校长骨灰一半撒在和县第一中学原校园喜雨亭周边的草坪里。

26. 秦贤清（1956—），和县人，研究生学历，中共党员。2007 年 8 月—2014 年 8 月任和县第一中学校长。马鞍山市第二届名校长。

1975 年参加工作，任民办教师。1977 年考入安徽师范大学铜陵分校中文专业。1980 年分配到安徽省天长师范学校任教，兼校团委书记、语文教研组组长。1982 年调回和县绰庙中学任教。

秦贤清治校有方，取得很好的成绩。1983 年 7 月—1984 年 7 月，任和县绰庙中学教务处主任，中考成绩名列前茅；1984 年 8 月—1990 年 9 月，任和县石杨中学校长，1985 年高考、中考成绩显著，受县政府表彰，石杨中学摘掉薄弱学校的帽子；1990 年 10 月—1993 年 9 月，任和县香泉中学校长，1993 年高考文科全县第一。1993 年 9 月，任和县第一中学副校长。

2000 年 7 月—2006 年 7 月，任和县第二中学校长，完成校园整体布局调整，改善校容校貌，提升教师精神风貌，教育教学质量提高显著，为申报省示范高中打下坚实基础。

2006 年 7 月—2007 年 8 月，任和县第一中学常务副校长，主持学校工作。

秦贤清

① 姚全兴：《2002 年全国学校美育会议综述》，《中国美学年鉴（2002 年卷）》，河南人民出版社 2003 年版。

2007年8月—2014年8月，任和县第一中学校长。治校期间，完成了新校园建设和搬迁，实施规范办学，致力学校内涵式发展，加大实施素质教育力度，推行精细化管理、精优化教学，实施精品战略和温馨服务工程，实现学校全面的可持续发展，高考年年上大台阶，学生学科竞赛成绩斐然。2009年，学校被评为巢湖市先进集体；省未成年人思想道德教育先进单位，省五、六届文明单位；2010年，刘梦醒同学获安徽省高考理科第一名；2010年，学校被评为省绿色学校、巢湖市综治工作先进单位；2011年巢湖市先进党支部。

秦贤清同志热爱教育，潜心研究教育。他"追求和谐，重在务实，贵在精细"，以构建和谐校园为理念，为教师成长创设平台，重视学生素质培养，推行"三自"（生活自理、行为自律、学习自主）教育。

他重视领导班子建设，每年召开一次领导班子务虚会。2007年暑期在马鞍山市濮塘召开第一次务虚会；2012年春节后在和县林海生态园召开以"走内涵式发展"为主题的务虚会，倡导行政干部大兴学习之风，大兴调查研究之风，强化责任意识、服务意识、表率作用，实行行政干部分管联系教研组、年级部制度，坚持行政干部值班入住公寓制度。

推进领导班子年轻化，大力提拔年轻教师上领导岗位。2009年秋，王娟、陈仁明、吴光华、杜虎、林波等一批中青年骨干教师被推上中层领导岗位，陈帮军、赵延志、徐祝云、姚瑞峰等一批年轻有为的教师被推上了年级部管理岗位；2011年3月，陈昌禄、耿礼金两位同志被提拔为副校长；2012年5月林波同志调三中任校长助理。

秦贤清在任职期间，成绩卓著。先后被评为县优秀教师、县优秀党员、安徽省教育技术装备先进个人、安徽省先进教育工作者。2010年中国地理学会授予"全国优秀科技校长"称号。2012年5月11日，马鞍山市教育局宣布，和县第一中学校长秦贤清被评为马鞍山市第二届名校长。

社会兼职有：任巢湖市教育学会理事、巢湖市思想政治研究会理事，安徽省中学语文教育学会理事。

发表了多篇论文，如《走出感性认识和理性认识的误区》《为名师成长创设优良环境》《构建和谐校园实践初探》等。在和县第二中学指导并参与"语文四步教学法"省级课题研究，并主持结题。2007—2009年，主编《百年一中》《久话和州》《趣味语文》《化学与生活》《家用电器使用与维修》《初高中教学衔接》6本校本教材。

秦贤清校长享誉四方。2006 年《全国百名优秀校长访谈录（安徽卷）》专题报道；2009 年《巢湖教育文化卷》专题报道；2010 年浙江教育频道播出 35 分钟的专题采访《知名校长访谈》。

27. 汪静（1963—），和县人。本科学历，理学学士学位，中共党员，中学高级教师。原安徽省巢湖物理学会理事成员，马鞍山市名校长，和县第一中学党委书记、校长。

1982 年毕业于安徽教育学院物理系，参加工作；1982 年至 1992 年在和县白桥中学工作，任校团委书记；1992 年至 2000 年在和县西梁山中学工作，任教务主任、副校长、校长；2000 年至 2002 年任和县姥桥中学校长；2002 年至 2006 年任和县第二中学副校长；2006 年至

汪　静

2014 年任和县第二中学学校党总支书记、校长；2014 年 9 月任和县第一中学副校长（主持工作）、校长、校党总支书记；2020 年任和县第一中学校党委书记、校长。

自任校长以来，兢兢业业，克己奉公，治校有方，管理工作日臻完善，教学成绩不断提高。任和县西梁山中学校长期间，完善学校各项制度建设，构建特色校园文化，强力推进"实效课堂"改革，多次受到上级主管部门的嘉奖，学校多次获教育质量优秀管理奖。任和县姥桥中学校长期间，恢复了该校的高中综合班招生工作，完成了新校址的建设。在入口生源较差的情况下，大力推行课改，教学质量年年攀升。任和县第二中学校长期间，为推进学校快速、持续、健康发展，积极带领全校教职工，树立科学的办学理念，把促进学生健康成长作为学校一切工作的出发点和落脚点，在严格管理中提升教育质量，在推行改革中创建和谐特色学校。大胆改革，优化组合，锐意进取，2007 年和县第二中学成功创建省示范高中，其升学率逐年攀升；2011 年，和县第二中学文科达本人数全县第一；2014 年和县第二中学本科达线突破 50%，创历史新高。

和县第一中学工作期间，着力践行办人民满意学校的教育宗旨，以"脚踏实地，放眼四方，择处高点和仰望天空"十六字为抓手，以"尊重、成就、温暖、共享"为办学理念，大力弘扬艰苦创业、无私奉献、追求卓越的一中精神，进一步提高教育教学质量，和县第一中学高考成绩屡创新高。身体力行，带领并依靠全体教职员工，大胆起用并重用年轻人，发扬一中精神，致力于教育改革和学校发展，提

出了一系列教育理念，出台了一系列教育政策，实施了一系列改革举措，在教育质量、学科建设、课程构建、师资培育、学生培养、校园文化、学校建设、特色创建、基层党建等方面进行了不懈的探索。为了迎接新高考，做好新高考各项工作，高瞻远瞩，带领团队并派出团队先后走访浙江、上海等地，实地考察，广泛汇总，积极探索。在任期间，学校被国家授予"地理科普教育先进单位"称号，被省授予"省级文明单位、省级文明校园"称号，被市、县教育局授予"高中教育质量奖""教育科研先进学校""马鞍山市文明校园""马鞍山市普法教育先进单位""和县第一届文明校园""和县禁毒工作先进集体"等荣誉称号。

自工作以来，先后被评为县优秀教师、县优秀教育工作者、市师德标兵、省电教先进个人、全国科教先进校长，县优秀党员，和县第三、七、八届党代会代表，马鞍山市第九届党代会代表兼主席团成员。他一直致力于学校管理、学生培养、校园文化的研究。他主持并承担了多个省、市、县课题的研究，撰写几十篇论文。在其30多年教学和管理工作中，无论是做一线教师，还是当校长主持学校事务，始终坚守"在敬畏教育中，关怀学生终身发展"的教育理念，坚持务实与创新相结合的工作作风，推动了学校各项工作稳步发展，为学校赢得了良好的社会声誉。从教40年，始终不忘初心，热心教育，敢为教育。

第二节　名师简历

（按出生年代排序）

1. 张学宽（1870—1931），字栗庵、亚魁，号立庵。和州褒山人。清朝末年进士，林散之的老师。1913年来和县教习和阳中学校[1]。

1897年，与黄宾虹在敬敷书院为同学，结为挚友。1904年（光绪三十年）中进士。这是光绪时代最后一次科考。1904—1911年，出任山东莱阳、泰安二县平度州正堂。共两任，为政七年。1911年，回乡。高铁军任和县知事，重修镇淮楼，请其作序。张学宽序用骈文写成，时人多有赞誉。1912年，在和县濮集渔郎湖开办"观复堂学管"，藏书18橱。1913年（民国二年），于和阳中学任教，为薛氏家

---

[1]　见张学宽：《薛氏宗谱·薛氏谱序》（民国癸丑年仲夏）卷一："吾友薛君仁智，字鉴如。本倜傥通达之士，豪杰心胸，不受羁勒。余初教习和阳中学校，即深器之。"

谱作序。

先生教学注意启发，和蔼可亲，循循善诱，因材施教，经常采用鼓励表扬的方法，激发学生学习积极性。他要学生多读梁启超的《饮冰室文集》。他说，多读近古的文章，对提高文言文的写作能力，帮助最大。

先生和近代学者梁启超、林琴南、曹聚仁等常有书信往来，讨论一些学术上的问题。1915年，客居和县濮集渔家网村。林散之慕名就教。他慧眼识人，发现林酷爱绘画，且有一定的基础，作书荐林散之于黄宾虹门下学艺：

张学宽

> 惟书画之道，各有师承，非可臆造。此汉儒经师，所以有家法也。汝今力学甚勤，岂可骛于虚声，空度岁月，应求真师，以谋深造。现有黄宾虹先生，海内名宿，宜急求之。宾虹与余为同学，尔欲师之当为书荐。[1]

要林亲诣宾虹先生门下，从其学画。1929年春，林散之师从黄宾虹。林君在其诗文集和书画集序言中曾提到此事，说："微先生之指点（介绍），吾焉有今日。"

1918年，林散之临沈石田《洞庭秋色》长卷染疾，张学宽凭借医术，亲持汤药，治愈林散之病。张学宽每日诊治四乡病人许多，医名大振。给穷人看病，不计脉金，对赤贫者给予免费治疗，甚至自己拿钱替病人买药。集成《验方汇编》，收古今医治疑难杂症200多例。

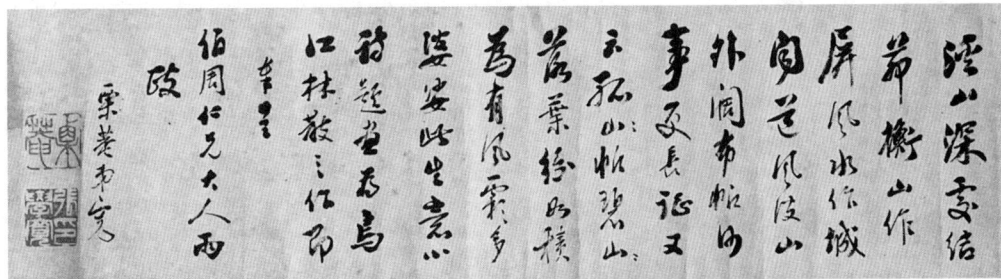

张学宽手迹

---

① 林散之：《诗稿自序》。

他工古诗文，藏书甚丰，内有历代碑帖 300 多册。著有《观复堂诗文集》《易经注》《书经新义》《荀子新弋》《存书》《三传新解》《四书札记》《验方汇编》《金石考证》等。

张学宽去世后，林散之面对他的遗像，写下了《斋居苦雨对栗庵夫子遗像有感》：

> 破书故纸堆满簏，非敢自奇期免俗。
> 荒江寂寂秋不归，衰柳疏槐冷犹绿。
> 我之所思在空谷，师有虚堂曰观复。
> 忆昔挟策从学时，文章两汉授我读。
> 春宵秉烛昼苦短，目尽千行犹未足。
> 抗心欲成有用材，岂甘局促为庸碌。
> 春风秋雨卧空山，冷月梳星照寒屋。
> 病中遗我容一幅，对之伤心严且肃。
> 读书万卷终何益，生死黄金买不得。
> 蒿里萧条薤露残，梦魂久已无消息。
> 人间多情每相忆，况此师生恩无极。
> 殷忧沧海起波涛，回首平生泪沾臆。
> 黄昏苦雨声满天，潮打江南又江北。[1]

2. 尹伯西（1904—1969），和县人，和县中学著名教师。

省立宣城第四师范学校毕业，上海大同大学肄业。他一生从事教育。1925 年起，在东门外小学教书，后历任中、小学教员、和县教育局督学、和县中学教导主任、私立新生中学校长。新中国成立后，任教于当涂中学和宣城师范，系中华全国科学技术普及协会会员。1958 年，因历史问题于白湖农场劳改。1969 年病逝。1981 年，经复查予以平反。

尹伯西

---

[1] 引自王广汉：《林散之传》，上海三联书店 2007 年版，第 29 页。

尹伯西聪颖好学，多才多艺。他的国文、英文都很好，且精通法语，还能绘画。他擅长地理、音乐，一生大部分时间都教授地理课。他也爱好体育。和县每次召开体育运动会，都聘请他担任裁判员。他教学认真，一生的教学笔记保存完好，"文革"期间被毁。他的教学注重诱导，强调学生主动性、自觉性。他喜欢所谓顽皮的学生。他常说："能把十里内麻雀窝捅光的学生我最喜欢，终日埋头读书的学生不一定是好学生。"可见，他有独到的教学理念。

他的记忆力很强，所有学生只要与他接触一次，他即能道出学生姓名。平时他对学生既严格要求，又关心爱护，因此，学生对他很敬畏。尹伯西在宣城四师读书时，曾珍藏恽代英同志为《和含学会会刊》所写的序言手迹达30年之久，后于1950年写信将原件捐献给中央革命博物馆。中央革命博物馆回信给他，请他继续协助收集历史文物。序言原稿现陈列于南京雨花台烈士纪念馆内。

3. 朱祖贻（1908—1993），和县人，字伯荪，著名教师、学者，1934—1938年任教于和县县立初级中学。

少因家贫，14岁即失学离家，赴芜湖庆大长布店学徒。经过几年半工半读，以同等学力考取国立武汉大学政治系，专修国际法等法学理论。1934年大学毕业后，回乡受聘于和县初级中学，担任"外国史""公民"等课程的教学工作。次年，他赴上海受聘于暨南大学法学院，专门讲授《国际法》。当年8月13日，日军入侵上海，暨南大学遭日机炸毁，他被迫回乡，被和县中学续聘教师。

1938年初，日军入侵和县，家园被炸毁，族门弟侄被炸死、炸伤多人，于是他举家避难乡间。此时，国难家仇集于一身，他怀着悲痛的心情，含泪离开故乡，徒步20多天，奔赴武汉，参加抗日工作。后经友人引荐在"国际委员会"秘书处担任干事。继后，"国防委员会"改组为"国民参政会"（当时该会秘书长为王世杰，副秘书长为邵力子），他被提为秘书处秘书。1943年，"国民参政会"并归财政部公债筹募委员会，他代理主任秘书。不久，担任财政部视察。据朱祖贻回忆说："我在'国民参政会'工作期间，曾与中共参政员董必武、邓颖超等有一定交往，也为他们做了一些工作，曾受到董老的赞扬与赠诗。"（1986年朱祖贻与二弟朱祖瑛在香港晤面时，曾谈及此事）

1945年日本投降，朱祖贻曾被国民政府授予二级"抗战胜利勋章"。其后，国共两党开始和平谈判，并召开政治协商会议，朱祖贻一度被抽调担任"政协"秘书处秘书。

1947年国民党政府单方面召开"国民大会"，国共两党再度分裂。身为"青年党"党员的朱祖贻，被国民党邀入内阁，进入农林部任代理主任秘书，后又被选为"国民大会"代表。解放后，他去了台湾，一直作为"国民大会主席团主席成员"供职到1988年。

1990年，朱祖贻和台湾"立委"谢学贤等一行，应全国台联的邀请，访问北京，受到全国政协副主席吴学谦的接见，当时《台声》杂志还刊登了此行消息。

1992年，朱祖贻仍常与在云南昆明的二弟朱祖璜通信，讲述他晚年为祖国统一而奔波的一些情况。1993年，朱祖贻因病在台湾逝世，终年85岁。

朱祖贻先生一生酷爱读书，且涉猎范围极广。他知识面宽阔，学识丰富，喜好对国际时事、国际关系问题进行研究，曾发表很多这方面的文章，他著有《法学通论》《空中战争法研究》，均由台湾正中书局出版。

侯学煜

4. 侯学煜（1912—1991），和县人。中科院学部委员、著名生态学家。1937年毕业于中央大学农学院化学系，随后回乡，任和县县立初级中学中学教员。不久，任南京地质调查所土壤研究室练习生、调查员、研究员。1945年赴美深造，在美国宾夕法尼亚州立大学研究院获硕士、博士学位。1950年回国，投身新中国科教事业。

回归后，侯学煜在中科院植物所工作，创建了国内第一个植物生态研究室，任主任、研究员，兼任清华大学、北京师范大学教授。他曾任中国植物学会常务理事、中国土壤学会和中国地理学会理事、植物生态学会和植物学专业委员会主任、中国林学会森林专业委员会副主任、中国生态学会副理事长、中国科协第三届委员会委员、国家人和生物圈委员会委员、国际土壤学会会员；还历任《植物生态学地质物学丛刊》《土壤学报》《地理学报》《自然资源》等编委；中科院学部委员，全国人大、全国政协常委。

侯教授知识渊博，治学严谨，富于创新。1954年撰写的《中国酸性土、钙质土和盐碱土指示植物》一文，获1978年全国科学大会奖。1959年他与林厚萱、章蕙麟合著《中国150种植物化学成分及其分析方法》。他先后出版了《中国植被》《中国植被图》《中国植被地理及优势植物化学成分》等著作，受到国内外学者好评。美国学者威克特认为，侯学煜的学说属于土壤顶级学说。他所著的《植物生态地理的内容任务概念和研究方法》，成为日本著名生态学家诏田真教授所著的《生态方法论》一书的主要参考书之一。他的学术论文成为当代世界各国相关学者经常引用的文献。他一生笔耕不辍，共撰写专著十多本，论文 300 余篇。为我国国民经济建设和科学事业乃至世界生态学的发展，做出了杰出的不可磨灭的贡献。

　　5. 李山樵（1915—2012），和县人，著名教师。1950—1952 年任和县初级中学教师、教导主任，代理校长。

　　芜湖萃文中学毕业，抗战时期毕业于四川大学。1948 年返回和县绰庙乡，此时处在解放前夕，从全椒、和县返乡的学生较多。李山樵、禹令闻（和县绰庙人，武汉大学毕业后在安徽大学任教）二人借用杨姓小楼，兴办绰庙民办中学，接纳学生 50 余名。同年，绰庙第一国民中心小学因缺乏经费停办。他们又着手复校工作，聘请返乡学生当教员，靠收学生费用维持教学。

李山樵

　　1949 年春，大军渡江前夕，学校都已解散，家乡青年学生陷于失境之地。李山樵毅然在家乡湾子李成立义务补习学校。当时将绰庙镇、金城庙、杨石巷（石杨）、香泉等地高初中学生 30 余人，聚集在李山樵家进行义务补习。每天讲授语文、数学及英语等课程。这段生活给学生影响是很深刻的，作家秦圣非说："我们这些想读书的孩子，只能在尚不平静的生活中尝受失学的苦恼。就在这时，您在我乡也是在和县首创民办中学（绰镇中学），使一大批失学青年得以复学，这种气魄和功勋那时是有口皆碑，而现在我们多年的同学相聚时亦耿耿于怀。"[1]

　　7 月，县文教科成立，和县初级中学复校。秋季，乌江区长蒋克礼决定，要李山樵至绰庙集成立绰庙中学，附设完全小学。由小学一年级至高一，约有 300 人。李山樵任校长，陈全武任教导主任。学生有秦圣非、端木礼恺、王乾凯、孙绍基、吕成珍、吴有颜、赵从潜、汪廷璋、王荣艺等中学生 100 余人。1950 年秋，巢湖专区文教科要李山樵将绰庙民办中学教师与学生并入和县中学，李山樵任教导主任，和县县委书记兼县长李志兼任校长。当时初中六个班，高中一个班。因为李志县长工作很忙，李山樵代理校长职务。学校诸事，全靠李山樵处理。1951 年

---

　　① 和县教育局李英女士提供她父亲李山樵笔记，秦圣非给李山樵的信，1980 年 4 月 13 日。

春，李山樵向巢湖专区文教科申请，前往皖北干校学习，此后由张明接替李山樵工作①。

1952 年，上级委派张范任校长。李山樵调至黄麓师范任语文、历史教师，直至退休。有一位先生回忆说："三年中，我系统地学习了中国历史和世界历史。教中国史的是一位优秀的中年教师，他叫李山樵。他讲历史不是光让学生去死记硬背几个历史年代、人物、事件，而是仿佛把学生带回到历史的时空隧道中去，通过对历史人物所发生的故事的讲述，让学生陶醉其中，并让学生对学历史产生浓厚的兴趣。"还有一位先生回忆说："我们的老师个个都有真才实学。夏光、瞿成珠、许定九、许家澍、丁润序、吴国治、高建筑、蔡宏淑、姚荫昌、李山樵、谢汝功、张光三、汪士淮、包佑仁、李其高、李芝松、朱霖玉、李世瑞、童本庸等众多的老师，都是公认的教学带头人，学识渊博，师德高尚！我尊敬这些师长，怀念这些师长！"②

李山樵为人忠厚，诚恳，学者气十足；教学严谨，善待学生，深受学生欢迎。

尹兆明

6. 尹兆明（1926—2006），和县人，中共党员，和县中学物理特级教师。

在城内读完小学，考入和县中学。后因家庭经济困难，中断学业，任小学教师。20 世纪 50 年代初，先后调任和县师范、当涂中学、和县中学物理教师。1956 年，出席安徽省先进中等教育工作者代表大会。1960 年和 1963 年两次被评为省劳模，其间出席省群英会、省教育先代会、省优秀教师代表会。1980 年晋升为省中学特级教师。先后于 1966 年、1984 年、1987 年当选为和县第六届、第九届、第十届人民代表大会代表、县人大常委会委员。

尹兆明老师工作极其负责，治学严谨，要求严格。教学重点突出，概念清晰，逻辑严密。每次上课，时间紧凑，清晰完整。他诲人不倦，细致耐心，帮助后进学生，始终如一。

他刻苦自学，持之以恒，尤对物理、数学习题，随着年龄的增长，"钻之弥

---

① 和县教育局李英女士提供她父亲李山樵笔记《写给和县一中校史材料》，1986 年 12 月 8 日。

② 贾忠慈：《在黄师·各具风采的老师们》，发布"最忆是巢州"公众号，2018 年 9 月 24 日。辛翁：《巢湖往事：黄师一日，我挥之不去的美好记忆》，发布"最忆是巢州"公众号，2019 年 6 月 5 日。

坚"，不知老之将至。他别无爱好，整日泡在物理实验室里。他淡泊名利，甘于寂寞，耐得清贫，衣着、生活、住宿之简陋，异乎常人。他乐善好施，乐于助人，曾多次捐款、捐物，支援灾民，多次资助贫困学生完成学业。他为人耿直，从不巧言令色，不谄媚于人。他言辞朴实，心地善良。

7. **章善义**（1928—2020），和县人，中共党员，中学著名物理高级教师，全国优秀教师。先后于 1956—1969 年、1972—1973 年任教和县中学。

1956 年被评为省劳模并出席社会主义建设积极分子大会，获奖章一枚。1963 至 1986 年期间，曾先后五次被评为县"先进工作者""优秀教师"。他是第一、二、三届县政协委员，并于 1983 年出席省政协召开的为四化建设服务经验交流会。1989 年被授予"全国优秀教师"称号，获国家教委、人事部、全国教育工会颁发的证书和奖章。

章善义

抗战期间，章善义在颠沛流离中读完小学。1946 年和县中学初中毕业，考入芜湖高级中学（芜湖一中前身）。该校师资力量雄厚，学风纯正，他在这里受到 3 年良好的教育。正准备考大学之时，他的父母先后病逝，留下 3 个未成年的妹妹，仅靠哥哥一人小学教师的微薄工资维持全家生活，难以为继。章善义遂走上从教之路。后来他考取大连工业学院，读了一段时间，又因经济拮据，无力支撑，未圆大学梦。他学习刻苦，毅力顽强，从 20 世纪 50 年代中期开始自学大学物理的基础理论。60 年代初，获皖南大学函授专科和本科毕业文凭。1952 年，调任和县初中（原新生中学）任物理教师。1956 年调入和县中学，任高中物理教师。从 1959 年开始，直到"文革"，他一直担任高中毕业班物理教师。"十年浩劫"中期，和中解体，下迁石杨，他被分到乌江中学任教 3 年。1972 年调回和县中学。1973 年，和中一分为二，调到和县第二中学任教，直至退休。

章善义热爱教育事业。他四十年如一日，一丝不苟地进行教育、教学工作，直到退休。60 年代，在高三毕业班复习迎考中，他股骨骨折未愈，喉炎严重，发不出声音，但他仍拄着拐杖，带着板凳上课堂，坚持上"哑巴课"。他讲课语言生动、准确、简练，逻辑性强，重点突出，善于点拨，让学生举一反三。他想方设法调动学生的主动性、积极性，耐心辅导学习有困难的学生。他所授的物理学科，在历届高考中都取得较好成绩，其中 1960 届物理高考成绩居芜湖地区 12 个县、市之首；1963 届、1964 届以及县二中 1983 届、1986 届高考物理成绩较突出，为清华、科大、上海交大、上海一医等名校输送了一些优秀学生。

他善于团结同事，热心对年轻教师"传、帮、带"，受到中青年教师的尊敬。

他严于律己，宽以待人，心胸坦荡，对人诚恳，言而有信，作风正派。他认为"对党负责，对人民负责，对一个教师来讲，就是对学生负责"。他对学生既严格要求，又热诚关怀，事必躬行，率先垂范，深受学生爱戴、家长赞誉和社会好评。

王立华

8. 王立华（1930—1987），和县人，中学高级地理教师，省政协委员。

自幼读私塾。1944 年至 1947 年，在和中读初中，学习成绩优秀，两次获"卓甫"奖学金。1948 年考入南京市立第六中学读高中。1950 年返乡，在和县沈朝小学任教师。1952 年，被保送至安徽师范大学地理科学习，毕业后分配至青岛山东工农速中任教。1956 年调到合肥七中，随后调入和县中学任教。

王立华同志自参加工作以来，勤恳工作，尤其在地理教学方面，建树颇多。他曾参加巢湖乡土地理教材的编撰工作，与他人合作出版了《巢湖地理》一书。在教材编写过程中，他虚心向专家求教，如期完成任务。

他热心地方建设。在担任县第一至第三届政协委员期间，他多次献言献策。有的建议被采纳实施，如修建南门大桥、开辟玉带河农贸市场，疏浚得胜河等。

他敬业奉献。身患癌症期间，他仍坚持上课，直到支撑不住，才住院治疗。他曾多次为城南学校义务上课，传授致富经，深受乡亲父老爱戴。

1987 年，王立华被评为中学高级教师，并担任巢湖地区中学职评委员会委员兼政史地学科组副组长。1985 年，他担任全国中学生地理夏令营指导教师。1987 年，他当选为安徽省第六届政协委员。同年 7 月不幸病逝，时年 57 岁。

9. 史家浩（1931—1992），怀宁人，高级教师。和县第一中学著名语文、历史教师。

1961 年毕业于合肥师范学院历史系，被分配到和县中学教授语文、历史；1969 年 9 月，和县中学下迁办学，他被分到螺百初中担任毕业班语文教学工作；

1978年调至新桥中学担任高中毕业班的语文、历史教学
工作。

他备课认真严谨，教学一丝不苟，作业批改细致细
心，辅导学生有耐心有爱心。所教学科，在历届高考中
都取得好成绩，受到学生们的一致好评。多次被评为县
先进教育工作者。

论文《评〈论隋炀帝〉一文的若干观点》《怎样推
算公历纪年的干支纪年》载于《史学月刊》《中国历史
研究》。[1]

史家浩

10. 徐永楷（1936—），南陵县人，中共党员，高
级教师，省劳动模范。1957年，从芜湖师专毕业分配到
和县师范任化学教师。1960年，任和县师范总务副主
任。1962年调到和县中学任总务副主任。1970年调到
马鞍山二中任政治教师。1973年后，历任马鞍山二中总
务副主任、主任、副校长兼工会主席。1990年，任马鞍
山二中党总支书记（正处级），1996年退休。1988年被
评为中学高级教师。

徐永楷

徐永楷同志在和县中学工作期间，热爱教育，尊重
教师，工作负责，办事认真，为人正直，作风正派，联系群众，待人热情，深受
师生爱戴。1985年获马鞍山市政府记功奖励。1987年被评为省教书育人先进工作
者，1988年被评为省劳动模范，1989—1995年，连续七年被评为市教育系统优秀
共产党员和市优秀党务工作者。

11. 纪作亮（1936—1990），和县人，著名的文艺评论家、诗人、教授。1957
年和县中学高中毕业，1961年9月毕业于合肥师范学院中文系，大学本科学历。
曾任和县中学教师、和县县委宣传部理论组组长、巢湖师专讲师、省委党校副
教授。

纪作亮文学研究和创作成果卓越，在国内外刊物上发表80余篇论文，诗歌

---

[1] 摘自《安徽高级专家人名词典·第二分册》，安徽科学技术出版社1990年10月版，第252页。

纪作亮

1000 多首。有专著《张籍研究》《唐宋文名篇赏析》《唐五代词赏析》《中外名篇选读》《诗经名篇注解》等。撰写词《天香桃·花坞》。

纪作亮大学毕业后到和县中学任教，直到 1972 年才离开中学讲坛。十多年教学，为家乡培养了许多人才。他知识渊博，教学严谨，思路开阔。上课善于启发，语言生动，很受学生欢迎。同时，他严于律己，不断耕耘，为人师表，关心学生，对家庭困难学生多方关照，即便学生离开学校，他还常常寄予关心。

他热爱家乡，关心家乡的发展，用自己的笔，书写美丽的文字，讴歌家乡。

纪作亮去世后，有人写诗纪念，诗曰：

> 导师纪作亮，痴心做学问。励志报家乡，耕耘勤作文。
> 杏坛育栋梁，桃李沐春风。尽心在课堂，道德精神奉。
> 十年苦冬航，张籍书终成。不愿居官场，一意做学人。
> 艰难度时光，付梓外债增。哀哉车祸殇，夺世一师圣。

王耀敦

12. 王耀敦（1936—2019），和县人，回族，中共党员，中学数学高级教师，省优秀班主任。

毕业于皖南大学数学系；1960—1969 年，在安徽省教育学院从事教学工作；1970—1989 年，担任和县第一中学数学教研组组长、高中班主任，长期从事高中数学教学工作。1984 年，被授予安徽省"优秀班主任"称号。1987 年被评为中学高级教师。1996 年退休。曾先后八次被评为和县教育系统先进工作者。

王耀敦老师认真备课、授课，潜心教学辅导，努力研究教法，成为和县第一中学高中数学学科带头人。在教研组工作中，坚持热情地为同组的老师服务，带动大家完成学校交给的任务。在班主任工作中，他教书育人，关心学生，尽力帮助学生，对学习勤奋但家庭贫困的学生在各方面关爱和帮助，同学们都能感受集体的温暖。20 年间，王耀敦老师送走了十届毕业生。有的经过深造，成为各个领域的栋梁之材，其中不乏国外著名大学、国内著名学府的终身教授；有的走向社会，在不同的行业取得突出成就，为母校增辉。

36 年的教育生涯，王耀敦老师全身心投入教育教学工作，一丝不苟，任劳任怨，具有高度的责任感和饱满的工作热情。他克服体弱多病等困难，尽力尽责做好本职工作，默默耕耘，为教育事业做出了贡献。

13. 夏明钊（1938—），和县人，著名文学研究员。

1952 年考入"新生中学"（后改名为"和县初中"）读初中；1955 年考入和县中学，因高中部撤并到当涂中学，高中就读于当涂中学；1958 年考入合肥师范学院中文系；1962 年 9 月被分配到省属重点中学——宣城中学；1964 年 7 月，调至泾县教育局任函授教师；1969 年 11 月调回故乡和县，先后在和县第一中学、姥桥中学及和县师范任语文教师。1980 年任职于安徽省社会科学研究所（省社科院的前身）；1983 年，被评为助理研

夏明钊

究员；1986 年，被评为副研究员；1993 年，晋升为研究员。发表学术传记四篇：《鲁迅》《郭沫若》《朱湘传略》《台静农传略》。专著四部：《嵇康集译注》《鲁迅诗全笺》《谣言这东西》《孤独这滋味》。主编学术性工具书《中国现代文学名著题解》；编著《民族英雄魂》。发表论文 80 余篇。

从 1993 年 7 月起，享受安徽省政府专家特殊津贴；多篇（部）论著获得过不同的奖项；《在我的印象中鲁迅》一文曾入选上海市《语文拓展读本·现代文选·高中》（复旦大学出版社 2002 年版）一书。

14. 沈春智（1938—），和县人，中共党员，中学高级教师，省优秀教师。

1959 年毕业于和县中学，1963 年毕业于合肥师范学院中文系，毕业后即为教育事业矢志不渝。

1972 年调入和县第一中学，一直担任高中语文教师及班主任，所带班级历届高考录取率均在同年级榜首，且上名牌学校者较多，如北大、清华、人大、同济、哈工大等一些著名院校，有不少人成为硕士生、博士生，学子散布国内外。

沈春智

他多年任工会常务副主席、语文教研组组长、教科室副主任。1984年享受讲师待遇，1988年中学高级教师，1989年被评为省优秀教师，1990年被评为县优秀共产党员。1987至1989年连续被评为县级先进教育工作者。1998年退休，被学校返聘为关工委办公室主任、校刊责任编辑。

1983年，他被合肥教育学院聘为中文科兼职教师，同年又被安徽电视大学聘为语文科外国文学兼职辅导教师，1984年被省电大聘为1982级语文类毕业作业指导组副组长，1987年被省广播电视大学聘为中文科毕业论文兼职辅导教师，1990年被《中国少年之星》丛书通联社聘为辅导教师，1991年被太白诗社吸收为会员。

15. 全道荣（1940—），和县人，回族，著名数学家。和县初中（一中）55届毕业生，后考入芜湖一中读高中。1959年考入皖南大学数学系，毕业后曾在和县中学任教务处主任。1978年调至中国科技大学任教。1987—1988年去美国波宁格林大学做访问学者，回国后在南京河海大学任教。1991年获教授职称，1995年去法国麦勒大学做一级访问教授，回国后，仍在河海大学任数学系教授。他在数学理论方面的造诣颇深，尤在有限典型群的极大子群、群论在物理中的应用、格群及格群的模型论等方面有精深研究。他先后在国际权威《代数学杂志》等国内外核心杂志发表论文60余篇。论文获美国《数学评论》及德国《数学评论》高度评价。主要有《有限典型群的一类极大子群》《有限典型群的第三类极大子群》《满完备的阿氏格群》等。

他的研究项目"格序群根式类的研究"，获江苏省科委1995年科技进步一等奖。他曾数十次参加有关国际会议，20次入选有关世界名人录，包括《世界名人录》《世界科技名人录》等。他是中国数学会会员、美国数学会会员、美国《数学评论》评论员和传记研究所评选委员会评委，英国剑桥国际传记中心顾问。他多次主持在南京召开有关代数结构等领域的国际会议。

16. 杨圣旺（1940—2018），和县人，国家级优秀体育教师。

1958年9月作为专业运动员进入地区和省射击队，1959年10月—1961年7月在体院专科班学习，1961年8月—2000年8月在和县第一中学任体育教师。自

全道荣

1963 年，在业余时间里积极培养的体育尖子学生，在众多比赛中获得骄人成绩，如地区级中学生篮球比赛获男、女第二名、中学生排球比赛女子第一名。向省乒乓球队输送球员 1 名。地区级田径比赛中，培训的学生在短、中、长跑项目多次获第一名，团体总分多次名列第一，有 5 名学生获得体育加分并录取到高校。1992 年被授予国家级优秀体育教师光荣称号，颁发金质奖章，被《中国教育报》刊文表彰。

杨圣旺

17. 薛从军（1948—），和县人，中共党员，安徽省语文特级教师，安徽省语言学会理事，中华史记研究会会员，安徽省特级教师业务考核评审组评委，和县文化研究会第一届会长，政协马鞍山市文史馆馆员。

1972—1987 年，在和县姥桥中学教初一数学、初三语文；高一语文、高二语文，兼教高二地理，担任班主任。1987—2008 年，在和县第一中学工作。教高一至高三语文，历任年级组长、教研组组长、省级教育重点课题研究组负责人。2003—2004 学年度，被县人事

薛从军

局、县教育局授予"县优秀教师"称号。2006 年被安徽省人民政府授予省特级教师称号，被聘为第九批特级教师业务水平考核评审组评委。

薛从军始终关爱学生，工作认真，勤奋学习，努力提高自身的业务水平和道德素质，视教育事业为自己的生命，全身心扑在教育上，培养了一大批优秀学生，获得了学生好评，取得了很好的成绩，受到普遍赞扬。

2000—2007 年，承担安徽省教育厅省级重点教育课题"中学审美教育与中学生人格美塑造"研究工作，为本课题组组长，共有 19 人参与课题研究，已结题，受到省课题验收组专家高度评价。

在国家级，省级公开发表学术论文《浅谈孔子正身思想》《异形成语浅析》《中学生人格缺陷与审美建设》《解读刘禹锡〈陋室铭〉》等 60 多篇，其中获奖论文多篇。

近 40 年教学生涯，培养学生数千人，其中杰出者有好几百人。

退休后，为马鞍山市关工委、老干局、市委讲师团，和县关工委思想道德宣

讲团成员，应邀在和县中小学、各镇社区、企业等地宣讲思想道德、党史达30多场次。2015年担任和县文化研究会会长，注重研究地域文化，召开两次有全国著名学者参加的学术研讨会，有一定社会影响。发表了20多篇关于和县地域文化学术论文。参加编写《中国共产党安徽省和县地方史》第二卷（1949—1978）。主编《和县文化研究——历史名人专辑》《和县，可爱的家乡》。

何宗祥

18. 何宗祥（1950— ），和县人，中共党员，中学数学特级教师，曾任和县第一中学副校长、党总支副书记。

何宗祥1975年毕业于安师大数学系，1983年毕业于安徽教育学院数学系高师本科。1975年分配至和县第一中学任教师、班主任、教研组组长、教导处副主任。1996—2000年，任县二中副校长，分管教育教学工作。2000年7月任和县第一中学任副校长。

1998年，何宗祥晋升为安徽省特级教师、中国数学学会会员、安徽省中学数学教学专业委员会理事。1994年起，任巢湖地区中学高级教师职务评审委员会委员，1997年入选高评委库。他从教以来，任18年班主任。工作勤恳，严于律己，特别重视优良班集体的形成。他所带的班，学生守纪、团结、融洽、互学，形成良好的班风，在学科竞赛和校文体比赛中，人人争创佳绩，班级多次被评为校、县、区先进集体。

他教学认真，一丝不苟，讲课逻辑性强，板书精心设计，自成教学风格。1995年，获巢湖地区高中数学优质课大赛一等奖；1996年，获省中青年教师优质课大赛二等奖。1997年，他与和县第二中学的5名教师一道，精心指导两名高二学生考入中国科大和上海交大少年班。他所授的高三数学，高考单科均分三次名列巢湖市重点中学第一、两次第二；所授96届学生曹发和的高考数学成绩列巢湖地区第一名，考入浙江大学。曾连续两年经师生推荐，被评为"十佳教师"。他自强不息，勤于学习，善于积累，厚积薄发，在省级以上报刊发表论文70多篇，其中十多篇分别获省、市优秀科研成果奖。

19. 周兆义（1953— ），和县人，中共党员，安徽师范大学数学系毕业，中学高级教师，学校工会常务副主席，中国数学奥林匹克二级教练员。

1973 年参加教育工作，1981 年调入和县第一中学。先后担任数学教研组副组长、年级组长、初中部党支部书记、行政党支部书记、第四党支部书记、政教处副主任、主任、工会常务副主席。

周兆义

曾担任市中学数学教学改革试点工作，并参加国家教委召开的全国初中数学教学改革经验交流会。

1973 年至 1997 年连续任班主任，工作中努力做到为人师表，关爱学生，深入细致地做学生思想转化工作，所带班级多次被评为地区（市）、县先进班集体，本人多次评为优秀班主任，两名学生被评为安徽省"三好学生"，多名学生被评为地（市）、县级"三好学生"和"优秀学生干部"；撰写的论文《略谈班主任的基本素质》，被收编于《全国中小学优秀教育论文集》。

在政教处工作期间，成绩突出，受到县公安局通令嘉奖。在教育教学工作中，认真学习教育教学理论，研究教学方法，钻研中学数学教学大纲和教材，总结教学经验，不断增强教学效果。在省级以上报刊上发表教育教学论文《整式法解分式方程》《一种对数方程的简单解法》等 10 篇，多篇论文获省、市、县奖。

先后获安徽省国防、文化、卫生教育先进个人，县优秀教育工作者，县优秀共产党员等称号。曾是国家级、省级课题组主要成员；两次担任市级课题组组长；被中国数学奥林匹克委员会评审组授予"中国数学奥林匹克二级教练员"称号。兼职中国数学会会员，中国教育学会数学研究发展中心会员。

20.刘新华（1956—），和县人，中共党员，高级教师，中国物理学会会员，巢湖市物理学会理事和中学教师职称评委，安徽省优秀教师。

刘新华

1975 年初知青下放插队，1980 年 2 月毕业于徽州师专物理系，1985 年 9 月脱产进修，1987 年 6 月毕业于安徽教育学院物理系。先后在石杨中学、香泉中学、和县第一中学从事高中物理教学。1991 年调至和县第一中学，历任教研组长、年级组长、教务处副主任、教研处主任，一直辛勤耕耘在教学第一线，2016 年 9 月退休。

刘新华老师从事高中物理教学 36 载，送走 20 届高中毕业生，培养出一大批优秀学生。教学严谨，要求严格，注重实验，教法生动灵活，深受学生喜爱，所教班级高考成绩突出。辅导学生多人次参加省学科竞赛，获省二、三等奖。班主任工作一贯坚持教书育人，关爱学生，班级班风正，学风浓，曾两次被评为县、市先进班集体。

曾在《物理教学》《物理教师》《中学物理》等杂志发表教学论文十多篇，市级论文、课件评比多次获奖；积极参加课题研究工作，其中全国教育教学"九五"教育部重点课题《中国基础教育现代化实施策略研究》子课题《电化教学如何有机地与实验教学和活动课相结合》，结题报告经省专家组结题验收，认为本课题研究开创了学校多媒体教学新局面。

担任学校教研处主任期间，认真负责，细致耐心，在校本教研、"青蓝工程"、课题研究等方面做了大量工作，极大地推动了学校教科研工作深入开展。

工作成绩突出，1988—1991年连年被评为县教育系统先进工作者，1994年被评为县直机关优秀共产党员，1997年被评为县首届"十佳教师"，1989年、1998年两次被评为安徽省优秀教师，2006年被授予巢湖市首批中青年专业技术学科带头人称号，享受市政府津贴。

平时为人正直，作风正派，待人谦和，名誉面前不自傲、不张扬，始终如一，得到社会广泛赞誉。

21. 李英（1958—），女，和县人，和县第一中学1974届高中生。1982年元月，毕业于安徽师范大学外语系。英语文学学士、英语教育硕士；高级职称。任和县第一中学高中外语教师近13年，任和县教育局英语教研员19年。

李英

中华诗词学会会员、国际当代华文诗歌研究会永久会员、努敏河诗社秘书长、香港东方之珠文化学会常务理事、巴黎文学世界华人网文章刊主编、巴黎文学院赣闽分社社长、安徽诗词协会会员、安徽诗协女工委委员、马鞍山市美协会员。

在职期间获共青团省委"七五"二级建功者奖章、全国首届优秀教育硕士、第三届全国中小学外语教师园丁奖。曾被聘为安师大外国语学院教育硕士生导师。

2004年受邀去北京参加"第四届中国英语教学国际研讨会"并用英语作了专

题发言。2005 年受邀去北京参加中国教育学会外语教学专业委员会第十三次学术年会并作了相关的学术报告。

在职期间所写论文多次获全国奖、省奖，其中全国一等奖一篇、三等奖三篇；省一等奖三篇、二等奖一篇，三等奖若干篇。同时论文多篇发表在全国核心期刊、优秀期刊和大学学报上。

退休后笔耕不辍，所写近体诗词、散文发表在众多微刊和杂志上，部分诗词已编辑入书，如《皖风徽韵》《诗城古韵》等。

22. 赵恒平（1962—），和县人，大学学历，中共党员。2003 年 8 月—2010 年 10 月，任和县第一中学副校长。

1979 年，任螺百中学民办教师。1981 年，考入巢湖师专（现巢湖学院）外语系。1983 年毕业，分配到和县沈巷中学任教。1988 年，当选为沈巷中学教育工会主席。1999 年，担任沈巷中学校长。主持沈巷中学工作期间，实行教师聘任制、岗位责任制，促进学校教育教学质量的迅速提高。改变了沈巷中学高考成绩持续低迷

赵恒平

的状况，二本以上达线人数从个位数增长到 2003 年的近百人。学校的学生数也从 1999 年的 800 余人发展到 3400 余人，为学校创建"市示范高中"奠定了坚实的基础。

2003 年，赵恒平任和一中副校长。2009 年，和县一中迁至新校区，县政府在一中老校区设立和县四中。2010 年 8 月—2011 年 2 月，任和县第四中学校长。治校期间，精心设计、着力打造一流的管理团队和教学团队，实行班主任竞争上岗。

2011 年 2 月—2014 年 8 月，任和县第三中学校长。工作中，大胆改革，优化组合，大力提高高中办学质量，高、中考成级逐年攀升，高考达线人数达 100 余人。高中学生数由 2011 年的 800 人上升到 2014 年的 1800 余人。受到县委、县政府的嘉奖。

2014 年 8 月—2020 年 12 月，任和县第二中学党总支书记、校长。重视领导班子建设，发扬团结协作、负重拼搏的精神。积极调整思路，适应教育改革和发展的需要，注重"立德树人"，规范学生的行为。从统一学生着装开始，规范升旗仪式、课间操和体育课。积极开展文明校园建设、平安校园建设和环境建设。根据生

源的变化，实行多样化办学，拓宽学校的发展渠道。积极推进教师发展计划、为教师搭建成长平台，加强教育科研，鼓励教师成长。青年教师有多人次在省、市、县教学大赛中获奖。

赵恒平同志从教 40 余年，担任中学校长 20 多年。个人获得安徽省教育工会先进工作者，巢湖市优秀教育工作者、巢湖市先进教育工作者，马鞍山市教育系统理论学习先进个人，安徽省师德先进个人等。[①]

23. **张孝海**（1963— ），和县人。双大专学历，中学高级教师，中共党员。2007—2014 年，任和县第一中学副校长。

1982—2001 年，在和县石杨中学先后任教师、副校长；2001—2007 年，任香泉中学副校长、校长；2007 年任和县第一中学副校长；2014 年 8 月，调任和县第三中学校长。

任和县三中校长以来，学校教育教学稳步推进，各方面工作取得长足发展，全年校园安全工作无事故，和谐校园、文明校园创建取得成效。2015 年，先后完成高中多媒体改造和田径场改造工程。2015—2016 学年度，学校在中考、高考中，均取得好成绩，获"全县教学质量优秀奖"。2015 年，学校获第十二批市级"绿色学校"、市级"平安校园"称号；获马鞍山未成年人思想道德建设工作"先进集体"称号；学校组队参加全市中小学生防灾减灾安全知识竞赛，获中学组一等奖；高中女子篮球队，获"宝龙杯"安徽省篮球传统项目锦标赛第五名；获安徽省"少儿素质教育工作先进单位"；学校党总支获中共和县教育局委员会授予的"'五个好'基层党组织"称号，学校获县教育局"全县推进义务教育均衡发展工作先进集体"荣誉称号。[②]

24. **杨相俊**（1963— ），和县人，大学本科学历，中学高级教师，省教坛新星。中共党员，和县第一中学党总支副书记。

安徽省高考命题专家库成员。2002 年，被评为安徽省第二届"教坛新星"。

善于在教学中抓住课文的"传情点"，呈现教师的体验能力，发展学生的创造

---

① 摘自《和县教育志》，时代出版传媒股份有限公司 2020 年版，第 606–607 页。
② 摘自《和县教育志》，时代出版传媒股份有限公司 2020 年版，第 609 页。

性体验。明确教师的角色是"导"而不是"演"。把握课堂教学讲的"度"，做到重难点不放过，容易点不赘述。坚持课堂教学改革，取得阶段性成果。先后两次获和县课堂教学大奖赛一等奖，多次担任全县公开课、观摩课教学执教人，获巢湖市首届"教坛新星"称号。

实施"充满诗意"的教学，运用诗意的教师语言，选择诗意的教学切入点，贯穿诗意的教学流程。引导语文教学走向深入：深度的文本解读，深入地联系生活，深刻的人生领悟。使语文教学张扬作品的生命，张扬教师的激情，张扬学生的感悟。通过个性化的教学、个性化的辅导，提高学生的语文素养。[①]

杨相俊

25. 陈晓明（1963— ），和县人，中共党员，和县第一中学地理正高级教师。

1984年7月安徽师范大学地理系本科毕业，1980年9月在和县幼师任教，1984年7月调任和县第一中学地理教师。2001年9月至2003年6月，南京师范大学研究生课程班人文地理专业结业。先后获县首届"师德标兵"、市"优秀教师"，6次被评为县"先进教育工作者"。2006年获团中央授予"优秀指导教师奖"、省特级教师，省"教坛新星"，安徽省地理教学专业委员会常务理事，全国优秀中学地理教育工作者。安徽师范大学硕士生导师、马鞍山市第五届导师团导师。先后担任安徽省中小学正高级教师评委、安徽省特级教师评委、马鞍山市学科带头人评委。

陈晓明

发表学术论文30多篇，参加编写的资料有3部。多次参加安徽省高考命题、中考命题、高中学业水平考试命题。多次受聘安徽省教育学会、学科网、中国教师教育网、安徽中小学教师教育网担任地理学科讲座教师。

主持市级课题《学科综合提高高中生人文素养研究》（2008年）和《基于现代知识观下的地理思维能力培养研究》（2017年）。

① 摘自《和县教育志》，时代出版传媒股份有限公司2020年版，第624页。

担任马鞍山市第五届导师团导师，培养了多名来自不同学校的青年教师。成立"陈晓明名师工作室"，组织工作室成员开展了一系列富有成效的教学活动。受多所学校邀请，作高考备考、课题研究、教师专业化成长等专题指导。

在担任高中地理教学过程中，培养了一大批学生升入全国名校，所带班级地理成绩优秀。其中有在 2009 年、2018 年 2 名同学获得市文科状元。在辅导学生科技活动中，2015 年辅导学生李元双、陈慕薇获安徽省科技论坛三等奖、2016 年获首届"未来杯"全国中学生创意设计大赛三等奖、在多年的地球小博士科技活动比赛中辅导的学生共有 9 名学生获得"地球小博士"称号。

陈昌禄

26. 陈昌禄（1963—），和县人，大学本科学历，中学高级教师，和县第一中学副校长。

1981 年，毕业于铜陵师专中文科。1981—1990 年，任和县石杨中学语文、政治教师（其中，1984—1986 年，在安徽教育学院中文系脱产进修本科）。1990 年，任香泉中学高中语文教师。1994 年，调入和县第一中学，历任高中语文教师，办公室主任、校长助理等职。

1996 年，获安徽省首届"教坛新星"。1998 年，获巢湖地区优秀班主任称号。2011 年，经公推公选任和县第一中学副校长。同年，被确定为市语文学科带头人。2013 年，获安徽省基础教育课程改革"先进个人"称号。

在教学工作中，注重课堂教学艺术的探索和研究，使课堂教学目标清晰又师生互动，注重调动学生的积极思维。应邀在县级以上的场合上公开课、研究课、示范课 20 余次。1996 年，在安徽省首届"教坛新星"评比中，代表和县高中语文教师参加比赛，获巢湖地区第一名。

先后在省级报刊发表教育教学论文 20 余篇，发表散文、诗词等文学类作品数十篇（首）。获省教育教学成果评比一等奖。辅导学生获全国中学生读书活动优秀指导奖、指导学生朱婷婷获"语文报杯"全国中学生作文比赛一等奖、优秀指导教师奖等共十余次。

当选为安徽省中语会理事，市中语会常务理事，被聘为省命题专家组成员，省级教学专家库成员。先后四次参加安徽省高考、高中学业水平考试命题工作。

巢湖市二、三、四届人大代表，马鞍山市十四、十五届人大代表，和县十四、十五届人大代表、常委会委员，和县政协九、十届常委，县政协文史委员会副主任，马鞍山市知联会委员，市陶行知研究会会员。

27. 耿礼金（1963—），和县人。1982年7月参加工作，中学高级教师。1985年1月加入中国共产党。省教育学会教育史专业委员会第五、六届理事会成员。和县第一中学副校长、党委副书记。省优秀教师，省优秀党员。

1979年考入和县师范，毕业后通过在职函授、自学考试，先后取得合肥教育学院数学专科、安徽大学英语专科、安徽教育学院教育管理本科毕业证书。1992年在全县自学考试总结表彰大会上作典型事迹介绍，为省教院97届"优秀学员"。

耿礼金

1982—1989年，先后在和县联合乡初中、和县隐驾乡初中任英语教师（班主任）、团支部书记（县团代表）、教导主任，被县教育局确定为英语教改实验教师，多次承担全县初中英语示范课教学任务，所教学生中考平均成绩名列全县前茅。辅导学生参加英语竞赛，有多人次在省、地、县获奖。

1989—1996年，先后任和县教育局姥桥区教育组业务辅导员（教研员）、联合乡教委办副主任（乡教育工会主席、乡人大代表、乡人大主席团成员）、和县姥桥中学副校长（英语教师），在和县乡村教育和基本普及九年义务教育、基本扫除青壮年文盲工作中，取得了出色的成绩。

1996年调入和县第一中学后，历任高中英语教师、政教处副主任、年级部主任、第二党支部书记、校长助理、副校长（党总支委员、党委副书记、关工委主任）、和县中小学校幼儿园第四届责任督学。爱岗敬业，呕心沥血。克己奉公，任劳任怨。严细实恒，认真负责。与时俱进，勤奋进取。做了许多开创性工作，赢得了广泛赞誉。参与省级重点课题研究;《英语立体化教学模式的实验研究》等论文获市级教科研成果一等奖。2000—2009年担任三届年级部主任（党支部书记），加强教育教学管理，着力推行"自主学习""诚信考试""五好班级"创建等多项特色教育教学实验实践，为学校文化建设和发展做出了贡献。2009—2020年分管学校德育、安全、卫生、综治、法治、文明创建、党建、年级部、关工委等工作，各方面都有建树。组织编写和审订和县第一中学校本课程系列丛书《主题班会设计》和江淮五校班主任读本《班主任基本素养——班级管理的基本环节》。

工作业绩突出，多次受到表彰。曾获县先进工作者、县先进教育工作者（4次）、县"有理想、有道德、有文化、有纪律"的"四有"先进个人、省优秀教师、省95焦陂奖优秀教师、县首届师德标兵、县直机关优秀共产党员、县优秀共产党员、市优秀共产党员、省优秀共产党员、市教育系统理论学习先进个人、县优秀文明单位志愿者、县关心下一代工作先进工作者等荣誉，个人典型事迹多次在市、县电视新闻中作专题报道、在《巢湖日报》"共产党员风采"专栏中刊登、在县党建服务中心展示。

黄万林

28. 黄万林（1963—），化学专业，本科学历，中学高级教师。安徽省"五一劳动奖章"获得者。

1981年7月参加工作，从教40年来，一直在教学一线工作，兢兢业业，任劳任怨，勇于奉献。在教学上精益求精，认真上好每一节课，喜爱学生，愿意和学生交朋友，倾听他们的心声。在竞赛辅导中，持之以恒，有十几人次在比赛中获省级二、三等奖。在课余时间，撰写的论文在教学杂志上发表并获各级奖项。积极参加课题研究，主持的省级课题已顺利结题，并获省课题三等奖。

在担任班主任工作中，把做一个能影响学生一生的人作为自己的座右铭，并为之努力奋斗。在教育的道路上，始终秉承甘做蜡烛、甘做人梯。曾于2009年被评为巢湖市先进工作者，2006年被评为市"优秀教师"，2011年获安徽省"五一劳动奖章"。

李善亮

29. 李善亮（1964—），和县人，大学本科学历，中学高级教师，中共党员。中国物理学会会员。

任和县第一中学教师期间，2002年被评为安徽省第二届"教坛新星"。后调入马鞍山市第二中学郑蒲港分校任教，兼任校党支部委员。参与编写《2013高考物理百题大过关：基础百题》等教辅用书。省级课题"多媒体技术在教学中的应用"课题组成员。《演示实验在单元复习课中的作用》等论文发表在《物理教学》《物理教师》等杂志。多次担任市级高考物理研讨会主讲。曾受聘任浙江省金华市高考物理复习专家组成员。①

30. 赵善华（1964—），和县人，大学本科学历，中共党员，中学高级教师。

1988—1990年，在和县石杨中学任教。1991—2003年，调入和县第一中学任教。任数学教研组组长、中共和县第一中学第二党支部书记，教务处副主任。2002年，被评为安徽省第二届"教坛新星"。2003年，在上海市华东师范大学附属周浦中学任教，并任教务处副主任，为上海市第三期"双名工程"学员。

赵善华

2007年，获"上海市园丁奖"，并被评为上海市南汇区高中数学学科带头人。同年，论文《教育要关注学生的生存状态》获全国一等奖。2008年，与爱人被评为"上海市科教系统比翼双飞模范佳侣"。2009年，被评为浦东新区"先进生产者"。

2015年10月，教育教学先进事迹刊登在《浦东教育》杂志"当代教育家"专栏。先后主编或参编《谈数说理论教悟道》《高考数学知识梳理与能力训练》《高考数学综合专题复习与能力问题研究》（学历基训）等30多本数学专著。在《人民教师》《理科考试研究》《数学教育研究》《数学通讯》等杂志上发表40多篇教育教学论文。②

31. 裴吉平（1966—），和县人，大学本科学历。中学高级教师。和县第一中学音乐教师。中国教育学会音乐教育专业委员会会员，和县音乐家协会副主席。

1993年获"巢湖歌会"重唱二等奖。2002年，被聘为巢湖市评委会艺术学科评委。2004年，为全国年度十大法制人物曹发贵的专题片配乐，并创作主题歌。2008年，被评为安徽省第三届"教坛新星"。2010年，受聘为安徽省第六届中小学音乐课现场评比活动评委。2013年，获第二十届全国青少年爱国主义读书教育活动

裴吉平

① 摘自《和县教育志》，时代出版传媒股份有限公司2020年版，第624页。
② 摘自《和县教育志》，时代出版传媒股份有限公司2020年版，第624–625页。

优秀辅导教师奖和第十九届安徽省青少年爱国主义读书教育活动优秀辅导教师奖。

多次参加国家级、省级音乐教育专业委员会的交流。为县、市级音乐教师作示范教学。多篇教学论文发表于教育刊物并获奖。参加的省级教科研课题顺利结题。多年担任市音乐教育论文评委。在省内多次担任教师招聘评委和命题人。辅导组织学生参加县级、市级、省级的文艺比赛、调演、演讲比赛、经典诵读，并获奖。①

张德平

32. 张德平（1967—2001），和县人，中共党员，安徽省"师德先进个人"。

1989年毕业于安徽省宿州师范专科学校外语系，分配至十里乡初中任教，兼任英语教研组组长，1994年9月调入和县第一中学。

教学上，张德平勇于创新，善于总结经验，做了许多开拓性的工作。1998年，他的论文《九年义务教育英语教材的特点与教学实践》，被省科技进修学院选入《教育与科研优秀论文》一书中。2000年，他撰写的《英语教学中的电化教育与素质教育》获省教学科研论文二等奖。同年，他担任班主任的班级获得全校第一个"模范班级"称号。

张德平同志教书育人，为人师表，具有济危扶困、乐于助人的无私奉献精神；关心学校、爱校如家的集体主义精神；刻苦钻研、勇于探索的开拓创新精神；严于律己、勤奋工作的爱岗精神。

他14年如一日，在平凡的岗位上做出了不平凡的贡献，实现了自己"不求伟大，但求崇高"的人生目标，赢得了广大教师、学生和社会各界的广泛赞誉。张德平家境并不富裕，父亲多病，母亲务农，在师专学习的两年里，家里给他的生活费总共不到1000元，他却省吃俭用，坚持接济经济情况比他更困难的同学。工作后，他每月的工资只有几百元，但十几年来，无论是捐助同学，还是赈济灾区，他都是倾囊相助。

1998年，他被评为县优秀教育工作者、巢湖地区优秀教师；2000年，被评为县优秀教育工作者、安徽省"师德先进个人"。

因长时间超负荷工作，积劳成疾，于2001年9月22日不幸病逝，年仅34岁。

---

① 摘自《和县教育志》，时代出版传媒股份有限公司2020年版，第625-626页。

张德平同志的离世，在社会上引起了强烈的反响。县电视台《五色广场》作了专题报道；《安徽青年报》于 10 月 24 日以《但求崇高》为题，在头版头条隆重推出了他的事迹；随后，《巢湖日报》作了《春风高尚而美丽》的专题报道；《安徽日报》作了题为《蜡炬成灰泪始干》的专题报道；《安徽教育》"特稿"作了《不求伟大，但求崇高》的报道。安徽省教育厅、省教育工会联合作出决定，号召全省教育界广大干部、职工向张德平同志学习。省委组织部根据张德平同志事迹拍摄了电视专题片，作为培训党员的指定教材，号召全省党员干部向张德平同志学习。

33. 许森（1969—），和县人，中共党员，本科学历，历史教师、高级职称。

1987 年 7 月毕业于和县一中；1989 年 7 月毕业于巢湖师专政史系，1989 年 8 月被分配到和县新桥中学任教高中历史；1995 年 7 月毕业于安徽师范大学历史教育系，1996 年 9 月被调入和县第一中学任教高中历史；2017 年 6 月—2021 年 6 月被县政府派驻石杨镇八禁村任扶贫专干。

许　森

他长期兼任班主任、教研组长。从教以来，与诸多老师共同培养出一大批优秀学生。获县首届"教坛新星"（1995 年）、"优秀教师"（2003 年）、"梅花奖"（1997 年、2004 年）、市"优秀班主任"（2006 年）、"骨干教师"（2011 年）等荣誉称号。

他兼任和县教育局历史教研员。主编出版了《高中历史重难点解析》《历史概念要点解读手册》《高中习题化知识清单》《高考冲刺讲义》等，编写了校本教材《久话和州》和老年大学教材《明史》。指导孙时林（和县第一中学历史教师）于 2009 年 4 月获安徽省巢湖市高中历史新课程课堂教学竞赛一等奖。

他任驻村扶贫专干。帮助窦方林户铺设自来水管道，解决饮水安全问题；对 16 户贫困户的房屋进行修补，解决住房安全问题；帮助 20 户贫困户发展到户产业，提供技术培训，指导生产经营，为贫困户增收；安置 6 户"金钥匙"岗位，解决就业问题；2020 年底，八禁村 89 户贫困户全部脱贫。

他多次宣讲"党史学习教育"。他是"党史学习教育"马鞍山市教育局宣讲团讲师、中共和县县委宣讲团讲师。2021 年 4 月—2022 年 2 月，在和县教育局、马鞍山二中郑蒲港分校、安徽师范大学附属郑蒲港学校、石杨镇、善厚镇、和县气象局、和县青少年活动中心等多家单位宣讲，宣讲内容丰富，重点突出，获得一致好评。

他还兼任党政机关考试录用国家公务员面试考官，中小学教师资格考试面试考官，安徽省教育学会中学历史教学专业委员会理事，马鞍山市历史学会常务理事、副秘书长，马鞍山市政协文史研究馆馆员，和县县委党校、和县老年大学、马鞍山师专、和县济民医院兼职教师，和县扑克牌运动协会副会长兼秘书长，负责安徽省扑克牌运动（掼蛋）国家三级、二级裁判员的培训，参与国家体育总局《掼蛋竞赛规则（2022版）》的修订。

王娟

34. 王娟（1970—），女，和县人，中共党员，高级教师。

1985—1988年就读于和县第一中学高中部。1991年7月毕业于安徽师范大学中文系。2001年9月加入中国共产党。1991年9月参加工作，分配到和县城北中学；1994年9月通过竞聘调入和县第一中学，在此期间，她先后兼任校团委书记、政教处副主任、办公室主任，2013年7月，任校长助理。2020年5月，调到和县中学任党总支书记、副校长（主持工作），2020年12月任和县中学校长。

2005年8月，获全省中小学德育"先进工作者"称号；2019年9月，获市"优秀教育工作者"称号；2021年，获市"优秀党务工作者"称号。

工作上，她坚决贯彻党的教育方针，在学校管理上有自己独到的见解和建树，实施"党教融合"战略，走党建引领之路；实施"团队建设"战略，走改革创新之路；实施"效能考评"战略，走良性运行之路；实施"智慧校园"战略，走数字化办学之路；实施"魅力课堂"战略，走质量弘校之路；实施"专业发展"战略，走科研强校之路；实施"多彩校园"战略，走"五育"并举之路；等等。

她坚持学习，从专业发展到教育管理，努力做到脚踏实地。她对教师发展用心，对学生成长尽心，对学校建设倾心。一直牢记自己是一名教育工作者和党务工作者，为教育立心，为学生发展立命，为校园守太平。

35. 沈强（1970—），和县人，中共党员。省教坛新星，中学高级教师。

毕业于安徽师范大学，1992年参加工作。曾任和县第一中学教研处副主任，和县第一中学年级部主任，和县"沈强名师工作室"主持人，和县第一中学校长助理，和县第一中学党委委员、副校长。

第五届安徽省化学学会理事，马鞍山市化学学会常务理事，安徽省中小学教师资格考试省级面试官，2008年主持"皖南八校"联考的化学命题，2011年"文华经典理综"全国大联考化学试卷命题人，马鞍山市高三质量监测化学试卷命题人。

沈　强

先后获市高中化学优质课大赛一等奖，和县第三届"师德标兵"，巢湖市"教坛新星"，安徽省第三届"教坛新星"，巢湖市第六届"青年科技奖"称号，马鞍山市优秀班主任，马鞍山市优秀教师，第五、六届马鞍山市学科带头人，2020年全县抗洪抢险"优秀共产党员"。

在中文核心期刊上发表教学论文20余篇，其中3篇论文获马鞍山市教学论文一等奖，1篇论文获安徽省教学论文三等奖。

参加编写教材5部。如《高考总复习金榜专辑（1）重点中学专业版（恒谦教学研究）》、校本教材《化学与生活》《初高中化学衔接》《有机化学基础课时作业与综合训练》等。承担了3项省市级教学课题：《初高中化学教材衔接研究》《高中化学分层教学》《作业功能激活化学高效课堂的研究》。

辅导的学生参加全国化学竞赛，有8人次获国家级二等奖，40人获省级二等奖，56人获省级三等奖。因2010年、2013年化学竞赛成绩突出，学校两度被中国化学会授予"优秀组织奖"。所带学生徐东方（2011届）、赵虎（2017届）、赵薇（2020届）获全县理科状元；所带的2020届学生王雨寒同学于2019年高考考入中国科大少年班，实现和县第一中学教育发展史上中国科大少年班"零"的突破。

36. 吴光华（1972—），枞阳人，中共党员，1999年7月参加工作，本科学历，正高级职称，省特级教师，省第四届督学，省"第三届教坛新星"，市优秀共产党员，副校长。

从教以来，遵纪守法，爱岗敬业，为人师表。他热爱教育事业，努力提高教育教学质量，改进教育教学方法，积极投身课改，主动承担各项教学试验任务，坚持推进素质教育，有自己独特的教学思路和方法，坚持撰写教学体会和感悟，在专业

吴光华

核心期刊发表论文 40 多篇；积极参与课题研究，主持多项省、市级课题并结题，曾获市第九届教育科研先进个人。

他关心学生，注重学生的个性和特色发展。经常开展科学探究活动，指导学生参加学科竞赛、科技创新、科学论坛等。这些活动深受学生喜爱，且成果丰硕，有多人在学科竞赛、科学论坛、科技创新大赛等活动中获奖；本人也积极参加科技创新和科研活动，曾获市"第五届青年科技奖"、市"科技先进个人"、市青少年科技创新园丁奖、县科技"双十佳"先进人物等荣誉称号。

此外，他关心青年教师的成长，担任县首届名师工作室主持人、市导师团导师，带动了一大批青年教师成长，指导的青年教师有多人在省市级教学大赛中获奖，多人评为市骨干教师等；2019 年被评为安徽省"模范教师"。

范明锁

37. 范明锁（1972—），和县人，中共党员，数学专业本科毕业，省委党校党建专业在读研究生，中学高级教师。

1992 年 8 月参加工作，1994 年 4 月加入中国共产党；1992—2008 年在和县白桥中学工作，先后任校团委书记、教导副主任、主任，2000 年任副校长，2002 年任校长、党支部书记；2008—2020 年在和县姥桥中学（姥桥高级职业中学）工作，2008 年任副校长、党支部副书记，2011 年 2 月任党支部书记、校长（副科级）；2020 年 5 月调入和县第一中学工作，现任校党委副书记、校长助理；和县第十一、十四次党代会代表。

1998 年荣获"巢湖地区中小学教坛新星"称号；同年被巢湖地委、行署评选为巢湖地区"优秀教师"；1999 年荣获和县首届"师德标兵"称号；2005 年被授予"首届和县十大杰出青年"荣誉称号；2011 年被评选为马鞍山市"优秀乡村骨干教师"；2016 年被评为和县科级干部培训班"优秀学员"；2019 年被聘为马鞍山市教科研课题指导与鉴定专家；2022 年申报课题《新高考背景下普通高中数学文理同卷的教学问题与对策研究》获得省教科研项目立项。

工作 30 年来，他始终信念坚定，忠诚于党的教育事业，自觉学习并运用党的创新理论武装头脑、指导实践；遵纪守法，廉洁自律，带头遵守教师职业道德规范；爱岗敬业，教学认真，工作负责，勇挑重担；大局观强，不计个人得失，坚定维护学校荣誉和集体形象；关爱师生，团结同志，谦虚好学，热心为广大师生服务。

38. 王武志（1972—），和县人，研究生学历，中共党员，中学高级教师，和县第一中学副校长。

1996 年 7 月参加工作，1998 年 4 月入党，1996—2006 年任职于和县沈巷八角中学，历任年级组组长、教务处副主任、教务处主任。2006—2009 年扬州大学中国近现代史专业硕士研究生。2009 年任职和县第一中学。中国近现代史硕士学位和英语文学学士学位。从事教育工作 20 多年，一直担任班主任工作，历任年级部书记、年级部主任、教务处副主任、办公室主任、副校长。

王武志

曾获马鞍山市历史新课程教学大奖赛一等奖、马鞍山市"优秀教师""骨干教师"、县"教坛新星""优秀共产党员""爱岗敬业先锋""教育宣传工作先进个人"等荣誉；多次被学校评为"优秀管理人员""优秀教师""优秀班主任"。

论文多次获省、市、县级一、二、三等奖；多篇论文在《安徽教育科研》《黑龙江史志》《教师教育》等杂志上发表。

39. 赵延志（1975—），和县人，毕业于安徽师范大学英语教育专业，本科学历，高级教师。

曾获县"优秀教师""优秀班主任"等荣誉称号，所带班级被评为市"优秀班集体"。曾参加过省级课题研究、主持县级课题研究，多篇论文获市级奖项。教学方法多样灵活，多次担任重点（实验）班教学任务和班主任工作，深受学生和家长好评。在学科竞赛中带领学生多次获得国家级、省级奖项。指导翟媛媛、吴静静等青年教师在国家级、省级、市级比赛中获得优秀成绩。

赵延志

2017 年获"马鞍山好人（第四季度）"荣誉称号。

第三节　著名校友

（按出生年代排序）

赵凤喈

1. **赵凤喈**（1896—1969），字鸣岐，和县人，清华大学法学教授。1921 年毕业于皖北中学，1927 年前后于北京大学就读研究生，后赴法国巴黎大学留学，获法学硕士，归国后曾任中央大学讲师。

1933 年，赵凤喈受聘于清华大学正在筹建的法律学系，后转入政治学系担任教授，主讲行政法、民法通论、刑法通论等课程。1937 年，随校南迁，任西南联大教授，其间曾暂代燕树棠法律学系主任职务。1946 年10 月，清华复校后，重设法律学系，赵凤喈担任系主任，兼清华研究院法科研究所政治学部主任。1949 年初，清华大学被北平市军管会接管，赵凤喈于 5 月 11 日辞去系主任职务，请叶企孙暂兼。同年。清华大学法律学系并入北京大学法学院，后又并入北京政法学院（今中国政法大学）。而赵凤喈自此赋闲在京，直至去世。

传道授业之余，将其法学知识运用于实践。联大时期，薪金不敷，赵曾开一律所，以补生活之需。然而更多的还是以法为剑，伸张正义，如 1945 年"一二·一"惨案发生后，与燕树棠等组成法律委员会准备提出诉讼；1947 年的沈崇案中，与李士彤担任受害人的法律顾问参与法庭辩论。

赵凤喈之学术研究涉及民、刑、宪政诸领域，尤专注于民法之亲属家庭部分，1945 年出版的《民法亲属编》影响颇广，另一专著《中国妇女在法律上之地位》亦有深刻独立见解。论作还有《中国法制史上之适婚年龄》《礼治与法治》《公务员的侵权责任》《女子财产继承权之过去与将来》等。

2. **钟道铭**（1908—1954），字新甫，和县人，著名历史学家。

钟道铭少年聪颖好学，7 岁入和县清真小学读书，每晚在香油灯下坚持读书。勤奋刻苦，学习成绩十分突出，他年年获奖，倍受老师钟爱。

1920 年，他以全优成绩考入皖北中学。初中毕业后，考入南京中央大学附设中学高中部，整个中学阶段的学习费用，全凭优等生奖学金维持。1926 年秋，他又以优异成绩考取了清华大学历史系，师从我国著名史学大师陈寅恪教授。1930 年大学毕业，获历史、地理学双学士学位。

钟道铭

大学毕业后，钟道铭曾一度回家住闲，后去中央大学任教。1934 年初，他获悉"庚子赔款"留学生项目招考，即赴南京应试，一举录取，位居榜首。当年前往英国伦敦大学，继续攻读历史、地理专业课程。1937 年，在博士毕业论文答辩中，受到伦敦大学的高度评价。英国的一些著名高校和学术研究机构，纷纷出高薪挽留他，但他想到水深火热的祖国需要报效时，断然拒绝了。

钟道铭怀着一颗爱国之心，毅然从英国返回。回国后，被聘任中央大学史学系教授。南京沦陷后，进入重庆。1942 年，转任昆明西南联合大学地质地理气象学系教授并兼任史地系教授，与著名史学家吴晗齐名，是学校当时著名的 12 位教授之一。钟道铭成果卓著，主要著作有《美国早期拓展史》《美国建国史》《英伦四岛史》《不列颠四子国》《印度殖民史》《欧洲中古史》《魏晋南北朝史》等，并主持绘制中学史地教学用图和主编部分中学史地教材。他抱着教育救国的宗旨，呕心沥血，刻苦钻研，为国家培养出大批优秀人才。

因为抗战，交通不便，钟道铭一直没有回过家乡，只是给家里写写信，寄些生活费。尤为惦记的是母亲，每封信中，他总是要母亲保重身体。1943 年，母亲因病去世，钟道铭都未能见上一面，深感愧疚。

抗战胜利后，钟道铭在中央研究院任研究员期间，曾多次应邀作学术报告和学术讲座，他以其渊博的知识、深入浅出的讲解方式，获得学术界的一致好评。1947 年后，钟道铭分别在中山大学、南昌大学、南开大学、西北大学、四川大学、河南大学、安徽大学等国内名校担任教授。他独创的西洋教学法，倡导的中西史学研究一体化、教学科研无国界、唯科学至上的主张，令人耳目一新，一时传为佳话。

1953 年秋，久慕钟道铭教授大名的安徽大学，通过教育部，将他从河南大学借调到安徽大学任教。1953 年农历腊月二十五日晚 10 时因病去世，终年 46 岁。

成本华

3. 成本华（1914—1938），女，和县人，抗日英雄。1914年生于和县历阳镇大西门外的高巷村。长兄成本林，二哥成本鑫，她排行老三，人称"三姑娘"，下有大弟成本贵，小弟成本江。成家以农为业。成本华自幼聪明、勇敢、刚强、豪爽。她读过小学、初中。在读和县初中时，参加和县"中国童子军1194团"学生组织，受到严格的军训。抗日战争爆发，成本华积极参加了抗日救亡活动，上街写标语、唱战歌、演活报剧等。

1938年，4月23日，日军第六师团中野部队由芜湖出发，24日晨从和县金河口抢滩登陆，上午沿东门（朝阳门）进城，占领和县。家住朝阳门旁的成本华，于24日上午到城门楼找部队时被俘。她被严刑拷打审问，下午就被日军杀害在城门下。

成本华牺牲了，但她那颗高昂的头和对日军轻蔑的冷笑，永远存留人间。

2015年，在纪念抗日战争胜利70周年之际，由和县人民政府出资在和城得胜河西畔建成抗日女兵成本华纪念广场。

侯学焘

4. 侯学焘（1916—2008），女，和县人，著名地理学家。

1931年，考入和县县立初级中学。1933年，就读于南京女子中学高中部。1936年，考入金陵大学数学系。后因经济拮据，辍学一年。1937年，考入国立北京师范大学地理系。抗战爆发，她先后就读于西安临时大学、长沙临时大学，最后毕业于昆明西南联大。

1941年就职于四川中国地理研究所。抗战胜利后，随所迁到南京。1948年，担任台湾地区海洋研究所助理工程师。其夫郭令智在台湾大学任教，后赴英国留学。1951年郭先生学业有成后，同侯女士冲破重重的阻力，在香港会合，回到新中国的怀抱中。1952年，就职于中国科学院地理研究所，先后任副研究员、研究员、经济地理室主任、地理室主任、地图室主任、地理研究所学术委员会委员、硕士生导师、中国地理学会专业委员会委员、地理学会教育委员会委员。她是江苏省第三、五、六届人民代表。20

世纪 80 年代，她加入九三学社。90 年代，她多次获得中国科学院和国家部委颁发的科技进步奖。1993 年，享受国务院特殊津贴。

侯学焘一生发表 40 余篇学术论文，编制一系列国家级地图集和地图。1991 年，获国家科技进步奖二等奖。1998 年秋，获中国科学院科学技术一等奖。侯学焘女士对家乡情有独钟，1980 年 10 月，将 1 万元稿酬捐给和县第一中学作为奖学金基金；1998 年 10 月，将巴金先生自费出版的文集 14 卷及本人编绘《农业地图集》《土地利用集》等转赠和县人民政府。

逝世后，家人遵照遗言，将其藏书整理，捐赠给母校和县第一中学。学校在图书馆设立专柜收藏其赠书。

5. 秦峰（1919—1998），原名阿庆丰，和县人，石油规划设计总院党委书记，副部级干部。

1926—1930 年在清真小学读书，1930—1935 年在和县县立初级中学读书；1936 年由原和中教师禹子鬯带他去西北高职读书。1938 年在陕西武功参加中国共产党，同年入伍；曾任中国人民解放军五十七师政治部主任。1952 年转业到石油战线，先后担任石油管理总局西北钻探局副局长兼酒泉钻探处处长，新疆石油总公司副总经理，克拉玛依市委书记兼第一任市长，新疆石油管

秦 峰

理局副局长、局长、党委书记兼局长，石油勘探开发科学研究院副院长，江苏石油勘探开发会战指挥部党委书记兼指挥、石油规划设计总院党委书记。被选为中共江苏省委委员，担任石油部咨询委员会委员、中国石油学会经济专业委员会主任委员等职，享受副部长级待遇。

1998 年 12 月，秦峰在河北省廊坊市医院逝世，终年 83 岁。秦峰为我国革命事业和石油工业的发展，南征北战，顽强拼搏，清正廉洁，无私奉献，保持和发扬了我党我军的优良传统和作风，为党和人民做出了出色的贡献。

6. 黄伯平（1919—？），本名士和，和县人。中国台湾书法家。20 世纪 30 年代就读于和县中学，毕业于西南联大，后去台湾。台湾中大、师大、市专书法教授，卫道斋书会会长等。

研习、教授中国传统书法艺术 80 余载，精通甲骨文、金文、籀文、小篆、狂

黄伯平

草、行书等书法"十二体"，造诣深厚，引领书坛。40余年来，培养国内外学生6000多人，有"书法教育巨匠""东方书人""全能书法大师"等盛誉。

黄伯平先生自幼酷爱书法，祖父、外祖父、父亲三老耳提面命。6岁开始，受教中国台湾书法家陶冶，长达70多年。不畏寒暑，日日勤学苦练。他精通正统书法古今十二体，终成全能书法大师，被国内外誉为"中华书法继承者""全能书道家""东方书艺活的历史"。

有《汉碑二十种（意临）》《西铭十二体》《满江红、陋室铭各六体》等著作，已发行三版，流传世界各地。作品在中、日、韩、美、英、法、德等国均有收藏。数千件作品为国内外艺术馆及个人收藏。参加国内外"个人书法展"30余次、"团体展"200余回。积数十年艺术结晶，发明"书法五正功夫"。

黄伯平先生虽多年在外，但却未忘故乡和母校。得知和县第一中学将举办百年校庆，他随即寄赠来了《陋室铭》六体横幅，《个人八秩书法创作展专辑》及美金300元赞助费，以表达热爱故土、情系母校的一片真情厚意。

刘岚山

7. 刘岚山（1919—2004），原名刘仕海，笔名胡里、路里等，和县人，著名诗人、作家。

13岁开始念书，念过两年半私塾。在戚桥小学念1年，和县县立初级中学念3年。后到南京钟南中学，只念了一两个月。不久，抗战爆发，南京沦陷，他辍学在家。自小爱好诗歌，在戚桥小学读书时，曾向杭州的儿童报纸投稿并发表；以后还曾向安庆（省会）的《安徽省学生报》暑期征文投稿，获第三名，获赠送半年学生报。

1934年只身由西安北上，冒着风险，一路乞讨到革命圣地延安，报考鲁迅文艺学院。因"鲁艺"当年不招生，未能如愿。离开家乡后，沿途写诗，到1939年已集成一小本。

后来，他投考陆军第二预备师军官队，受训3个月。1940年夏天，他前往西北战地服务团第一大队。1943年5月间，他在重庆南方印书馆编译部办公室被捕。

原因是他和虞可清在涪陵县城开设了一个山野书店。在监狱里，经过两次审讯。从1943年夏天关押到1945年春天，经友人禹仲琪和他的亚洲中学校长保释而出狱。离开集中营时，训导团发给他一张《报到通知单》和一本《通讯守则》（上面盖有"极机密"3字），要求出团人员到当地三青团报到，并定期向其汇报。他把这两件东西交给《新华日报》王汉新，并诉说了集中营的种种罪行之后，王汉新介绍他去中原解放区。

1949年3月，他在《新民报·晚刊》工作了将近3年。在这期间他写过大量的诗、散文和评论。新中国成立，他于1949年加入中国作协，以后出任人民文学出版社原稿整理科长、现代部编辑、诗歌散文组组长编审等职。1983年离休。

刘岚山写了大量诗歌，歌颂大自然，歌颂辛勤劳作的人们，富有乡土气息，风格朴实无华，被誉为"田园诗人"。已出版《漂泊之歌》《荒年的歌》《乡村与城市》《人生走笔》等诗文集。曾为当时的《和县报》撰写诗文，激励家乡人民奋发图强，昂扬向上。

8. **陈炳富**（1920—2010），和县人，经济管理学专家。是南开大学商学院的创立者之一，中国管理学的开拓者之一。他曾被推选为中国管理科学研究会学术委员会主席，业绩被收入剑桥国际传记中心出版的《大洋洲及远东地区名人录》《国际业绩卓著男士名录》和《国际杰出知识分子名人录》。

1934年在和县县立初中求学，多次获得奖学金。1937年，就读于湘西高中。1940年考入内迁贵州湄潭的浙江大学外文系。翌年，转考入昆明西南联合大学经

陈炳富

济学系，1945年毕业。1946年冬，任教南开大学，先后在经济研究所、经济系、管理学系任助教、讲师、副教授、教授。1980年，任新创办的管理学系主任。

陈炳富在"指数"理论、"指数"的恢复、编纂以及编制方法、公式的论证方面，发表了十几篇研究文章。20世纪50年代初，他转入经济效果问题研究，他的《关于工业品产品品种变动对成本影响指数的几个问题》一文曾引起国内学术界的讨论。60年代写的《社会主义经济效果研究中的几个问题》一文，阐述"用最小耗费取得最佳收益问题作为经济学研究的中心内容"。文章后来被上海人民出版社和中国展望出版社分别选入《解放以来有关经济效果文选》和《建国以来有关经济

效果文集》。

1981 年在瑞典参加"中国—欧洲技术与工业政策"国际学术会议，他宣读的论文《论科学技术与经济发展》，受到与会代表的称赞，被列在会议论文集的首篇，瑞典隆德（Lund）大学给予高度评价。1984 年初，应中国科学院第五次学部委员大会的邀请，他在会上作了题为《要开展中国管理史研究》的学术报告。在报告中他列举大量事实，指出在古代和近代，我国有许多管理实践与管理思想值得探讨、研究、总结，要创造出一套具有中国特色的社会主义现代化管理理论。《瞭望》杂志以《从〈孙子兵法〉说到中国管理史》为题编发了他的报告，在海内外学术界引起较大的反响。1987 年他在加拿大、美国考察、讲学，先后做了《〈孙子兵法〉与现代管理》《中国经济管理体制改革》的学术演讲，引起西方学者的浓厚兴趣。讲学期间，他还参加了欧洲国际市场学会，被推选为该学会的唯一的亚洲理事。

1984 年初，陈炳富被特邀参加中科院第五次学部委员大会。他在大会上发言："当代最新的管理思想，都能在《孙子》那里找到痕迹。"此后，陈炳富连续发表多篇有新意的著述：《〈孙子兵法〉及其管理中的一般应用》《现代化与〈孙子兵法〉》《从〈孙子兵法〉到中国管理史》《〈孙子〉的全局系统观》。中国军事科学院编纂《孙子兵法大全》，他承担了分册《经营管理》的编写。

他先后为本科生、硕士生和博士生开设了管理学概论、比较管理学研究等十多门课程。1983 年以来，他亲自指导已取得硕士学位的研究生 32 名，博士学位的 1 名。在读博士生 12 名，其中包括 1 名美国留学博士。他热心帮助指导中、青年教师，带出了一批很有发展前途的教师。

陈炳富是国内较早研究经济效益的学者之一。从 70 年代开始，他举办过多期"成本管理""技术经济""引进技术"等研究班，为全国各地培训了上千名高级技术经济人才和管理人才。

9. 孙仁琦（1922— ），回族，和县人。著名的邮电专家、教育家。

年幼聪明好学，记忆力强。8 岁考进百福寺小学，直入五年级。写了《和一个农夫的谈话》文章投到《小朋友》杂志，被刊登，并获赠冰心《寄小读者》一书。后来孙仁琦又进入前清秀才王大杰先生的塾馆读书，每周还学两次英语。1932 年秋，考进和县县立初级中学。毕业前，皖东地区初中应届毕业生在芜湖会考，和县县立初级中学成绩名列第一，校长陈秉诚特约请包括他在内的 4 个学生吃一餐饭，以示庆祝。初中毕业后，孙仁琦到南京报考国立中央大学实验中学高中部。考生 2000 多人，只录取 80 名，而他是录取的前十几名。

实验中学校长由中央大学校长罗家伦兼任，高中部主任是中央大学师范学院院长许恪士教授兼任，班主任是罗子正，教员有著名学者常任侠、朱浩然等先生。在实验中学期间，其亲戚李由孚从英国留学归来任中央社编辑，经常送些英文新闻稿给他阅读，并辅导他的英语。后来，孙仁琦成为同美国中学生通信的 3 名中国中学生之一。

孙仁琦

1937 年 12 月，日军轰炸和县城，他随家人到乡村避难，靠父亲行医度日，接着到全椒三临中学读完高中。1940 年暑期，日军攻占油坊集，他到浙江丽水英士大学学习。1942 年，日机狂轰滥炸丽水城，孙仁琦又离开浙江，入广西大学继续学习。1944 年，以第一名的成绩毕业于广西大学理工学院电机工程系，获工学士学位。毕业论文《海菲赛不失真条件的研究》（英文），于次年 12 月刊于中国电机工程师学会会刊《电工》第 14 卷第 1 期，获得学术界的好评。

1946 年底，孙仁琦被调往南京，参加南京无线电厂的筹建工作。

1948 年 3 月，孙仁琦与禹如瑾结婚。孙仁琦赴瑞士留学，禹如瑾变卖嫁妆为他作路费。孙仁琦到瑞士后，英特格拉厂（Integra）接纳了他。他整整干了两年，一面工作，一面在苏黎世瑞士国立高等工业大学读书，跟随唐克教授（Pif. Dr.F.Tank）学习无线电、无线电脉冲调制技术。

1951 年元旦，新中国驻瑞士大使馆大使冯铉邀请中国留学生至使馆参加庆祝会，传达中共中央、毛主席对留学生的慰问，孙仁琦立即表示愿意回归祖国，并于同年 11 月回到祖国首都北京。

回国后，被任命为电信科学技术研究所工程师，从事新中国军事通信工程的建设工作。还曾在全国电离层观测站、重庆邮电学院、邮电部 529 厂、邮电科学研究院第九研究所、南京邮电学院等单位工作。1962 年 3 月任副教授。1981 年晋升为教授。他设计的高频低噪音接收机，受到上级好评。1954 年获全国人民慰问解放军代表团纪念章一枚。还研制成功了 PCM 基群再生中继器，并建立北京 64KM 试验段，受到 1978 年全国科学大会表扬。

他在南邮 14 年中，科技成果有两项：一是具有自适应均衡技术的 PCM 二次群 4GC 微波通信机系统，获江苏省人民政府 1983 年科技成果三等奖。二是数模兼容的 PCM 三次群 4GC 微波通信机系统，1988 年 1 月通过省级鉴定，认为该项目对改造我国大量模拟微波中继设备，促成向数字化过渡，有重要意义。

主要论文 24 篇，其中：数字微波通信方面 5 篇，自适应均衡技术方面 11 篇，调制解调技术方面 8 篇。1992 年为纪念南京邮电学院办学 50 周年，该院无线电工程系特编辑出版了《孙仁琦教授论文集》，收论文 36 篇。其间，参加国际学术会议 3 次。此外，他还担任中国通信学会微波通信委员会兼数字微波通信组组长、《微波与卫星通信》编委；中国电子学会会员；美国电气与电子工程师协会高级会员；邮电部邮电高等学校教材《无线电技术》专业编审委员会委员；南京邮电学院无线电工程系学术委员会主席、通信与电子系统学科组组长、江苏省高校职务评审工作通信与电子系统组成员；南京工学院科技成果鉴定会 "IGHZ 直接调制解调微波通信系统" 组主任委员。

在南邮，他先后培养了 20 名硕士研究生，有 4 名获得美、德、英国的博士学位。他主持南京地区高校博士生、硕士生论文审阅及答辩工作近 50 人次。并协助东南大学吴伯修教授发起组织 "南京地区理论与技术学术讨论会"，担任该会六届顾问。

1985 年 5 月，孙仁琦光荣地加入了中国共产党，1988 年被邮电部授予 "全国邮电先进工作者" 光荣称号；1989 年被江苏省教育委员会授予 "江苏省高等学校优秀研究生教师" 称号。1992 年退休，享受回国定居专家生活津贴。

10. 李宗愆（1922—），原名李铁夫，和县人，情报研究专家。先后就读于清真小学、县立初级中学、省第三临中。1941 年考入中央大学农学院，攻读农业经济，获学士学位。1945 年初，参加党的地下工作。1946 年进入苏北解放区，参加华中新闻专业学校学习，校长范长江。先后任华东《新华日报》《山东大众日报》《河南日报》等报社资料员、副科长、研究室主任、读者来信组组长和时事组长等职。1959 年，任平顶山矿务局工人干部学校校长。1981 年，任河南省社科院学术委员、情报研究所名誉所长、河南省科技情报学会理事。

近半个世纪以来，李宗愆一直从事新闻报刊编辑工作。他曾主编《新文萃》杂志（1949—1952，旬刊），是当时国内第一家公开发行的文摘刊物。以后陆续主编《学术资料》《学术文摘》《社会科学动态》等刊物。1984 年后，他参加了一些大型资料工具书的编辑，如《河南经济辞典》《中国社会科学手册》。

11. 夏学今（1923—1995），和县人，社会文化人。幼时家境贫寒，1937 年秋考入和县中学。入学一年后，日军侵占和城，随学校迁址香泉镇继续学习。后因家庭贫困而辍学。

夏学今

1951 年秋，他考入巢湖地区供销总社在和县新生中学办的会计速成班。在学业结束考试时，以全优成绩名列全班第一名，从此开启了终身的财会生涯。1988 年 11 月退休。

退休后，受聘于会计师事务所。同时，立志要在有生之年，把"四大名著"用蝇头小楷抄写出来。和县初中读书时，曾临池学书过柳颜字帖打下了坚实的书法基础，几十年来，将书写的"清清白白做人，认认真真做事"的条幅，压在案桌玻璃台板下，提醒自己要一步一个脚印去实现自己的志向。

1992 年 7 月 12 日，开始手抄《三国演义》。从此，星期天和节假日全都付诸其中。抄写时，他对每个字的一笔一画谨慎用墨、运笔，绝不随意马虎。某个字写得不好，或是写错了，哪怕是整页写了几百个字，整页也作废，重写。1993 年 10 月 13 日抄写完毕 62 万余字的全版《三国演义》。历时 458 天，共用毛笔 48 支，抄写 124 章回，每页面宣纸长 27 厘米，宽 17 厘米，700 多个字，共 864 张面页。接着，精心装帧成仿古籍 8 卷册。

此后，夏学今又抄完了原版《孙子兵法》，接着，挑战《水浒传》。就在他踌躇满志、大显身手时，他的人生出现了巨大"变数"。1994 年 5 月，相濡以沫近 50 年的夫人离他而去；10 月，他被确诊为胃癌，面对失去亲人的悲痛、病痛的折磨、放化疗的痛苦和死亡的威胁，他依然矢志不移，奋笔疾书。随着病情不断恶化，他感到留给自己时间不多了，更是只争朝夕，抄写到生命结束。

夏学今的事迹，省内外多家媒体先后报道，引起社会关注。他被载入《马鞍山市志》，被列入《马鞍山历史人物传》及《和县名人录》。

陈欣源

12. 陈欣源（1923—2004），和县人，和县初级中学校长陈钝之子。1946 年和县县立初级中学毕业，1950 年毕业于复旦大学财经系，分配至中央财政部工作。1958 年参与筹备成立宁夏回族自治区，任计委物资处处长。81 岁时加入中国共产党。

13. 王耀恕（1924—2021），回族，和县人，笔名拙夫，和县文化界名人，作家。

和县中学毕业后，曾在安徽行政管理学院科干班学习，安徽省地方志第一期研究班结业。1949 年 5 月，任城区小学教师。先后任县文化馆馆员、文教科干部、清真小学校长、县科协干部。

自谦为"拙夫"的王老，丝毫不拙，是一个艰苦朴素的人，一个乐于思考的人。数十年如一日，寒窗苦读，笔耕不辍，其诗词歌赋、绘画等作品，大多围绕乡情县史的主题，极具地方特色。他长期钟情于和县乃至和州历史的研究和人文典故的挖掘整理。他有一个习惯，只要在各种媒体上听到或看到关于和县或和州历史的人或事，就会立即摘录下来。所以熟悉他的人，都经常看到他出门喜欢拎着一个布包，里面放着三小件：记录本、钢笔和茶杯。

他是安徽省作家协会会员、安徽省地方志学会会员，系和县政协一、二、三、四届委员及县政协一至八届文史委员。1982 年 1 月担任地方志编辑，历经 13 年参与编辑《和县志》。该书获省地方志成果二等奖。他先后被巢湖地区地方志系统评为先进工作者。

曾担任《和县文史资料》一、二、三、七辑及《和县名胜名人》《和县人物》编委。《中国县、市概况》《安徽沿江经济概况》《安徽历史文化名城》《安徽省人物志》《山峰巍巍》撰稿人。《霸王悲歌》获中华八喜杯优秀奖，《拔山力尽乌江水》获中共和县县委宣传部对外宣传荣誉奖。《历阳横江考》获中国作家世纪论坛全国散文二等奖。《人民心中的太阳》获《颂歌献给党》全国征文大赛一等奖。主编《中国香泉》《诗人笔下韵和州》，著作有《拙夫走笔》《横江情》；入选《中国专家人才库》。

14. 陈大珂（1925—2017），和县人，当代著名的森林生态学专家、森林经营学专家。

1940 年在和县中学读书。1946 年夏，考入中央大学森林系造林专业，1950 年毕业。首任东北人民政府林业部技术员，林垦部调查训练班教员。1952年调任东北林学院助教、讲师、副教授并担任森林生态实验站站长，后任东北林业大学森林资源与环境学院教授。

陈大珂先后兼任中国林学会森林生态学会副理事长、顾问、省生态学会常务理事，兼任省森林生态专业委员会主任、中国林学会学术委员会委员、黑龙江省林学会理事兼经营学会主任。

陈大珂

40年来，他发表论文33篇，参与《农业百科全书》《中国植被》《中国森林》《黑龙江森林》等书的编辑工作。他编著的《造林学》，获1987年林业部颁发的优秀教材一等奖，1988年获国家教委颁发的全国教材优秀奖。他还兼任东北林业大学出版社总编辑，1988年在西柏林获"国际农业科学教育片银穗奖"。他的专著《天然次生林——结构、功能、动态与经营》一书，获国家教委颁发的优秀学术著作奖。

15. 安佛华（1928—），和县人，国防武器研究专家。

抗战初期，就读于和县中学。1944年，被选送到中央军委工程学校（张家口），学习无线电通信工程专业。1946年，考入南京金陵大学，不久转入上海复旦大学。1948年，入读华东革命大学江淮分校，随军进驻上海。1951年，被派往西安解放军第一通讯学校任助教兼干事，协助组建实验室、实习工厂。1957年毕业，分配至国防部第五研究院工作，由助理研究员升为副研究员。1963年，他撰写的研究报告《美国地空导弹发展道

安佛华

路》，受到钱学森重视。钱学森亲自写信给他："……说明你所做的工作已进入新阶段。"组织上还给他记了三等功。

安佛华在国防事业的研究与开拓中，尽职尽责，曾多次受到表扬嘉奖。1985年，他主持研究的《关于我国防空武器研制发展方针的研究报告》，获国务院颁发的国家科技进步三等奖。

1986年离休，职级为副师级。1987年，他撰写的《2000年前国防科学技术和武器装配发展趋势综合分析》受到国防部高度重视，荣获国防科工委科技进步三等

奖。他撰写的《大型武器系统费用增长趋势与美国的基本对策》《国防科技简报》《涉及反导弹系统报告》，均受到嘉奖。1988 年，安佛华荣获中央军委颁发的"胜利"功勋荣誉奖章。

16. 林厚康（1929— ），和县人，高级工程师。

1945 年考入和县县立初级中学，1952 年毕业于南京大学电机系。历任江苏南通邮电局机务站技术员，邮电部邮电科学研究院工程师和第六研究所、第五研究所副所长、副总工程师，安徽省邮电管理局总工程师、高级工程师，中国通信学会第二届理事。

1958—1964 年先后担任我国单路、三路、十二路、电缆 60 路载波系统总体设计负责人；邮电部 101 工程（北京—石家庄段）实验组组长；1965—1978 年晶体管 60 路、小同轴电缆 960 路、中同轴 1800 路载波系统总体设计负责人。4201、5502 实验工程（京沪段、京旱广）技术负责人；1979—1989 年邮电部长途广纤 140ML/S 系统总统设计及合芜实验段技术负责人。

1985—1994 年分管安徽省邮电科技开发工作，组织实施多个项目，获得部、省级科技奖。1950 年翻译俄语作品《小电力变压器的设计和应用》，由人民邮电出版社出版；1963 年论文《电缆载波系统的最佳发送电平和串杂音分配》出版。1972 年发表论文《电缆载波系统的干线均衡》《有线传输技术》，其他有多篇设备研制报告、工程实验报告在有关技术刊物上发表。

参加国家电信政策制定，获表彰证书；"小网轴 960 路线路设备系统"获邮电部科技一等奖；"中国轴 1800 路系统设备研制"获邮电部科技进步一等奖；"140mb/s 长途光纤系统试验工程"获邮电部科技进步一等奖，并获得国家级科技进步奖。1992 年，享受国务院特殊津贴。

先后在邮电部第五研究所、南京邮电学院、合肥工业大学担任硕士研究生导师，指导硕士毕业多人。

17. 孟绪武（1930— ），和县人，中共党员，大学本科学历，安徽农业大学植保专家。

1946 年就读于和县县立初级中学，1956 年 8 月毕业于南京农学院植物保护系，后任安徽农业大学植保系副教授。孟绪武从事昆虫分类学方面的教学与科研工作。先后任教本科生的昆虫学通论，硕士生的昆虫分类学、昆虫形态学等专业主课程，编写有关教材约 30 万字。1958—1959 年，他曾以昆虫专家组组长的身份，两次参加中国科学院云南热带生物资源综合考察队，赴西双版纳地区进行昆虫资源考察，并撰写专题报告及学术论文数篇。在国家级及省级刊物上发表以分类学为主的论文近 20 篇；完成《安徽省昆虫名录》专著一部；承担《福建昆虫》一书中的"天蛾科"内容的编撰任务。

在"中国天蛾分类研究"项目中，关于新纪录种的论文分期发表后，受到美、捷、加、德、南非、澳大利亚等国同行专家的赞赏，他们纷纷索求单印本，其中部分内容已被国际权威刊物摘录并在国内专著中被引用。"中国天蛾科分类研究"项目中的部分成果，曾于 1990 年及 1993 年两次获省科技进步四等奖。1991 年获省科协优秀论文二等奖。他的事迹先后入编《中国专家》《跨世纪中华兴国精英大典》《中国教育家》等十余部辞书中。

18. 端木礼海（1930—），和县人，1946 届和县县立初级中学学生。自号梦梅，著名国画家，有"江南一枝梅"的美誉。现任中国现代民族书画艺术家协会副主席、中国函授大学常务理事、安徽省书画研究会副会长。

自幼得益于草圣大师林散之的教诲，一生爱梅画梅。1946 年小学毕业后，考入和县中学就读三年。解放后，他曾在体委部门工作多年。粉碎"四人帮"后，调入芜湖市文化局工作。他身处逆境时，坚忍强毅，外师造化，内学名师，终日画梅不辍，得到名画家关山月、陈大羽等认可。著名书法家肖娴女士赞其墨梅为"江南一枝春"。

端木礼海

几十年来，端木先生刻苦钻研画梅艺术，已形成独特风格。端木先生的《红梅》《墨梅》等多幅作品先后在国内外展出并获奖。其作品作为省内外政府间的馈赠礼品、出国礼品，还有不少精品被博物馆、艺术研究机构以及国际友人珍藏。香港《收藏天地》曾发表了端木礼海为邮电部发行的梅花邮票首日封绘制的《严冬过尽》《古树新花》等 6 幅作品，中央电视台、中央人民广播电台、中国国际广播电台曾专门向海外介绍他的画梅艺术和取得的成就；湖北电视台还为他拍摄了《梅花香染万里春》的专题片。

他心系桑梓，为奖掖后学，于 1996 年在母校和县第一中学设立梅花奖，已有

25届。他用自己亲笔题画的梅花图，奖励每年高考的文理科状元和班主任老师，以激励他们发扬梅花精神。

随着上海世博会的召开，端木礼海先生与上海世博"结缘"。为弘扬中华文化精粹，中国书画研究院上海分院发来邀请函，聘请著名画家端木礼海先生为该院常务副院长，并邀其世博会期间携10幅画作赴沪在"奇麟阁名人会所"开展。安徽省书法家协会副主席、兰亭奖得主韦斯琴还为其书写《梦梅亭记》："端木先生之爱梅，实乃对坚贞不屈品格之挚爱，而先生一生画梅数千，日写夜思，常于梦中见梅枝疏影横斜，格高气清香幽，遂起床墨落传神。"

端木礼海先生故里"端木草堂"位于和县绰庙老街，占地3000平方米，是当地政府为其构建的人文景观。馆内有明清建筑风格的"草堂""梦梅亭"与"名人碑林"，珍藏着端木礼海数十幅梅花作品和当代名家的题匾。宣城市委、市政府建造"端木礼海梅花艺术馆"，并在馆内为端木礼海先生雕塑一尊铜像。

19. 鲍家驶（1930—2018），和县人，1948年毕业于和县县立初级中学。著名数学家、教育家。

1949年随兄赴台湾读高中，后考入台湾大学土木工程系。1950年赴美深造，1962年获堪萨斯州大学应用力学硕士学位。在此期间，曾在美国西屋电力公司任工程师，半工半读。随后考入美国匹茨堡大学攻读博士，1968年获得数学博士学位。此时与在美国堪萨斯州大学攻读硕士的高美珊女士结婚。生有三子，长子是哈佛大学MBA，次子是公爵大学医学博士，三子是麻省理工学院MBA，均已成家立业。

鲍家驶博士在北卡州大学担任数学教授有30多年，终身从事数学研究与教学，不接受任何行政职务。发表论文130余篇。被《数学分析及应用》《应用非浅性方析》《电子应用数学》等5种期刊聘为编委。他的事迹收入《教育界名档（英国）》《科技界名人录》《南部及南部名人录》《美洲名人录》《美国名人目录》。

应国内大学邀请，鲍家驶博士多次回国，在华中工学院、四川大学、北京大学等校讲学。他曾多次帮助国内申请赴美读书学生获得奖学金，攻读博士学位，并担任他们的导师。1982年，在北卡州留学的中国学生和访问学者组成"中国学生、学者联谊会"，他应邀担任该会指导教授。

得知母校百年校庆，他捐款 1 万美元做奖学金基金，奖励和县第一中学优秀学生。

20. 陈文富（1932—），和县人，1947 年和县县立初级中学学生。农业科学家、教育家。

初中毕业后考入芜湖农校，后在皖南大学生物专科学习。先后任芜湖农校教师、宣城地区农科所技术干部、试验场场长、高级农艺师、中国农学会会员、省作物协会会员、农学会会员、园林学会会员。终生从事农业教育、农技推广与农业科技工作。在芜湖农校工作期间，他 3 次被评为芜湖市社会主义建设积极分子并受到表彰；1985 年，获宣城地区科技成果四等奖。1987 年，获宣城地区科技进步四等奖；1990 年，参加"南方稻区良种区域试验结果及应用"学术讨论会，参与研究的项目获中国农业科学院科技进步一等奖。

在省内外报刊上发表论文 23 篇。他亲手选育的"芜粳 735""芜粳 7526"两个优良稻品种，已在部分地区栽培推广。

21. 汪航（1934—），原名汪光祥，和县人，1948年考入和县县立初级中学。高级工程师、空军大校。

1950 年考入芜湖市高级商校。1951 年参军入伍，在杭州笕桥空军第六预备总队学习，12 月进入空军第三航空学校学习航空技术，毕业后留校任助教。1957 年考入解放军通讯兵电子工程学院雷达系学习，1963 年毕业后分配到北京空军第二研究所工作。1976 年调往空军驻长安机器总厂任副总代表、总代表。1988 年被授予技术大校军衔、高级工程师。1992 年调至空军驻合肥电子工业部第三十八所军代室任高级工程师。1994 年退休。

汪 航

22. 张仕周（1934—），和县人，高级工程师。

1950—1953 年就读于和县中学初中甲班；1960 年毕业于北京地质学院，并留校任教；1964 年后，先后在北京第三机床厂、5137 厂、马鞍山市磁性材料总厂工作。

他主修过车、铣、镗、磨、齿轮和锻压等设备；安装调试过多台国产和欧美进口精密机床；仿型设计了程度数学控制钻镗床；主持设计了大理板材加工生产线成套设备，并已批量生产。他安装调试并配套设计的一条年产 3000 吨氧体磁粉干法生产线，与湿法相比，提高了产量和质量。他设计的重油燃烧系统替代煤气燃烧系统，解决民用煤气短缺制约生产的关键问题。他根据美国的引进年产 1 万吨高档碰粉生产线关键设备的总体要求，负责该项目总体配套工程设计，一次试产成功，达到设计要求。同时，通过设备安装、测绘、美方调试，掌握了该生产线自动控制粉料气力管道运输、秤量系统、重油雾化及燃烧自动控温调节系统。发表《曲柄摆杆机构在大理石切形机上应用》和《两吨空气锤失控分析》等论文。

23. 陈华东（1934—），和县人，教授级高级工程师。研究方向：齿轮工艺和液压传动，政治经济学。原名陈影，系和县教育界知名人士陈秉诚先生之子。

1946 年，考入和县县立初级中学甲班读书。1955 年，毕业于上海交通大学机械系。后为开封大学教授、副校长。先后任开封市第八届人大常委会副主任，开封市科技兴汴专家咨询团副团长、开封市台湾同胞联谊会会长、中国职业大学机构工程研究会顾问、中国未来研究会会员。

陈华东

他参与"全国磁型铸造生产联合设计"等 4 项开发性项目的研究，负责农用运输车等 2 项新产品研制，负责两项软科学研究。在国家级、省级专业刊物上发表《可靠性分析的简捷方法》《处长齿使用寿命的一些设计方法》《低速大扭矩液压马达的选择》等 20 余篇论文，其中 5 篇论文获市、省级优秀奖。20 世纪 80 年代，他参与了《SAE 简明实用手册》一书的编译工作。90 年代中期，获开封市"科技兴汴"带头人的光荣称号。

呼安泰

24. 呼安泰（1934—），和县人。1946 年秋插入和县县立初级中学就读。曾任新闻记者、报刊编辑、剧团编剧及县志办主任、主笔、《南京群文志》总纂、副主编、编审等职。先后发表、出版小说、散文、诗歌、戏曲、评论近 200 万言。主要作品有《傻子别传》《林散之轶闻》《如此完女》《差在哪里》等。兼任香港《国际工商报》特聘高级记者、《江南诗词》《民俗报》副主编，龚贤纪念馆、和州书画院艺术顾问，江苏戏剧家协会、江苏美学学会、明清小说研究会会员。

呼安泰被授予"中国专家"荣誉称号，其业绩录入《中国高级专家人名词典》《二十一世纪人才库》《中国专家人才卷》《安徽高级专家人名词典》等辞书。

25. 麻嘲炎（1934—），和县人。原名麻朝炎，又名麻梓，别号洗心、石冰，斋号洗心斋、解味楼、抱月轩、坐忘馆。现为安徽省书法家协会会员、马鞍山市书协顾问、和县书法家协会首任主席，现为名誉主席、苏州迦南书画院名誉院长。

麻嘲炎

1947年考入和县中学一甲班，他的书作经常出现在校刊上，由此结识了诸多高年级同学，写字成了他的课外爱好。后转入南京金陵大学附中读书。先后在县文化站、学校、县剧团、文化馆、政协文史办等部门工作。

先生对书法有浓厚的兴趣，多年临池不辍。20世纪50年代中后期，有幸与林散之先生长子林昌午（筱之）同事，有机缘拜访林散之先生。经林老点拨，系统学习"二王"帖学及汉隶、唐楷。又经林先生东床李秋水先生指点，学习研究古代书论，颇有心得。在李秋水先生的指教下，学书法，读史书和书论。作为一个江南文人，先生对书法有自己的思想和看法。他遍临历代名家碑帖，就是为了保留中国书法精神。

80年代始，学习草书及大小篆、魏碑等。90年代中期退休，遂专心学习书法。2000年11月，《石冰老人小楷苏曼殊诗》出版发行。2003年10月，安徽省马鞍山市举办"国际吟诗节"，特邀先生在吟诗节期间举办《麻嘲炎书法作品展》，次年，巢湖市书协再次为先生举办个人展览。其书艺为世人敬重，亦受到同行的赞誉。

先生行草《岳飞满江红》作品被中国军事博物馆永久珍藏。其作品被美洲、欧洲、澳洲、日本、新加坡、中国香港、中国台湾等地博物馆及一些收藏机构、友人和书法爱好者收藏，并常作为地方政府对外交流带出国门。多家出版社为之出版《石冰老人小楷苏曼殊诗》帖、《泰山金刚经》帖、《四书》帖、《坐忘馆自作论书诗》等帖。

麻嘲炎先生对篆书深有研究，其篆书取得了不少成就。他学《石鼓文》，可上追大篆，下学小篆，百无一失。后世学篆者皆奉为正宗，无不临习。

麻嘲炎先生热衷于公益活动，为人正直，淡泊名利，做了许多有益于大众之事，永播香名。

汪沂

26. 汪沂（1935—），和县人，德语教育家、教授。

1942年在乌江小学二年级就读，1946年秋考入和县县立初级中学，1949年秋入南京市立第二中学读高中，因家庭经济拮据辍学。后进入三野军事政治大学，接受三个多月军政训练后，被分配到空军泰山部队任雷达员。1954年复员转业到地方。1956年，考入南京大学外文系，学完四年德语语言文学专业课程，获学士学位。1962年进入四川外语学院任德语教师。1979年，他与另三位教师共同承担了为来自全国高校和科研院所的40名科研骨干进行一年德语强化的培训任务。由于他工作出色，被国家教委派往德国歌德学院进修20个月；如期返国后，任德语专业教研主任。1985年任德语系副主任。1986年晋升为副教授。

他的论文和译作有《依附语言及词的配价理论》《德语小品词》《实验文学与当代德语文学语言》《狂飙突进运动中的席勒》等，主编德文工具书两本：《德汉惯用语词典》和《实用德汉／汉德词典》。

27. 易邦旺，和县人，教授级高级工程师。

1951—1955年就读于和县中学。在冶金工业部钢铁研究总院从事金属材料研究工作。享受国务院特殊津贴。

易邦旺的主要成就有：与他人合作研究的"无铬抗硫耐钢及其焊接材料"，1980年获国家发明三等奖；研究成果"葛洲坝水轮机用不锈钢及其焊接新材料"，1985年获"六五"攻关奖；研究成果"葛洲坝二、三级工程及大型电机组"，1986年获国家科技进步特等奖主要参加者光荣证书，这为我国水电大型发电机组用磁轮、磁极钢板系列化奠定了基础，达到国际先进水平。多年来，他多次获冶金部技术进步一、二、三等奖。他著有《石油加工耐腐蚀及耐蚀钢》等书。曾入编《中国当代发明家大辞典》《中国专家大辞典》《中国专家人才库》等。

28. 赵永盛（1936—），和县人，物理学博士，物理学专家，高级工程师。

在和城读完小学后，考入和县中学。初中毕业后，考入南京七家湾中学读高中。后考入清华大学核物理系，毕业后分配至国防科工委工作。改革开放后，他赴美深造，在麻省理工学院获核物理博士学位。后受聘于哈佛大学担任研究工作。现在美国东哈佛达市高级光学技术国际公司担任高级工程师，专门研究磁共振显像技术。

赵永盛博士现住美国东北部康乃尔州，爱人刘芬毕业于北京大学，生有两子一女。

29. 沈基正（1937—），曾用名沈基政，和县人，1952 年 8 月至 1955 年 7 月在和县中学读书。中共党员，省政协第八届政协委员、常委。

1956 年 4 月加入共青团，1966 年 3 月加入中国共产党。初中毕业后回乡，任民办教师和高级社会计。1956 年 8 月至 1957 年 9 月在安徽滁县农业局乌衣区农业技术推广站工作，任技术员；1957 年 9 月至 1960 年 8 月在安徽凤阳农校读书，任团委书记；1960 年 8 月至 1965 年 8 月在中国人民大学读书，任团支部书记、学生会干事；1965 年 8 月至 1966 年 3 月在宁夏回族自治区平罗县周诚乡工作，任教社工作队队员；1966 年 3 月至 1968 年 5 月在宁夏平罗县渠口乡工作，任副乡长。

沈基正

1968 年调回和县，先后任农机厂政工组长、厂团支部书记。先后在和县工业局矿山管理所、和县酒厂工作，任政工组长；在和县工交办公室工作，任秘书；在和县城北公社工作，先后任党委副书记、革委会主任，党委书记、革委会主任。

1980 年 12 月至 1983 年 7 月任中共和县委县委常委；1981 年 12 月至 1983 年 7 月任中共和县常委、副县长；1981 年 9 月至 1982 年 7 月在省委党校学习一年。

1983 年 7 月至 1993 年 5 月在中共巢湖地委工作，任地委副书记，先后兼任巢湖师专党委书记、地委党校校长；1986 年 2 月至 1986 年 7 月在中央党校学习半年；1993 年 1 月被选为安徽省第八届人大代表。

1993 年 5 月至 1998 年 12 月在安徽省农业科学研究院工作，任院党委书记；1997 年 12 月至 2003 年 1 月任安徽省政协第八届政协委员、常委、经济委员会副主任等。

沈基正始终把党和人民的利益放在第一位，勤政廉洁，为人正派，团结同志，所在单位都有政绩，受到组织和群众好评。

30. 顾德如（1937—），和县人，中共党员，副师级干部，作家。

11 岁时，上了几个月的私塾；1951 年，进隐驾村小学；1952 年至 1955 年，就读于和县中学；后转校安徽当涂县中学学习，直至高中毕业。1957 年考入复旦大学新闻系。1962 年毕业分配至解放军报社任编辑。1979 年调至解放军后勤指挥学院学术研究部搞理论研究工作，任《后勤学术》杂志编辑。1987 年因患中晚期胃癌退休。

顾德如已经走在人生边上，并没有被病魔击垮，而是着手编写了自己的第一部著作《中外军事人物词典》。在与病魔抗争的日子里，又先后出版了《夺命》《我是怎样战胜癌症的》《从士兵到将帅》等 5 部书。《夺命》一书，引起社会强烈反响，曾被报纸、电视台、广播电台、杂志社等 20 家媒体宣传和推荐过。公开发表过杂文、诗歌、小说、散文、学术论文数百篇。长篇小说《婚恋有价》是他病后的第六部作品。

王宗英

31. 王宗英（1937—），女，和县人，地理学专家。

初中、高中就读于和县中学、巢县中学、当涂中学。1961 年 7 月毕业于合肥师范学院地理系，同年，留校任教。在安徽大学生物系、东北师范大学地理系进修。先后为安徽师范大学地理系教授，全国地理学会自然地理学专业委员会委员，全国高校动物地理学学术研究会理事长，全国生物地理学研究会理事长，安徽师范大学国土资源与旅游学院自然地理专业硕士点导师组组长，硕士生导师。

先后任安徽省高等学校教师职务评审委员会农学、林学等学科组成员，安徽师范大学学术委员会委员，《安徽师范大学学报》自然科学版编委等。

她长期从事动物地理学、生态学、土壤动物学等领域的教学与研究。参编全国统编教材《动物地理学》《自然地理学实验与实习》，在《地理学报》《生态学报》《应用生态学报》等期刊上发表论文 50 多篇。主持国家自然科学基金项目多项。她先后获得安徽省科技进步奖四等奖，安徽省自然科学奖三等奖，安徽师范大学教学质量优秀奖、优秀教学成果奖、全国高校实验系列先进个人奖，曾宪梓教育基金会颁发的全国高等师范院校教师三等奖；享受省政府特殊津贴。

32. 彭克宏（1937—），无为县人。1952 年由巢县柘皋中学转入和县中学，1955 年高一下随班转入当涂中学。1957 年考入中国人民大学，先后获得学士、硕士学位。1964 年，分至中央马列研究院工作。1973 年，调至北京钢铁学院（现北京科技大学）任教。1980 年调至中国社会科学院马列主义研究所，任副所长、党委书记。现已退休。

他著作有《中国政权等级经济》《坚持和发展马克思主义要在结合上下功夫》《社会科学大辞典》。

33. 王寿祥（1937—），和县人。放射生态学专家、生物物理学博士研究生导师。

幼年在西王辅化小学读书，后考入和县中学读完初高中。1957 年考入浙江大学机械工程系。1960 年春，转入农业机械系农机制造专业学习；为适应尖端科学的发展，开拓原子能技术在农业上的应用，经学校严格考核，他获准提前毕业回浙大工程物理系学习。1962 年，他进入浙江农大从事科研与教学工作，先后任助教、讲师、副教授、教授。1996 年享受国务院特殊津贴。1997 年被聘为生物物理学博士生导师。

王寿祥

王寿祥在从事教学工作的同时，从自己的专业特色出发，选定了多学科交叉的环境科学、放射生态领域进行研究。在该领域，他发表论文 40 余篇，其主要内容以《中国核科技情报》的形式，送往国际原子能机构国际核情报中心参加交流。他作为主要编著者的《放射生态论文集》，为国内该领域中首本专著。

王寿祥教授的专著《核技术农学应用》，获浙江省科委科技进步三等奖；《农药安全使用标准》一书获农业部一等奖；《核污染放射性生态学的研究》一书，获浙江省科学进步二等奖。2000 年退休后，他仍指导一年轻副研究员的课题研究，并指导两名在读博士生。

34. 陈艾中（1938—），江苏江浦人，著名书法家。中国书法家协会会员、安

陈艾中

徽省书法家协会顾问、林散之研究会副会长兼秘书长、太白书画院名誉院长、马鞍山市书法家协会主席。

1954 年毕业于和县中学高中，1958 年毕业于安徽历史研究所历史专业。书法师从"当代草圣"林散之先生，以隶书、草书见长。1982 年加入中国摄影家协会。1990 年先后在日本、澳大利亚、新西兰、中国香港等地举办书法展、进行学术交流和艺术考察。为地方的文化建设做出了积极的贡献：主持"林散之研究会"工作；筹建"林散之艺术馆""季汉章藏砚阁"和"太白碑林"等。1992 年加入中国艺术摄影学会，任理事。1992 年，《农民进城》获"中国当代侨乡影展"银牌奖。1993 年，《李白》画册由国际展望出版社出版。

1994 年应邀担任西南师范大学书法研究生学位论文答辩委员会主任委员。2000 年被中国书法家协会评为"德艺双馨"书法家。2002 年被马鞍山市授予"德艺双馨人才"，2003 年应聘为马鞍山市政府文化顾问。出版有《林散之研究论文集》《林散之诗集》《采石矶》《陈艾中书法集》《李白》《当代名家书李白》《中国书画名家》等作品集及 VCD 光盘。2006 年被聘为安徽省文史研究馆馆员。

2008 年 12 月 19 日上午 10 时"陈艾中书法艺术展"在南京江苏省美术馆隆重举行。来自江苏、安徽及全国各地文艺界嘉宾及书法爱好者数百人参加了开幕式，展期为 4 天。

陈先生为人谦和淡泊，不事张扬。书如其人。《中国当代书画家》一书这样评价其作品的总体风貌："其草书刚劲洒脱，清新多变；隶书则熔冶篆隶草于一炉，古朴中求变化，自然中见功力。"

35. 陈其才（1940—），和县人，中共党员，1951—1955 年就读于和县中学。曾任和县政协副主席。

退休后，先后被聘任县老年大学校长、"老教委"常务副主任，荣获省和全国老年教育"先进工作者"称号。

兼任中国摄影家协会会员、中国艺术工作者协会副会长、中国国学研究会研究员、安徽省摄影家协会会员、林散之研究会会员、和州书画院名誉院长。

1969 年 12 月—1970 年 4 月，被县革委会派到北京海军部队，主持采写和县籍战士胡业桃英勇事迹，1970 年 7 月 6 日《人民日报》、新华社发表《一份没有填写

的入党志愿书》长篇报道，中央军委命名胡业桃"模范
共青团员"光荣称号，使胡业桃烈士名扬全国。1979年
10月至1980年11月，领队配合中科院考古专家三探龙
潭洞，共同发掘出"和县猿人"，引起海内外轰动；2013
年5—8月，协助省电视台拍摄大型专题纪录片《成本
华——一个被遗忘的抗日女兵》，在央视多次播出，令全
国亿万人民为之感动。2019年2—4月，策划、安排央
视方志组拍摄《安徽卷·和县篇》历史方志片，在央视
十套多次播放。

陈其才

　　常年坚持对县域内的文化史料的发掘、搜集、整理和对林散之书法艺术的研
究，为和县争创历史文化名城做出了努力和贡献。先后主编了《和州风采》《巢湖
文化全书（名人文化卷）》《和县文化丛书（名胜名人卷）》《和州名胜名人》《望天
门山书法集》《西梁山矶头摩崖石刻的探寻及考证》及《中国·安徽·和县》画册
共20多本；拍摄《山不在高》电视风光片等在央视播放，作品被县档案馆收藏。

　　半个世纪以来，坚持业余文学、摄影、书法研究、创作，先后在全国、省、市
报刊发表小说、散文、诗词、书画作品计300多篇（幅），新闻、艺术照片260幅；
参加全国、省、市影展24次。载入全国、省、市、县画报、年鉴、画册和《世界
美术集》（华人卷）、《安徽省摄影家作品选》照片有450幅，其中《农家乐》《金
秋》《心醉》《满江红》《兰花颂》等摄影、书画作品先后在国内外获奖或被收藏。
举办"彩色的田野"和"美的瞬间"个人影展。出版《彩色的田野》农村摄影作品
选和《陈其才摄影和书画作品选》。他的名字被收录于《中国摄影家辞典》《中国当
代艺术界名人录》《世界华人当代名人辞典》《世界名人录》等。

36. 邢序武（1940—），和县人，中学高级教师。

　　1954年考入和县中学，后考入合肥师范专科学校。曾任合肥屯溪路小学校长、
党支部书记。他是区第十、十一、十二届人大常委，省德育学会理事，市教育学
会、体育学会理事，市思想品德教育学会会长。

　　从事教育40年，曾被评为全国优秀教师、优秀体育工作者，高级劳动模范，
并多次被评为区优秀党务工作者、优秀共产党员。他的论文《优化校园管理，全面
实施素质教育》在《安徽教育》上发表，并获省科研三等奖。

37. 王宏乾（1941—），和县人，高级工程师。

在农村读完小学，1956 年考入和县中学，1962 年考入南京林学院林学系。毕业后，分配至湖北省林业部门工作。王宏乾在林木种苗的研究方面建树颇多，曾多次获奖。由于他的特殊贡献，被评为高级工程师，享受国务院特殊津贴。现已退休。

38. 敬应龙（1942—），和县人，1960 年毕业于和县中学高中。中共党员，空军少将。

历任航空学校教员、航空兵部队机务中队指导员、空军政治部秘书、副处长、处长、研究室副主任、政工研究室主任、编研室主任、宣传部部长等职。

自幼聪慧好学，品学兼优。1960 年 7 月中学毕业，9 月，以优异成绩考取中国科技大学近代力学系高速空气动力学专业；后入中国科技大学近代力学系学习。

敬应龙

1965 年 9 月，被分配到长春中国人民解放军空军第九航空学校（现为空军第二航空学院）训练部飞机教研室任教员；1969 年 10 月，被调空军政治部，先后任干事、秘书、副指导员、指导员；1981 年 7 月，任秘书处政工研究科副科长；1983 年以来，先后在空军政治部任下列职务：办公室政工研究处处长，研究室副主任，副秘书长兼政工研究室主任，编研室主任，宣传部部长；1994 年 4 月任济南军区空军政治部副主任、主任；1997 年 12 月任空军政治部副主任；1995 年 7 月被授予少将军衔。2003 年 1 月退休。

在空军政治部工作 25 年，积极参与空军党委、政治部的重要会议的文件材料、领导讲话的起草，开展专题调查研究。单独或与他人共同撰写了上百份调研报告、研究材料。许多调研报告或论文被《新华社国内动态清样》《军内参考》、总政治部《政治工作通讯》《政治工作信息》等刊物转载，其中《关于进一步调动干部战士积极性问题的探讨》论文，1987 年在总政治部召开的研讨会上被全军评为名列第一的优秀论文，并在会上介绍了政研工作的经验。

具体负责组织编辑出版了《研究与探索》《军旅人生百题谈》《蓝天之路》《空军英模名录》等书籍，有的获得国家优秀图书奖。

工作成绩突出，先后 3 次荣立三等功，被评为优秀机关工作者。1986 年荣立集体三等功，1989 年荣立集体二等功。

39. 吴万钧（1944—），和县人，中学外语特级教师。1956 年考入和县中学。1962 年高中文科班毕业后，考入黑龙江省佳木斯师范学院外语系。毕业后一直在佳木斯市任中学外语教师。

1991 年，他被评为中学特级教师。1996 年获"全国中小学外语教师园丁奖"。1997 年，被评为"佳木斯市十大名师"，被佳木斯大学师范学院聘为培训班专家组成员，在大会上作了专题学术报告。1999 年，黑龙江省教育学院受省教委委托，举办中小学省级骨干教师研修班，特聘吴万钧同志为首批研修班导师。

吴万钧老师发表了多篇有影响的论文。他与程晓莉编著的《中国特级教师教案精选》（初中一年级英语分册），由北京师范大学出版社出版；他任副主编的《高考英语阅读》一书，已由高等教育出版社、高等教育电子音像出版社出版发行。

吴万钧老师获悉和县第一中学百年校庆的消息后，写了一封思乡思师、热情洋溢的书信："请母校老师接受一位来自北大荒黑土地弟子的衷心祝福。"

40. 金绪道（1944—），和县人，中共党员，县政协副主席，作家。

1963 年 7 月毕业于和县中学师范班，8 月参加工作。先后任小学教师、公社团委书记、区委宣传干事、区委秘书、乡长、县文化馆馆长、县广播电视局副局长、县接待处主任、县委统战部部长、县政协副主席。2005 年元月退休。

现为中国楹联学会会员，中国通俗文艺研究会会员，江南诗词学会会员，安徽省作家协会会员，安徽省

金绪道

散文家协会一届副主席、二届名誉副主席，原巢湖地区（市）作家协会副主席，和县作家协会一至二届主席。马鞍山市作协四届名誉副主席。

自 20 世纪 70 年代以来，先后在《安徽日报》《解放日报》《世界信息报》《江南诗词》《艺坛》《诗刊》《报告文学》等报刊发表诗文百余万字。1998 年，由安徽文艺出版社出版诗集《报春花》；2004 年，由时代文艺出版社出版散文集《秋之恋》，获首届安徽散文金种子杯一等奖。诗歌入编《中华诗歌精品选》、歌词入编《中国当代优秀群众歌曲大全》，散文入编《中国二十世纪微型文学作品选集》，报告文学分别由安徽人民出版社、中国人事出版社结集出版。由他撰文的电视专题片《江边风》《山不在高》分别于 1992 年、1993 年在中央电视台、安徽电视台展播。

退休后，主编《和县志（1989—2005）》《香泉镇志》《中国共产党安徽省和县历史》第二卷（1949—1978）。个人词条收入《中国当代艺术家名人录》《世界华人文学艺术界名人录》。

张维盛

41. 张维盛（1945— ），和县人。中共党员，高级工程师。

1957年至1963年在和县中学初、高中学习。1963年秋就读于合肥工业大学机械工程系锻压专业，1968年9月毕业。1968年12月被分配到贵州省贵阳矿山机器厂工作。其间历任工艺科技术员、工程师、高级工程师。

1984年任贵阳矿山机器厂结构分厂技术厂长。在该厂工作期间，先后在国内《模具通讯》《工程机械》《机械工人（热）》《机械与电子》《现代机械》等专业期刊上发表专业技术论文数十篇。与他人合作编撰有关模具设计专著两本。1986年荣获贵州省科学技术进步二等奖。1986年、1987年连续两次获全国优秀质量管理小组（本人为小组负责人）奖。1988年作为人才引进调入贵州省民政厅，任城市社会福利处负责人、副处长、社会事务处处长。还先后兼任中国社会福利企业协会理事、中国婚姻家庭建设协会理事、贵州省婚姻家庭建设协会副会长。荣获1991年贵州省未成年人保护工作先进个人，所负责的城市社会福利处荣获"全国民族团结先进集体"。1994年4月至5月参加香港中华总商会组织的第37期香港工商业研讨班。2000年12月，参加主持贵州省慈善总会筹备工作，任筹备组执行副秘书长。2005年10月退休。

耿兆恩

42. 耿兆恩（1945—2018），和县人，高级工程师，大校军衔。1965年于和县中学高中部毕业，同年考入解放军测绘学院制图系，1969年毕业。

历任学员、作业队技术员、副组长、副队长、兰州军区测绘大队参谋长、兰州军区地图仓库主任、兰州军区第一测绘大队总工程师。在40多年的军旅生涯中，先后参加了消灭青藏高原无图区大会战，对越自卫反击作战紧急测图，我国和俄哈塔吉边界联合测图等重大测绘任务，先后荣立三等功 3 次，取得军队级科技进步一、二、三等奖数十项，兰州军区"八五""九五"先进科技工作者，其中他本人参与的十多项。测绘大队被评为军区科研工作"先进单位"，受军区通报表彰一次，被评为军区"优秀科技干部"，享受二等岗位津贴，担任军区和全军科研成果奖评审会评委。1998 年起享受国务院特殊津贴。

43. 杨庆红（1945—），和县人，高级经济师，高级政工师，市总工会主席。1965 年和县中学高中毕业。任安庆市总工会主席。

后考入农林院校，大学本科学历。1970 年参加工作，曾先后任安徽省军区6486 部队巢湖农场学生连三班班长、宿松县农业局技术员、安庆地区林业办公室办事员、安庆地委调研室办事员、安庆地区办公室秘书，安庆地委组织部副部长、安徽省总工会安庆地区办事处主任。中共安庆市委第六、第七、第八届委员，市政协第八届委员、第九届常委，安徽省总工会第八、第九、第十届委员，全国总工会十一大、十二大、十三大代表。

44. 吕家传（1946—），和县人。中共党员，1965年毕业于和县中学高中。新疆维吾尔自治区文化厅党组书记、副厅长、自治区第九届政协委员。

以优异成绩考入西安军事电信工程学院。1970 年 8月与同校同班的李莹同学，毅然踏上西去的列车，来到位于天山深处的阿拉沟，进入国防五二二三工厂。这里驻扎着几家"三线"国防工厂，他所在的工厂生产反坦克武器——火箭弹。他在阿拉沟军工厂整整工作、生活了 15 年，与同事、朋友结下了深厚的友谊，与同甘共苦的同班女同学李莹结婚。

吕家传

1985 年，举家来到乌鲁木齐，在新疆无线电一厂担任党委书记兼生产副厂长。与厂部的一班人，通过市场调研，依靠无线电厂的技术优势，决定开发彩色电视机。电视机取名"雪莲"牌，雪莲是新疆的象征。当第一台彩色电视从流水线上下线时，他们欢呼雀跃。后又不断扩大生产，迅速占领了新疆电视市场。同时，与新疆的周边国家谈判，兴建了吉尔吉斯电视厂，第一次把新疆的电子产品打入中亚地区。

20 世纪 90 年代初期，新疆经济迅猛发展。现代企业管理浪潮扑面而来，吕家传深知身上的重任。每天刻苦钻研，伏案备课到深夜，为各行各业的厂长、经理、老总，讲述中国企业现状、当前国际企业集团的发展趋势，讲授了党的建设、科学社会主义及管理心理学、领导科学四门课程，为培养新疆的经济管理人才付出辛劳。

1993 年 3 月，自治区党委调他去阿克苏地区任常务副专员；之后，又担任地委副书记兼地委党校校长，主管地区的经济、社会发展和干部工作。

2001 年 6 月，组织上任命吕家传为新疆维吾尔自治区文化厅党组书记、副厅长、自治区第九届政协委员，他又回到阔别 9 年的乌鲁木齐。

新疆文化建设有独特的优势，同时又有与内地不同的特色。他担负着反对民族分裂主义重任。作出了在文艺团体中建立党委的重大决策，使文艺舞台和文化阵地始终掌握在党的手中。为弘扬新疆民族文化艺术，实施了舞台精品战略。各民族的艺术作品，如《天山欢歌》《洒满阳光的新疆》《冰山上的来客》《木卡姆的春天》等一大批精品剧目纷纷登上舞台，获得党中央、自治区领导的高度赞誉，获得国家级多项奖项。

为宣传新疆，让新疆文化艺术走向世界，多次率领新疆歌舞团、木卡姆团赴俄、法、日等国家和中国台湾、中国澳门演出，配合我国外交战略，做出应有贡献。

1998 年出版发行《求索——吕家传论文集》，2007 年出版《吕家传篆刻集》。

2006 年底，他退居二线。2007 年 9 月，被聘为新疆安徽商会名誉会长兼秘书长。他充分发挥商会在企业之间、企业与政府之间、新疆与安徽之间的三个桥梁的作用，为安徽企业、新疆经济社会发展服务。

耿仁水

45. 耿仁水（1946— ），男，和县人，市人大常委会副主任（副厅）。

1962 年考入和县中学，1965 年考入合肥师范学院政教系。1969—1971 年在白湖军垦农场锻炼。1972 年，分配到巢湖地区革委会政工组宣传小组任办事员；后任办事组办事员，从事文秘工作。1975 年调至和县县委办公室任秘书；不久又调回巢湖地委办公室任秘书、副科长，仍然从事文秘工作。

1983 年，耿仁水任含山县人民政府副县长，分管计划、工业工作。1984年任巢湖行署办公室副主任，联系协调计划、工业等方面工作，分管机关内务、宾馆接待等工作。1987年调任无为县委副书记。1995年调任巢湖任农经委副主任并主持工作。后任巢湖行署农经委副主任、主任，巢湖市大常委会副主任，分管农业与农村工作。

46. 盛锦平（1947—），和县人，中共党员，全国教育系统劳动模范。

1966年和县中学高中毕业。1968年，下放和县城北公社公路大队。1970—1977年，先后在十里公社、城北公社任教师。1977年，任和县教育局教育股干事、副股长。1982年，任县委宣传部宣传组干事。1982—1984年，在省委党校学习。1985年，任乌江区委副书记。1987年6月—1995年9月，任和县教育局（教委）局长（主任）、党组书记。1995年9月，任安徽广播电视大学巢湖分校（联合大学、工业学校）校长、党委副书记。2001—2007年，先后任和县政协副主席、县人大常委会副主任（正处级）。2007年退休。

盛锦平

盛锦平勤于学习，勇于实践。担任县教育局局长的8年间，根据上级党委、政府的指示精神和上级教育行政部门的指导意见，制定实施和县教育发展规划和教育改革方案，深入开展"两基"工作，认真实施素质教育，深入开展教育改革和学校管理体制改革，不断开创全县教育工作的新局面。1987年，和县实现校园"一无两有"（校校无危房，班班有教室，有课桌凳）；1989年，和县普及初等教育，被评为省"校舍建设先进县"；1992年，和县被评为安徽省"基础教育先进县"；1993年，和县"校园'六配套'建设"通过省级验收；1994年，通过省"实验教学普及县"验收；1995年，"两基"工作达到省颁标准，通过省政府验收，被评为安徽省"扫盲先进县"。

1993年，盛锦平被评为全国教育系统劳动模范。[①]

47. 张德祥（1947—），和县人，中共党员，大专文化，书法家。

1966年毕业于和县中学高中。因"文革"停止高考，后回乡务农。1970年被

---

① 摘自《和县教育志》，时代出版传媒股份有限公司2020年版，第599页。

张德祥

推荐至无为师范中教班学习一年，毕业后回乡任教师，1973 年调县教育局工作。1978 年，任腰埠公社教育委员兼公社中学校长。1984 年考入安徽省教育学院教育管理专业学习两年，后分配至县委组织部工作，任县委组织部秘书、干部科巡视员。1989 年任县委办公室秘书科科长。1994 年任县政府办公室副主任兼外事侨务办公室主任、主任科员。在职期间，勤思好学、敬业乐群、守职尽责，曾多次被评为先进个人和优秀党员。

退休后继续发挥余热，2009 年参与发起筹建和县老科技工作者协会，曾担任两届老科协秘书长，积极协助会长组织开展协会各项工作，带头参与调查研究、决策咨询、科技普及、服务会员等项活动。撰写多篇论文、调研报告，其中有 7 篇论文在省、市老科协获奖并得到领导批示，其中获特等奖 1 篇，一等奖 3 篇，二等奖 3 篇，有 3 篇论文被中国老科协刊录用。2019 年被评为省老科协先进个人。

热爱书法，退休后常与书法为伴，在隶书、行书方面功夫颇深，为安徽省书法家协会会员，中国文人书法家协会理事，书法作品曾入选《中国中老年书画名家作品选集》《全国政协礼堂书画展作品集》《中国老科协庆祝建党百年书画作品集》等书法专集。在"纪念邓小平南方谈话 20 周年中老年书画大赛""毛泽东诗词全国书法大赛""全国中老年书画作品北京邀请展"等书法比赛中获奖。

高光仁

48. 高光仁（1948—），和县人，和县中学 1967 届高中毕业。南京艺术学院理论作曲进修，中国函授音乐学习四年，获大专毕业学历，副研究员职称。

1968 年作为知青下放。1975 年招工进和县庐剧团从事乐队伴奏和文书工作。1985 年调至和县文化馆。1987 年借调和县庐剧团任副团长，主持工作；此间，为《箭杆河边》《女太子》《园丁之歌》《冒尖户》《二度梅》《孟丽君》《孟姜女》《粉妆楼》等 23 部现代和传统庐剧作曲配器。两年后，调回文化馆任馆长。2004 年，作为特殊人才被评为副研究员。2008 年退休。2012 年任和县音乐舞蹈家协会主席。

在文化馆工作期间，创作、改编近 500 首歌曲，16 首器乐曲。其中 70 多首参加全国、省、市调演或发表在各类刊物上。出版《和县民歌》《东路庐剧》两本专著。现为和县音乐舞蹈家协会党组书记、东路庐剧研究会会长、国家非遗庐剧（东路）学术专员。

49. 张寿松（1948—），和县人，中共党员，曾任北京市丰台区人大常委会常务副主任。

1967 年和县中学高中毕业。1969 年 1 月参军入伍，服役于海军独立第二团，任班长、排长、政治处干事。1979 年 9 月被调海军航空兵政治部秘书处任秘书；1985 年 7 月任政治部组织处党务科长。1988 年 12 月被调东海舰队航空兵第一师肥东场站任政治委员。1992 年 5 月被调海军航空兵政治部组织处任副处长。1993 年 10 月转业到北京市丰台区委宣传部，任副处级调研员。1994

张寿松

年 4 月被调任丰台区委区政府研究室副主任，1995 年 5 月任主任。1998 年 12 月被调任丰台区委办公室主任。2001 年 4 月进入区委领导班子，任常委。2003 年 12 月任丰台区人大常委会副主任。2009 年退休。

2014 年 11 月，协商组建北京和县企业商会，任顾问一职。本着为会员服务、为在京和县籍人士服务、为和县经济社会发展服务的宗旨，做了一些力所能及的工作。

50. 鲁品越（1949—），和县人，中共党员，和县中学 1964 届学生。全国经济哲学研究会副会长、上海财经大学首批资深教授、国家文科二级教授、国务院特贴享受者；国家哲学社会科学重点项目课题首席专家、首批国家社科优秀文库入选专家；首批上海市习近平新时代中国特色社会主义思想研究中心研究员、首批上海市思想政治理论课"教学名师"；现任上海财经大学重点研究基地现代经济哲学研究中心主任、人文学院教授委员会副主任、博士生导师；兼任东南大学教授、中国

鲁品越

人学学会常务理事；研究领域：科学哲学、经济哲学、马克思主义理论等。

出版专著《深层本体论：自然科学的新哲学境界》《人间正道》《资本逻辑与当

代现实》《社会主义对资本力量：驾驭与导控》《西方科学历程及其理论透视》《社会组织学原理与中国体制改革》和《中国未来之路——信息化进程在中国》7部，译作《西方传统的根源》等2部。发表学术论文200多篇，许多文章被文摘性报纸杂志转载、摘要与评论。

获得省部级哲学社会科学优秀成果奖、"五个一工程奖"等十余项。2021年，鲁品越的《习近平新时代中国特色社会主义思想科学体系》获全国哲学社会科学办公室通报表扬。

谈 敏

51. 谈敏（1949—），上海市人。教授、博士生导师、中共党员。1968年毕业于和县中学。

1974年9月至1977年7月在安徽师范大学中文系学习。1977年8月至1980年8月在安徽马鞍山锻压设备厂任组织科干事。1980年考入上海财经学院攻读硕士学位，1983年上海财经学院硕士研究生毕业，获经济学硕士学位，并留校任教。1984年起，历任上海财经大学经济学系副主任、校长助理、副校长、党委书记、党委书记兼校长。1989年上海财经大学博士研究生毕业，获经济学博士学位。1993年8月至1994年2月在美国哥伦比亚大学做高级访问学者。1993年起享受国务院政府特殊津贴。系上海市人大代表。

谈敏师从我国著名经济学家胡寄窗教授，从事中国经济思想史研究和教学工作。出版多部学术著作。其中，与胡寄窗教授合著的《中国财政思想史》荣获财政部优秀教材奖并获第四届中国图书奖二等奖；《法国重农学派学说的中国渊源》一书获上海市哲学社会科学优秀成果一等奖；另外还主编并出版了《新中国经济思想史丛书》《中国财政思想史教程》《中国经济学图书目录（1900—1949年）》等著作。他还在《经济研究》《中国史研究》等学科杂志上发表论文数十篇。

谈敏现兼任国务院学位委员第四届学科评议组成员、中国经济思想史学会会长、上海市社联副主席。

52. 舒德海（1949—），和县人，主任医师。1964—1968年就读于和县中学。现任安徽马鞍山钢铁总公司医院精神科主任、主任医师、省心理学会常委、金家庄区政协常委。

1973 年于安徽医学院毕业后一直从事神经精神科临床工作。1977 年、1983 年分别在北京医科学精神病研究所和皖南医学院各进修学习一年。1979 年完成省科研课题"精神分裂症流行病学调查";1992 年完成市科研课题"氯氮平致粒细胞减少的骨髓象研究";1996 年完成课题"头皮电针配合穴位注射治疗难治性精神分裂症"。他先后在国家级、省级杂志上发表论文 12 篇。1997 年去韩国参加学术交流。1997 年获市卫生局、人事局授予的"先进卫生工作者"称号。

53. 孙万云（1949—），和县人，华北电力大学教授，硕士生导师。1968 年和县中学高中毕业。1973 年考入河北电力学院。1977 年毕业后留校任教，主要从事工业生产过程控制的教学与科研工作。

孙万云在国内外科技刊物上独立与合作发表论文共 20 篇，论文《N–90 系统数字控制站的仿真模块设计》《麦迪逊煤气电力公司 AM/FM/GIS 工程标准》在学术界有一定影响。

孙万云与他人合作出版高等学校教材两部，完成多项科研任务，其中"大型火电机组仿真技术"被国家科委评为"1992 年度全国十大科技成就"。他被原电力工业部聘为高等学校热能动力类专业教学指导委员会委员。

54. 张维斌（1949—），和县人，1967 届高中学生。教授级高级工程师。

1968 年秋作为知青下放农村。1977 年，考上合肥工业大学建筑工程系工业与民用建筑专业。1982 年 1 月毕业后分配在机械工业部设计研究总院工作，其间历任助理工程师、工程师、高级工程师、教授级高级工程师，国家一级注册结构工程师。先后任结构组组长、主任工程师、中国中元国际工程公司副总工程师（结构）；社会兼职中国工程建设标准化建筑振动专业委员会秘书

张维斌

长、中国工程建设标准化混凝土专业委员会委员、中国土木工程学会高层建筑分会抗震防灾委员会委员、北京市建筑结构施工图设计文件审查专家委员会委员、北京市规划和自然资源委员会标准化专家。

主持海口中强大厦、北京中宇大厦、北医三院眼科中心等各类工业与民用建筑大型项目十多项，主持评审、参加各类工业与民用建筑大型项目如北京财富中心办

公楼、北京财富中心公寓楼、北京鑫茂大厦、合肥润安大厦等数十项。

参加《机械工业厂房设计规范》《预应力混凝土结构设计规范》《建筑隔振设计规范》《全国民用建筑设计技术措施（结构）》等数本国家标准、规范、技术措施、标准图集的编制工作。编著有《多层及高层建筑钢筋混凝土结构设计释疑及工程实例》《钢筋混凝土带转换层结构设计释疑及工程实例》等十多本专著，其中《多层及高层建筑钢筋混凝土结构设计释疑及工程实例》一书被评为第九届（2009 年度）输出版优秀图书奖。与他人合作编写《建筑结构设计常见及疑难问题解析》《一、二级注册结构工程师专业考试复习教程》等学术专著。参加翻译《抗震设计手册》等。在《建筑结构》《工程抗震》等期刊发表学术论文多篇。

"高层建筑平面杆系空间协同通用程序"获全国建筑优秀软件金奖（与他人合作），"单层工业厂房通用程序"获国家机械工业委员会科学技术进步二等奖（与他人合作），第四届全国优秀建筑结构设计奖，"中联重科杯"华夏建设科学技术奖，北医三院眼科中心获公司优秀设计奖，中国建筑工业出版社"优秀作译者"。

2009 年 11 月退休。

55. 尹朝华（1950—），和县人，安徽省政协办公厅巡视员。

1972 年毕业于和县第一中学。在和县第一中学读书期间，当选团县委委员。1977 年毕业于安徽大学，同年分配至省计委工作。1983 年任省政协秘书处副处长、省青联委员。1985 年被下派到寿县任副县长。1987 年底任省政协秘书处处长。1997 年任省政协教科委员会副主任。1998 年当选为八届省政协委员。先后兼任省体育总会常委、省红十字会理事、省爱委会负责人等职。他主持起草省政协学习省委关于科教兴皖的建议若干篇，受到省委、省政府领导同志的肯定。应邀参加四川省社科院召开的知识经济可持续发展战略学术研讨会，并在会上宣读了《知识经济将促进观念更新》一文，荣获优秀论文奖。

尹朝华

56. 洪祥生（1950—），和县人，安徽广播电视大学校长、党委书记。

1962 年 9 月考入和县中学，1968 年高中毕业。1974 年 2 月任教和县第一中学。1978 年考入华东师范大学教育系。1982 年 7 月进入安徽教育学院工作，先后承担教育学、教育评价、中国教育史等学科教学任务；
先后担任教育管理系副主任、教务处副处长、处长等
职，曾任学院党委副书记、副院长（法人代表）、副教
授。同时兼任安徽省教育干训领导小组副组长、安徽省
教育学研究会理事长等。2006年后，先后任安徽广播电
视大学校长、党委书记等职。

先后发表《教育学科学体系的逻辑起点刍议》《中小
学校长培训规律和管理制度研究》《试论我国德育传统的
形成及其特点》等论文多篇，出版《教育新探索》《农村
教育论》等著作。其中，《教育学科学体系的逻辑起点刍议》《中小学校长培训规律和
管理制度研究》分别获安徽省第二、第三届社会科学研究优秀成果四等奖和三等奖。

洪祥生

57. 田柏强（1952— ），和县人，高级记者，原民
建安徽省委员会参政议政委员会副主任。

1964年考入和县中学，1967年初中毕业。1968年
作为知青下放。1970年招工到合肥化工厂。1979年考
入合肥师专。1990年调入安徽工人日报社工作。2012
年退休。

主要作品有：《江泽民家谱溯源》，《胡锦涛身世第一
次大公开》（首发香港《广角镜》杂志，被许多国家媒
体转发），《邓小平五次去香港》《傻子致信邓小平》《年
广九：个体经济的晴雨表》（以上作品均首发于香港《广角镜》）。

田柏强

《邓小平三谈傻子瓜子》（首发《人民政协报》，荣获中共中央统战部征文三等
奖、全国党刊研究会一等奖、安徽省委统战部一等奖），以及《芜湖大桥上马内幕》
《净化当官心理》等作品（首发《中国青年报》）。

他在兼任民建安徽省委员会参政议政委员会副主任期间，被采用的政协提案
有：《合肥市四个新区名中的庐阳区、包河区、蜀山区三个区的名称》《三分地级巢
湖市，把县级巢湖市和庐江县划入合肥市》《和县、含山县划入马鞍山市》《无为县
划入芜湖市》。他还撰写了《田柏强十八论身份证》等建议性文章，其中部分建议
已经被采纳实施。2010年，他被中国民主建国会评为"全国优秀会员"。

2015年，他在新加坡自媒体《新加坡眼》工作期间，写下了《孙中山的同盟

会总部曾设在新加坡》《新马分家半世纪回顾》《六不总理李光耀》《李光耀是中国与东盟关系的破冰者》等文章。

2022年以来，他对新加坡的候任总理黄循财，写了连续报道。

58. 王茂华（1953—），和县人，1972年毕业于和县中学高中部。马钢技术中心教授级高级工程师、美国匹兹堡大学客座教授、世界发明家协会会员、享受国务院特殊津贴专家。

长期从事冶金企业自动化控制和新型传感技术的开发研究工作，获（联合国）第二届世界发明家博览会金奖，全国首届科技成果博览会金奖，冶金部、安徽省、马鞍山市科技进步一等奖、二等奖多项。是武汉钢铁公司、酒泉钢铁公司、包头钢铁公司、湘潭钢铁公司、上海宝钢梅山冶金集团、莱芜钢铁公司、宣化钢铁公司、水城钢铁公司等钢铁企业特邀专家。他的专业论著获中国金属学会、首届冶金工艺理论会议等奖项多项。

王茂华

59. 刘自林（1954—），和县人，中共党员，安徽省卫生厅副厅长。

1970年就读于和县卫东中学。1973年3月参加工作。1975年9月加入中国共产党。1978年8月毕业于上海医科大学卫生专业。1984年2月任安徽医科大学宣传部副部长、组织部副部长。1989年1月任安徽医科大学附院党委常务副书记。1994年2月任安徽医科大学党委副书记、附院总委书记。1998年4月任安徽省卫生厅副厅长、党组成员。2000年3月任安徽省药品管理局局长、党组书记。2009年任安徽省卫生厅副厅长。

刘自林

60. 王旭东（1954—），又名王禀，和县人，教授、硕士研究生导师。

小学毕业后，进入和县卫东中学（和县第一中学前身）读书。1985年从湖南中医学院医疗系研究生毕业，获得医学硕士学位。先后任南京医药大学养生康复教研室主任、教授、硕士研究生导师、校学位委员会委员，中国养生保健学会理事，

中国康复医学会理事暨中医专业委员会主任委员，江苏
省营养与康复专业委员会主任委员。

从医 26 年，有较深的中西医造诣，在上海铁道医
学院、南京中医药大学附属医院从事门诊和病房工作。
临床诊疗方面，他在治疗老年心脑疾病，如老年性痴
呆、中风后遗症等领域有突出成就。先后在安徽中医
学院、湖南中医院、南京医药大学、中国医药学院（台
湾）、澳洲中医学院等学校从事教学和研究工作。

王旭东

发表学术论文 65 篇，出版学术著作 35 部，其中，
《中西医学比较研究》《中医美学》《中医方剂大辞典》有较大影响。

获得国家级科技进步奖三等奖 1 项、卫生部科研成果一等奖 2 项、省级科技进
步一等奖 3 项，其他科学奖、著作奖 14 项。先后获中国首届杰出青年中医金奖、
江苏省首届中青年科技奖、江苏省高校优秀青年中医金奖、江苏省首届优秀青年中
医奖、江苏省优秀中青年科技奖等奖项称号。国家"333 人才工程"第二层次培养
对象，国家"百千万工程"第一、二层次培养对象。2000 年度享受国务院政府特
殊津贴。多次出访国外讲学。

61. 撒世斌（1954— ），和县人，指挥家、作曲家，
市音协主席，省音乐协会副主席，中国音协会员，安徽
省音协常务理事。

20 世纪 70 年代初就读于和县中学高中部。1971 年
毕业于安徽省艺术学校音乐专业，分配至铜陵市文化
局工作，任京剧团、歌舞团、黄梅戏剧团乐队指挥、作
曲。1978 调入马鞍山工人文化宫，组建了马鞍山市职工
艺术团，任团长，并担任音乐总监。先后任中国合唱协
会理事，安徽省音乐家协会副主席、安徽省合唱指挥协

撒世斌

会副会长、安徽省民族管弦乐副会长，马鞍山市音乐家协会主席，安徽爱乐合唱团
名誉团长。

其作品扬琴协奏曲《炉台畅想曲》获文化部、中华全国总工会、中国音协创作
演奏一等奖。曾为 200 多部歌剧、戏剧、大型音乐会担任指挥、作曲、配器工作，
艺术成就和简介曾被载入《安徽艺术家名人大全》和《安徽省文艺家艺术档案》。

62. 陶为群（1955—），江苏省南京市人，硕士研究生，高级经济师，曾任中国人民银行南京分行副行长、国家外汇管理局江苏省分局副局长。

1974 年毕业于和县一中高中。后作为知青下放到农村。1975 年 6 月至 1978 年 2 月在和县庐剧团当职员。1978 年 2 月考入安徽省阜阳师范学院数学系，1982 年 1 月本科毕业，被分配到和县第二中学任高中教师。1983 年 9 月考入西南财经大学，攻读硕士研究生。1986 年毕业被分配到中国人民银行安徽省分行工作。

先后任省分行办公室副主任、调查统计处副处长。1993 年获高级经济师职称。1997 年 1 月至 1998 年 12 月，任中国人民银行阜阳分行行长、党委书记。1998 年 12 月任中国人民银行合肥中心支行副行长。2000 年任党委副书记。2000 年 12 月，当选安徽省金融学会第四届理事会副会长。

63. 毛长江（1956—），无为县人，中共党员，高级工程师，曾任马鞍山市委常委、市统战部部长、马鞍山市关工委主任。

1973 年毕业于和县中学高中部。1975 年 7 月为和县黄渡公社下放知青。1982 年安徽农学院林学系林学专业毕业。1982—1998 年，历任安徽省和县林业局技术员、马鞍山钢铁学院（华东冶金学院）绿化队技术员、华东冶金学院总务科副科长、华东冶金学院行政处秘书（正科），华东冶金学院行政处副处长。

1998—2002 年任当涂县人民政府副县长、县委常委；2002—2005 年任当涂县委副书记、县长；2005—2006 年任当涂县委书记、县人大常委会主任；2006—2009 年任马鞍山市委常委，当涂县委书记、县人大常委会主任；2015 年任马鞍山市人大常委会副主任；2009—2016 年任马鞍山市委常委、市委统战部部长。

2017 年底退休。2019 年，任马鞍山市关工委常务副主任。2022 年任马鞍山市关工委主任。

64. 王建军（1956—），和县人，教授，博士生导师。

1968—1972 年就读于和县中学。1976 年考入马鞍山钢铁学院学习。1996 年考入北京科技大学钢铁冶金专业攻读硕士。后考入北京钢铁研究院；1999 年获博士学位，分配到华冶任副教授。

安徽工业大学冶金与材料学院教授，安徽省学科带头人培养对象，全国冶金反应工程学术委员会委员，安徽省炼钢学术委员会委员，马鞍山市炼钢学术委员会主任，安徽工业大学冶金与材料学院党总支书记、副院长。获省、市先进工作者称号，享受国务院政府特殊津贴。

王建军

承担过国家、省、部级以及各大钢铁公司科研项目 30 多项，发明了 2 项新型实用专利；出版《中间包冶金学》专著 1 本，发表学术论文 26 篇。

1997 年，获安徽省"百万职工跨世纪工程"功臣、省"五一劳动奖章"；其主持的"板坯连铸结晶器拉漏预报技术研究"项目获安徽省科技进步三等奖。1998 年，其主持的"中间包非常数密度钢水流动和传热的三维数模研究"项目获安徽省科技进步三等奖，获安徽省高校科技进步二等奖。2000 年，其主持的"马钢车轮钢大型夹杂物形成机理研究"项目获安徽省科技进步二等奖。2001 年，获安徽省教委"冶金人才素质培养模式"教改三等奖。

65. 胡冰（1956—），女，和县人，曾用名葛爱德，硕士生导师，肿瘤内科主任医师，教授。

1974 年 1 月毕业生于和县第一中学。1975 年作为知青下放到和县石杨公社。1978 年 2 月考入安徽医科大学医学系，1982 年 8 月毕业，分配到安徽省立医院工作。一直从事肿瘤内科临床、教学与科研工作。曾为科技部基础司课题"缓释药物局部药代模型研究"临床负责人。

胡　冰

1998 年，获美国科学和文化信息全球中心医学部颁发的论文 CICSC 奖；1999 年，在奥地利维也纳 21 世纪人类健康国际座谈会议上作口头发言，获荣誉证书。2005 年度、2006 年度分别获得安徽省科技进步二等奖和三等奖；2009 年，再次获得安徽省科技进步二等奖。

参加 1 项国家自然科学基金项目，主持安徽省自然科学基金项目、安徽省教育厅自然科学研究项目，主持 1 项安徽省卫生厅重点课题。发表学术论文 50 余篇，其中 SCI 论文多篇。

专业方向、技术特长：（1）恶性肿瘤的化疗，生物治疗；（2）擅长药物遗传学和药物基因组学应用癌症患者的个体化化疗，尤其在消化道恶性肿瘤的个体化治疗。

先后兼任中国抗癌协会理事、中国抗癌协会临床肿瘤学专业委员会执行委员、中国抗癌协会姑息专业委员会委员、中国抗癌协会胃癌专业委员会委员、中国胃肠肿瘤临床研究协作组专家等多项职务。

吴跃进

66. 吴跃进（1958—），和县人，和县第一中学毕业。中共党员，博士，研究员，博士生导师。澳大利亚墨尔本大学植物系生物学实验室访问学者。在澳大利亚研修期间，主要从事植物发育相关的分子生物技术学习。兼任安徽省遗传学会、细胞生物学学会理事。2011年6月起担任技术生物所所长。

主要从事辐射生物学机理及其应用，主要研究方向是：植物辐射生物学和突变体创建、种子衰老生物学。

近五年在 Nature Genetics、PLoS ONE、Mutation Research 等杂志上发表论文 20 余篇，获得发明专利授权 9 项；承担研究课题包括科技部国家重大科学研究计划、中科院战略先导专项 A、国家自然科学基金面上项目等。主持国家"863"、科技部产业化专项、国家自然科学基金、安徽省重大科技专项等多项科研课题。

1994 年，围绕离子束辐照生物学研究，获安徽省科技进步二等奖，中国科学院自然科学二等奖；1998 年，入选国家"百千万人才"一、二层次人选。2000年，获安徽省自然科学一等奖；2006 年，获国家科技发明二等奖。

范大水

67. 范大水（1958—），和县人，黄山市委常委，黄山军分区司令员，大校军衔。

1974 年 12 月和县第一中学高中毕业后参军。1975年 1 月至 1983 年 9 月，在中国人民解放军巢湖军分区当战士、干事、秘书。1983 年 9 月至 1993 年 7 月，在安徽省军区政治部宣传处任干事。1983 年至 1986 年，在安徽大学汉语语言文学专业学习（函授）。1991 年至 1992 年，在中国人民解放军国防大学基本系学习毕业。1993 年 8 月至 2000 年 5 月，先后任安徽省军区司令部动员处副处长、省军区办公室主任、军务动员处代理处长。2000 年 5 月任宣城军分区政治部主任。2001 年 5 月任铜陵军分区参谋长，黄山市委常委，黄山军分区司令员。

范大水关心民众疾苦，积极工作，深入基层，领导并督促各项工作任务的完成。

68. 王林（1958—），和县人，中共党员，本科学历。

1974 年毕业于和县第一中学。1986 年从中共安徽省委党校理论班毕业。历任和县西梁山镇党委书记，和县工商局副局长（正科级），无为县工商局党组书记、局长，芜湖市工商局副局长等职。

工作以来，坚守初心，不忘使命。在担任和县西梁山镇党委书记期间，因工作出色，镇党委被和县县委命名为"红旗党委"，个人被县委表彰为"优秀共产党员"，并被选举为安徽省第六次党代会代表。被调任无

王林

为县工商局局长期间，始终不忘职责所在，严肃整治市场秩序，全力保护消费者合法权益，业绩显著。无为县工商局年年被考核为全市工商系统第一，被国家人社部、国家工商总局授予"全国工商系统先进集体"称号；被安徽省委、省政府授予"人民满意的公务员集体""省第九届文明单位"称号；个人被巢湖市表彰为"勤政廉政优秀领导干部"。

69. 陶悦群（1960—），沈阳人，工程博士，教授。

随父母工作调动来到和城。1971 年考入和县第一中学读完初、高中。1978 年考入安徽师范大学六安点物理系，毕业后考入中科院 / 中科大研究生班。1984 年赴美深造，考入美国加利福尼亚大学洛杉矶分校（VCLA），1994 年获工程博士学位。先后任美国 VCLA 工学院助理研究员、美国 VCIA 商学院高级研发顾问、美国加立大学（CSV）商学院授课教授。现任美国 VCLA 商学院特聘研发顾问、欧美康视科技公司董事长、安徽中科工

陶悦群

程咨询有限公司董事长。

陶悦群博士曾在国内一流刊物上发表过十多篇专业学术论文，出版两本社科著作。

秦 侃

70. 秦侃（1960— ），和县人，工程管理硕士与工商管理硕士。

1972年在和县第一中学读书。初中毕业后，在县庐剧团工作。粉碎"四人帮"后，经过短时期刻苦自学，他于1978年考入上海海运学院财会专业学习。1982年毕业后，分至青岛船员学院任教3年，又考入上海海运学院攻读工程管理硕士研究生学位。毕业后又回到青岛船员学院任讲师、系主任。

1991年，他进入比利时安特卫普大学攻读工商管理硕士学位。毕业后应聘于安特卫普APRA公司，从事软件系统设计工作。

徐 飞

71. 徐飞（1961— ），江苏扬州市人，教授，博士生导师。

徐飞自幼聪慧好学，兴趣广泛，喜爱文学和音乐。1972年考入和县第一中学，读完初中和高中。1978年以优异成绩考入中国科技大学地球和空间科学系，1983年毕业，并留校工作。1985年，考入中国科技大学科技哲学专业学习，获得哲学学士学位。1992年获哲学硕士学位。同年又考入科大自然科学史专业学习，1996年获理学博士学位。1997年被派往美国哈佛大学文理学院，从事科学史系科学社会学专业博士后研究工作一年。

他的专业研究方向包括科技哲学、科学史、科学社会学、科技考古。他曾主持5项科研基金与课题研究工作。作为国家社会科学基金项目负责人，他主持的课题"科技发展对人类社会负面影响及其对策研究"，经国家社科规划办验收合格，并出版专著《科技文明的代价》。作为科大青年科学基金项目负责人，他主持的课题"科学家失误及其对策研究"，经科大科研处验收通过，并出版专著《科学家的失误》。

他还先后主持了中国科学院、教育部、国家自然科学基金委提供的 3 项研究项目。

近年来，他在科学史、科技哲学、软科学、高级科普、计算机方面等专业报刊上发表论文 100 余篇。出版各类著作数本。

他先后获共青团"七五"建功者二级奖章、中国科技大学教书育人先进分子、中国科学院院长奖、中国科大张宗植青年教师奖、中国科大首届跨世纪优秀年轻人才奖、安徽省首届自然科学优秀学术论文一等奖等多项荣誉和奖励。

徐飞曾任中国科大人文学院教授、博士生导师、中国科大科技学硕士学位点负责人、中国科大高等教育研究所特约研究员、安徽自然辩证法研究会副理事长、中国律学学会理事、中国科技大学科技哲学教研部主任。

72. 刘伯安（1961—），和县人，工学博士。

1978 年 7 月毕业于和县第一中学。1978 年 10 月考入中国科技大学近代物理系学习，1983 年 7 月和 1986 年 7 月，先后获理学学士和理学硕士学位。1986 年 7 月至 1995 年 12 月，在中国科技大学近代物理系等离子体物理专业学习。1996 年 1 月至 2000 年 3 月，在法国国家科学研究中心系统结构和分析实验室学习，获得工学博士学位。2000 年 5 月至今，在清华大学电子学研究所工作，任副教授及电路和系统集成设计研究室副主任，担任规模集成电路和应用系统集成方面的研究和教学工作。

刘伯安

73. 王智河（1962—），和县人，中共党员，博士，南京大学物理系教授，硕士生导师。

1978 年 9 月至 1980 年 7 月，在安徽省和县第一中学学习。1980 年 9 月至 1982 年 7 月，在安徽省巢湖师范专科学校物理系学习；1982 年 7 月至 1986 年 8 月，在安徽省和县石杨中学任教；1986 年 9 月至 1988 年 6 月，在安徽教育学院物理系学习；1988 年 7 月至 1990 年 8 月，在安徽省和县石杨中学任教；1990 年 8 月至 1991 年 8 月，在安徽和县香泉中学任教；1991 年 9 月至 1992 年 7 月，在中国科技大学近代物理系学习；1992 年 8 月至 1994 年

王智河

7月，在中国科学院等离子体物理研究所攻读硕士学位，于1994年获得中科院院长奖学金；1994年9月至1997年7月，在中国科学院等离子体物理研究所攻读博士学位，于1996年获得亿利达奖学金。

1997年8月至1999年7月，在中国科学院上海冶金研究所博士后流动站工作；1999年8月在南京大学物理系工作。1999年、2005年，先后被聘为副教授、教授，2000年获南京大学物理系克立奖。1999—2000年期间几次在香港大学物理系做访问学者。2001—2002年，在韩国蒲项工科大学做访问学者。

主要从事于熔融织构Y系及其掺杂准单晶、Bi2212及掺杂单晶以及电子型超导单晶、高压合成超导材料的制备的研究。在国内外学术刊物上合作发表论文160多篇，并主持过国家自然科学基金项目。目前承担国家"985"超导物理和"973"新型多铁性材料合成等多项科研任务。已指导硕士研究生7人。

74. 张寿武（1962— ），和县人，世界著名数学家，清华大学高等研究中心教授，教育部第二批"长江学者奖励计划讲座教授"，美国科学与艺术学院院士。

张寿武

他是家里的第三个孩子，上有哥哥姐姐，下有两个妹妹，家庭生活十分贫困，父母除种田外，还靠捕鱼、养鸭为生。张寿武在小学一二年级时，算东西就比别人更快。1976年，张寿武考取了十里初中，对数学的兴趣更浓了。初二时，他开始钻研高中数学，物理老师认为他很有数学天赋，便将有关高中数学的课本和理论书籍推荐给他看。1978年升学考试，当时乡里有100多人参加考试，5个人考上了县里最好的高中——和县第一中学，他是其中一位。进入和县第一中学高中部，他的数学成绩一直拔尖。

1980年考入中山大学化学系，一年后，按自己的爱好转入数学系就读。1983年毕业后，考入中国科学院数学研究所，成为王元院士的学生。1986年在中科院数学所获硕士学位后赴美国留学，被推荐到美国哥伦比亚大学深造。1991年获哥伦比亚大学博士学位，他的论文在世界权威杂志Annlas of Mathematics上发表，德国最著名的数学家Faltings在文章推荐信上说："这是11年来全世界数论界最好的博士论文。"之后，他在普林斯顿大学做了5年助理教授。1996年回哥伦比亚大学，被聘为终身教授。

1997年，张寿武应邀在德国柏林举行的国际数学家大会上作45分钟报告。1997年在世界上率先于全实域上推广了格罗斯—乍基亚公式。同年，他获得奖励全球杰出华人数学家的晨兴数学奖金奖。1998年，他成为哥伦比亚大学正教授。从1999年起，张寿武教授每年都要回国讲学，被聘为清华大学"长江学者"（教育部）讲座教授、中国科学院海外知名学者讲座教授。他还担任中国数学会学报编委、美国数学会年刊编委。他的主要成就包括：证明了波戈莫洛夫（Bogomolos）猜想；建立了格罗斯—乍基亚—张公式（Gross-Zagien-Zhang）。他研究的领域为数论及算术分数几何。

张寿武教授已培养多名博士生，并表示要继续为祖国服务，帮助祖国建设一支具有国际水平的数学研究队伍。

75. 董正杰（1962— ），和县人，地矿博士，中国留法工程师学会会员。

他在和县第一中学读完初、高中。1979年，考入重庆大学矿山机械系，毕业后留校工作。1989年被公派留学，赴法国深造。

1995年获博士学位后，即留法工作。他曾担任大型隧道的勘探施式工作，如贯通英吉利海峡的英法合作的隧道工程等。在法工作期间，他组建了中国留法工程师学会，并任首届会长。

董正杰

董正杰博士多次回国探亲，对授业的和县第一中学老师逐一拜访，并宴请师长，畅叙思念情怀，给一中老师留下难忘的记忆。

76. 沈扬（1962— ），和县人，化学博士。

1973年考入和县第一中学读初、高中。他家里很穷，兄妹四人仅靠父亲的微薄工资生活。困苦的境遇磨炼了他坚强不屈的性格，培养了他吃苦耐劳的精神。1979年考入中山大学生物化学系。1983年考入复旦大学攻读硕士学位。1986年赴美深造，在新墨西哥州大学学习。学习期间在课余帮人洗车、维修电视机，过着极其艰苦的

沈扬

生活。1990 年底获化学博士学位。不久供职于美国飞机制造业，从事钢铁化工分析工作；另应聘于环保部门，从事环保方面的研究。

1996 年，他与同人在美国开办公司，进入商界。后他独立开办"尼尔化学技术公司"，并在上海设分公司，从事化工新产品的开发与营销工作。他曾帮助国内有关厂家将化工新产品推销至欧美等国市场，为国内化工新产品的流通做出了贡献。

王 俊

77. 王俊（1962—），和县人，书法家。挹江堂主，撰文别署叶敏等。

1979 年 7 月毕业于和县第一中学。曾任和县文旅委副主任、和州书画院院长。和县七、八、九、十届政协委员，马鞍山市九、十届政协委员。

自幼受家庭环境熏陶，爱读书，喜文艺。20 世纪90 年代，开始文艺理论和文化历史研究，曾先后在《中国书法》《书法研究》《文艺百家》等专业报刊发表研究文章多篇及书画作品百余幅。多次参加全国性学术研讨会，多篇理论文章收入大型学术文集，撰成《和县书画图志》。书画作品多次入选省内外重大展览，2014 年获马鞍山市"全马书法大展"最高奖成就奖。大量书画作品被国内多家文博单位和书画机构收藏。

师从当代著名学者、原中国美术学院博导章祖安先生。先后加入中国书法家协会、中国青年书法理论家协会等文艺团体，受邀担任《近现代江淮书风研究》一书编委。2008 年出版个人艺术理论选集《笔墨的思想》，2012 年出版书画作品选集《当代中青年书画家典藏——王俊书画作品》；《书画世界》《青少年书法》《东方艺术》等多种专业报刊曾刊载专题介绍，安徽、江苏等省内外电视媒体作过专题报道。

先后任安徽省青年书法家协会常务理事、巢湖市书法家协会副主席、巢湖市文艺评论家协会副会长、巢湖印社副社长、马鞍山市书画研究院研究员、和县书法家协会主席等；现为中国书法家协会会员、中国文艺评论家协会会员、友声书社学术委员、安徽省书法家协会学术委员会副主任兼秘书长、马鞍山市书法家协会副主席兼学术委员会主任；马鞍山市政协书画院研究员、文史馆馆员等；被全国多家书画团体和文化研究机构聘请为顾问、特约书画家。

78. 朱红英（1962— ），女，1979 年毕业于和县第一中学。

安徽和县广播电视台主持人，记者，工委主任。安徽省第九、十、十一届政协委员，巢湖市第一、二、三届政协常委，马鞍山市第八届政协常委，安徽省第八届妇代会代表，安徽省播音协会理事，安徽省朗诵学会理事，中华诵读联合会会员，中华诗词协会会员，安徽省戏剧家协会会员。

曾获全国优秀播音主持人作品一等奖，安徽省十佳新闻工作者称号，首届安徽省十佳女影视工作者及省"三八红旗手"。

朱红英

79. 汪德亮（1963— ），和县人，著名学者，国际电子电气工程师学院院士。现任美国俄亥俄州立大学计算机科学与工程系教授，感知与神经动力学实验室主任。2004 年当选为国际电子电气工程师学院院士。

1979 年于和县第一中学高中毕业。1983 年就读于北京大学计算机科学与技术系，获学士学位，1986 年于北京大学计算机科学与技术系获硕士学位，1991 年于美国南加州大学获博士学位。博士毕业后即于美国俄亥俄州立大学任教，历任助理教授、副教授，并于 2001 年 9月晋升为教授。1998—1999 年，在美国哈佛大学作为期一年的访问教授；2006—2007 年在丹麦哥本哈根 Oticon 公司进行了为期一年的学术访问。

汪德亮

长期致力于机器感知领域的研究，其成果及贡献体现为：（1）提出理想二值掩模方法。（2）提出噪声环境中多基频跟踪鲁棒算法。（3）提出单耳语音分离的新方法。（4）提出振荡相关理论。

先后主持或参与科研项目 27 项。在国际著名期刊发表学术论文 90 余篇，在国际学术会议发表学术论文 130 余篇；撰写专著（章节）27 部。已发表论文被引用多次。

任国际著名期刊 Neural Networks 主编。兼任 Cognitive Neurodynamics、Neural Computing & Applications、EURASIP Journal on Audio, Speech, & Music Processing

等国际期刊编委。2006 年担任国际神经网络协会主席。并先后多次担任多个国际学术会议的大会主席及程序委员会主席。于 2005—2008 年担任中国科学院海外评审专家。

曾获国际神经网络协会赫尔姆亥兹奖、美国海军研究办公室青年科学家奖等。

2008 年，捐赠人民币 10 万元为奖学金基金，在母校设立"汪德亮奖学金"，用以奖励每年高考中文理两科的第一名学生。

夏 淏

80. 夏淏（1963— ），和县人，中国医学科学院、中国协和医科大学、北京协和医学院泌尿外科主任医师、教授、硕士生导师。

1981 年于和县第一中学高中毕业，同年考入皖南医学院医疗系医学专业。1986 年 7 月本科毕业，分配至安徽省马鞍山市人民医院泌尿外科工作。1990 年以优异成绩考入美国洛克菲勒基金会开办的中国协和医科大学，攻读泌尿外科硕士学位，师从著名泌尿外科专家威美孚教授。1993 年 7 月以优异成绩毕业，获硕士学位，并被评为学校优秀硕士毕业生。同年，被免试推荐继续攻读该校泌尿外科学博士学位。由于学习、工作努力，成绩突出，于 1995 年 7 月破格提前一年毕业，获泌尿外科学博士学位。

继续留任北京协和医学院泌尿外科从事医疗、教学和科研工作。在攻读硕士学位期间，主要研究"高能震波对泌尿系肿瘤的作用"，探索治疗的新途径。攻读博士学位期间，他主要进行"膀胱癌的早期基因诊断研究"，1994 年获"吴阶平泌尿外科学基金会"资助。多次获北京协和医院医疗成果奖励。2001 年被评为中国协和医科大学、北京协和医院优秀教师；1991—1997 年，他与美国 OKLAHOMA 大学医学中心合作，研究"联苯胺接触工人膀胱癌的生物学行为及监测"；2000 年 11 月赴新加坡参加第二十五届国际泌尿外科会议。

临床工作方面，主要从事泌尿外科疾病及男性学、不育症的诊断与治疗。擅长于肾上腺肿瘤切除术、肾癌根治术、泌尿外科内腔镜手术、各种前列腺手术、全膀胱切除加尿流改道术，在复杂性尿道狭窄、泌尿系结石的治疗方面积累了较丰富的经验。他亲自指导实习生、进修生达数百名、硕士生两名。他主编和参编专著 4 本，在国家一类医学刊物发表学术论文 20 多篇。

81. 曹进德（1963—），和县人。1982 年毕业于和县第一中学高中。1998 年获得四川大学理学博士学位，2001—2002 年在香港中文大学做博士后研究。东南大学首席教授、学术委员会副主任、理学部主任、数学院院长、博士生导师，享受国务院特殊津贴专家。2016 年入选欧洲科学院院士，是工程学、计算机科学和数学三个领域全球高被引科学家，江苏省高校"青蓝工程"科技创新团队负责人，江苏省"333 高层次培养工程"领军人才。

曹进德

主要从事复杂网络与复杂系统、神经动力学与优化、多智能体系统研究，先后主持国家自然科学基金项目 7 项，项目成果作为国家自然科学基金项目成果巡礼，写入国家自然科学基金委 2009 年年度报告。在国际顶级期刊发表论文数十篇，其中 6 篇获中国百篇最具影响优秀国际学术论文。先后获得江苏省科学技术一等奖、教育部高校优秀科研成果奖（自然科学类）二等奖、汤姆森·路透首届中国引文桂冠奖、汤姆森·路透卓越研究奖。担任多个国际著名期刊编委。

82. 王昊（1963—），和县人，理学博士。

1973 年进入和县第一中学初中部读书。1978 年读完高一后，县教育局选拔在读高中生参加高考，他以优异的成绩考入合肥工业大学化工系高分子专业（时年 15 周岁）。1982 年大学毕业后，考入上海华东化工学院攻读硕士学位。1984 年毕业后，分配至安徽大学应用化学分子研究所工作。20 世纪 90 年代初"下海"，与同学合办"科瑞"研究所。1995 年，他以优异成绩被美国加利福尼亚大学、田纳西工业大学等校录取。因田纳西工业

王昊

大学提供全额奖学金补助并可当助研，他放弃了加利福尼亚大学。1996 年取得硕士学位后，他考入田纳西范德比尔特大学（在美排名 19 位）攻读博士学位。2002 年春，获得（PHD）理学博士。现留校，做研究工作。

王昊博士研究方向为生物有机合成，着重研究脱氧核糖核酸 DNA，该领域为新兴前沿科学。发表相关论文多篇，分别刊登在美国化学学会主办的《化学学报》和美国《有机化学》《有机化学通讯》等刊物。

陆兆斌

83. 陆兆斌（1963—），和县人，化学博士，博士后研究员。

在和县第一中学从初中读到高一。1978 年经和县第一中学及县教育局选拔，由高一年级提前报考大学，以较高分录取至合肥工业大学化工系高分子专业。1983 年大学毕业后，留校任教。1985 年考入中科院化学所攻读硕士学位，1987 年获该所青年化学论文优胜奖。1988 年毕业后留所工作，同时参加丙烯聚合催化剂攻关项目的研究工作。1990 年获中科院科技进步一等奖。1990 年底被公派到意大利米兰工业大学进修，后转入澳大利亚国立大学，获博士学位。现为加拿大不列颠哥伦比亚大学化学系博士后研究员。在国内外著名杂志上发表论文数十篇，与他人合作在美国化学学会出版化学学术专著一本。

朱晓曼

84. 朱晓曼（1963—），女，和县人，博士后。

在和县中学读完初、高中。1979 年考入上海第一医科大学。1984 年毕业后，分配到南京铁道医学院，先后任助教、讲师、副教授。1989 年获医学硕士学位。1998 年赴美，担任美国波特兰市卫生科技大学生理学研究室助理研究员，美国波特兰市莱克穗医院神经生物学研究中心助理研究员，并从事博士后研究。在国内国际刊物发表十多篇论文。

朱晓曼曾于 1994 年参加武汉全国生理学大会，1998 年参加贵阳全国应用生理学大会；2001 年，在美国圣地亚哥参加国际神经学大会。

陈一竑

85. 陈一竑（1963—），和县人，高级工程师。

1979 年毕业于和县第一中学。1983 年安徽师范大学物理系毕业。毕业分配至母校工作，任物理教师。1985 年 9 月至 1988 年 8 月安徽光机研究所硕士研究生。1988 年 9 月至 1991 年 8 月上海光机研究所博士研究生。1991 年 9 月至 1995 年 4 月在上海光机研究所从事科研工作，先后至法国巴黎光机、美国阿岗国家实验室访问。1996—1998 年获美国加州硅谷科研单位博士后。

1998 年 6 月至 1999 年 9 月在加拿大蒙特利尔 MPB 公司从事科研和产品设计工作,任高级工程师。1999 年 10 月至 2004 年 12 月在美国新泽西州 JDS 公司从事科研和产品设计,任高级工程师。2005 年 1 月在美国芝加哥某公司从事科研和产品设计,任高级工程师。

在美国获得两项专利,并发表多篇论文。

86. 田滨(1963—),和县人,医学博士,副教授。

从和县历阳一小毕业后,进入和县第一中学学习。1978 年 7 月参加安徽省高中、中专与技校统一考试,以四门课程总分 373.5 分的成绩,列巢湖地区六县考生总分第一。1978 年 9 月进入和县第一中学高中部学习。

1980 年 9 月,进入上海医科大学药学院学习。1982 年被评为上海市三好学生、上海市三好学生标兵。1985 年 9 月进入上海医药工业研究院攻读硕士学位。1988 年 9 月硕士毕业后,进入药理研究室工作。1989 年 10

田 滨

月,受中国药理学会邀请,在中国药理学会第四次全国代表大会上作《血管紧张素系统与环境者酸的关系》的报告。1990 年 6 月起,任药理研究室心血研究组组长。1992 年 6 月起,任研究室副主任兼党支部副书记。

1993 年 8 月,田滨获美国得克萨斯大学医学院奖学金,攻读博士学位。1997—1998 年度,担任该校中国学生学者联合会主席。1998 年 8 月,获得药理学博士学位,同时进入得克萨斯大学医学院内科,从事博士后研究。其间获得药理研究奖、美国全美青年科学家论坛最佳论文奖和美国医学联合会奖。2004 年 6 月,任校内科高级研究科学家。2006 年,任得克萨斯大学医学院副教授。因对人类最重要的细胞转录调节控制因子——核因子——所调节控制的基因网络的系列研究,获得广泛的国际声誉。现主要从事由美国国立卫生研究院资助的人类重要呼吸道传染病与炎症发病机理的信号传导过程的分子生物学与系统生物学研究。

87. 陈俐(1963—),和县人,1979 年毕业于和县第一中学。中国人民解放军总参谋部档案馆馆长,大校军衔。

陈俐在绰庙读初中时，语文、数学两科成绩优秀，乡村初中理、化教师力量不够，进入高中（两年制）阶段，理、化从初中补起，高考时成为短腿学科。落榜后，回乡务农，两年后参军，由普通战士到班长，并入了党。在部队里，他一面参加严格的军事训练，一面自学高中理、化课程，两年后考入解放军防化学院。毕业后，被分配到北京中国人民解放军总参谋部防化部，由普通办事员到总参机委员，由尉级晋升到大校，2006 年任总参档案馆馆长。

陈俐履新后，不断探索档案管理规律，掌握管理要诀，陆续撰写多篇论文刊登在军内刊物上。近年多次参加军内档案管理学术研讨会，并被邀至各大军区作有关档案管理学术报告。

他读高中时，酷爱文学，对古典诗词尤感兴趣。入伍后，经常撰写散文，发表在军内刊物上。

吴先水

88. 吴先水（1963—），和县人，1981 年毕业于和县第一中学。中共党员、高级经济师、建筑工程师，市劳动模范，安徽新思维建筑有限公司董事长、安徽省和县第二建筑安装劳务公司总经理。

1985 年在改革开放大潮的引领下，进京从事建筑业务。通过多年的探索和发展，管理的劳务公司日益壮大，已经跃升为安徽省进京企业的龙头，受到省、市有关部门的高度评价。

2000 年，在"迎五十年大庆、做跨世纪先锋"竞赛中，被北京市总工会授予爱国立功标兵。2002 年荣获北京市经济技术创新标兵。2004 年被评为安徽省在京务工（创业）先进个人；同年，又荣获北京市在京施工企业"优秀共产党员"称号。

致富不忘家乡，他捐钱助学，投资建厂，兴修村道。2008 年，吴先水倡导和县二建劳务公司在和县第一中学共同成立了建树助学基金会，每年资助和县第一中学十几名贫困学生。2009 年，他被巢湖市授予"劳动模范""优秀共产党员"称号。

89. 秦勤（1964—），和县人，1980 年毕业于和县第一中学，高级工程师、第九届全国青年委员，省公路管理局局长（副厅级）。

安徽省交通学校毕业后分配到省公路设计院测建二队，先后任技术员、队长、党支部书记，其间参加上海同济大学函授本科学习。历任省公路勘测设计院副院长、院长，省公路管理局局长（副厅级），省公路路政总队总队长、省交通厅农村公路建设投资中心主任、省交通外资办主任。

秦勤对公路管理有独特的见解。他认为，税费改革后，公路局的工作思路要进行调整，重新部署工作重点，要将养护和路政管理，尤其是治超放在头等重要的位置上，以适应改革的需要，为安徽公路事业更好、更快发展打下坚实的基础。在全省各市开展的路政执法人员岗位大练兵活动，执法人员需要通过各项考试，获得执法证，才被允许上岗，对于不合格的考生将重新参加培训。

秦 勤

以开展"微笑服务、温馨交通"活动为载体，树立公路服务品牌，用一言一行展现现代公路文明。

90. 邢宏龙（1964—），和县第一中学 1981 届高中毕业生，中共党员，工学博士，教授，应用化学专业博士生导师；安徽理工大学化学工程学院执行院长、安徽省化工学会副理事长、安徽省化学会理事。

研究领域是红外隐身材料，电磁吸波材料；水性黏合剂；功能高分子材料。主要科研项目有：

（1）聚 α - 萘胺基纳米复合材料界面结构及其与红外辐射和微波吸收性能关系研究，国家自然基金面上项目，No.51477002，2015.01—2018.12（主持）。

邢宏龙

（2）纳米铜镓合金聚丙烯酸酯多相复合材料的界面结构的研究，国家自然基金面上项目，No.51173002，2012.01—2015.12（参加，第三）。

（3）乳液聚合制备织物用热红外隐身涂料黏合剂的研究，安徽省高等学校自然科学基金重点项目，No.2006KJ038A，2006.1—2007.12（主持）。

（4）乒乓球拍用环保型黏合剂的制备研究，安徽省高等学校自然科学基金项目，No.kj2009B026，2009.1—2010.12（主持）。

主编教材《物理化学》《化工安全导论》《物理化学实验》。在学术刊物发表多篇论文。

获得校级教学成果一等奖 3 项，省级教学成果三等奖 1 项。2007 年和 2011 年被评为安徽理工大学优秀教师。2014 年被评为安徽理工大学优秀党员。

沈 旭

91. 沈旭（1964—），和县人，博士，教授，博士生导师，国家杰出青年科学基金获得者，"新世纪百千万人才工程"国家级人选，享受国务院政府特殊津贴。

1980 年毕业于和县第一中学。1984 年毕业于徽州师专。1992 年于安徽师范大学有机化学研究所获硕士学位。1995 年于中国科学院上海药物研究所获博士学位。1995—1997 年，攻读中国科学院福建物质结构研究所结构生物无机化学专业博士后。后任上海同济大学化学系副教授。

1999 年 1 月至 2001 年 1 月，任日本大阪药科大学生物物理系 JSPS（日本学术振兴会）特约研究员，从事结构生物学研究。其后，去美国康奈尔大学医学院生物化学系，任高级研究员，开展分子生物学方面的研究工作。2001 年底回国，任中国科学院上海药物研究所副研究员、研究员、博士生导师、课题组长。其主要研究领域为分子和结构生物学。曾任南京中医药大学人力资源处处长，江苏省"退行性疾病药靶与药物重点实验室"主任。

沈旭博士近年来的研究工作主要涉及退行性疾病药靶与药物研究。作为项目负责人主持了多项国家级科研项目，如国家高技术研究发展计划项目、国家杰出青年科学基金项目、国家重大科技专项"十一五""十二五"和"十三五"项目以及国家自然科学基金重点项目等。在国际重要学术期刊上发表学术论文 300 余篇，获得授权专利 23 项。获国家自然科学二等奖、上海市领军人才以及中国科学院优秀研究生导师等多项科研奖励和荣誉称号。

刘 钊

92. 刘钊（1964—），1980 年毕业于和县第一中学。现任东南大学教授，博士生导师，国家一级注册结构工程师，中国公路学会桥梁和结构工程分会理事。

1984 年和 1987 年先后获西南交通大学桥梁专业学士学位和硕士学位。2001 年获东南大学结构工程专业博士学位。1987—1998 年在铁道部第四工程局工作，历任助理工程师、工程师、高级工程师以及中铁四局科技处总工程师等职。2005—2006年，以华英学者身份在美国加州大学圣地亚哥分校访问研修一年，2008年在德国斯图加特大学土木工程系访问3个月。在中铁四局工作期间参与过多座桥梁工程的施工，曾主持过斜拉桥、拱桥、连续梁桥等多种类型桥梁设计。

2001年在东南大学工作以来，主持国家自然科学基金1项，江苏省自然科学基金2项，江苏省交通科学研究计划项目2项，还承担了一些大型桥梁工程的科研工作。发表第一作者论文30余篇，出版专著1本。获省部级科技进步奖2项。

93. 赵大庆（1965—），和县人，工学博士，教授。1977—1979年就读于和县第一中学。

1979年考入淮南矿业学院机电系煤矿机械化专业学习。1983年考入中国矿业大学北京研究生部矿山机械工程液体传动与控制专业学习。1986年获工学硕士学位。1989年获工学博士学位，并留校先后任讲师、副教授。1993年起享受政府特殊津贴。1994年被破格晋升为教授，任中国矿业大学北京研究生院副主任，分管北京研究生部的科研、开发及校办企业工作。

赵大庆

1996年调入中共中央国家机关工作委员会，任《紫光阁》杂志社副社长、社务委员会委员。1999年起，作为引进人才调入清华大学机械工程系任教授，并任清华大学STF国际科技研发中心主任、清华大学金洲纳米材料工程应用开发中心主任，主要从事功能材料与器件及科技商务的研究与开发。作为项目负责人，他先后承担并完成了国家、部委和企业的技术研究项目。先后担任中华全国青年联合会委员、中国青年实业促进会理事、中国机械工程学会理事、中国劳动保护学会水射流技术专业委员会主任委员、中国机械学会生产工程分会技术咨询中心主任委员等职。

已发表学术论文40多篇，出版专著1部，并指导了20多名研究生。

获省、部级科技进步奖、省级人民政府奖5项、霍英东青年教师奖1项；中国科学技术发展基金会、孙越崎科技教育基金会"优秀青年科技奖"1项；先后获得中国青年科技标兵、中国国家机关优秀青年等多项荣誉称号。

94. 王广明（1965—），和县人，工程硕士、高级工程师。1981—1984年就读于和县第一中学。1984年考入中国纺织大学自动化系学习。1988 年考入北京理工大学自动控制系深造，1991 年获工程硕士学位。先后在电子工业部十四研究所测控部、信息产业部电子第十四研究所中法合作部工作。后任西门子数控公司高级工程师。

在国内科技期刊上发表本专业技术论文多篇。主持完成的 712D 测雨雷达系统的设计，于 1993 年通过部级鉴定，1995 年荣获国防科工委科技进步奖。主持完成了 DJH80CNC 全自动电脑卷簧机数控系统的设计，其产品于 1997 年通过省级鉴定，1999 年获江苏省科技进步奖。

95. 魏邦良（1965— ），和县人，1984 年毕业于和县第一中学。1988 年毕业于安徽大学中文系，任教于安徽工业大学文法学院，曾任文艺系主任，副教授。

出版著作：《隐痛与暗疾：现代文人的另一种解读》（马鞍山市政府太白文学奖一等奖）；《给阅读留一份纪念》（马鞍山市第六次社会科学优秀成果著作类二等奖）；《胡说：胡适的智慧》（入围安徽省人民政府文学出版奖；马鞍山市政府太白文学奖二等奖）；《读来读往》；《名人做人与处世》。《聂绀弩：生活的艰辛会让人越活越刚强》（散文）被辽宁省大学生评为"我最喜欢的经典文章"。

魏邦良

96. 钱绍祥（1966— ），和县人。博士，日挥株式会社技术部首席工程师。

1984 年毕业于和县第一中学高中部，1988 年毕业于大连理工大学化工学院，1991 年获硕士学位，1993 年获博士学位。1993—1995 年到日本广岛大学深造。

1995—1998 年任日本仓敷艺术科学技术学部研究员。2008 年 8 月任日本株式会社首席工程师。2009 年 4 月任日本东京大学研究生院原子能国际专攻研究员。

97. 段玉友（1966— ），和县人。博士，扬州大学兽医学院教授。

1984 年毕业于和县第一中学高中部。1988 年江苏农学院本科毕业，1991 年获该校硕士。1997 年获中国人民解放军农牧大学博士。

段玉友

1999—2000 年，任康奈尔大学兽医学院博士后研究员。主要研究动物肿瘤病毒致病机理，并研制新型疫苗预防病毒致病肿瘤。参编《动物病毒学》，发表学术论文 47 篇，其中被摘引的 12 篇。获江苏省科技奖、国家科技奖共 14 项。

98. 林宝新（1966—），和县人，中共党员，高级工程师，总工程师。

1984 年从和县第一中学毕业，考入合工大土木工程系水电工程建筑专业，1988 年毕业，获学士学位。不久，考入浙江大学土木工程系结构工程专业，1994 年毕业，获工学硕士学位。现为安徽建筑工业学院建筑设计研究院（建设部甲级）总工程师，安徽省结构专业学术委员会副主任委员。

林宝新为安徽省首批国家一级注册结构工程师、学院高新技术项目科研与设计的主要带头人；工作成果丰硕，负责大中型工程项目近百项，项目类型涉及办公楼、商住楼、教学楼、体育馆、银行、宾馆、商场、高级公寓等领域，诸多项目的结构体系在所建地区具有一定的超前性。其代表性工程包括合肥 CBD 中央广场（13.6 万平方米）、安徽圣大国际商贸中心（15.3 万平方米）；另外，中国科大北区学生食堂工程，采用空腹夹层板柱结构体系，为安徽地区首例，填补了华东地区建筑设计的空白。

他在专业技术工作中有许多重要的技术创新。作为第一完成人，他共获省级优秀成果奖计 5 项，其中省级优秀建筑结构设计二等奖 2 项。他的论文《建筑结构》《建筑科学》《浙江——土木工程论文集》被收录于《浙江大学百年校庆暨七周年系庆》；在国家核心期刊、大学学报等刊物上发表学术论文数篇。

99. 贾相洲（1967—），和县人，大学学历，文学学士。

1987 年毕业于和县第一中学。1992 年毕业于安徽大学外语系。1992 年 7 月参加工作。1997 年 8 月加入中国共产党。

1992 年 7 月，任马鞍山市压缩机总厂办事员、助理工程师、经济师。1997 年 12 月，马鞍山市人事局科员。2002 年 11 月，马鞍山市外国专家局副局长，2007 年 5 月，马鞍山市外国专家局局长。2010 年 7 月，马鞍山市人力资源和社会保障局副局长，援藏担任西藏山南地区

贾相洲

行署副秘书长。2013 年 7 月，马鞍山市人力资源和社会保障局副局长。2013 年 11 月，马鞍山市含山县委常委、县纪委书记。2016 年 4 月，马鞍山市花山区委常委、区纪委书记。2017 年 12 月，马鞍山市花山区委常委、区纪委书记、监察委员会主任。2019 年 12 月，马鞍山市和县政协党组书记、主席。

在马鞍山人事局任职的 10 多年间，拓宽引智渠道和服务领域，组织申报和实施各类引智项目 90 多个，引进外国技术和管理专家 120 多人次，帮助解决一系列技术和管理难题，有力促进了地方经济的发展。我市引智工作走在全省前列，多次获得省外国专家局的表彰和奖励。

三年援藏期间，克服高寒缺氧、身体不适和家庭各种困难，保持较高的在藏率和在岗率。积极协调援藏项目，协助做好省援藏工作队的管理和服务工作，树立了安徽援藏干部的良好形象，为西藏山南经济社会发展和民族团结进步做出了贡献。2013 年 6 月，被西藏自治区党委和政府授予"优秀援藏干部"称号。

秦永贵（右）、戚福霞

100—101. 秦永贵、戚福霞

秦永贵，1967 年 10 月出生，和县联合乡人。1983—1986 年就读于和县第一中学。1986 年考入清华大学，1991 年本科毕业获工程学士学位。

戚福霞，1969 年 7 月出生，和县联合乡人。1984—1987 年就读于和县第一中学。1988 年考入安徽工学院，1992 年本科毕业获工程学士学位。

1998 年，秦永贵、戚福霞注册成立了南京大有汽车贸易有限公司。2003 年起，相继成立了泰州大有、连云港大有、无锡大有、常州大有、苏州威肯、南通大道、镇江大有、安徽大有等分（子）公司。2008 年，南京大有成为长安汽车全国经销商协会会长单位，秦永贵当选为长安汽车全国经销商协会会长，大有公司连续三年成为长安汽车全国战略经销商前三名，年销售长安汽车 7 万余辆，年销售额达到 24 亿元，上缴国家利税超过 2 亿元。

2009 年 9 月 2 日，秦永贵、戚福霞夫妇斥资 100 万元在和县第一中学设立大有奖学金，以助困励学为目的，每年奖励和县第一中学在校优秀学生，鼓励他们勤奋努力，学有所成，回报家乡，服务社会。

2014—2016年，秦永贵作为南京市马鞍山商会的创始会长，通过凝聚乡情在会员之间开展团结互助活动，并立足于南京，多次带领商会会员回家乡开展各种捐助活动。

2018年5月，南京大有国威成为新红旗汽车全国第一批经销商。2019年9月，南京大道成为大有集团第二个红旗体验中心，为新红旗的跨越式发展做出了卓越贡献。2021年荣获极致服务奖、要客开发奖和卓越经销商3项全国大奖。

102. 胡茂海（1967—），和县人，工学博士。

1983—1986年在和县第一中学读书。1986年，考入安师大物理系学习。1990年毕业，分配至香泉中学任教。1993年考入中科院西安光学精密研究所学习，获理学硕士学位。1996年8月，分配到信息部南京第五十五研究所光电工程部工作。1999年3月，考入南京理工大学光电学院学习，获工学博士学位，在南京理工大学电光学院工作。

他专心致志从事教学和科研，尤在光电科学研究领域取得可喜成果。已发表论文多篇，如《VC++环境下激光共焦扫描显微镜的成像实现》《激光共焦扫描显微镜三维数据场截面图象重建》《基因芯片荧光图像采集与分析》等。他的"一种计算机激光焦光扫描显微镜系统"获得发明专利。

103. 项正兵（1968—），男，和县人，大学学历，文学学士。

1987年毕业于和县第一中学。1991年毕业于安徽师范大学中文系。1991年1月加入中国共产党。1991年7月参加工作。

历任安徽师范大学教师；芜湖市政府办公室科员、副主任科员、主任科员；市政府办公室秘书三科科长（其间，获得安徽大学法学自考本科学历）；市政府信息化办（市互联网宣传管理办公室）副主任、党组成员；

项正兵

南陵县委常委、纪委书记；芜湖市环境保护局纪检组长、党组成员；芜湖市纪委监委驻市发改委纪检监察组组长、党组成员；芜湖市纪委监委驻市委办纪检监察组组长。

王祖友

104. 王祖友（1968—），和县人。1987年毕业于和县第一中学高中部。博士，教授，博导。

1998年6月从广西师范大学外语系毕业，获文学硕士。2002年4月从美国耶鲁大学美国学东亚学者研究生班毕业。2006年6月从厦门大学外文学院毕业，获文学博士。在 Chatham University 和 University of Pittsburgh 访学。曾任泰州学院外国语学院院长，现任泰州学院跨文化研究所所长。

以专业负责人为学校申请获批翻译专业，商务英语进校一流，英语专业进省一流，通过教育部本科教学合格评估。给本科生开设过精读、泛读、写作、文秘、语言与文化、翻译、美国文化、英国文学、美国文学等课程；给研究生开设过美国文化、美国后现代派小说选读、英语文学与文化研究和西方文论课程。

先后获得"河南理工大学精神文明建设先进个人""河南理工大学优秀教师""《山东外语教学》优秀编委""焦作市第三届优秀青年社科专家""2012年度全国教育改革优秀教师"称号和2012年度全国教育改革优秀教学论文大赛一等奖。

主要研究领域是美国文学和文学翻译。出版著作7部，曾在《外国文学》等学术刊物上发表过论文86篇，其中核心期刊论文21篇。翻译作品若干。主编、参编教材6部。完成科研项目5项，在研3项。

先后兼任《亚太人文与社会科学期刊》《世界文学评论》等刊物编委；兼任江苏省比较文学学会、江苏省翻译协会、广西翻译协会、第二届东北亚语言文学与翻译国际学术论坛理事会、新疆文艺理论研究会、学术英语研究会、中国翻译认知学会、中国生态翻译与认知翻译学会等学会理事或常务理事；兼任广西师范大学、中山大学语言研究所等单位教授。担任天津理工大学外国语学院MTI、南京师范大学外国语学院MTI等合作导师。

105. 韩道虎（1968—），和县人，1986年毕业于和县第一中学，著名企业家。

1990年大学毕业进入江南造船厂。在江南造船厂，韩道虎与实习指导老师一起共同攻克了用于减少船舶航行阻力的球鼻艏难题，引起轰动。1993年江南造船厂与日本三菱重工开展技术交流，成立国际技术合作科。为了更好地与日本人交流和工作。1994年韩道虎用3个月时间自学掌握了日语。1995年，韩道虎被派往江南造船厂实业公司负责筹建和协调工作。这期间他结识日本知名造船专家道井先生，并成为莫逆之交。

韩道虎

1998 年初，韩道虎辞职。1999 年，韩道虎通过杜邦（中国）控股公司水处理工程一次性获利 50 万元，注册成立了上海久工机电设备工程有限公司。取名"久工"，寓意做永远的工业。2002 年，他决定对企业进行转型，不再做工程，转而生产按摩器材及其配件。

转型之初的前 4 个月，"上海久工"没有做一笔业务，没有一分钱的销售收入。但韩道虎没有退缩。不断向广大客户提供最良好的服务，事必躬亲、顽强拼搏。他和他的团队设计开发了 JGF600 腿脚一体按摩器系列产品、JGC-1800 骨盆保健系列产品、JGC-3800 按摩椅系列产品，这些产品均具有自主知识产权。至 2011 年底，JGC-1800 骨盆保健椅在日本创造了连续销售 40 万余台的奇迹，市场占有率高居第一。

早在 2003 年 12 月，为扩大生产规模，韩道虎满怀赤子之情和报效家乡之心，在安徽和县经济技术开发区创建安徽久工科技实业有限公司，这是和县经济开发区内引进的第一家企业。2010 年，"安徽久工"已有 50 多名员工，是世界最大的按摩气囊和微小电机供应商。公司的产品 90% 出口到国外，生产的关臂椅 2010 年在日本的同类商品销售中名列第一，并获得日本设计进步奖。2011 年"久工"的按摩器材产量已达到 20 万台，实现销售收入 2 亿元，上缴税收千万元。

至 2011 年底，安徽久工科技推动科技创新项目 12 项，获得专利成果 18 项，企业生产的创新高科技产品，受到日立、松下、傲胜等公司关注，或大订单采购，或直接与日立、傲胜等著名品牌合作运营。

106. 陈华友（1969—），和县人，1987 年毕业于和县第一中学。安徽大学数学科学学院三级教授，博士生导师。

陈华友

1991 年安徽大学数学系毕业，获学士学位。1994 年获安徽大学理学硕士学位，留校任教。2002 年获中国科学技术大学数学系理学博士学位。2003 年 4 月至 2005 年 4 月，进入南京大学工程管理学院博士后流动站，获博士后毕业证书；2009 年 9 月至 2010 年 9 月在美国俄亥俄州立大学做一年访问学者。

现为安徽省学术和技术带头人，安徽省教学名师，获宝钢优秀教师奖，全国数学建模竞赛优秀指导老师。2013—2020年任安徽大学数学科学学院副院长，现为安徽大学纽约石溪学院副院长、安徽省数学建模竞赛组委会秘书长、安徽省数学会第九届学会副秘书长、常务理事；担任《运筹与管理》杂志编委、中国运筹学会不确定系统分会常务理事、中国"双法"研究会智能决策与博弈分会常务理事、中国运筹学会智能计算分会理事；国家自然科学基金项目和多个国内外重要学术期刊的评审专家。

主要研究方向为统计预测与决策，运筹与管理，数学建模及其应用。主持4项国家自然科学基金面上项目，主持教育部博士点基金项目、安徽省优秀青年科技基金和中国博士后科学基金项目各1项。发表论文200余篇，其中被SCI/SSCI收录100余篇，入选全球2%顶尖科学家"年度影响力"榜单（2020年）。在科学出版社出版专著2部，教材3部。获安徽省教学成果一等奖6项，指导本科生参加数学建模竞赛，获国际大学生数学建模特等奖的提名奖、一等奖和二等奖、全国大学生数学建模一等奖和二等奖共20余项。

杨尚泉

107. 杨尚泉（1969—2022），和县人，1987年毕业于和县第一中学。

1989—1993年就读于山东大学中文系，本科毕业，获文学学士学位。2009—2011年就读于南开大学，获工商管理硕士学位。业余爱好书法，现为山东省书法家协会会员、书法教育委员会委员。

1993年7月参加工作，先后在山东省烟草专卖局《东方烟草报》社、专卖管理处、法规体改处任职。2004年2月调入山东中烟工业有限责任公司工作。2007年9月任山东中烟工业有限责任公司法律与改革部副部长，2011年任青岛卷烟厂党委委员、副厂长，2014年任山东中烟文宣中心副主任。

108. 雍自鸿（1969—），和县人。1987年毕业于和县第一中学。1990—1994年苏州丝绸工学院艺术分院学习。2002—2004年中国美术学院花鸟专业硕士学位班学习。曾执教武汉纺织大学，现为苏州大学艺术学院副教授。编著、参编教材多部。

作品入选全国第三届楹联书法大展、湖北省第二届新人书法作品展、全国高等美术院校中国画名师作品展、中国当代水墨名家邀请展、苏州大学艺术学院教师赴韩国作品展、江苏省首届高校教师书法作品展等。

书画篆刻作品发表于《书法》《中国书法》《书画艺术》《书法之友》《美术大观》《民族艺术研究》等刊物。

中国画作品收录于《中国美术学院 2002 级花鸟专业硕士学位班作品集·雍自鸿卷》《新经典·重提学院派》《全国高等美术院校中国画名师作品展作品集》《新编花鸟画谱丛书》。

雍自鸿

109. 尹元德（1970—），和县人，副教授，硕士生导师。

1984—1987 年就读于和县第一中学。后先后就读于北京航空航天大学机械制造专业，安徽工业大学材料加工工程专业，北京科技大学材料加工工程专业，并获博士学位。

就职于安徽工业大学材料科学与工程学院材料成型与控制工程系。主要研究方向为管板成形工艺及数值模拟，先后参与和主持宝钢、衡阳钢管公司、天津大无缝钢管公司、扬州诚德钢管公司等横向课题十余项，发表论文 20 多篇。

尹元德

110. 唐礼智（1970—），和县人，经济学博士后，教授，博士生导师。

1988 年高中毕业于和县第一中学。厦门大学经济研究所副教授，应用经济学博士后，区域经济研究室主任。

为厦门大学经济学院教授、博士生导师、中国投资决策研究中心执行主任。先后兼任中国宏观经济管理教育学会理事、福建省房地产市场季度分析会专家成员、福建省博士创业促进会理事、泉州市企业经营与管理协会常务理事、泉州市职业经理人协会专家顾问、泉州市企业信息化协会专家顾问等。

主要研究方向为投资经济、城市与区域经济、技术创新与企业成长、空间与产业规划等。长期以来，关注中国经济社会热点，致力于产学研合作的研究与推动工

唐礼智

作。2007 年以来，独立主持科研项目多项，研究成果多次被有关部门所采纳。已在国内外学术刊物上发表学术论文 40 多篇，独立完成 2 部学术专著：《闽东南地区开发区发展战略研究》《东南亚华人企业集团对外直接投资研究》。主持或参与国家、省、市等各级各类科研课题 40 余项。

获得泉州市人民政府颁发的关于"加强原产地名称保护，大力推进名牌战略"科研奖，福建省教育厅颁发的关于"适应社会经济发展　培育优秀管理人才"优秀教学成果奖。

沈良成

111. 沈良成（1970—），和县人，1987 年毕业于和县第一中学，高级工程师。

1991—2012 年，历任交通部第二公路工程局二处试验室主任、施技股长，厦门海沧大桥主任工程师，忠县长江大桥、重庆鹅公岩大桥悬索桥总工程师，润扬长江公路大桥项目副总经理，舟山西堠门大桥项目常务副总经理，泰州长江公路大桥项目总经理，中交二公局第二工程有限公司总经理，中交第二公路工程局有限公司副总工程师。

获得中国海员建设工会全国委员会第六届"金桥奖"；江苏省交通厅、总工会颁发的"新世纪杯"经济技术创新能手称号；2003 年、2010 年江苏省"五一劳动奖"，陕西省"安康杯"竞赛先进个人；陕西省第五届青年科技提名奖；国资委颁发的"中央企业先进职工"；江苏省交通运输厅颁发的江苏省交通建设工程"十佳项目经理"；茅以升基金会、中国建筑业协会颁给的 2011 年度"茅以升科学技术奖——建造师奖"，中交第二公路工程局有限公司颁发的"企业一等功臣"（两次）、"企业二等功臣"（两次）；中交二公局科技进步先进个人；中交二公局 2007 年"劳动模范"，优秀共产党员。

先后发表论文并获奖的有：《润扬长江公路大桥南汊桥悬索桥上部结构施工成套技术研究》获中交股份科学技术进步一等奖，《海沧大桥主缆架设施工》《海沧大桥主、散索鞍吊装》获 2000 年度二局优秀论文二等奖，《海沧大桥锚碇无索区梁段架设方案及钢支架设计》《海沧大桥锚碇大体积混凝土施工技术介绍》获第二届科技大会一、三等奖，《润扬长江公路大桥南汊悬索桥上部结构安装工程 G1 标投标技术方案研究》获科技进步奖一等奖，《润扬大桥悬索桥上部结构施工测量控制技术》获 2002 年度优秀科技论文二等奖，《高温下悬索桥主缆丝股锚跨张力的合理控制值研究》论文被评为 2004 年度科技论文二等奖，《润扬大桥南汊悬索桥上部结构安装施工技术》获陕西省公路学会第八届自然科学优秀论文一等奖、2002 年度优秀科技论文一等奖，《润扬长江公路大桥南汊悬索桥上部结构施工成套技术研究》获陕西省科学技术奖一等奖。任《公路桥梁施工系列手册·悬索桥》副主编。

112. 孙正友（1970—），和县人，学士学历。

1987 年毕业于和县第一中学。1991 年毕业于上海对外贸易学院。1993—1998 年在安徽省畜产进出口公司工作。2001 年初创办安徽绚丽时装有限公司。2012 年和县第一中学 110 周年校庆，孙正友、赵蓉捐款 10 万元，在新校区建春晖亭。

孙正友

113. 王学锋（1971—），女，回族，和县人，1987 年毕业于和县第一中学，1991 年毕业于南京大学。

1991 年 7 月参加工作，历任：1991 年 7 月，江苏省建设委员会城市规划处科员（1991 年 9 月至 1992 年 8 月扬州市规划局挂职锻炼）；1997 年 3 月，江苏省建设委员会城市规划处副主任科员；1999 年 4 月，江苏省建设委员会（省建设厅）城市规划处主任科员；2002 年 4 月，江苏省建设厅城乡规划处副处长（2001 年 9 月至 2006 年 11 月，南京大学人文地理学专业在职研究生学习，获理学博士学位；2003 年 9 月至 2004 年 1 月，省第三期领导干部国际知识培训班学习；2005 年 3 月至 2005 年 9 月，赴美国城市规划专业培训）；2008 年 12 月江苏省建设厅城乡规划处处长（2009 年 10 月至 2009 年 12 月，省第十期高级管理人才经济研究班赴法国国立行政学院学习）；2012 年 5 月，泰州市人民政府副市长；2022 年 1 月，江苏省住房和城乡建设厅副厅长。2017 年 5 月，中国致公党江苏省第六届委员会副主任

王学锋

委员，12月，中国致公党第十五届中央委员会委员；2022年7月，中国致公党江苏省第七届委员会主任委员。

倪明田

114. 倪明田（1971—），和县人。1988年毕业于和县第一中学。1992年毕业于安徽大学数学系应用数学专业，获理学学士学位。1995年毕业于浙江大学数学系，获理学硕士学位。1995—2000年，在北京大学计算机系工作，主讲计算机图形学等课程，并出版了相关教材。2000—2004年，在美国内布拉斯加大学林肯分校计算机科学与工程系攻读博士学位。2004年，博士毕业后加入微软公司从事大型软件的可靠性分析与研发工作。2011年初离开微软，加入谷歌公司。主要从事互联网分布式计算及实时伺服系统的研发工作。定居美国华盛顿州西雅图地区。

杜克林

115. 杜克林（1971—），和县人，工学博士，银江股份副总裁兼首席科学家，银江实验室主任。

1985—1988年，在和县第一中学学习。1988—1992年，就读于天津轻工业学院机械工程系，获工学学士学位。1992年，以总分第一的成绩考取华中理工大学力学系研究生。1995年获得工学硕士学位，同年被华中理工大学自动控制工程系免试录取为博士生。1998年4月获得工学博士学位。

1998年6月至1999年5月，杜克林在深圳市华为技术公司从事无线通信新产品研发。1998年从华中理工大学自动化系获博士学位，之后，在华为技术公司、中国电信科学院从事第二代和第三代无线通信产品的软件、硬件研究和系统开发。2000年成为第一批通过"优秀人才计划"移居香港的人员，在香港中文大学从事香港工业署重大项目开发，任助理电脑执行官（项目经理），领导开发当时世界领先的软件无线电系统。2001年起一直在加拿大Concordia大学任博士后，副研究员，从事无线通信和信号处理领域的前沿研究。其间，于2008年到香港科技大学做了半年的副研究员，从事第四代移动通信的研究及其标准化（IEEE 802.16m）。2010年回国，在协同集团任高级研究工程师，从事军用集群通信和卫星通信的关键技术的研究。2011 年起在银江股份任副总工程师，目前担任首席科学家兼任银江实验室主任，从事智能交通系统、车联网、无线传感器网络研究。同时也是加拿大 Concordia 大学电子与计算机工程系兼职副教授、浙江工业大学客座教授。研究兴趣为无线通信、信号处理、模式识别和人工智能领域。

出版两本专著《基于软计算架构的神经网络》《无线通信系统：从 RF 子系统到 4G 关键技术》。发表学术论文 40 篇，拥有 2 项美国专利并受理了 4 项中国发明专利。是 3 个国际学术期刊 IET Signal Processing，Circuits，Systems & Signal Processing 和 Inventi Rapid Embedded Systems 的副主编（编委）。曾担任过多个著名国际会议的程序委员会或技术委员会成员。受邀在 IEEE ICITIS2011 大会做过模式识别在智能交通系统中应用的主题报告。是 IEEE 资深会员，TI 专家顾问委员会成员等。曾经担任 36 个国际学术期刊和多个国际学术会议审稿人。

116. 汪家道（1971— ），中共党员，和县人。1990 年毕业于和县第一中学。清华大学著名教授，教育部长江学者。

1994 年获安徽工业大学机械工程学士。1996 年获清华大学精仪系硕士。1999 年获清华大学精仪系博士。1999—2003 年，清华大学精密仪器与机械学系讲师。2003 年 3—6 月，为瑞士 CSM Instruments 访问学者。2003—2012 年，清华大学精密仪器与机械学系副研究员。2008 年 1—8 月，为美国 Northwestern University 访问

汪家道

学者。2011 年 6—9 月，为美国 Northwestern University 访问学者。2013—2015 年，清华大学机械工程系主任助理。2015—2018 年，清华大学机械工程系副主任；2018 年，清华大学机械工程系主任。2018 年 11 月，清华大学机械工程学院副院长。2019 年，清华大学天津高端装备研究院院长。被清华大学机械工程系长聘教授，博士生导师。

先后获得教育部自然科学一等奖、技术发明一等奖及国内外优秀论文奖等奖励，入选教育部长江特聘教授、国家万人计划领军人才、国家中青年科技创新领军人才和新世纪人才计划，负责团队入选天津市高层次创新创业团队。机械工程学会高级会员，中国机械工程学会摩擦学分会理事，Friction、Journal of Micromechanics and Molecular Physic 及《机械工程与技术》等期刊编委。受聘冬奥会开闭幕式项目

评审专家、高能束流加工技术国防科技重点实验室学术委员会委员等。

他主要研究方向为流固界面效应及控制，涉及表面减阻、润湿、空蚀、自组装涂层及生医界面微纳调控等。主持国家重点研发计划等项目 30 余项，参与项目 10 余项。发表期刊论文 200 余篇，SCI 收录 130 余篇；授权发明专利 20 余项。

主要奖励与荣誉：获国际学术论文奖、中国机械工程学会摩擦学分会最佳论文（2009 年）奖，"界面效应减阻技术"获教育部技术发明一等奖（2010 年，排名第二），入选 2010 年教育部"新世纪优秀人才支持计划"，"基于液固界面效应的微空泡行为控制"获教育部自然科学一等奖（2016 年，排名第一），入选 2016 年度天津市中青年科技创新领军人才、2016 年度教育部教育入选部长江学者特聘教授、第三批（2017 年）国家"万人计划"科技创新领军人才、2017 年度科技部中青年科技创新领军人才。

许传华

117. 许传华（1971—），和县人，1990 年毕业于和县第一中学。

任中钢集团马鞍山矿山研究总院股份有限公司党委书记、董事长。中共党员，博士，正高级工程师，国务院特殊津贴专家，博士生导师，全国"五一劳动奖章"获得者，十二届安徽省政协委员，中国冶金矿山企业协会常务理事，安徽省地质学会副会长，安徽省金属学会副理事长。先后获得安徽省"特支计划"创新领军人才、安徽省战略性新兴产业技术领军人才、马鞍山市优秀青年企业家等荣誉称号。

主要从事矿产资源开发领域研发与成果产业化等工作。2008 年开始主持高性能空心玻璃微珠产业化项目，带领团队成功实现了产业化生产，填补了国内生产上的空白，打破了国外对该产品的垄断。在矿山岩土工程领域，应用非线性理论确定岩体破坏分析中岩体力学参数选取以及相应的突变破坏判据，从而形成一个相对较完整的岩体破坏分析的非线性模型。主持或参加了国家、省部级重点研发计划以及横向项目 30 余项，获国家授权专利 15 项，其中发明专利 8 项。

获安徽省科技进步一等奖等省部级奖励 3 项，省部级科技进步二等奖 7 项，出版专著《岩体破坏的非线性理论分析及应用》，在国内外科技期刊发表论文 20 多篇，其中 8 篇论文被 SCI、EI 收录。

118. 杨米加（1971—），和县人，1989 年毕业于和县第一中学。中国矿业大学博士。为河海大学渗流室在站博士后，主要从事裂隙渗流方面的研究。Texas 大学圣安东尼分校助理教授。

杨米加

1999 年在中国矿业大学获得博士学位，1999 年 9 月—2001 年 3 月在河海大学攻读博士后，2001 年 3—6 月在香港大学做研究员，2005 年在美国 Akron 大学获得博士学位，2006 年 5 月—2007 年 7 月在美国 Nebraska-Lincoln 大学做助理研究员。

主要从事土木、岩石力学、地质及采矿工程等方面的研究，在固体力学、高级数值方法和计算模拟方面有丰富的经验。已公开发表论文 40 多篇，其中有 15 篇被 SCI 检索，被引用 100 次以上。

先后获 2004 年美国土木工程师协会旅行奖，2005 年获得 Quixote 论文竞赛奖，2007 年获得 Faculty research 奖、2007 年获得美国国家科学基金会夏季奖学金等多个国家和国际性奖励；是美国注册专业工程师，International Journal of Solid and Structures、Journal of Structural Engineering, ASCE 等多个国际性刊物的审稿人。

119. 唐学友（1972—），和县人。1989 年毕业于和县第一中学，1994 年毕业于华东理工大学应用化学系工业催化专业本科，获得工学学士学位；1997 年 9 月至 2000 年 7 月，华东理工大学生物工程学院生物化工专业硕士研究生，获得工学硕士学位，其间获得发明专利一项，发表学报论文 2 篇；1999 年 10 月，获得华东理工大学美国杜邦公司奖学金。

唐学友

2000 年 10 月至 2006 年 2 月，任职德国 Gemue 公司中国代表处销售经理；2006 年 3 月，任职德国 SED 公司上海代表处中国区首席代表。

他多次捐赠奖学助学资金，希望扶助更多学子成长成才，并鼓励学子常怀感恩之心，不忘回馈社会。

2011 年 7 月，他在甘肃民勤一中设立孔娜、唐学友爱心助学金（30 万元）。2018 年 5 月，他通过华东理工大学校基金会为生物工程学院捐赠 20 万元，积极支持"俞俊棠奖学奖教基金"的成立，成为该基金发起人之一；2019 年 5 月，他任华东理工大学生物工程学院校友理事会理事；2021 年 3 月，又为华东理工大学生物工程学院捐献 50 万元。2021 年，他任上海和县商会执行会长。

窦 非（左）

120. 窦非（1975—），和县人。1989 年毕业于和县第一中学。生化学博士、教授、博士生导师。

窦非在和县第一中学读书时，学习刻苦，勤于思考。1991 年考入南京大学生物化学系。1995 年毕业于南京大学生物化学系，获理学学士学位。2000 年毕业于南京大学生物化学系医药生物技术国家重点实验室，获博士学位。他在激光生化领域方面的研究获得可喜成果，已发表论文多篇，并多次参加国内外学术会议。

2000 年起，在洛克菲勒大学分子与细胞神经生物学实验室做博士后，师从 2000 年诺贝尔医学及生理学奖获得者 Paul Greengard 教授，进行 Alzheimer's Disease 的发病机理的研究，在 PNAS，J. Neurosci. 等学术期刊上发表论文多篇。2004 年底回国任东南大学遗传与发育生物学系教授、博士生导师。2005 年获教育部"新世纪优秀人才支持计划"资助，2006 年获霍英东教育基金会"青年教师奖"（研究类）三等奖，主持多项国家级科研项目；2008 年 10 月被引进到北师大工作。

主要从事老年痴呆症中分子伴侣对蛋白的调控机制的研究、纹状体中被特异性磷酸化的 ARPP-90 的特性及功能的研究、sAPPalpha 的神经元保护作用的分子机制研究、抑郁症和精神分裂症的基因与环境相互作用机理研究。有代表性论著多部。

王 旭

121. 王旭（1975—），和县人，和县一中 1993 届高中毕业生。中共党员，马鞍山曼迪新大药房连锁有限公司董事长、党支部书记。兼任安徽省人民政府参事室特约研究员、安徽省第十一次党代会代表、马鞍山市第九届、第十届政协委员、花山区第二届、第三届人大常委、马鞍山市工商联副主席、马鞍山市青年志愿者协会会长、马鞍山公益善食馆党支部书记、志愿者服务总队队长、马鞍山红十字公益救援队理事长等职务。

马鞍山曼迪新大药房连锁有限公司现有门店 200 余家，年销售额 4 亿多元，是全国百强连锁药房、安徽省具有影响力的大型医药零售连锁企业，是老百姓信赖的放心药房。近年来获市优秀诚信企业、放心药店、文明诚信示范单位、公益爱心单位等称号。

公司现有职工 900 多人，成立了党支部、工会、团支部。王旭带领党支部成员组织员工参加社会公益活动，先后为地震灾区、和县扶贫基金、市光彩事业基金、贫困学生和困难家庭捐款捐物达百万元。已帮助和县 30 多名学生顺利进入大学学习，资助了数百名成绩优异的贫困学生。

2016 年 1 月，在王旭等 8 位公益人牵头下成立了安徽首家纯公益的公益善食馆，王旭担任党支部书记、志愿服务总队队长。公益善食馆开业 6 年来，得到了爱心市民热情参与，已有 80 万多人次前来献爱心就餐。志愿者服务队从开始的十几人到现在的 12000 多人，开展了一系列公益活动。

公益善食馆先后获得第三届中国青年志愿服务公益创业赛金奖、第四届中国青年志愿服务项目大赛银奖、第五届中国青年志愿服务项目大赛金奖等数十个奖项，被评为马鞍山十佳道德模范集体、入选中宣部全国宣传思想文化工作创新案例。

2020 年全国抗击新冠疫情战役打响时，曼迪新先后向市疫情防控应急指挥部和县、区政府捐赠 30 余万只口罩、红外线测温仪 160 台等物资，价值 70 余万元。作为红十字公益救援队理事长王旭，大年初一晚开始就带领 20 余名队员，连夜冒雨给搭建 20 多个房型帐篷，支持了全市疫情防控人员的工作。他组织救援队队员进入社区、单位，开展各项防疫宣传、劝导、消杀工作。协助红十字会、公益组织接运和捐赠紧急物资。他还带领公益善食馆志愿者，持续一个月为疫情防控一线工作人员免费送餐达 5000 多份，市防疫应急指挥部和社会各界给予了高度的评价。

2020 年 7 月中旬，长江水位突破历史高度，马鞍山防汛工作异常严峻，人民生命财产受到洪水的威胁。董事长王旭身先士卒，第一时间报名参加市委成立的全市党员志愿者防汛抢险突击队。防汛期间，他带领曼迪新大药房党支部成员，为雨山区、经开区、和县、当涂抗洪一线工作人员送去食品、药品等防汛物资 1200 余件，价值 10 余万元。还带领公益组织慰问驰援马鞍山江心洲抗洪抢险的第七十一集团军临汾旅官兵们，送去了价值 3 万余元的急需物资。

近年来，王旭先后发起了马鞍山市公共水域公益救生圈投放项目、马鞍山市"爱心头盔"护航安全出行项目、马鞍山市公共场所 AED（心脏除颤仪）投放项目、和州红公益超市项目、"救在身边"救护普及培训、生命教育进校园等一批贴合民生实际、普惠大众的公益项目，为马鞍山文明城市建设增光添彩。

王旭先后获得第三届全国优秀社会创业家、安徽省"五一劳动奖章"、安徽省优秀中国特色社会主义事业建设者、安徽省工会创业带头人、安徽省民营企业十大创新领军人物、安徽省青年志愿者优秀个人奖、马鞍山市劳动模范、马鞍山市优秀非公企业党组织书记、马鞍山市"希望工程"爱心使者、马鞍山好人、第四届和县十大杰出青年、和县抗洪救灾先进个人等荣誉称号。

122. 薛华菊（1976—），女，和县人，1995 年毕业于和县第一中学。1999 年毕业于安徽师范大学获管理学学士。1999—2005 年安徽亳州职业技术学院旅游系讲师。2008 年毕业于青海师范大学，获理学硕士学位。2015 年毕业于陕西师范大学，获管理学博士学位。2008 年任青海师范大学经济管理学院（旅游学院）教授。2019—2020 年任西宁市经济技术开发区南川工业园区管委会副主任（挂职）。

薛华菊

就职于青海师范大学旅游学院，教授，硕士生导师，酒店管理系主任、副院长，旅游管理专业硕士点（MTA）负责人，青海省"高端创新人才千人计划"拔尖人才，青海省旅游绿色发展咨询委员会专家，青海省文化旅游产业专家，青海省高等院校第十批省级骨干教师培养对象。主要从事乡村旅游、文化旅游、旅游资源开发与规划、生态与休闲旅游、酒店接待等教学科研工作。

发表学术论文 30 余篇；专著《长三角地区旅游需求／供给耦合发展研究》1部；参编著作 3 部，实用专利 4 项，主持及参与国家自然科学基金、国家社科基金、教育部、文化和旅游部、青海省科技厅、青海省社科规划项目 20 余项；指导大学生创新创业及研究型项目 7 项；研究成果获得国家旅游局优秀研究成果一等奖、陕西旅游调研报告优秀奖。荣获 2020 年度宝钢优秀教师奖、2020 年青海省高校青年教师"小岛奖励金"。

123. 盛茂银（1980—），和县人，1999 年毕业于和县第一中学。中共党员，贵州师范大学教授。

2011 年南京大学生态学博士研究生毕业，获理学博士学位。2014 年南京大学博士后流动站出站。现任国家喀斯特石漠化防治工程技术研究中心副主任、贵州师范大学喀斯特研究院副院长、贵州省喀斯特石漠化治理与衍生产业工程实验室常务副主任。中国生态学会生态模型专委会委员，贵州省地理学学会常务理事。入选贵州省优秀青年科技人才计划、贵州省普通高等院校科技拔尖人才计划。

盛茂银

先后主持完成国家自然科学基金、中国博士后面上资助项目、国家科技支撑计划和重点研发计划项目专题、贵州省科学技术基金重点项目等 50 余项科研课题的研究。发表学术论文 80 余篇，其中 SCI 收录 32 篇。获中国水土保持学会科技奖 1 项，贵州省科技进步奖二等奖 2 项，获省级教学成果奖二等奖 1 项。出版专著 2 部。获国家授权专利 15 项。

124. 陈小舟（1981— ），和县人，1997 年毕业于和县第一中学，2001 年毕业于华中师范大学体育学院运动训练专业。巢湖学院体育系教师，中国体育科学学会会员。研究生学历，中共党员，田径国家一级运动员、裁判员，篮球国家二级裁判员、优秀教练员。

陈小舟

陈小舟在安徽省第六届中学生田径运动会上，获得男子甲组 100 米第二名、4×100 米接力第三名；在华中师范大学运动会上，获得男子 400 米栏第二名、男子组 100 米第一名并破校纪录；在武汉地区高校第三十六届田径运动会上，获得 4×100 米接力第一名；在湖北省"神农架杯"首届铁人三项锦标赛上，取得优异成绩；并先后获"南湖杯"排球赛第一名，湖北省大学生田径运动会 110 米栏第一名、400 米栏第一名、4×100 米接力第一名。

大学期间，学习认真，训练刻苦，积极参加各项公共活动。曾担任第二十一届世界大学生运动会武汉地区火炬接力手。工作期间，承担院系及田径教研室所组织的多项赛事，并担任副总裁判长及分区裁判长，在巢湖市的多项田径赛事中均担任裁判长；在培养高校运动员的工作中，所带运动员在 2006 年安徽省第十一届运动会高校部田径比赛中取得男子组 1 万米银牌的佳绩，他本人获优秀教练员称号；论文《安徽省普通高校公共体育舞蹈课开展的现状调查》《我国中部经济欠发达地区大学生体育生活的现状调查》在专业期刊发表，参与多个省级体育专业课题研究。

张金发

125.张金发（1983—），和县人，2001年毕业于和县第一中学。中共党员，书法家、收藏家、艺术品投资顾问、文化艺术品经济人。现任文化和旅游部中国传统文化促进会副会长，北京国韵翰墨书画院院长。

2004年成为京城研金阁书斋主人。书法有自己的风格，擅长行书、草书。

王思维

126.王思维（1983—），和县人，2001年毕业于和县第一中学；2005年6月毕业于安徽财经大学财政与公共管理学院，获经济学学士；2013年6月毕业于河海大学商学院，获工商管理硕士。美国估价学会会员、中国国外农业经济研究会会员、高级注册信贷分析师。2021年11月，参加国资委旗下《智慧中国》杂志社组织开展的"中国产业研究青年学者百强"活动，当选为2021年度中国产业研究百强青年学者。

2005年8月，先后在工商银行燕江路分理处、下关支行、南京分行、江苏省分行，中国农业发展银行总行，中信银行总行等单位工作。目前任国家电投集团资本控股有限公司风控合规部副总经理。

2008年，课题《江苏制造业现状与工商银行经营策略研究》发表于第10期《金融论坛》；荣获江苏省社科联"社科应用研究精品工程"优秀成果一等奖。

2010年7月，《江苏低碳经济发展与商业银行金融支持路径研究》荣获金融研究等6家核心期刊举办的"碳金融与中国银行业"征文评选二等奖；2010年12月荣获江苏省金融学会第十六届青年金融理论征文评选二等奖。2011年，《商业银行内涵式信贷经营发展研究》发表于第2期《金融纵横》。2014年12月，被评为农发行青年创新创效"金点子"。2015年，《构建押品管理新模式》发表于第2期《农业发展与金融》；《金融视角下地方债新政与农发行经营策略》发表于第4期《农业发展与金融》；荣获中央金融团工委举办的"2015年中国金融青年论坛活动"优秀奖。

2020年11月，在国家电投集团党校学习，被评为"优秀学员"。

127. 石永言（1986—），和县人，2003 年毕业于
和县第一中学，以优异成绩考入中国医科大学 89 期七
年制临床医学（儿科系）。2010 年 7 月硕士毕业，留在
中国医科大学附属盛京医院小儿内科工作。师从我国新
生儿领域著名专家薛辛东教授，攻读博士；2013 年 7 月
至 2014 年 8 月攻读博士期间，中国医科大学公派赴美
国芝加哥大学医学中心留学 1 年。2017 年取得博士学
位。系中国医科大学附属盛京医院小儿内科副教授、副
主任医师、硕士生导师。

石永言

擅长新生儿感染和极 / 超低出生体重儿的救治等。主要科研方向：新生儿感染
与坏死性小肠结肠炎的基础与临床研究。以第一作者或通讯作者发表论文 20 余篇，
其中 SCI 收录 12 篇，累计影响因子 60 余分；在国家级核心期刊发表论文 10 篇
（专家述评 5 篇）。主持国家自然科学基金青年基金及面上项目各 1 项、辽宁省自然
科学基金项目 1 项，2021 年获得"中国医科大学附属盛京医院 345 人才计划"及
"中国医科大学双一流建设项目"资助，2021 年入选"中国医科大学青年英才培育
计划"A 层次、2021 年入选"中国医科大学中青年学术骨干人才库"，2022 年荣
获"中国医科大学高层次人才"称号，累计科研经费 200 万元。

兼任中华医学会围产医学分会第九届青年委员会委员、辽宁省医学会围产医学
分会第六届青年委员会主任委员、中国医药教育协会新生儿影像学分会常委兼秘书
长、辽宁省新冠肺炎防控新生儿科专家组成员兼秘书长、辽宁省新生儿院感防控专
家组成员兼秘书长、辽宁省生命科学学会儿童健康管理专业青年委员会副主任委员。

128. 陶涛（1988—），和县人，2003 年毕业于和县第一中学。现任南京信息
工程大学化学与材料学院副院长。

2014 年获南京大学化学系博士学位，同年加盟南京信息工程大学环境科学与
工程学院。历任讲师、副教授、教授，化学系副主任、党支部书记、化学与材料学
院首届党委委员、副院长。

2017—2018 年，受江苏省政府留学基金资助赴新加坡国立大学化学系做访问
学者；2022—2023 年受中国气象局借调科技与气候变化司科研究所处担任副处长；
2014 年获 Wiley Online Library Best Paper Writing Contest Silver Award；2015 年获浦
发银行学术论文奖；2018 年入选江苏省青蓝工程优秀青年骨干教师（省级人才）；

2020 年获校青年教学名师奖，党员示范教学课活动被"学习强国"报道；2021 年入选江苏省化学化工学会首届青年人才托举工程；2022 年获江苏省教学成果二等奖。

主要从事配位化学、荧光传感相关研究，先后主持国家自然科学基金项目、江苏省自然科学基金项目、江苏省高校自然科学基金面上项目、国家级江北新区高层次人才项目、配位化学国家重点实验室开放基金项目、雷丁学院国际联合研究院开放项目及企事业委托横向项目等 13 项。已在 Nature Chem、J. Am. Chem. Soc、Angew. Chem. Int. Ed 等国际权威学术刊物上发表论文 71 篇，以第一发明人获国家授权发明专利 7 件，已成功转化 2 件。此外，积极投身人才培养工作，主持教育部协同育人项目 2 项，主编省级重点教材 3 部，发表教研论文 3 篇；多次指导本科生获全国化工设计竞赛奖；指导本科生获国家级大学生创新基金项目 2 项。

李元双

129. 李元双（1988—），和县人，2006 年毕业于和县第一中学，中国人民大学硕士。

曾在中央直属机构、大型国企、知名律所供职，现任开源证券股份有限公司合规法律部副总经理。先后兼任中国法学会会员、中国仲裁法学研究会会员、北京市法学会国际经济法学研究会理事、北京市网络法学研究会会员、北海国际仲裁院仲裁员。

2018 年与吴蕾女士在和县第一中学设立"格物助学金"。

130. 尹奎（1989—），和县人，2004 年毕业于和县第一中学。工学博士，博士后研究员，江苏省人才学会会员；苏州大学人力资源处人才引进与开发办公室主任，挂职担任苏州大学东吴商学院院长助理。

在一中学习期间，担任班级团支部书记，并被发展为入党积极分子，多次获得优秀班干、团干等荣誉。2007 年 6 月考入安庆师范大学化学化工学院。2011 年 9 月至 2014 年 6 月，在苏州大学功能纳米与软物质研究院攻读硕士研究生，毕业后留校工作。2021 年 6 月获得苏州大学材料科学与工程专业博士学位。

在材料学科、化学学科，发表在 SCI 期刊论文 16 篇，其中以第一作者身份发表 8 篇；在人力资源管理方面，发表核心期刊论文 3 篇，省级期刊 1 篇。主持江苏省研究生创新课题 1 项；主持江苏高校哲学社会科学研究基金项目等市厅级课题 3 项。

负责苏州大学人力资源处人才办各项工作。围绕引才、育才、留才，为学校人才工作和人才强校战略做出积极贡献。2020 年获江苏省外国文教专家管理工作先进个人、苏州大学新冠肺炎疫情防控工作表现突出个人、苏州大学建设银行奖教金；2021 年苏州大学纪念建校 120 周年活动先进个人。2015 年、2018—2020 年 4 次被评为苏州大学机关优秀共产党员。2021 年，参加苏州大学青年管理骨干培训班学习，获"优秀学员"称号。

131. 杨晨（1990—），和县人。2008 年毕业于和县第一中学。2012 年毕业于北京大学城市与环境学院环境科学专业，获学士学位。2018 年毕业于北京大学城市与环境学院环境地理学专业，获博士学位。

2018 年 8 月政府人才引进，进入杭州市余杭区环保局工作。2019 年 12 月任余杭区团区委副书记。2021 年 5 月，杭州市行政区划优化调整后，任临平区团区委副书记（主持工作）。

杨　晨

第四节　在职教工（部分）（2021—2022 学年度）
（按姓氏笔画排序）

万伟刚　1988 年 2 月生，2010 年 9 月参加工作，本科学历，数学与应用数学专业，中学一级教师，中共党员。曾获校优秀共产党员称号，所带班级获县"优秀班集体"称号，论文、课件等多次在市级比赛中获奖。

万慧莹　女，1982 年 11 月生，2003 年 9 月参加工作，本科学历，英语专业，一级教师。2018 年获得县"优秀教师"，2019 年获得县"优秀班主任"，2018 年获得县"骨干教师"等荣誉。论文、课件多次获得马鞍山市一、二等奖。

马玉静　女，1980 年 10 月生，2003 年 9 月参加工作，本科学历，体育教育专业，中学一级教师。2015 年获校"骨干教师"称号，论文、优质课、教学设计、基本功大赛等多次在市级获奖。

王　易　女，1985 年 11 月生，2010 年 9 月参加工作，硕士学历，历史专业，中学一级教师，中共党员。

王　俊　1973年10月生，1995年7月参加工作，中学地理高级教师。多次担任毕业班教学，工作细致，责任感强，有爱心，有耐心。

王　娟　女，1971年9月生，1992年7月毕业于巢湖学院化学系，同年参加工作，2002—2003年在安徽师范大学化学系进修本科。中共党员。曾获得白桥镇优秀党员、县"先进个人"、县"骨干教师"等荣誉称号。

王　琴　女，1983年6月生，2005年9月参加工作，本科学历，英语教育专业，中学一级教师。2010年获县"优秀教师""师德标兵"称号，连续三次获县"骨干教师"称号，主持市级课题，撰写多篇文章并发表。

王　瑛　女，1984年9月生，2007年9月参加工作，本科学历，美术教育专业，中学一级教师。2015年获县"优秀教师"称号。

王　韬　1984年10月生，2005年9月参加工作，本科学历，化学教育专业，中学一级教师。2015年获校"骨干教师"称号。

王小龙　1976年2月生，1998年3月参加工作，硕士学历，数学课程与教学论专业，中学一级教师。

王长锁　1963年6月生，1989年7月参加工作，本科学历，中学化学高级教师。担任班主任工作多年，获县"优秀班主任"、县"师德标兵"、市"优秀教师"称号，所带班级多次被评为县"先进班集体"。

王业斌　1968年4月生，1988年8月参加工作，高工职称。

王冬冬　女，1985年12月生，浙江瑞安人，2009年毕业于安庆师范学院，2009年9月入职和县第一中学，中学一级教师。曾获市"实验教学与管理先进个人"、县"骨干教师"等荣誉称号；多名学生在竞赛中获省、国家奖。

王芳芳　女，1980年6月生，2003年9月参加工作，本科学历，汉语言文学专业，中学高级教师。先后被评为县"教学能手"、县"骨干教师"、县"优秀教师"、市"骨干教师"。

王宏园　1985年11月生，2010年9月参加工作，本科学历，英语专业，中学一级教师。2015年获县"骨干教师"称号。

王海东　1984年9月生，2006年8月参加工作，中共党员，本科学历，一级教师，政教处主任。先后获市"骨干教师"、市"优秀团干"、县"安全生产先进个人"等称号。多篇论文发表，获得省市一、二等奖。

王超琼　女，1977年6月生，2000年9月参加工作，本科学历，中文专业，中学高级教师。先后被评为校"骨干教师"、市"优秀教师"、县"骨干教师"。

韦荣平 1965 年 9 月生，1986 年 7 月参加工作，本科学历，英语专业，中学高级教师。多篇论文获省、市奖，经常参与市级考试命题；多名学生获高中英语竞赛国家级、省级奖；多届学生多人次取得全县英语高考最高分。

戈国民 1964 年 9 月生，1987 年 7 月参加工作，本科学历，化学专业，中学高级教师。历届高考教学成绩显著，在《中学化学》《中学生化学》等核心期刊发表文章多篇，所带学生多人次获省、市级奖。

毛奋韬 1983 年 2 月生，2004 年 9 月参加工作，本科学历，物理教育专业，中学一级教师。所带班级获市"先进班集体"荣誉称号，获县"骨干教师"和市"骨干教师"称号。多篇论文获得市级一等奖，指导学生竞赛获省级奖。

方仁花 女，1980 年 8 月生，2004 年 9 月参加工作，本科学历，英语教育专业，中学一级教师。2012 年被评为校"骨干教师"。

方 华 女，1978 年 3 月生，2001 年 9 月参加工作，本科学历，物理专业，中学高级教师，中共党员。先后被评为县"教学能手"、县"骨干教师"、县"优秀教师"。

方婷婷 女，1983 年 10 月生，2011 年 8 月参加工作，硕士学历，世界史专业，中学一级教师。

尹 成 1978 年 12 月生，本科学历，2000 年 9 月参加工作。工作勤勤恳恳，多次从事高三的地理教学，深受好评。曾被评为县"优秀教师"，论文分别获得市、县一、二等奖。

尹 颖 女，1983 年 3 月生，2003 年参加工作，本科学历，中学一级教师。2012 年荣获安徽省高中英语优质课评比二等奖。获"马鞍山市骨干教师""马鞍山市优秀教师"等称号，首届"杨悦师德仁馨班主任奖"。

邓小宝 1976 年 8 月生，1997 年 9 月参加工作，本科学历，中学高级教师，中共党员。先后获县"师德标兵""优秀教师""骨干教师""教学能手"等称号，获"侨爱心·杨悦师德班主任奖"。多篇论文发表、课件获奖。

邓 华 1977 年 10 月生，1996 年 8 月参加工作，硕士；高级教师，中共党员；教务处主任、支部书记。获校、县、市"骨干教师"，市"优秀教师"，校"优秀共产党员"称号。

艾园园 女，1990 年 8 月生，2012 年 8 月参加工作，本科学历，中学一级教师。在省级以上刊物上发表论文 4 篇。2021 年被评为县"优秀教师"。2018 年、

2021 年指导学生先后获得市数学竞赛二等奖、全国数学联赛三等奖。

卢光庆 1974 年 3 月生，2000 年 9 月参加工作，本科学历，中学高级教师。2002 年获巢湖市生物实验教学比赛一等奖，2011 年被评为县"优秀教师"，2012 年被评为校"骨干教师"。2 篇论文获市一等奖，学生多人在省级生物竞赛中获奖。

叶国芹 女，1988 年 10 月生，2012 年 8 月参加工作，本科学历，中学二级教师。2019 年、2021 年被评为县"优秀教师"。数篇论文分别发表在国家级、省级期刊上，指导学生获奖较多。

仝 云 女，1968 年 8 月生，1992 年 7 月参加工作，本科学历，中学高级教师。2008 年、2017 年被评为县"优秀教师"。多篇论文获得省、市奖项。辅导多名学生参加高中英语竞赛并分别获得省、市级奖项。

司正鹏 1989 年 9 月生，2013 年 9 月参加工作，本科学历，化学专业，中学二级教师。2018 年被评为校"骨干教师"。

圣永刚 1980 年 9 月生，2009 年 9 月参加工作，硕士学历，化学课程与教学论专业，中学一级教师。2018 年被评为校"骨干教师"。

过申兵 1984 年 4 月生，2009 年 9 月参加工作，本科学历，物理教育专业，中学一级教师。所带班级获 2014 年县"先进班集体"、2016 年市"先进班集体"，2015 年被评为校"骨干教师"。论文、课件多次获市一等奖。

朱升华 1983 年 7 月生，2011 年 8 月参加工作，硕士学历，中国近现代史专业，中学一级教师，中共党员。2018 年被评为校"骨干教师"。

朱亚亚 1987 年 2 月生，2009 年 10 月参加工作，本科学历，中学一级教师。2018 年被评为校"骨干教师"。获市基本功大赛第一名、市优质课比赛第一名。

朱兴刚 1994 年 5 月生，2020 年 9 月参加工作，中共党员，本科学历，数学教师。

朱志斌 1968 年 3 月生，1989 年 7 月参加工作，本科学历，生物专业，中学高级教师。2012 年被评为校"骨干教师"。

朱明莉 女，1987 年 8 月生，中共党员，本科学历，中学一级教师。2011 年参加工作。多次获马鞍山市优质课大赛、实验说课大赛、命题比赛大奖，学生生物竞赛多次获省级和国家级奖。连续两届获县"骨干教师"荣誉称号。

乔 石 1986 年 2 月生，2011 年 8 月参加工作，本科学历，物理学专业，中学二级教师。所带班级 2020 年获县"优秀班集体"称号。

乔 尚 女，本科学历，中共党员。2012 年参加工作，所带四届毕业班在高考中皆取得好成绩，学生多次获省、市级大奖。多篇论文发表于 CN 期刊。2021年荣获县"优秀教师"称号、马鞍山市教育教学基本功大赛青年教师类一等奖。

伍征晗　1985 年 1 月生，2008 年 9 月参加工作，本科学历，中学一级教师。2015 年被评为校"骨干教师"，所带班级 2020 年获县"优秀班集体"称号，2021年获市"优秀班集体"称号。

刘　雨　1968 年 10 月生，1987 年 8 月参加工作，本科学历，数学专业，中学二级教师。

刘　春　女，1986 年 12 月生，本科学历，中学一级教师，中共党员。2007年 9 月参加工作，2015 年被评为校"骨干教师"。

刘　星　女，1990 年 10 月生，中共党员，本科学历，2012 年 8 月参加工作，中学一级教师。团委副书记、行政支部宣传委员。获市"优秀团干"、市"优秀青年教师"、县"先进个人"等荣誉。多名学生在省、市、县级比赛荣获一、二、三等奖。

刘友龙　1970 年 3 月生，1991 年 7 月参加工作，中共党员，本科学历，中学高级教师。荣获县级"优秀教育工作者"、县级"优秀团干部"、市"优秀班主任"等称号；辅导学生参加数学竞赛，多人获奖。

刘东宝　1965 年 11 月生，本科学历，1987 年 7 月参加工作，中学高级教师。安徽省英语教育学会理事，教研处学科教师发展中心主任。荣获全国英语竞赛"优秀组织者奖""优秀指导教师奖"。多名学生英语竞赛获国家级二、三等奖。

刘圣兵　1982 年 12 月生，2006 年参加工作，本科学历，中学一级教师。2014 年被评为县"优秀教师"，2015 年被评为县"骨干教师"，获县语文优质课大赛一等奖。

刘永平　女，1975 年 2 月生，2001 年 9 月参加工作，本科学历，英语专业，中学一级教师。

刘婷婷　女，1988 年 2 月生，2012 年 9 月参加工作，本科学历，英语专业，中学一级教师。

刘煜鑫　1987 年 4 月生，2009 年 9 月参加工作，本科学历，中学一级教师。曾获校"骨干教师"、县"骨干教师"称号。

江　芸　女，1984 年 9 月生，本科学历，2006 年参加工作。省级非遗传承项目"和县剪纸"市级传承人，中华文化促进会剪纸委员会参会委员，安徽省工艺美术学会会员，安徽省摄影家协会会员。曾获县"优秀教师""十大杰出青年"和全国"工美大师"等荣誉称号，连续两届被评为马鞍山市"骨干教师"。在马鞍山市高中生物优质课评比中获一等奖，市基本功大赛中获二等奖。制作的课件、微课以及撰写的论文多次获省、市级奖项，并在期刊中发表。

江 虹 1968年12月生，1993年3月参加工作，初中学历，中工职称。

汤 斌 1981年8月生，2004年9月参加工作，本科学历，中学高级教师。连续三届被评为县"骨干教师"，2014年被评为县"优秀教师"。

汤加贵 1973年2月生，1991年参加工作，本科学历，高级教师。有多篇论文发表在省级刊物上。2018年所带班级被评为市"优秀班集体"。

许 丹 1984年11月生，2006年参加工作，本科学历，中学一级教师。曾获校"骨干教师"和县"骨干教师"称号，2018年被评为县"优秀教师"。

许 青 女，1986年4月生，2007年9月参加工作，本科学历，中学一级教师。2017年被评为县"优秀教师"。

许 莲 女，1976年10月生，1997年9月参加工作，本科学历，中学高级教师。2012年获校"骨干教师"称号，2021年被评为县"优秀教师"。

孙 萍 女，1986年10月生，本科学历，中学一级教师，2008年参加工作，中共党员。所带班级被评县"优秀班集体"，个人获市、县"骨干教师"、校"优秀党员"、市"学科带头人"等称号。

孙 鹏 1989年9月生，本科学历，2012年8月参加工作，中学二级教师。

孙仕林 1966年10月生，本科学历，1988年参加工作，中学高级教师，中共党员。教高中物理，班主任工作15年。多名学生获省竞赛二、三等奖，三届学生获全县高考第一名。获县"优秀党员""优秀班主任""师德标兵"等称号。

孙步天 1988年10月生，本科学历，2012年参加工作，中学二级教师。

孙时林 1981年4月生，本科学历，2001年9月参加工作，中学高级教师。曾获县"教学能手"、校"骨干教师"称号，历史新课程课堂教学大赛市一等奖、省二等奖。

孙秀丽 女，1981年5月生，硕士学位，2010年参加工作，中共党员，中学一级教师。

孙海光 1976年12月生，本科学历，2001年9月参加工作，中学高级教师。多名学生获省化学竞赛二等奖、三等奖。在期刊上发表论文并获奖多篇。2012年、2015年获校"骨干教师"称号。

孙继柱 1963年2月生，本科学历，1987年参加工作，中学高级教师。2012

年获校"骨干教师"称号，2013 年被评为县"优秀教师"。

严寿斌　1982 年 5 月生，中共党员，2006 年参加工作，硕士，中学一级教师，国家二级心理咨询师，党建办副主任。所带班级被评县、市"优秀班集体"，获校、县"骨干教师"、省"优秀阅卷教师"等称号。有多篇论文发表，获省、市级奖。

严敬树　1965 年 10 月生，本科学历，1989 年 7 月参加工作，中学高级教师。

苏成强　1982 年 3 月生，本科学历，2004 年 9 月参加工作，中学一级教师。2012 年、2015 年获县"骨干教师"称号。

苏明慧　女，1986 年 2 月生，本科学历，中共党员，2009 年参加工作，中学一级教师。2015 年获县"骨干教师"称号。

杜　虎　1972 年 11 月生，1995 年 9 月参加工作，2005 年 3 月加入中国共产党，本科学历，体育专业，中学一级教师。2020 年被评为市"优秀教师"。

杜芸芳　女，本科学历。和县第一中学会计，高级教师，县九届政协委员，市"骨干教师"。2012 年被授予市"暑期教育先进个人"，所带班级获县、市"先进班集体"称号。论文、课件和微课教学大赛多次获省市级奖项。

李　考　1962 年 5 月生，本科学历，1981 年 12 月参加工作，中共党员，中学一级教师。

李　凌　女，1980 年 2 月生，本科学历，2001 年参加工作，中学高级教师。曾获校"骨干教师"、县"骨干教师"称号。

李　娟　女，1988 年 4 月生，本科学历，2011 年 8 月参加工作，中学二级教师。荣获马鞍山市优质课比赛二等奖，马鞍山市教师教育信息化大赛与教育技术学术作品二等奖，曾获县"优秀教师""骨干教师"称号。所带学生比赛成绩显著。

李　颖　女，1981 年 11 月生，本科学历，2004 年 9 月参加工作，英语教育专业，中学一级教师。曾获校"骨干教师"、县"骨干教师"、县"优秀班集体"、市"优秀教师"称号。

李　薇　女，1989 年 12 月生，本科学历，2010 年 9 月参加工作，2008 年 6 月加入中国共产党，英语专业，中学一级教师。2015 年、2018 年获县"骨干教师"称号。

李　敏　1978 年 9 月生，2000 年 9 月参加工作，本科学历，化学专业，中学高级教师。2012 年获校"骨干教师"称号。

李本平　1976 年 8 月生，本科学历，2000 年 9 月参加工作，中文专业，中学一级教师。曾获校"骨干教师"、县"优秀教师"称号。

李仕平 1964 年 4 月生，本科学历，中文专业，1987 年 7 月参加工作，中学高级教师。曾获县、市"优秀教师"称号。

李成飞 1984 年 10 月生，硕士，中共党员，2010 年参加工作，应用数学专业，中学一级教师。获校"优秀班主任"称号和端木礼海梅花奖，唐学友孔娜教育基金奖一、三等奖。多篇论文在省级期刊发表。

李旭阳 女，1990 年 10 月生，中共党员，本科学历，英语专业，2010 年参加工作，中学一级教师。曾被评为县"骨干教师""优秀教师"。

李江浦 1984 年 10 月生，本科学历，中共党员，2006 年参加工作，中学一级教师，党建办主任兼支部书记。曾被评为县"骨干教师""优秀教师""师德标兵""教坛新星""立德育人先锋""优秀共产党员"等。

李孝进 1981 年 5 月生，本科学历，数学教育专业，2005 年 9 月参加工作，中学高级教师，中共党员。曾获得市"优秀教师"称号、梅花奖及首届杨悦师德仁馨奖。论文多篇获市县级一、二等奖。所带班级多次获市、县"先进班集体"称号。

李杉杉 女，1989 年 12 月生，本科学历，英语专业，中共党员，2011 年参加工作，中学一级教师。曾被评为县"骨干教师""优秀教师"，校"优秀共产党员"，获市优质课二等奖。所带学生竞赛获得国家级、省级奖项。

李和盛 1972 年 6 月生，本科学历，物理专业，1997 年参加工作，中学一级教师。2012 年被评为校"骨干教师"。

杨 来 1985 年 12 月生，本科学历，2008 年参加工作，中学一级教师。曾被评为县"骨干教师"，获市高中青年教师教学技能比赛一等奖和端木礼海梅花奖。所带班级被评为县、市"先进班集体"，多名学生在数学竞赛中荣获省二、三等奖。

杨 萍 女，1980 年 3 月生，本科学历，2001 年参加工作，中学高级教师。曾被评为市"骨干教师"，获市优质课一等奖、创新说课二等奖。所带班级获县"优秀班集体"称号，学生奥赛获省级奖。发表论文多篇，多次获市一、二等奖。

杨 静 女，1990 年 8 月生，本科学历，2013 年参加工作，中学二级教师，校优秀教师。先后获校"青年教师基本功大赛"一等奖，省、市高中数学教师优质课比赛一等奖。多名学生获数学竞赛省三等奖。发表多篇论文。

杨长江 1978 年 11 月生，本科学历，1995 年参加工作，中学高级教师。曾被评为县"优秀教师"、市"优秀支教教师"、县首届"骨干教师"。所带班级获县市"优秀班集体""国防教育先进集体"称号。

杨杏文 1962 年 11 月生，1985 年 7 月一直在和县第一中学从事物理教学工作 37 年。本科学历，中学高级教师。曾被评为县"优秀教师"。多名学生物理竞赛获省一、二等奖。论文多次获省、市级一、二等奖。

杨尚林 1966 年 4 月生，本科学历，1987 年参加工作，英语专业，中学高级教师。曾被评为县"优秀教师"。

杨笑笑 女，1990 年 3 月生，本科学历，2012 年参加工作，中学一级教师。曾被评为县"骨干教师"。多名学生参加"语文报杯"作文竞赛并获国家级、省级奖项，2015 年所带班级荣获县"优秀班集体"称号。

杨婉婷 女，1998 年 1 月生，本科学历，汉语言文学专业，2021 年参加工作。

时 军 1983 年 8 月生，本科学历，历史教育专业，2005 年参加工作，中学高级教师。曾被评为市"模范班主任""骨干教师"，荣获法制知识竞赛、禁毒知识竞赛优秀指导教师。参与编写省、市级校本教材，多篇论文发表。

吴 惠 女，1984 年 6 月生，本科学历，2007 年参加工作，中学一级教师。2015 年获县英语优质课比赛一等奖，2020 年获市教学基本功大赛学科类三等奖。学生"外研社杯"口语比赛获国家级奖项。多篇论文获市级奖项。

吴丰兰 女，1964 年 7 月生，本科学历，1987 年 7 月参加工作，中学高级教师，巢湖市第一届人大代表。曾被评为县"先进教育工作者""师德先进个人"，全国"优秀指导教师"等。学生各类英语大赛获省级、全国级多项奖。

吴文霞 女，1969 年 8 月生，本科学历，1989 年 8 月参加工作，中学高级教师。培养引导学生终身喜爱体育的兴趣。积极参加县、市组织的体育活动并获奖。

吴成霞 1979 年 7 月生，本科学历，数学专业，2002 年 9 月参加工作，中学高级教师。曾被评为校、县"骨干教师""优秀教师"。

吴体皓 1964 年 9 月生，本科学历，化学专业，1990 年 7 月参加工作，中学高级教师。

吴莉莉 女，1982 年 7 月生，本科学历，2005 年 9 月参加工作，中共党员，中学一级教师。曾被评为校、县"骨干教师"。

吴静静 女，1986 年 9 月生，硕士，中共党员，2009 年参加工作，中学一级教师。曾被评为市"骨干教师"、县"优秀教师"。获省优质课二等奖。发表多篇论文。

何 希 女，1984 年 7 月生，本科学历，2006 年参加工作，中学一级教师。获校"优秀班主任""教学之星""骨干教师"、省"优秀阅卷教师"称号。所带班级获市"先进班集体"称号。多篇论文和课件获市、县奖。学生多篇征文获省、市奖。

何 青 女，1986 年 9 月生，本科学历，中共党员，2008 年参加工作，英语专业，中学一级教师。曾获得校"骨干教师"、县"优秀教师"称号。

何　玲　女，1986年1月生，本科学历，中文专业，中共党员，2008年参加工作，中学一级教师。曾获得校"骨干教师"、县"优秀教师"称号。

何启训　1975年7月生，本科学历，1998年参加工作，中学二级教师。

何新利　1980年10月出生，研究生毕业，2010年参加工作，中共党员，中学一级教师，篮球国家一级裁判员。曾被评为校"优秀教师"、县"优秀团干"，获市教师大赛三等奖、市中小教师教学设计二等奖等。

余　莹　女，1991年1月生，本科学历，2016年参加工作，中学二级教师。《阅读—丹柯》获"一师一优课，一课一名师"活动市优课；团课《光荣啊，中国共青团》获省三等奖。

谷慎玲　女，1987年10月生，本科学历，2009年参加工作，数学教育专业，中学一级教师。曾被评为县"骨干教师""优秀教师"。

狄玉华　1964年4月生，本科学历，地理专业，1988年参加工作，中学高级教师。

汪　斌　1982年12月生，硕士，中共党员，2011年8月参加工作，中学一级教师，历史教研组组长。曾被评为县"骨干教师""优秀教师"，所带班级先后荣获市、县"优秀班集体"称号。获市优质课大赛一、二等奖。论文多篇获国家、省、市级奖。

汪振东　1978年1月生，物理专业，本科学历，2001年参加工作，中学高级教师。曾被评为县"骨干教师"。

汪德金　1984年10月生，物理学专业，本科学历，2007年参加工作，中学一级教师。

宋晓虎　1967年12月生，美术专业，本科学历，1996年参加工作，中学一级教师，中共党员，马鞍山市美术研究会理事。曾获校"骨干教师""优秀共产党员"、县"优秀教师""优秀党务工作者""先进教育工作者"等称号。学生作品获国家、省市级奖。

张　文　1966年9月生，地理专业，本科学历，1987年参加工作，中共党员，中学高级教师。曾被评为县"优秀教师"、市"骨干教师"。

张　伟　1991年10月生，物理学专业，本科学历，2016年参加工作，中学二级教师。曾被评为校"骨干教师"、县"优秀教师"。

张　勇 D　1977年11月生，本科学历，2001年参加工作，中学高级教师。曾被评为市"骨干教师",获省优质课竞赛二等奖、省青少年科技论坛三等奖。多名学生获生物奥赛省一、二等奖。发表论文多篇,主编《生命的奥秘》。

张　勇X　1984 年 11 月生,数学专业,本科学历,2008 年参加工作,中学一级教师。曾被评为校"骨干教师"。

张　韬　1982 年 2 月生,生物技术专业,本科学历,2003 年参加工作,中学一级教师。曾被评为校、县"骨干教师"。

张大芒　1970 年 9 月生,体育专业,本科学历,1991 年参加工作,中学高级教师。获得安徽省体育工作"先进个人"。学生在省、市运会上多次获奖。多篇论文获市级奖。

张小二　1982 年 5 月生,政治教育专业,本科学历,2005 年参加工作,中学一级教师。曾被评为校"骨干教师"。所带班级被评为县、市"先进班集体"。

张子贱　1964 年 11 月生,1983 年 9 月分配至和县第一中学,美术教师,中学高级教师。

张世主　1983 年 9 月生,本科学历,2006 年参加工作,政治教育专业,中学一级教师,年级部副主任、政教处副主任。优质课、论文多次获奖。2013 年、2017 年先后被评为县、市"优秀教师",2021 年荣获杨悦师德仁馨教师奖。

张业华　1978 年生,本科毕业,1999 年参加工作。2011 年 9 月起,在和县中学任教数学,兼任班主任。

张业芸　女,1978 年 10 月生,硕士,1997 年参加工作,中共党员,中学高级教师。曾被评为县"教坛新星""优秀教师"、市"骨干教师"。所带班级被评为市"先进班集体",学生参加比赛多次获大奖。2019 年被外派至菲律宾侨中学院支教,被省委统战部评为"优秀外派教师"。作品发表多家报刊上。

张园园D　女,1981 年 12 月生,本科学历,2003 年参加工作,中学一级教师。曾被评为县"骨干教师""优秀教师"。所带班级获县"优秀班集体"称号,多名学生获全国中英语竞赛国家级、省级和市级奖。多篇论文获市级奖项并发表期刊上。

张园园X　女,1987 年 2 月生,2010 年参加工作,本科学历,中学一级教师。

张应武　1965 年 5 月生,数学专业,本科学历,1987 年参加工作,中学高级教师。曾被评为县"优秀教师"。

陈　杨　1963 年 11 月生,中师学历,1981 年 12 月参加工作,高工职称。

陈　定　1964 年 9 月生,英语专业,本科学历,1983 年参加工作,中学高级教师，先后担任英语教研组长、备课组长、班主任等。获国家外语教研中心"优秀教师"、高考阅卷"优秀评卷员"、市"优秀班主任""先进教育者"等称号。

陈　跃　2003年8月参加工作，本科学历，中学高级教师。先后获县、市"优秀教师""骨干教师"称号，2021年获市教学大赛一等奖并被授予市"技术能手"。所带班级被评为市"先进班集体"，十余名学生获全数学联赛省级奖。发表多篇论文。

陈仁明　1970年9月生，本科学历，1994年参加工作，中学高级教师，中共党员，信息中心主任。曾被评为市"教坛新星""优秀教师""优秀支教教师"，多次获省、市优质课大赛和论文竞赛奖。在《中学历史教学》等报纸杂志发表多篇文章。

陈小婷　女，1989年12月生，2011年参加工作，汉语言文学专业，本科学历，中学二级教师。曾被评为县"优秀教师"。

陈光琴　女，1984年9月生，化学专业，本科学历，2019年参加工作，中学二级教师。2019年被评为县"优秀教师"。

陈远美　1963年1月生，本科学历，1984年参加工作，中学高级教师。中共党员，先后任教务处副主任、工会常务副主席。曾获县"教坛新星""先进个人"、市"优秀党员""优秀教导主任""优秀工会干部"称号。所带班级获市级"先进班集体"称号。

陈帮军　1976年12月生，本科学历，2000年参加工作，中学高级教师，先后任教研组长、年级副主任、教务副主任、教研主任。曾被评为市"优秀教师"。多名学生获数学竞赛省级奖，所带班级多次获市、县级"先进班集体"称号。多篇论文获省、市获奖并发表。

陈宝华　女，1978年10月生，本科学历，2000年参加工作，中学高级教师。曾被评为县"优秀教师"、市"骨干教师"，获省教育技术能力应用成果展示三等奖。所带班级获市级"先进班集体"称号。

陈康静　女，1982年4月生，数学教育专业，本科学历，2004年参加工作，中学一级教师。曾被评为县"优秀教师"。

范传凤　女，1998年11月生，硕士，数学教育专业，2021年参加工作。

范味味　女，1985年6月生，本科学历，数学教育专业，2008年参加工作，中学一级教师。曾被评为县"优秀教师"。

林茂华　1980年5月生，本科学历，中共党员，2001年参加工作，中学高级教师。曾被评为县"教学能手"、市"骨干教师""优秀班主任",获全国中小学外语教师园丁奖,安徽省考试命题专家库、学业水平考试纲要编写组成员。

金 晶 女,1988年10月生,本科学历,2012年参加工作,中学二级教师。获2020年马鞍山市实验说课二等奖、2021年马鞍山市化学优质课比赛二等奖。学生化学竞赛多次获得省、市奖项。

周 枫 1990年10月生,本科学历,2013年参加工作,中学二级教师。中共党员,校团委书记。国家篮球、田径二级裁判员。先后被评为市、县"优秀团干",校"优秀共产党员"。多篇论文获市一、二等奖。

周成军 生于1977年2月,本科学历,中学高级教师。曾被评为县"骨干教师"、市"优秀班主任",2021年获"侨爱心杨悦师德仁馨奖"。所带班级先后获县"先进班集体"、市"'五四'红旗团支部"称号。学生获"世界华人学生作文大赛"全国一等奖。

周茂虎 1965年5月生,本科毕业,1989年参加工作,中学高级教师,教研组长。曾被评为市"骨干教师",获"侨爱心·杨悦师德仁馨教师奖"、全国物理竞赛优秀指导教师奖。学生竞赛获省、市奖50人以上。多篇论文获奖或发表。

周海燕 女,1987年12月生,硕士,中共党员,2011年参加工作,中学一级教师。

周道明 1968年7月生,硕士,1988年参加工作,中学高级教师,中共党员。被评为县"先进教育工作者""优秀班主任""教学能手"、市"教坛新星"。所带班级被评为县、市"优秀班集体",学生获英语竞赛国家级三等奖两项。多篇论文获省、市奖励或发表。

郑苑思 女,1999年6月生,本科学历,数学与应用数学专业,2021年参加工作。

郑德兵 1984年3月生,硕士,外国语言专业,中共党员,2010年参加工作,中学一级教师。

赵 立 1985年5月生,生物专业,本科学历,2008年参加工作,中学一级教师。

赵永艳 女,1982年11月生,本科学历,中共党员。2004年参加工作,中学高级教师。曾获县"教坛新星"、市"骨干教师""技工技术能手"称号,获市说课大赛一等奖和教学大赛一等奖。所带班级被评为市"先进班集体",多名学生获化学奥林匹克竞赛省市奖。多篇论文获省市奖。

胡　文　女，1985 年 11 月生，本科学历，生物专业，2007 年参加工作，中学一级教师。

胡　静　女，1983 年 10 月生，中文专业，本科学历，2004 年参加工作，中学一级教师。

胡庆香　女，1974 年 10 月生，中文专业，本科学历，1992 年参加工作，中学一级教师。曾被评为县"优秀教师"。

胡迎雪　女，1987 年 5 月生，中文专业，本科学历，2009 年参加工作，中学一级教师。

胡梦洁　女，1995 年 1 月生，食品科学与工程专业，本科学历，2021 年参加工作。

胡业保　1969 年 9 月生，英语专业，本科学历，1992 年参加工作，中学一级教师。

胡善富　1963 年 2 月生，本科毕业，1985 年参加工作，2000 年 9 月调入和县第一中学，中学高级教师。曾被评为校"优秀班主任""优秀教师""优秀备课组长"，县"教学能手"。多名学生在省、市、县级化学竞赛中获奖。

柳　林　女，1983 年 2 月生，本科学历，2005 年参加工作，中学一级教师。曾被评为县"骨干教师"，多年多轮次担任毕业班历史课教学工作，取得较好成绩，在市级优质课及论文比赛中多次获奖。

柳元花　女，1987 年 7 月生，化学专业，本科学历，2021 年参加工作。

段国勇　1981 年 10 月生，本科学历，2003 年参加工作，中学高级教师，中共党员。曾被评为县"骨干教师""优秀教师"，获"杨悦师德仁馨教师奖"。所带班级获得市"优秀班集体"称号，多名学生获物理竞赛省市级奖和多项奖励。多篇论文和课件获省一等奖或发表在 CN 刊物，《交变电流》被省教育厅在全省推广。

姜　骅　1966 年 3 月生，地理专业，本科学历，1983 年参加工作，中共党员，中学高级教师。

姜　浪　1983 年 12 月生，本科学历，2008 年参加工作，中学一级教师。曾被评为校"骨干教师"，信息学奥赛教练；获信息技术学教学市一等奖、优质课省赛二等奖；被评为县、市级优秀辅导员。多名学生获信息奥林匹克竞赛市一等奖和省三等奖。多篇论文发表于核心期刊。

洪　生　1984 年 1 月生，本科学历，中共党员，2009 年参加工作，中学一级教师，校资助办主任。获市级"优秀资助工作者"称号。国家篮球一级裁判员、优秀田径教练员，为高校输送大量体育后备人才。多篇论文和教学设计获市级一等奖。

洪三毛　女，1987年2月生，化学专业，本科学历，2014年参加工作，中学二级教师。曾被评为县"优秀教师""骨干教师"。

姚锐锋　1979年3月生，本科学历，2001年参加工作，中学高级教师。先后任语文备课组长、语文教研组长、年级部副主任、年级部主任、办公室主任。曾被评为县"骨干教师"，县、市"优秀教师"；先后获市优质课大赛二等奖、一等奖。所带班级被评为县"优秀班集体"。多篇论文获县市一等、二等奖。

贺冬菊　女，1984年11月生，本科学历，2008年参加工作，中学二级教师。

耿萌芽　1964年11月生，本科毕业，高中数学教师。多年从事毕业班教育教学工作，对高考数学命题研究颇深，培育出省高考状元2人，国家级数学竞赛安徽省一等奖1人。

夏元霞　女，1972年7月生，本科学历，1992年参加工作，中学高级教师。曾被评为县"优秀教师""骨干教师"。

夏如宝　1967年8月生，本科学历，1991年参加工作，中学高级教师。曾被评为县"优秀教师"，先后获优质课大赛市一等奖、省二等奖。3名学生获高考全市文科状元。在《人民教育》《中学思想政治课教学》等期刊发表论文十余篇。

倪　军　1982年6月生，本科学历，数学专业，2006年参加工作，中学一级教师。曾被评为县"优秀教师"、市"优秀教师"。

倪受军　1980年10月生，硕士，中共党员，2010年参加工作，中学一级教师。曾被评为县"骨干教师"。所带班级获市"先进班集体"称号，多名学生生物竞赛获国家、省级三等奖。多篇论文发表于CN刊物，获省三等奖和市一、二、三等奖。

徐　炫　1983年11月生，数学专业，本科学历，2007年参加工作，中学一级教师。曾被评为县"优秀教师"。

徐亚萍　女，1976年12月生，本科学历，1998年参加工作，中学高级教师。曾被评为市"骨干教师""优秀教师"，获市优质课大赛一等奖。多名学生作文竞赛获奖。多篇论文获奖。

徐祝云　女，1978年10月生，硕士，2001年参加工作，中学高级教师，中共党员。先后任政教处副主任、党建办主任、教研处主任、工会副主席。曾被评为县"优秀班主任""优秀党务工作者""教坛新星"、市"优秀班主任""骨干教师"。多次参加安徽省高考与学业水平考试命题。发表多篇论文。

凌　莉　女，1985年12月生，硕士，中共党员，2010年参加工作，中学一级教师。曾被评为校"骨干教师"。

高　衡　女，1983年9月生，本科学历，中共党员，2006年参加工作，中学一级教师，语文教研组长。曾被评为县"骨干教师""优秀教师"，获朗诵比赛市一等奖、省优秀奖，"新课程优质课大赛"市一等奖。主持了两项市级课题并结题。多名学生获省市比赛奖。多篇论文获省、市级奖项并发表。

高建冬　1981年生，本科学历，中共党员，从事高中历史教学和班主任工作近20年。曾被评为县"骨干教师""优秀教师"。所带班级多次被评为市"先进班集体"、县"'五四'红旗团支部"。多篇论文获市级奖项和在学术期刊上发表。

郭元宏　1961年12月生，英语专业，本科学历，1980年参加工作，中学一级教师。曾被评为县"优秀教师"。

郭思俊　1970年5月生，中文专业，本科学历，1988年参加工作，中学高级教师，中共党员。获省研究性课程教学大赛二等奖。众多学生考入国内名校，多名学生获《语文报》征文国家级奖。发表多篇文章。

唐　凝　1981年12月生，本科学历，2004年参加工作，中学高级教师。曾被评为"教坛新星"、县"优秀教师"，获端木礼海"梅花奖"。市教科院课题指导与鉴定专家，特约教研员，国家级、市级课题主持人。多篇论文发表于核心期刊，主编教辅十余部。

陶　伟　1980年6月生，硕士，物理化学专业，2000年参加工作，中学一级教师。

陶小艳　女，1986年8月生，地理科学专业，本科学历，2010年参加工作，中学一级教师。

陶先祥　1962年11月生，大专学历，1982年参加工作，中共党员，中学高级教师。2011—2020年任和县第一中学副校长。曾被评为县、（地）市"优秀教师"，县"师德标兵"。多篇教学论文获省、市奖。

黄　静　1981年3月生，本科学历，英语教育专业，2004年参加工作，中学一级教师。曾被评为县"骨干教师""优秀教师"。

黄光亮　1982年11月生，本科学历，政治教育专业，2003年参加工作，中学一级教师。曾被评为县"骨干教师""优秀教师"。

黄晓永　1984年8月生，化学教育专业，本科学历，2006年参加工作，中学一级教师。曾被评为县"骨干教师""优秀教师"。

龚先林 1965 年 4 月生，化学专业，本科学历，1988 年参加工作，中学高级教师。

龚伯奇 1983 年 7 月生，硕士，2010 年参加工作，中共党员，中学一级教师。曾被评为县"优秀教师"、市"骨干教师"。2016 年所带班级获县"优秀班集体"称号。

偰永马 1978 年 3 月生，本科学历，2001 年参加工作，中学二级教师。2006 年进入教务处从事学籍管理、学生医保以及考务平台等后勤工作。

章文娇 女，1986 年 10 月生，本科学历，中共党员，2010 年参加工作，中学一级教师。曾被评为县"骨干教师"、省竞赛"优秀指导教师"，获市级优质课二等奖、技能比赛二等奖，多次获得校"优秀教师"称号。

章学明 1983 年 6 月生，本科学历，中共党员。2006 年参加工作，中学一级教师，年级部主任，教研处副主任。曾获县、市"优秀教师"等称号。所带班级多次被评为市"优秀班集体"。多篇论文获奖和核心期刊上发表。

彭必金 女，1981 年 8 月生，本科学历，2006 年参加工作，中共党员，中学一级教师。获市优质课大赛市二等奖、市基本功大赛获二等奖。多篇论文获市一、二等奖。

韩春明 1966 年 6 月生，数学专业，本科学历，1991 年参加工作，中学高级教师。曾获县、市"优秀教师"等称号。

鲁 浩 1980 年 10 月生，化学专业，本科学历，2003 年参加工作，中学一级教师。曾被评为县"骨干教师"、市"优秀教师"。

鲁炳文 1966 年 1 月生，本科学历，数学专业，1988 年 7 月参加工作，中学高级教师。

童 玲 女，1977 年 9 月生，本科学历，中文专业，2001 年参加工作，中学一级教师。曾被评为校"骨干教师"、县"优秀教师"。

温 泉 1979 年 9 月生，本科学历，2003 年参加工作，中学高级教师。曾被评为县、市"骨干教师"，被市、县人民政府授予"十佳科技人物"，十几件作品获省市级课件奖，课题获市二等奖。学生多人获科技创新大赛省二等奖、三等奖。

蔡 瑛 女，1987 年 10 月生，硕士，2017 年参加工作，中学一级教师。曾被评为校"骨干教师"、县"优秀教师"，获 2019 年化学优质课大赛省一等奖，论文获省三等奖。在化学奥林匹克（初赛）中，学生获省三等奖。

管大芝 女，1980 年 9 月生，本科学历，2003 年参加工作，政治教育专业，中学一级教师，中共党员。曾被评为校"骨干教师"、县"优秀教师"。

潘晓红 女，1984 年 11 月生，本科学历，2007 年参加工作，中学一级教师。曾被评为县"骨干教师"，获县"优秀团干"等荣誉称号。多篇论文获省、市奖项并发表。

潘家风 1990 年 6 月生，本科学历，2015 年参加工作，物理学专业，中学二级教师。

薛从永 1962 年 10 月生，本科学历，数学专业，1981 年 7 月参加工作，中学高级教师。

第六章

大事年表

第一节 历年大事（1902—2022）

年	月	日	大 事 记
1902			和州知州德馨（满族人）改"和阳书院"为"和州官立中学堂"。
1909			和城内东西两所小学堂合并为高等小学堂，附于和州学堂内。
1912			新成立的中华民国临时政府改和州为和县，和县政府接管了和州中学堂，定名为"和县中学"。
1913			和县中学又名和阳中学校，清末进士张学宽（字立庵）曾在此任教。
1914			"美以美"教会接办和县中学，更名为"皖北中学"。
1918			和县县长金梓材督造喜雨亭。
1919	5	7	校长王大杰和体育教师李可航率领 200 名师生，举行示威游行，声援北京学生运动。
1921			和县、含山两县在芜湖读书的学生成立和含学会，创办会刊，恽代英应邀撰写序言。
1922			回族人禹友鹤捐款，委托皖北中学建房 3 间，创办友鹤图书馆。
1924			和县第一高等小学附设在初中内，简称"和初一高"。
1925	6	18	禹子邕、齐坚如等筹建"五卅惨案和县外交后援会"，组织县立学校进行游行。
1926			和县第一高等小学从和县县立初级中学搬出，全道云女士任和县县立初级中学校长。
1927	4	2	禹子邕等人创建中共和县第一支部。
			俞建章［北京大学理学学士］任和县县立初级中学校长（1927—1928 年）。
1928			校长林式如（1928—1929 年）
1929			代校长李齐琳（1929—1930 年）
1930			校长王尧铎（1930 年 2 月—1930 年 8 月）；9 月，张亮任校长。
1931			学校有初一年级 1 个班，初二年级 2 个班，学生 111 人，教职员 16 人，全年经费为 9449 元。
1933			张亮多方筹集资金，兴建大礼堂，并撰《和县中学大礼堂奠基志》。 学校有 5 个班级，学生 200 余人。
1934			张亮离职。陈宪章（秉诚）接任校长（主校 1934—1937 年）。 清华大学校长罗家伦题写"安徽省和县初级中学"校牌。
1936			和县县立初级中学童子军代表队作为安徽省代表团的主要成员，参加了在南京紫金山麓举行的全国童子军大露营活动。

续表

年	月	日	大 事 记
1937			学校开四个班,学生 186 人,教职员 17 人,岁出经费 8716 元。 5 月,初二学生李冰参加了在荷兰举行的第五届世界童子军大露营活动(爬山运动),是全国 12 名选手之一。历时 4 个月,于同年 9 月 25 日返校。
1938	4	24	日本第六师团中野部队板井支队占领和城,石营新建的和县中学校舍被炸毁。抗日女英雄成本华等人被日军杀害。 学生孙仁琦、周毅、阿基肇等组织成立了"和县抗敌救援会"。学生组成抗日宣传队。 和县中学童子军教练王指行,组织部分学生成立战地服务团,阻止敌军进犯,编印《战地日报》。
1939	2		和县初中借戚桥小学校舍复课,张亮再度出任校长。 因教学成绩突出,省教育厅批准设立高中部。"和县县立初级中学"改为"和县中学"。
1940	春		学校迁到城内文庙上课。
	4	27	学校仓皇迁往北区香泉。
	10		经共产党人张智锦介绍,学生傻怀镭加入中国共产党。
1941			因濮集、乌江沦陷,为了师生安全,学校又迁至高皇殿庵内上课。
1942	2		日军侵犯高皇殿、善厚集一带,学校为敌摧毁,校产册籍损失殆尽。张亮校长因公赴善厚集,被日兵杀害。
	春		政府委派禹子彪为筹备委员,负责复校工作。遴选孙履平为校长,勘定善厚集乡皂角保小崔刘村为校址,于 11 月底正式复课。
1943			皖东五县(和县、含山、滁县、来安、全椒)在善厚集大郭乡联合举行中学生体育运动会,和县中学获得 31 项冠军。
1944			和县中学上年度办学成绩荣列乙等,获安徽省政府奖励。校长孙履平因病不幸溘然逝世。校长由夏禹功接任。和县中学高中部撤并到十三临中,和县中学复改为和县县立初级中学。
1945	秋		和县县立初级中学接办了日伪时期的和县中学。
1946			汪侗为校长,任职三年,学校面目焕然一新,成绩卓著。
1947			和县县立初级中学有 7 个班,274 名学生。
1948			和县县立初级中学与和县师范部分学生选派要求政府发给欠资,县长被迫发放欠资。
1949	春		学校停办。
	秋		和县初级中学复校,招收新生。县长李志兼任校长。李山樵代理校长,主持学校工作。
1952			学校更名为和县中学。张范任校长,拆除大礼堂,兴建新教室,开辟理、化、生实验室,增设高中部。在芜湖专区 12 县内统招高一新生。教师的薪粮制改为工资制。
1955			和县中学高中部撤并到当涂中学。
1956			曲忠任校长,新建四间教室。省教育厅拨款 5000 元购买教学仪器。 恢复高中建制。招收高中新生 2 个班 90 名。

续表

年	月	日	大　事　记
1957			和县中学 60 余名教师中，18 人被划为"右派分子"，20 余人被列为有严重错误和右倾思想分子。
1958	8		和县中学办了细菌肥料厂。
1959			高考升学率为 61%。
1960			高中毕业生 60 名，参加高考 58 名，录取 56 名，高考升学率达 96%，在芜湖地区颇有名气。敬应龙以均分 92 被中科大录取。
1961			学校工厂停办，和县人民委员会划拨土地 70 亩给学校办农场。 1961 年高考，3 名学生被合肥工业大学录取。
1962			张石樵为校长。县成立甄别办公室，经甄别，给部分"右派"摘帽子。 1962 年高考，3 名学生分别被北京大学、南京大学、中国科技大学录取。
1963			和县中学响应毛主席号召，开展向雷锋学习活动。 1963 年高考，90 名参加高考，录取 60 名，录取率 66%，其中录取全国重点大学有 39 名。刘贤忠、杨含炳被清华大学录取，王基镕被中国科技大学录取。
1964			和县中学生代表队参加在当涂举行的安徽省中学生乒乓球赛，荣获男女团体第一名。 1964 年高考，俞长伦、周军、张之仁、杨寿安 4 名学生分别被清华大学、中国科技大学，上海交通大学，同济大学录取。
1965	11		全县中小学掀起学习王杰的热潮。 1965 年高考，录取全国重点大学有：王丰翠南开大学，吕家传西安电子工程学院，戴先乐、林家富、高肇庆西安交通大学，邢善所、耿兆恩解放军测绘学院，孙绍卿北京石油学院，吴体汉、杨宗兰、马茂兰合肥工业大学。
1966	7		和县县委向各中学派驻工作组，领导"文化大革命"运动。教导主任高性天遭到批判。和县中小学被批斗计 106 人。
	9		学校设初中 11 个班、高中 6 个班，附设 1 个师范班，共计 18 个班，学生 900 多人。
	10		全县中小学师生进行大串联，中学和部分小学停课。
1967	4		驻皖 6408 部队派员进驻和县中学。
	5		在军管人员的领导下，和县中学先后开展革命大联合，进行"斗批改"等运动。
	8		毛泽东号召"就地闹革命"，串联活动结束。
1968	8		和县中学成立毛泽东思想宣传队，排演《长征组歌》。
	10		和城中学招生，取消考试制度，采取推荐办法。
	11		和县中学高初中三届学生响应毛主席的号召，全部到农村插队落户。
	12		工宣队带着和县中学部分师生到香泉办学习班，部分教师到功桥参加清理阶级队伍学习班。
1969	1	16	县革委会政工组决定，和县中学下迁石杨山区，成立石杨五七学校，边上课，边搞"斗批改"。

续表

年	月	日	大 事 记
1969	7		原和县中学的教师下放到全县各公社学校。 和县初级中学迁至原和县中学校址，和县初中与原和县中学初中部合并，成立和县卫东中学。
1970	8		和县卫东中学共18个班，学生近千人。和县中学实行军事编制，年级为连，班级为排，共成立3个连。学制改为二二制，初中、高中修业各2年。中学开设政治、语文、数学、外语、工业基础知识、农业基础知识、军体课。
1971			选拔优秀工人、贫下中农到学校任教。学校开展批林整风运动。
1972			和县卫东中学更名为和县中学。 贫下中农宣传队进驻学校、管理学校，兼任革委会领导。 此时学制改为三二制，初中三年，高中两年。
1973	冬		和县中学分为第一中学、第二中学。 和县第一中学，在原和县中学的旧址。
1974	2		新学期开始分校上课。
	4		县政工组选派15名工宣队员进驻县城中小学。
1975	4	2	县革委会政工组发出通知，贫宣队中兼任学校的负责人应在上半年撤离学校。
			学校恢复教研组、年级组、班级组织。贯彻"五七指示"。学校在城南建立学农基地，初中部师生定期下乡劳动或到工厂学工。高中部办专业班。
1976			粉碎"四人帮"。重修喜雨亭。建成1260平方米实验楼。巢湖地区教育局配发了理、化、生仪器设备。
1977			开展学习雷锋活动。恢复高考，全县历届高中毕业生汇集和县第一中学参加高考。
1978			恢复秋季始业与夏季毕业、升学考试制度。
	4		经县委批准，和县第一中学为县重点学校。继后，被确定为巢湖地区重点中学。
	夏		县教育局成立案件复查办公室。
	秋		普通中学由二二制改为三二制。
	10		全县选招68名民办教师为公办教师。
1979			贯彻部颁《中小学学生守则》。
1980	10		尹兆明老师被评为中学特级教师。
1981			和县第一中学改为六年制中学，高、初中为三三制，使用人教社的统编教材。
1982			初中11个班，高中12个班（和县第二中学高中班并入）；学生千余人。 实行高考预选。
1983			地理学家侯学煃女士将1万元稿酬捐给和县第一中学作为奖学基金。
1984	10		侯学煃奖学金基金委员会举行首届"侯学煃奖学金授奖大会"。
1986	12		南京师范学院地理系教授鞠孝铭，捐献1万元作为师范、高中学生奖学金基金。

续表

年	月	日	大　事　记
1988			兴建 2400 平方米教学楼。
1989			沈春智获"省优秀教师"称号。
1990			2400 平方米教学楼建成。
1991			校长丁纯富病逝。
1992	秋		学制三三制。学校制定《和县第一中学十年（1993—2002）发展纲要》。
1993			黄彩林任校长。初中 12 班，高中 18 班。学生 2000 人。学制三三制，采用教育部规定的人教社统编教材。
1994			和县第一中学成立党总支，下设高中、初中、行政三个党支部。
1995			专任教师 95 人，其中特级教师 1 人，中学高级教师 34 人，一级教师 58 人。 高考本科达线 38 人，为巢湖地区重点中学第一。
1996			1946 级校友、著名国画家端木礼海先生在母校设立"梅花奖"，奖励每年高考文、理科前三名的考生和获得第一名考生的班主任。
			戴洁获 1996 年高考安徽省理科第四名，被清华大学录取。
			学校被巢湖行署教委评定为地区第一所规范完中，并先后被评为"全国读书育人特色学校""地区二五普法先进集体""省电化教育和实验室先进集体"以及县首批表彰的文明单位。
1997			语文教师陈昌禄获省首届"中小学教坛新星"称号。 生物教师施立奎辅导的吴灵灵同学获省生物竞赛一等奖、全国优胜奖。
			全国人大常委会教科文卫委员会副主任、教育部原副部长黄辛白、教育部基础教育司司长王文湛、安徽省委副书记杨多良、安徽省副省长蒋作君、教育厅厅长陈贤忠等，先后来和县第一中学考察、视察。
1998			施立奎辅导的林隐同学获得省生物竞赛二等奖。
			林隐获 1998 届高考文科第七名，被北京大学录取。
			刘新华、耿礼金等获"省优秀教师"称号。
	4		何宗祥获安徽省"特级教师"称号。
			1998 届高考达本科线 83 人。校《喜雨》创刊。
	10		校友、地理学家侯学焘女士将巴金先生出版的文集 14 卷及本人编绘的《农业地图集》《土地利用集》转赠和县人民政府。
1999			学校制订了《七年三步走发展规划》，加大经费投入，完善配套工程。至 2002 年秋，学校多方筹资 1080 万元，拆除改旧平房 200 余间，新建十大主体工程。
2000	10	23	县政府把和县第一中学创建"省示范高中"事，列入全县八件大事之首。安徽省教育厅示范高中工作组对和县第一中学进行了为期 3 天的评估验收。

年	月	日	大 事 记
2001	4	6	省教育厅下函，批准和县第一中学为"安徽省示范性普通高级中学"。
	7		高考再获佳绩，2001 届学生 133 名达本科线，2 名达飞行员标准。 安徽省教育厅、省教育工会作出决定，号召全省教育界向张德平同志学习。
2002	5		杨相俊、李善亮、赵善华获第二届省"教坛新星"称号。
	7		2002 届高考达本科线 164 人。
	10	4—5	和县第一中学百年华诞，新老校友近 4000 人汇聚一堂共庆。省教育厅督导员郝运福亲临一中。
2003	6		耿礼金老师被中共巢湖市委授予"优秀共产党员"称号。
2004			2004 届高考达本科线 208 人。
2005	1		学校改变教师办公条件，购置 144 套屏风式办公桌椅。
	10		美籍华人禹如斌先生来校向贫困女生捐款，设禹阿梅清寒女生助学金。
2006	4		薛从军老师获安徽省特级教师称号。
	6		耿礼金老师获省"优秀共产党员"称号。
	8	4	端木礼海梅花奖颁奖仪式和十周年纪念会同时举行。
		26	杰出校友美国哥伦比亚大学教授张寿武回母校讲学。
			2006 届高考达本科线 350 人；陆庭麟同学荣获省高考理科总分第三名，被清华大学录取。
	10		林厚银校长因病去世。
	11	10	学校获巢湖市省、市示范高中第六届中学生田径运动会男子团体总分第三名。
		20	一中高二（4）班学生陈慕薇同学获全国中学生首届"未来杯"创意设计竞赛三等奖。
	12	4	广东实验中学高中英语教改专家、和县第一中学校友林文老师来学校讲。
2007			学校的规模已达 48 个教学班，在校学生 3400 多人，教职工 187 人。全部是高中。
	3	29	我校"英语立体化教学模式研究"省级课题通过专家组验收。
	4	26	教科室会同县、市科协邀请中国科大李志超教授作"世界古代四大发明"科普报告。
	5	7	南京大学科技园南博科学教育研究所专家来校作"超级学习"报告。
	7		2007 届高考达本科线 363 人。
	8	6	举行"汪德亮奖学金"签约仪式。
	11	18	和县第一中学新校区工程开工典礼，副市长罗平、市教育局局长费劲松、县委书记朱爱民出席并讲话。
2008	1	26	学校向部分品学兼优及家庭贫困学生发放"广东同学会"阳光助学金和体育彩票助学金。
	3	3	学校为教学第一线教师配备笔记本电脑。
		19	第五届教代会第二次会议，讨论并通过关于建设新小区向全体教职工借款的决定。

续表

年	月	日	大　事　记
2008		29	"渣打银行"上海分行在一中开展捐资助学"心桥行动"，每学期为28名学生提供学费，在校园内栽植"心桥之树"。
	3		全校学生为贫困学生献爱心，捐款2.48万元。
	5	10	和县第一中学30名学生参加全国中学生生物奥林匹克（安徽赛区）竞赛。
		20	省级教育重点课题"中学审美教育与中学生人格美塑造"通过专家组结题验收。
	7		2008届高考达本科线380人。
	8	8	举行端木礼海梅花奖、汪德亮奖学金颁奖仪式。
	9	8	学校首次聘请外教教师进行生活口语化教学。
		10	学校被评为安徽省未成年人思想道德教育示范学校、巢湖市绿色学校。
	10	28	中国素质教育大讲坛郑子岳教授作《有效学习与快乐成长》报告。
	12	20	召开第十一届教学年会，特邀请南京十三中特级教师曹勇军作报告。
2009	4	8	北大心理学博士、中国青少年健康教育专业委员会副秘书长李一教授来我校作"高考减负"报告。
		13	1946级知名校友鲍家骏、陈华东、王沂、端木礼海回母校，与在校学生交流。
	6	5	召开第五届教代会第三次会议，讨论并通过新校区后勤管理等相关的决议。
	7		2009届高考取得优秀成绩：本科达线801人，文理科600分以上105人，应届二本以上495人（不含体艺），达线率62.1%，耿颖同学获巢湖市文科状元、被北京大学元培学院（实验班）录取。
	8	12	县委副书记王炳祥、副县长武元庆来新校区调研工程进展情况。
	秋		新校区正式启用。
	9	2	1988届校友杜克林博士回母校作《信息时代的特征》专题报告。
		23	市政协副主席王海英视察新校区，副县长武元庆陪同。
		29	我校获市2009年教育质量目标管理奖，获高考进步奖。
	10	6	和县蔬菜博览会在和县第一中学举办。
		23	渣打银行上海分行在我校开展捐资助学活动，32名学生共收到32000元助学金。
	11	8	张勇在全省普通高中生物新课程课堂教学竞赛中获二等奖。
		23	校高三（16）班刘梦醒获安徽省高中数学竞赛一等奖。
		26	孙时林、许森分别获省历史新课堂教学竞赛二等奖、三等奖。
	12	14	南京人本教育研究所陈峰所长为学校行政干部和班主任作《学生学习习惯养成》专题报告。
		19	香港联成国际教育集团有限公司高志新博士给全体教师作《西点执行力》培训报告。
2010	1	6	举行省级课题"初高中化学衔接问题研究"开题报告会。
		27	县领导吴桂林、王炳祥、刘春光、魏正文来校，每人捐助500元，结对助学4位学子。

续表

年	月	日	大 事 记
2010	2	11	全体师生为患病的武汉理工大学学生晏菲、乌江镇中心小学学生李靖童献爱心，共捐款 17520 元。
	3	16	校召开"学生学习提升与良好习惯培养"培训会，南京人本素质教育研究所陈峰所长主讲，校行政干部、班主任及家长共 2000 多人参加了培训会。
	4	19	阜阳师范学院程向阳教授来校讲学。
	5	17	向四川汶川大地震灾区捐款，全校师生共捐 11 万元人民币。
	5	31	高三年级学生在新校区上课。
	6	25	刘梦醒同学荣获安徽省高考理科状元。
		26	县领导看望并慰问刘梦醒同学，政府奖励 3 万元，校奖励 4000 元。安徽卫视经济频道记者随行采访。
		30	召开 2010 届高考表彰大会。县主要负责同志出席，县委书记吴桂林发表讲话。
	8		全市教育教学工作会议在和县一中举行。
	10	11	学校参加全国中学生地球小博士科技大赛，共有 79 名学生获奖。学校获"全国科普先进基地"，秦贤清获"全国优秀科教先进校长"称号，陈晓明、王俊、温泉、刘煜鑫被授予"优秀辅导教师"称号。
	11	11	学校在第二十四届全国高中化学竞赛中，有 19 位同学获省级二等奖，18 位同学获省级三等奖，学校获优秀组织奖。
		17	学校在高中生物竞赛中，有 4 位同学获全国三等奖，3 位同学获省级三等奖，11 位同学获市级奖。
2011	12	1	学校在市级中学生乒乓球比赛中获女子组团体第二名，男子组团体第三名。
	3	26	张雪平教授作高三心理辅导报告。
		28	校团委组织全校师生开展了每年一度的爱心捐款活动，共捐款贫困助学金 88730.70 元。
	8	20	举行鲍家驭、汪德亮、"大有"奖学金和端木礼海"梅花奖"颁奖仪式。
	11		安徽青少年科学论坛比赛、市"我与中华经典成长"古诗文书法比赛，第二十五届全国高中化学竞赛（省级赛区），学校多名学生获奖。
	12		学校被评为现代教育技术与实验工作先进集体，张孝海同志被评为现代教育技术和实验工作先进个人。
		22	学校举行 2011 学年度秋季学期国家助学金发放仪式，三个年级共 673 名家庭经济困难的学生享受助学金款共 504750 元人民币。
		30	团省委学校部长谢海、副部长刘存磊，在县委副书记戴瑞陪同下来一中调研。
2012	3	17	第六届皖江语文教育论坛在和县第一中学举行。省教科院文科一室同志、市教育局、县政府领导与五地市的 260 多名语文工作者出席会议。
	3	26	马鞍山市历史教学研讨会在和县第一中学举行，市 60 多名历史教师和教研员参加了此次研讨会。许森老师以高三历史二轮复习漫谈为题谈了建议。

续表

年	月	日	大 事 记
2012	4	23	学校开展向2011届考入安徽工业大学白血病患者赵希荣同学捐款，共捐款71202元。
	5	11	马鞍山市教育局宣布，秦贤清被评为马鞍山市第二届名校长。
	5	8—13	学校开展了为期6天的艺术节系列活动。
	5	16	合肥师范学院心理学教授李群作高考考前心理辅导讲座。
	5	22	市级秦贤清名校长工作在和县第一中学举行揭牌仪式。
	6	25	2012年高考成绩公布，全校达线人数928人，文理科600分以上70人。
	7	8	和县宏晶集团董事长洪必钊捐赠六柱"和文化"大理石石雕，价值50万元。
	8		孙正友、赵蓉捐款10万元建成春晖亭；擎天阁、校史园、广场"和雕塑"落成。
2013	1	2	学校开展第六届"全国亿万学生阳光冬季长跑活动"。
	2	28	学校召开学习习近平总书记重要讲话精神的情况汇报会和高考百日誓师会。
	3	29	省教科研联盟"同课异构"研讨会（英语、历史、生物）在学校举行。
	4	16	学校组织承办第二届江淮五校德艺论坛。
	5	11	学校开展"美好中国梦"经典诵读展演活动。
		13	学校开展纪念汶川地震五周年紧急疏散演练和爱心捐款活动，并通过红十字会向灾区人民捐款。
		28	学校召开"何志诚红色经典报告会"。
	8	20	学校举行2013年各类奖学金颁奖仪式。
		24	学校开展"小手牵大手、消防安全知识进校园"主题教育活动。
		26	学校召开法制、交通、消防、禁毒报告会。
		29	学校举行2013年彩票公益金高校新生入学资助仪式。
	9	9	学校组织学生参加第七届"地球小博士"全国地理科技大赛；举行"青蓝工程"第十五期"师徒结对"签约仪式。
		17	学校举办"我是女生"专题讲座。
	10	17	学校举办第十一届体育节暨39届田径运动会。
		29	全市"百名法官进校园"法制教育报告会在学校召开。
	11	28	举行了2013年中央彩票"滋蕙计划"助学金发放仪式。学校获第二十七届全国化学竞赛奖。
	12	10	举行第七届阳光体育运动冬季长跑活动启动仪式和2013年和县"爱心学校"助学金发放仪式。
		29	学校共青团召开第十次代表大会。
2014	1	16	县领导走进校园，结对关爱学生。
	3	14	学校举办"皖江六市高中英语教学研讨会"。

年	月	日	大 事 记
2014		17	学校组织全体党员观看《四风的危害》教育视频。
		23	学校召开第六届教职工代表大会第三次会议。
		24	校党总支开展"向身边的先进典型学习"活动。
		28	学校举行家庭教育专题报告会。
		29	行政人员（党员）赴西梁山和县革命烈士纪念馆，接受革命传统教育。
	4	3	县关工委来校调研。
		12	"上海市普教系统名校长培养工程"的16名中学校长来学校访问。
		19	学校派员参加第三届"江淮五校"德艺论坛。
	5	10	学校开展中华经典诗文诵读展演活动。
		12	学校组织师生开展防灾安全演练活动。
		16	南京师范大学尹飞教授来校作高考心理辅导讲座。
		17	学校举办第十二届艺术节文艺专场演出。
	6	25	学校举办海外优质教育资源专题讲座。
	9	18	学校召开纪念"九一八"爱国主义专题教育报告会。
	10	11	学校工会为退休老教师举行集体祝寿活动。
		14	学校召开党的群众路线教育实践活动总结大会。
	11	3	学校举办第十二届体育节暨第四十届田径运动会。
		19	市党外知识分子联谊会暨"走进校园，送教下乡"活动在学校举行。
		29	学校荣获和县中小学生中华经典诵读比赛一等奖。
	12	16	市高中生物研讨会暨县吴光华名师工作室研讨活动在学校举行。
		19	市语文教研活动在学校开展。
2015	1	16	学校举办冬季跑操比赛。
		19	学校召开第十届教学年会。
		20	吴光华名师工作室召开市级课题开题论证会。
	3	19	学校荣获"美丽中国"第二届国家全国国家版图知识竞赛优秀组织奖。
		27	学校召开秦贤清名校长工作室课题结题会。
		31	县委领导走进校园，开展帮扶活动。
	4	3	学校开展网上祭英烈活动。
		18	学校举办第十三届校园文化艺术节。
	5	12	学校组织参加市防空综合演练活动。
		15	安工大附中副校长曹淑芬来校举办专题报告会。

续表

年	月	日	大　事　记
2015	7	2	马鞍山市政协领导来和县第一中学调研。
	8	18	学校举办各类奖助学金颁发仪式。
		22	高一年级举行红十字会急救培训进校园专业知识讲座。
	9	8	市教科院来和县第一中学教学视导。
		15	学校开展高中生物选修教学研讨会暨吴光华名师工作室活动。
		18	学校举办科技创新知识讲座；开展"三城同创"志愿者活动。
		20	北师大高中英语教材培训暨含山、和县高考复习研讨会在学校举行。
		21	学校举行"青蓝工程"第十七期"师徒结对"签约仪式。
	10	13	吴光华名师工作室开展高中生物"同课异构"教学研讨活动。
		15—18	学校举办第十三届体育节暨四十一届田径运动会。
	11	14	校关工委、家长学校举行家庭教育专家报告会。
	12	1	西北农林科技大学外语系高莉教授来校讲学。
		9	学校夺冠县"三城同创"主题辩论赛。
		16	学校市级课题《信息技术下课堂教学中开展探究性学习的实践研究》结题。
2016	2	26	学校召开高三百日誓师大会。
	4	1	市地理教学研讨会在学校举行。
		30	1981届高中毕业生在学校召开校联谊会。
	5	20	学校党总支第四届委员会成立。
	9	13	市教育局对校高三视导。
	10	17	学校举办交互式电子白板大赛。
		18	学校召开市级生物课题结题会。
	11	3	学校举办第十四届体育节第四十二届田径运动会。
	12	14	江西教育专家刘运芳老师来校作《高三学法指导》讲座。
		28	马鞍山市"1+4"教育互惠共同体教研组长论坛会议在学校召开。
2017	1	27	学校首届"学科竞赛中考培优"冬令营闭幕。
	3	24	陈晓明名师工作室成员赴滁州中学交流学习。
		27	高一学生赴上海、杭州研学。
	4	25	学校举办第二届"校园十佳歌手"大赛。
	5	9	市高中英语研讨课在学校举行。
		15	学校召开关注女生身心健康成长大会。
		31	市高中历史课堂教学大奖赛在学校举行。

年	月	日	大 事 记
2017	6	24	许森老师被县委县政府派驻石杨镇八禁村任扶贫专干。
	8	22	学校举办各类奖学金颁奖仪式；召开消防、交通、禁毒、自护自救专题报告会。
		30	学校召开第六届教职工代表大会第六次会议。
		31	学校举办第十九期"青蓝工程"师徒结对仪式。
	9	11	"道路交通安全法"走进和县第一中学。
		17	校举办首次全学科示范周活动。
		18	学校开展铭记历史 勿忘国耻——纪念"九一八"防空应急疏散演练活动。
	10	26	学校举办第十五届体育节暨第四十三届田径运动会。
	11	6	学校举办首届中学生社会热点问题辩论赛。
	12	29	陈晓明名师工作室课题结题。
2018	1	8	学校举行趣味化学知识竞赛。
		10	学校举办教研处学科教师发展中心启动仪式。
		12	校党总支召开领导班子民主生活会。
	3	5	学校召开 2018 届高三毕业班冲刺高考 100 天动员大会。
		23	和县心理健康教育交流研讨暨报告会在学校召开。
	4	5	学校举行"网上祭英烈"活动。
		9	学校召开法制教育报告会。
		13	学校召开"新教育形势下和县第一中学定位与发展策略"大讨论会。
		16	学校举办第九届德育论坛；学校组织承办第七届江淮五校德艺论坛；和县"税法教育基地"授牌仪式在学校举行。
		19	第七届"江淮五校"德艺论坛在学校召开。
		24	高一年级成功举办汉字书写比赛。
	5	12	学校举办第十五届校园文化艺术节；青年教师基本功比赛。
		30	学校获马鞍山市"五好"关工委称号。
	8	22	学校举行各类奖学金、助学金颁奖典礼。
		31	市总工会来校调研。
	9	6	和县文明办来校对美德少年金安琪颁奖。
		25	9 名教师去南京高淳高中驻点学习。
	10	3	1988 届学生 30 周年联谊会在学校召开。
		6	1998 届（2）班学生 20 周年联谊会在学校召开。
		11	县委组织部来学校检查党建工作。

续表

年	月	日	大　事　记
2018		25	学校举办第十六届体育节暨第四十四届运动会。
		31	巢湖市教体局来校观摩学习档案建设。
	11	3	学校举行文综、理综教师基本功大奖赛。
		6	市数学同课异构活动教研活动在学校举行。
		9	学校召开汪静名校长工作室成员三年规划研讨会。
		11	高三年级部综合考试启动。
		22	教学开放日。
		26	省党建巡视组来校检查党建工作。
		30	宁波惠贞学院来学校交流。
	12	3	市高中历史同课异构活动在学校举行。
		24	学校召开教学年会，专家郭家立做报告。
		25	学校举行高一年级学生古诗歌比赛。
2019	2	25	学校召开高三百日誓师活动。
	3	29	汪静名校长工作室市级课题开题。
	4	4	安师大来学校举行教育基地授牌仪式。
		11	学校举行十佳歌手大赛。
		12	全体教职工年度薪级工资调整上报。
		14	职工体检工作启动，部分职工去巢湖艾诺体检。
		15	温泉主持青少年科技创新讲座会；学校举行高二年级学生英语演讲比赛。
		19	皖南八校三模考试。
		27	召开2019年文艺汇演报告会。
	8	17	学校举行各项奖金颁奖仪式。
		27	全市教育大调研活动在学校开展。
	9	9	学校举行全体教师宣誓仪式。
		17	市委第七巡察组来我校巡察。
	10	21	学校举办第四十五届运动会。
	11	8	汪静校长去上海向东中学学习。
		21	高三年级部进行G20考试。
	12	23	汪校参加和县政协十届四次会议。
		24	汪校参加和县人大十七届六次会议；市高三英语教学研讨会在学校举行。
2020	1	15	学校召开第七届教职工代表大会第一次会议。

续表

年	月	日	大 事 记
2020		30	全面开展疫情防控。
	4	1	省教育厅、市教育局王东山来校检查。
		2	学校召开疫情防控督查工作会议。
		6	县委书记陈永红来学校检查高三复学工作。
		7	阚市长来学校检查高三复学工作。
		10	市疾控中心方大春教授来校检查高三复学疫情防控工作。
	5	30	第十一届团代会召开。
	6	18	省市疫情防控领导来校检查防疫工作。
		21	召开第一届校党委成立大会。
	7	31	学校派教师到功桥大汤圩驻点防汛。
	8	26	2020年学校举行各项奖金颁奖仪式。
	9	10	县教育局在学校举行杨悦师德仁馨奖颁奖会。
	10	29	学校举行第十八届运动会暨第四十六届体育节。
		30	学校派代表参加定远三中高三皖南八校第一次联考成绩分析会。
	11	24	市教科院来校教学督导。
	12	3	市语文教研活动在学校举行。
		7	马鞍山市北师大版新教材研讨会在学校召开。
2021	3	8	县审计局对我校进行2020年度财务为期一个月的审计。
		25	学校接待巢湖四中领导来视察。
	4	8	马鞍山市在和县第一中学举行数学和英语开题会。
		9	学校举行校园歌手大奖赛。
		13	马鞍山市数学二轮复习会及新教材探究会议在学校召开。
	8	10—11	学校召开高三专家组、备课组、督查组工作会议。
		16	学校召开全体行政人员工作会议。
		17	各支部召开组织生活会、民主生活会培训会议。
		28	学校召开教职工大会和班主任工作会议。
		29	各支部召开党史学习专题组织生活会。
		30—31	高一实验班考试、高二、高三开学考试。
	9	1	学校召开师徒结对签约会。
		4	学校召开高三皖北名校成绩分析会，举办2021学年度奖学金颁奖仪式。
		15—17	学校开展学风学纪集中整治活动。

续表

年	月	日	大　事　记
2021		20	学校召开高三励志报告会。
		25	学校召开高三前 20 名学生组班教师工作会议。
		29—30	高三举行第二次月考。
	10	8—9	高二举行第二次月考。
		22—23	高三举行第三次月考暨皖南八校第一次联考。
		29—30	学校派员赴南陵县参加皖南八校第一次联考分析会。
	11	3	学校召开皖南八校高三第一次联考成绩分析会。
		10	县委副书记杨世木来校调研。
		9—11	高一举行第一次联考。
		12	学校召开皖南八校高三第二次联考试卷和县第一中学审卷教师专题会议。
		15	学校组织皖南八校高三第二次联考试卷第一次审题。
		18—19	学校举行高三皖赣联考,高二皖北名校联考。
		23	学校召开校史编纂工作会议。
		24	学校召开高三皖赣联考分析会,高一学生赴含山褒禅山研学。
		27	学校开展高二励志活动。
		28	第一支部前往薛家湾开展党员学习活动。
		30	学校召开皖南八校试卷第二次审核专家组会议。
	12	1	高二学生赴石杨碧桂园研学。
		1—2	市教科院来校检查教学。
		7	学校召开选取工作布置会议。
		17	教育局派员检查党务工作,高二"皖优联盟"暨第四次月考。学校召开冬季联盟考试成绩分析会。
		20—22	高一年级部举行第二次联考。
		24—25	高三举行皖南八校第二次联考。
		31	学校举办元旦联欢及摸奖活动。
		17—21	高一期末考试。
		19—20	高二期末考试。
		20	校党委召开 2021 年度民主生活党员群众座谈会。
		22—23	高三期末考试。
2022	2	7	学校召开高三专家组、备课组、督查组工作会议。
		8	学校召开全体行政人员工作会议。

续表

年	月	日	大 事 记
2022		10	高三上课，学校召开全校教职工大会。
		12	学校召开总务处、教务处开学工作会议。
		12	学校召开全校教研工作会议。
		12—13	高三开学考试。
		12—14	高一开学考试。
		13—14	高二开学考试。
		13	学校召开政教处、保卫处、团委开学工作会议。
		16	学校召开专家组、督查组、备课组会议。
		17	学校召开政治教研组工作会议（上午）和语文教研组工作会议（下午）。
		19	学校召开120周年校庆筹备历届校友代表座谈会（下午）。
		25	学校召开师徒结对总结工作会议。
		26	学校召开2022届和县第一中学高三百日誓师冲刺大会。
	3	2	学校召开高三文科教师会议，陈局长来一中调研。
		3	张县长来校调研（一中建校120周年），学校召开语数外备课组长会议。
		4—6	高三教师参加合肥二轮复习工作会议。
		7—8	高三江南十校考试。
		10	学校召开校庆120周年文化建设工程会议。
		14	马鞍山市全市停止线下教学，开始线上教学。
		17	根据市疫情防控指示，和县各县城小区实行封闭，上午学校在老一中宿舍搭棚，老一中宿舍值班开始。
		26	晚上10点，教育局召开高三校长负责人会议，布置复学工作。
		27	学校召开高三复学工作会议。下午，高三全体师生到校核算检测.
		28	高三复学，线下教学开始，中餐、晚餐在学校，早出晚归。汪强县长来校检查高三复学工作。
		28—4.9	高三教师、学生及行政人员在校就餐（5号休息一天）。
		30	高一、高二教师在家上课，高三在学校线下教学。
	4	6—7	学校举行马鞍山二模考试。
		9	高一年级部全体师生及同住人员核酸检测。
		10	高二年级部全体师生及同住人员核酸检测。
		13	学校召开马鞍山二模考试成绩分析会。
		22—23	高三举行皖南八校三模考试. .

续表

年	月	日	大 事 记
2022		27	学校召开高三皖南八校三模成绩分析会。
		28—29	高一高二期中考试。
	5	5—8	中考体育加试和理化实验在学校举行。
		6—7	高三马鞍山三模考试。
		7	学校账目稽核。
		11	学校召开市三模成绩分析及高三备课组会议。
		12	县长刘凌晨、副县长张朝军来校调研。
		13	学校举办建团100周年、建校120周年暨第十九届校园文化艺术节。
		16—20	专家组、教育局教研室人员对2023届高三教学视导。
		17	重点局来校调研,市生物教研会议在学校举行。
		18	高三毕业照(集体照及班级照),县校园文化建设小组来校调研。
		19	教学开放日。市、县检查组来校对高考设备调研与检查。
		20—21	皖江名校联考。
		23	县委来校对校长班子及成员(三个副校长)考核。
		25	学校召开新高三教学视导反馈会议。
		31	马鞍山市"1+4"共同体活动在我校举办,高三教学检查。
	6	1	学校召开高考、中考、会考工作任务布置会(全体教师参加)。
		2	学校举行高三毕业典礼,高三教学工作正式结束。
		4	学校主考、副主考、大组组长前往教育局参加高考培训会。
		6	县委书记马永、县长刘凌晨来校检查高考备考工作
		7—8	2022年高考。
		12	中考考务培训会在学校召开。
		14—16	2022年中考。
		17	八年级地理生物统一考试在学校举行。
		22—23	高二年级学生学业水平考试。
		24	2022年高考成绩揭榜。
		25—30	中考、八年级考、会考试卷批阅在学校举行。
		29	学校召开2023届高三专家组、督查组启动会议。
	7	1	学校召开光荣在党50周年座谈会。

第二节 历届领导

校　名	起讫时间	正职	姓　名	任职时间	副职	姓　名	任职时间
和州官立中学堂	1902—1911	堂长					
和县中学	1912—1914	校长					
皖北中学	1914—1924	校长	屠光斗	1914—1924			
和初一高	1924—1926	校长	王大杰	1924—1926			
和县县立初级中学	1926—1937.8	校长	仝道云	1926—1927			
		校长	俞建章	1927—1928			
		校长	林式如	1928—1929			
					代校长	李齐琳	1929—1930
		校长	王尧铎	1930.2—1930.8			
		校长	张亮	1930.9—1934			
		校长	陈秉诚	1934—1937			
和县中学	1937.8—1939.2			1938.4 日军占和城，学校停课			
和县县立初级中学	1939.2—1940.2	校长	张亮	1939.4—1940.2			
和县中学	1940.2—1945.2	校长	张亮	1940.2—1942.2			
		校长	孙履平	1942.11—1944.8			
		校长	禹子鄮	1944.8—1945.2			
和县县立初级中学	1945.2—1949.4	校长	夏禹功	1945.2—1945.8			
		校长	陈钝	1945.8—1946.2			
		校长	汪侗	1946.2—1948			
和县初级中学	1949.9—1952.9	校长	李志（县长兼）	1949—1952	代校长	李山樵主持工作	1950—1952
和县中学	1952.9—1969.1	校长	张范	1952—1956	副校长	方绍萱	1956.2—1956.12
		校长	曲忠	1956—1962.8	副校长	张石樵	1957—1959
		校长	张石樵	1962.8—1967.1	副校长	任国文	1961—1963
					副校长	蒋平	1964—1965
					副校长	周家慧	1966—1967
和县卫东中学	1969.9—1972.3				校革委会副主任	李群主持工作	1969.9—1970.8
		校革委会主任	史宝玉	1970.8—1972.3			

续表

校　名	起讫时间	正职	姓　名	任职时间	副职	姓　名	任职时间
和县中学	1972.3—1973.11	校革委会主任	史宝玉	1972.3—1973.5	校革委会副主任	李群	1972—1973
						方维升	
						刘训潮	
						荆柯	
						余诚	
					校革委会副主任	余诚主持工作	1973.5—11
和县第一中学	1973.11—1983	校革委会主任	孙裕选	1975—1977	校革委会副主任	刘训潮主持工作	1973—1975
						荆柯	1974—1975
						孙裕选	1974—1975
					校革委会副主任	荆柯	1975—1976
						张石樵	1975—1977
		校长	孙裕选	1977—1983	副校长	张石樵	1977—1982
						张书勤	1978—1984
						汪耀华	1978—1984
	1983—1984				副校长	汪耀华主持工作	1983—1984
	1984—1993	校长	丁纯富	1984.7—1991.2	副校长	吴行才	1984—1998
						吴昌余	1990—1991
					副校长	吴昌余主持工作	1991.2—1993.8
	1993—1999	校长	黄彩林	1993.8—1999.11	副校长	秦贤清	1993.9—2000.7
						窦筑生	1996—2003
	1999—2006	校长	林厚银	1999.11—2006.10	副校长	何宗祥	2000.8—2006
						王训舟	2000.8—2012
						赵恒平	2003.8—2010.8
						乔德季	2003.8—2012
					常务副校长	秦贤清主持工作	2006.7—2007.7
	2007—2014	校长	秦贤清	2007.8—2014.9		张孝海	2007.9—2014.8
						陶先祥	2011—2020
						陈昌禄	2011—2020
						耿礼金	2011—2020
					副校长	汪静主持工作	2014.9—2015.9
	2014—2022	校长	汪静	2015.9—	副校长	沈强	2020—
						吴光华	2020—
						王武志	2020—
					副书记	范明锁	2020.5

第三节 校址变迁

年	月	日	校名	校址	建设	规模
1902			和州官立学堂	东门大街北边	全年经费约为白银3090两，学堂资产约为9200两	
1912			和县中学	东门大街北边		学生仅20余名。民国元年毕业生共有3名。
1914			皖北中学	和城福音堂		
1918					知县金梓材督造喜雨亭。	
1924			和县初级中学	第一高等小学的校址		
1930	9		和县初级中学	喜雨亭四周	建立校舍七座，其中有楼房、平房。	初一年级一个班、初二年级两个班、学生111人，教职员16人，全年经费为9449元。
1933			和县初级中学	喜雨亭四周	张亮多方筹集资金，兴建大礼堂。	增至5个班、学生200余人。
1934			和县初级中学	县体育场北侧（石营旧址）	陈芜章（秉诚）接任校长，四处筹募款项，并捐家资建设新校园。	
1938			和县初级中学	县体育场北侧（石营旧址）		日本第六十师团坂井支队占领和城，校舍被炸毁。
1939	2		和县初级中学	戚桥小学		增设高中部。
1940	2		和县中学	城内文庙		
1940	4		和县中学	北区香泉		学生355名，其中高中学生51名，教职员10余人。
1941			和县中学	高皇殿庵内		学生200人，其中男生176人，女生24人。
1942	2	8	和县中学	高皇殿庵内		日军侵犯高皇殿、善厚集一带，学校为敌摧毁，校产册籍损失殆尽。

续表

年	月	日	校名	校址	建设	规模
春			和县中学	善厚集乡皂角保小崔刘村		
			和县中学（日伪）	喜雨亭原址		增设高中部。教职员有张荫荪、李云航等19人，学生有300多人。
1945			和县中学	喜雨亭四周	扩充校舍，扩建礼堂；东西各有两幢平房为学生宿舍；喜雨亭后草房数间为女生宿舍。	7个班，学生295名。学校范围，除喜雨亭原址外，还合并了戚前白福寺小学所在地，共占地40亩。南北修长，东西略短，操场北首两幢平房为教室，拾级而上可达大礼堂。
1945—1948			和县初级中学	喜雨亭四周		
1952			和县中学	喜雨亭四周	拆除大礼堂，兴建新教室	初中6个班，高中2个班，共计8个班，学生450人。
1956			和县中学	喜雨亭四周	东边葡萄架旁新建四间教室，教育厅拨款5000元购买仪器，充实了教学设备。	
1966			和县中学	喜雨亭四周		初中11个班，高中6个班，附设一个师范班，共计18个班，学生900多人。
1969	1	16	石杨五七学校	石杨山区		和县中学的教师下放到全县各公社学校。
1969	秋		和县卫东中学	喜雨亭四周		和县中学下迁到石杨的初中4个班学生回到原校，和县初级中学迁至和县卫东中学，成立和县卫东中学。
1972			和县中学	喜雨亭四周	和县卫东中学改名为和县中学。	和县初中与老和初中部合并，共18个班，学生近千人。全校实行军事编制，年级为连，班级为排，共成立3个连。
1973	冬		和县第一中学	喜雨亭四周	和县中学分为第一中学、第二中学。和县第一中学，在原和县中学旧址。	
1976			和县第一中学	喜雨亭四周	重建喜雨亭，建成1260平方米实验楼巢湖地区教育局配发了理、化、生仪器设备。	实验楼成为和县各中学实验中心。
1982			和县第一中学	喜雨亭四周		初中11个班，高中12个班（内有和县第二中学高中班并入），学生千余人。

续表

年	月日	校名	校址	建设	规模
1984		和县第一中学	喜雨亭四周		初高中分别设置12个班，计24个班，学生1500余人，特级教师1人，高级教师23人，一级教师25人，全校教职工100余人。
1992		和县第一中学	喜雨亭四周	加强了电教硬件建设。30个教室全部配上"三机一幕"，开通4个频道闭路电视教学系统；重点改建、扩建了一座布局合理、功能完备、设备齐全、集实验、微机、语言、电教于一体的1800平方米的综合性科学馆，馆内理、化、生实验室6个，另有64座语音室4个，仪器准备室4个，仪器设备达到国家一类标准。其改是改建校门，平整教学楼前的大道，更换阅报栏；重修6个水泥篮球场，布置了绿化带；建造4幢114套教师住上标准套房，落实了安居工程。	初中12班，高中18班，学生2000人。专任教师95人，其中特级教师1人，省优秀教师3人，中学高级教师34人，一级教师58人。专任教师岗位合格率100%，学历达标率为90%以上。
1999—2002	秋	和县第一中学	喜雨亭四周	筹资1080万元，拆除改旧平房200余间，新建九大主体工程。（1）建设250米环形跑道运动场；（2）建造资料信息中心，电子高速公路通向世界各地，实现网络化；（3）建造五层65个标准间的学生公寓；（4）建造集现代化高科技科技实验室于一体的科学馆；（5）建造四层高三教学楼；（6）新树旗杆，全新绿化，美化校门区，新建不锈钢雕塑《升腾》和玻璃浮雕《世纪风》；（7）建设生物标本室、美术活动室、现代教育技术CAI课件制作室、校史室、制作规划模型；（8）建设喜雨亭园林小区和植物园；（9）改造校园电网，建造地缆工程。	
2002—2007		和县第一中学	喜雨亭四周	投入1500万元，完成老校区高三国债楼建设，增建面积3500平方米的学生公寓1幢，增加床铺350张，解决了男女分楼住宿问题；购买了原鞋帽厂厂房，新建三层学生食堂1座，改变了学生就餐环境和学校接待条件。学校还对教学楼前广场进行了绿化、路灯等进行了整修，对喜雨亭景区进行规划，增添了长廊、草坪、雕塑等。同时改善了教师办公条件，购置了办公桌椅，配置了电话和饮水设备。在原有的校园局域网的基础上全面引进宽带信息网，建设10个多媒体教室。	至2007年已达48个教学班，在校学生3000多人，教职工187人。

续表

年	月	日	校名	校址	建设	规模
2007—2009			和县第一中学	和城新区和州路上（2009年秋，新校区正式启用）	占地300亩，土地政府无偿划拨。建设总投资1亿元，政府承担教学区、运动区，办公区等基础设施的建设，总投入6000万元，学校承担生活区及基本教学设施的建设，共需投入4000万元。	占地20万平方米，绿化和水域面积14万平方米，建筑面积8万平方米，可以容纳72个班，现有55个教学班，学生4000多名。校区分为教学、运动、生活三大版块，教学楼、实验楼、信息中心、艺术楼、办公楼、田径运动场、各类专用教室、实验室、体育馆、食堂、媒体公寓等错落有致，硬件设施齐全，信息化、数字化，信息化于一体的生态校园，学习环境如诗似画，文化氛围浓郁独特。是一所集现代化、数字化、信息化于一体的生态校园特。2009年，学校共有教职工214人，其中特级教师2人，中学高级教师50人，中学一级教师30人。
2012			和县第一中学	和城新区和州路上	完成文昌楼教师办公室和教学楼空调线路的改造、更换、新增太阳能路灯，更换报告厅投影设备，升级学生宿舍安全监控。偿还建行600万元贷款。	高级教师54人，特级教师3人，省级优秀教师5人，省级教坛新星7人，市教坛新星，市学科带头人13人，市青干教师22人，一大批教师因工作成绩突出获得各种荣誉称号和奖励。
2022			和县第一中学	和城新区和州路上	更换高考监控系统和监控平台。为高考、中考的考场配置空调，增添运动设施和器材，改建乒乓球台，增添20张乒乓球台。化解学校所有债务。改建校园文化设施，更新校史园，更换和新添校园绿化植物，增添班班通设备。	2021年，学校教职工231人；正高级职称2人，特级教师2人，中学高级教师93人，高级教师2人，中学教师103人，省级优秀教师9人，省教坛新星8人，市学科带头人4人，研究生学历24人；有68个教学班，学生有3400多名。

第四节　教学成果（2012—2022）

年份	姓　名	类别	教 学 成 果
2012	唐　凝	论文	《浅谈信息技术在高中数学概念课教学中的应用》获省一等奖
	徐祝云	竞赛	全国数学奥林匹克竞赛，指导 1 名学生获省三等奖
	吴光华	论文	《例谈生物典例教学与育人理念的结合》发表于《中学生物教学》2012 年第 7 期 《物质跨膜运输的方式教学设计》发表于《中学生物教学》2012 年第 8 期 《浅谈"思想实验"与生物教学的结合》发表于《中学生物教学》2012 年第 12 期
		教材编写	参加《高中生物（选修一、二、三）实验教材》（测绘出版社）的编写，2012 年 8 月
	王冬冬	论文	《高中学生实验探究手册》在测绘出版社出版
		教材编写	参加《高中生物（选修一、二、三）实验教材》（测绘出版社）的编写，2012 年 8 月
	周道明	论文	《从阅读到思想——高中英语批判性阅读教学设计》获市一等奖
	尹　颖	优质课	安徽省第五届高中英语优质课获省二等奖
		竞赛	指导学生滕腾、成雪琪参加 2012 年全国中学生英语能力竞赛，分获全国一、二等奖
	陈宝华	论文	《浅谈 CAI 与英语课堂教学情境创设的结合》获省一等奖
	高　衡	论文	《多媒体教学　长短相随几多思》获省三等奖
	张园园	竞赛	指导高二（12）班学生周梅美参加全国中学生英语能力竞赛，获省三等奖
2013	李孝进	论文	《高效课堂的实践与思考》获市一等奖
	唐　凝	竞赛	全国数学奥林匹克竞赛，指导 1 名学生获省三等奖
	徐祝云	教学设计	《古典概型》获市一等奖
	贺冬菊	论文	《技术试验活动的设计及探究》获省二等奖
	段国勇	课件	《交变电流》获省一等奖
	吴光华	论文	《问出高效课堂》发表于《中学生物教学》2013 年第 1—2 期 《浅谈生物专题复习的几点做法》发表于《中学课程辅导·江苏教师》2013 年第 17 期
	张　韬	竞赛	全国中学生生物学联赛，指导 1 名学生获省一等奖、2 名学生获省二等奖
	沈　强	竞赛	全国高中化学竞赛，指导学生获省二等奖 9 人
	陈晓明	论文	《二道原创综合题》发表于《中学地理教学参考》
	温　泉	论文	《多媒体在地理课堂导入中的运用》获市一等奖
		竞赛	全国高中化学竞赛，指导学生获省二等奖 9 人

续表

年份	姓　名	类别	教　学　成　果
2013	伍征晗	竞赛	全国高中地理竞赛，指导学生获省二等奖9人
	汪　斌	论文	《关于人教版"解放战争"中两个时间问题的探讨》发表于《中学历史教学参考》
	张业芸	论文	《草色遥看在淡美》获市一等奖 《品一壶"软磨硬泡"的工夫茶》发表于《安徽教育论坛》
	严寿斌	课件	《中国建筑的特征》获市一等奖
	陈　跃	竞赛	全国高中数学竞赛，指导学生获省二等奖9人
2014	唐　凝	论文	《从常考题型探究程序框图的命题规律》发表于《当代中学生报》
	吴光华	论文	《能稳定遗传的一定是纯合子吗》发表于《中学生物教学》2014年第1期 《基因都是有遗传效应的DNA片段吗?》发表于《中学生物教学》2014年第4期 《生物教学中激发学习内驱力的尝试》发表于《中学课程辅导·江苏教师》2013年第21期
		竞赛	全国中学生生物学联赛，指导1名学生获省二等奖
	沈　强	课题	新课标初高中化学衔接研究
	赵永艳	论文	《创设情境　灵活探究》获市一等奖
	陈晓明	论文	《地理综合题专项突破的可操作性》发表于《江苏教师》 《高考试题的拓展性教学》发表于《地理教学》
	温　泉	课件	《为什么停止开发北大荒》获市一等奖
		论文	《利用多媒体实现高效地理课堂》获市一等奖 《浅谈学生创新能力培养》发表于《江苏教师》2014年第19期
		竞赛	安徽省青少年科技创新大赛，指导一名学生获省三等奖
	严寿斌	课件	《奥斯维辛没有什么新闻》获市一等奖
	章学明	竞赛	全国高中数学联合竞赛，指导1名学生获省三等奖
	邓　华	论文	《让高中政治课堂"活"起来》发表于《教师教育》
	陈宝华	论文	《浅谈交互式电子白板与中学英语教学的结合》获市一等奖 《英语教学中激发学习内驱力的尝试》发表于《中学课程辅导·江苏教师》
	张勇(小)	课件	《空间几何体的结构》获市一等奖
		教学设计	《椭圆的定义及其标准方程》获市二等奖
	高　衡	论文	《多媒体教学　长短相随几多思》发表于《中学课程辅导》2014年第14期
2015	刘友龙	竞赛	全国高中数学联赛，指导1名学生获省三等奖
	唐　凝	竞赛	全国数学奥林匹克竞赛，指导5名学生获省三等奖、4名学生获市一等奖
	徐祝云	论文	《例谈课堂教学中数学观察力的培养》获市一等奖 《围绕知识本质，加强能力考查》发表于《中学数学教学》2015年第3期

续表

年份	姓 名	类别	教 学 成 果
2015	吴光华	论文	《例谈概念图在"生态系统能量流动"一节教学中的应用》发表于《中学生物教学》2015 年第 7 期 《巧借课程资源 激发探究学习》发表于《中学课程辅导·教师教育》2015 年第 7 期
		课题	信息技术下课堂教学中开展探究性学习的实践研究
	龚伯奇	论文	《对基因突变及其他变异中几个问题的认识》发表于《中学生物教学》
	张 韬	论文	《浅谈"四步走核心概念教学法"》获市一等奖
	赵永艳	竞赛	全国化学奥林匹克竞赛，指导 1 名学生获省三等奖
	孙 萍	课件	《富集在海水中的元素——氯》获市一等奖
		论文	《"金属与酸和水的反应"教学新设计》发表于《中学生化学》
	陈晓明	论文	《有原则的任性 有理性的备考》发表于《青苹果》 《安徽卷的"平稳" 全国卷的"任性"》发表于《青苹果》
	伍征晗	竞赛	地球小博士，指导 4 名学生获一等奖
	陈 跃	论文	《还思维于学生 还时间于学生》发表于《中学课程辅导·教师教育》 《浅谈二次函数在求最值问题中的应用》发表于《数学学习与研究》
	尹 颖	竞赛	指导学生孙畅参加 2015 年全国中学生英语能力竞赛，获全国三等奖
	周茂虎	竞赛	指导陈健、张经纬获第三十二届全国中学生物理竞赛省三等奖，市一等奖 3 人，市二等奖 5 人，市三等奖 7 人
	张业芸	论文	《让学生的想象飞起来》发表于《学语文》
2016	汪 静	论文	《浅谈教科研助推教师专业化成长的实践研究》发表于《安徽青年报》 《浅谈绿色评价与教育治理的结合》发表于《中学课程辅导·教师教育》
	唐 凝	论文	《定积分应用举例》发表于《当代中学生报》
	吴成霞	课件	《双曲线及其标准方程》获省二等奖
	姜 浪	论著	《计算机网络基础》（于浩、姜浪合著），中国出版集团 2016 年 10 月版
	段国勇	论文	《用"中医"的方法做班主任》发表于《西部素质教育》 《论"能流图"对学习"能量问题"的作用》发表于《西部素质教育》
		竞赛	省物理竞赛，指导 1 名学生获省三等奖
	吴光华	论文	《"DNA 的粗提取与鉴定"一节的教学设计》发表于《中学课程辅导·教师教育》2016 年第 6 期（下）
		课题	高中生物校本学案、校本练习的开发研究
		竞赛	全国中学生生物学联赛，指导 1 名学生获省二等奖
	王冬冬	论文	《"DNA 的粗提取与鉴定"一节的教学设计》发表于《中学课程辅导·教师教育》2016 年第 6 期（下）
	沈 强	竞赛	全国高中化学竞赛，指导学生获省二等奖 4 人，省三等奖 6 人

续表

年份	姓 名	类别	教 学 成 果
2016	孙 萍	说课	安徽省高中化学实验说课比赛获省一等奖
		论文	《"探究二氧化硫的性质"的一种创新的教学设计》发表于《中学生化学》
			《勇于克服困难　敢于担当责任》发表于《中学课程辅导》
	陈晓明	论文	《"一带一路"沿线综合题设计》发表于《中学地理教学参考》
			《地理试题中不同空间尺度的答题要求举例》发表于《青苹果》
	陶小艳	论文	《基于高中区域地理教学现状的思考与探究》获市一等奖
		竞赛	地球小博士，指导1名学生获一等奖
	温 泉	竞赛	《昼夜长短变化演示仪》获省二等奖
		课件	《营造地表形态力量》获省二等奖
	时 军	论文	《开好主题班会，彰显班主任工作精神》获省一等奖
			《我的班主任工作与职业幸福》获省一等奖
			《和县第一中学校本课程开发与探索》获省二等奖
			《再探历史课堂的有效教学》获省二等奖
		竞赛	全国青少年学生法治知识网络大赛全国优秀指导教师
			"青史杯"全国高中生历史剧本大赛全国优秀指导教师
			安徽省青少年法律知识竞赛全国优秀指导教师
	吴静静	竞赛	全国中学生英语能力竞赛，获全国二等奖
			希望之星英语风采大赛，获市一等奖
	周道明	论文	《从阅读到思想——高中英语批判性阅读教学设计》省二等奖
			《读懂学生　点亮生命》发表于《中学课程辅导》2016年第11期（上）
		竞赛	指导高三（2）班赵梦瑶参加全国中学生英语能力竞赛，获全国三等奖
	尹 颖	竞赛	指导学生沈婷婷、李前程参加2015年全国中学生英语能力竞赛，均获全国三等奖
	陈 跃	课件	《立体几何序言》获省二等奖
	陈宝华	论文	《浅谈交互式电子白板与中学英语教学的结合》发表于《中学课程辅导·教师教育》
	何 希	竞赛	语文报杯全国中学生作文大赛，获一等奖
	张业芸	论文	《行走在山水之间》发表于《安徽日报》
	高 衡	竞赛	指导高一（22）班王宇凡参加中华经典征文比赛，获市一等奖
2017	李孝进	论文	《"以学生为主体，以教师为主导"高中教学模式的探索与思考》获市一等奖
	唐 凝	论文	《方法攻略——分析法》发表于《当代中学生报》
	吴光华	论文	《浅谈渗透育人理念的典例教学》获一等奖
	龚伯奇	竞赛	全国中学生生物学联赛，指导1名学生获国家二等奖
	倪受军	论文	《兴趣培养与实验教学在高中生物素质化教学中的应用》发表于《新课程》

年份	姓 名	类别	教 学 成 果
2017	孙 萍	论文	《运用"四重表征"教学理论和POE教学策略的课堂教学研究》获市一等奖 《运用"四重表征"教学理论和POE教学策略的课堂教学研究》发表于《中学化学教学》
	陈晓明	论文	《例谈地理学习中"措施、对策"解决方案中的人地协调观》发表于《青苹果》
	陈晓明 温 泉	课题	基于现代知识观下的地理思维能力培养研究，市级课题，课题编号：MJG3083，结题时间：2017年12月29日
	温 泉	竞赛	安徽省青少年科技创新大赛，指导高二（6）班徐梦婷获省二等奖
		课件	《山地的形成》获市一等奖
	章学明	课件	《三视图》获市一等奖
	邓 华	论文	《土地革命战争时期中共报刊发展状况》发表于《青春岁月》
	吴静静	优质课	获市一等奖、省二等奖
	陈宝华	竞赛	获市一、二、三等奖
	王 琴	论文	《新课程高中英语教学培养跨文化交际能力的策略》发表于《中学生英语》 《教学创生视角下的高中英语有效写作教学策略》发表于《中国校外教育》
	张业芸	论文	《试论高中语文教师的教学与情感》发表于《学语文》 《生命在尊严——五毛钱》发表于《诗城·壹周刊》
	张园园	竞赛	全国中学生英语能力竞赛，指导高三（1）班学生张忍和金龙馨获省三等奖
2018	汪 静	论文	《新生源新高考下学校发展策略》发表于《中学课程辅导·教师教育》
	范明锁	课题	信息技术背景下提高农村初中数学课堂趣味性的行动研究，市级课题，课题编号：MJG16110，结题时间：2018年
		论文	《有理数的除法》获省级优课
	吴成霞	课件	《空间几何体的三视图》获国家二等奖
	徐祝云	论文	《高中数学课学生自主学习能力的培养策略》发表于《安徽基础教育》2018年第1期 《高中生数学自主学习现状的调查研究》发表于《安徽基础教育》2018年第2期
	杨 来	竞赛	全国数学奥林匹克竞赛，指导2名学生获省三等奖
	张勇(小)	论文	《新课改背景下高中数学微课课程对教学效果的影响研究》发表于《教学研究》 《探讨高中数学课堂教学有效性》发表于《教研周刊》
	姜 浪	论文	《信息技术老师职业专业化成长思考》发表于《安徽电化教育》2018年2月第124期
	段国勇	竞赛	省物理竞赛，指导1名学生获市一等奖
	张 伟	竞赛	物理竞赛，指导1名学生获市一等奖、2名学生获市二等奖
	吴光华	论文	《浅谈渗透育人理念的典例教学》发表于《中学课程辅导·教师教育》2018年第8期
	倪受军	竞赛	全国中学生生物联赛，指导3名学生获国家三等奖

年份	姓 名	类别	教 学 成 果
2018	王冬冬	优质课	优质课获市一等奖
	孙 萍	教学设计	全国数字化实验教学应用及创新设计获国家一等奖
		竞赛	化学学科竞赛，指导1名学生获省二等奖、2名学生获省三等奖
	陈晓明	论文	《2018高考文科综合地理模拟试卷》发表于《中学地理教学参考》 《一场因试卷印刷模糊引发的争议》发表于《中学地理教学参考》
	时 军	论文	《"1226"管理出人才》发表于《安徽青年报》
	邓 华	征文	安徽省"中华魂"（辉煌与梦想）征文省级
	吴静静	论文	《在职英语教师培训对高中英语教学的启发》发表于《中学课程辅导》 《浅谈多媒体在高中英语教学中的作用及注意事项》发表于《中学课程辅导》
	严寿斌	论文	《王守仁语文教育思想的现代观照》获市一等奖 《重新审视主题"单元教学"——提高学生语文能力，形成语文素养的有效手段》发表于《教育科学》2018年第10期 《论高中文言文教学内容的确定性》发表于《课程教学研究》2018年第23期
	周道明	论文	《读写为主的高中英语教学模式研究》发表于《英语画刊》2018年第3期
	陈宝华	论文	《高中英语课堂有效性教学方法的思考与实践》发表于《中学课程辅导·教师教育》
	何 希	竞赛	语文报杯全国中学生作文大赛，获一等奖
	尹 颖	论文	《适应全国高考命题的英语学习与答题技巧》发表于《校园英语》
	周茂虎	竞赛	指导孙亮获第三十五届全国中学生物理竞赛省三等奖，市一等奖4人，市二等奖7人，市三等奖3人
	高 衡	优质课	在"特色师范课堂"（课例）评选中荣获市二等奖
		竞赛	指导高二（22）班施昌儒、张扬扬参加中华魂（辉煌与梦想），分别获省二、三等奖 指导高二（22）班王宇凡参加"中华经典诗歌创作"大赛，获市一等奖 指导高二（17）班耿季怡同学参加"中华经典征文"比赛，获市一等奖
2019	汪 静	论文	《为教师发展创造优越的环境》发表于《中学课程辅导·教师教育》
	唐 凝	课题	信息技术下课堂教学中开展探究性学习的实践研究
		论文	《函数奇偶性的判断》发表于《智慧领航》 《空间问题平面化，溯源探秘显身手》发表于《中学数学教学参考》 《核心探究显素养，环环相扣引思辨》发表于《理科爱好者》
		竞赛	第十九届安徽省中小学电脑制作高中计算机程序设计类，获省三等奖
	吴成霞	竞赛	全国数学奥林匹克竞赛，指导1名学生获省三等奖
	徐祝云	竞赛	全国数学奥林匹克竞赛，指导1名学生获省三等奖
	杨 静	优质课	优质课获市一等奖

续表

年份	姓 名	类别	教 学 成 果
2019	杨 来	竞赛	青年教师技能比赛获市一等奖
		论文	《关于高中数学教学中培养数学思维能力的途径》发表于《教育学》 《教育管理自我赋能研究综述》发表于《中学教学参考》
		竞赛	全国数学奥林匹克竞赛，累计指导6名学生获省二等奖、省三等奖
	张勇(小)	竞赛	数学竞赛，指导1名学生获省三等奖
	姜 浪	课件	《AXCII编码学》教学软件（教师版）获市一等奖 《图形的加工与处理》学生辅助学习获市一等奖
		论文	《信息技术老师与非信息技术老师之间的融合》获市一等奖
		竞赛	2019年马鞍山市青少年科技创新大赛——青少年成果竞赛，指导1名学生获市一等奖
		论文	《在技术的学与用中培养信息责任意识》发表于《中国现代技术装备》2019年11月第326期
	段国勇	竞赛	省物理竞赛，指导1名学生获省三等奖
	吴光华	论文	《在生物实验教学中激发学生学习内驱力的尝试》发表于《中学课程辅导·教师教育》2019年第8期 《在生物实验教学中激发学生学习内驱力的尝试》获一等奖
		竞赛	全国中学生生物学联赛，指导1名学生获国家三等奖
	张 韬	竞赛	全国中学生生物学联赛，指导4名学生获省三等奖
	章学明	论文	《巧用单调性，妙解数学题》发表于《成功密码》 《高中数学教学中培养学生创新思维的方案分析》发表于《数理化解题研究》
	尹 颖	优质课	马鞍山市2019年高中英语优质课获市一等奖
	陈宝华	论文	《"交互式电子白板"给英语课堂增光添彩》发表于《中学课程辅导·教师教育》
	李 颖	论文	《提升高中英语课堂教学效率的可行性分析》获市一等奖 《高中英语阅读教学中的学生自主学习探讨》发表于《中学生英语》
	何 希	竞赛	语文报杯全国中学生作文大赛，获一等奖
	周成军	论文	《高中语文作文有效教学略谈》发表于《中学课程辅导》
		竞赛	世界华人学生作文大赛，获全国一等奖
	张业芸	论文	《无问西东》发表于《菲律宾·商报》
	张园园	论文	《高中英语书面表达能力培养与训练的策略研究》发表于《英语画刊》2019年2—3月期刊上
2020	汪 静	论文	《浅谈立德树人与学科教学的结合》发表于《中学课程辅导·教师教育》
	唐 凝	课题	"新课改背景下基于微课的高中数学校本课程开发研究"结题
		论文	《关注问题转化，开展解法探究》发表于《中学数学》
		竞赛	全国数学奥林匹克竞赛，指导4名学生获省三等奖

续表

年份	姓 名	类别	教 学 成 果
2020	吴成霞	竞赛	全国数学奥林匹克竞赛，指导 3 名学生获省三等奖
	徐祝云	竞赛	全国数学奥林匹克竞赛，指导 1 名学生获省二等奖、4 名学生获省三等奖
	杨 静	优质课	优质课获省一等奖
	杨 来	课题	《新课改背景下基于微课的高中数学校本课程开发研究》
	姜 浪	教学设计	2020 年马鞍山市信息技术教学资源活动《PS 软件的学案软件的设计思路——非洲大草原为例》获市一等奖
		课件	2020 年马鞍山市教师信息化大赛活动《认识 PS 学生学案软件——合成毕业照》市一等奖
		优质课	安徽省高中信息技术优质课评选活动获省二等奖
		论文	《新课标下信息技术项目式教学教案的设计思路》发表于《中国现代技术装备》2020 年 1 月第 330 期
		竞赛	安徽省信息学奥林匹克（NOIP）提高组，指导高二（4）班李庆庆获省二等奖 2020 年马鞍山市中小学电脑制作活动，指导 1 名学生获市一等奖
	张勇（小)	论文	《对初高中数学教材衔接的教学和几点思考》获市二等奖
		课题	新课改背景下基于微课的高中数学校本课程开发研究 高中生物必修实验教学中有效提问的实践与开发研究
	龚伯奇	课件	基因的表达获市一等奖
	王冬冬	课题	高中生物必修教材实践活动的开发与利用研究（2020 年 6 月结题）省级：STEM 推进：核心素养视域下高中生物教材拓展性实践课程的开发与利用研究（2020 年 10 月立项）
		论文	《基于核心素养的"杂交育种和诱变育种"教学设计》发表于《中学课程辅导》《演绎"实践活动"，激活"智慧课堂"——浅析核心素养视角下高中生物实践活动的开发与利用》获市一等奖
	沈 强	论文	《"电子层结构相同例子"的知识规律及其应用》发表于《中学化学》《迁移学习法在"金属元素认识"中的应用》发表于《中学化学教学参考》《提升作业功能，构建高效高中化学课堂》发表于《高考》
	赵永艳	说课	马鞍山市中小学实验说课获市一等奖
	孙 萍	竞赛	演讲比赛，指导 1 名学生获省三等奖 化学小论文，指导 2 名学生获市一等奖
	陈晓明	论文	《2020 年高考文科综合模拟试卷地理》发表于《中学地理教学参考》
	温 泉	课件	《为什么停止开发北大荒》获市一等奖
	陈 跃	论文	《解答数列最值问题的途径》发表于《语数外学习》
		竞赛	《海陆热力性质差异演示仪》获省三等奖
	严寿斌	论文	《普通高中语文教学新走向——基于新课程标准"教学建议"的思考》发表于《教育学·教师教育论坛》2020 年第 9 期

续表

年份	姓　名	类别	教　学　成　果
2020	伍征晗	论文	《关于在高中地理教学中提升学生地理素养的探索》发表于《好日子》
	王海东	论文	《在高中音乐鉴赏教学中渗透爱国主义教育》发表于《中小学教育》
	时　军	论文	《高二历史教学如何提高学生传统思想文化的学习能力》发表于《中小学教育》 《高中历史创新教学探究》发表于《文学少年》 《新课标下高中历史课堂教学的有效性新探》发表于《中国教师》
	张世主	论文	《基于实践分析议题式教学的情境设计原则》获市三等奖 《高中生学习哲学应明确意义、注重方法》发表于《论证与研究》 民生工程征文获市一等奖
	尹　颖	论文	《高中英语教学中运用学生主体性学习策略的研究》发表于《英语画刊》
	周成军	论文	《文本细读让语文更有味》市一等奖
	高　衡	课题	编号 MJG18061 市级课题"增加高三语文教学趣味性的行动研究"于 2020 年 10 月结题
		论文	《考场作文，可以写出几重趣味》发表于《高考》2020 年 3 月上旬刊
2021	汪　静	课题	中学教师发展环境的实践研究
		论文	《浅谈基层中学教师专业化成长的实践研究》发表于《江西教育》
	唐　凝	论文	《品位"创新性"集合问题》发表于《当代中学生报》 《解读核心素养，探讨破题策略》发表于《数学教学通讯》
		征文	安徽省高校科学营优秀征文活动，指导 1 人学生获省级优秀征文
		竞赛	全国数学奥林匹克竞赛，指导 3 名学生获省二等奖，2 名学生获省三等奖
	徐祝云	课题	关联规则挖掘及其在泛在学习平台中的应用研究，课题编号 KJ2017A764（2021 年结题）
		优质课	优质课获市一等奖
		论文	《借题发挥：一道全国联赛题的另解与探究教学》发表于《基础教育论坛》2021 年第 4 期
	杨　静	论文	《浅谈新课改背景下高中数学教育教学观念的转变》发表于《中学生导报》 《几何画板在高中数学教学中的应用解析》发表于《红豆教育》
		竞赛	全国数学奥林匹克竞赛，指导 1 名学生获省三等奖
	姜　浪	竞赛	安徽省青少年科技创新——辅导员科创竞赛 《ASCII 编码》项目式学案软件研究和应用获省二等奖 安徽省青少年科技创新大赛——青少年成果竞赛，指导 3 名学生获省三等奖 马鞍山市青少年穿越编程与智能设计项目，指导 1 名学生获市一等奖 2021 年马鞍山市学生信息素养提升实践活动，指导 1 名学生获市一等奖
		课题	市级：《认识 PHOTOSHOP》项目式教学学案软件开发和应用研究 主持人：姜浪　霍进　　证书编号：MJ2021029

续表

年份	姓 名	类别	教 学 成 果
2021	张 伟	论文	《高中物理教学如何培养核心素养》发表于《中学生导报》
	倪受军	竞赛	全国中学生生物联赛，指导1名学生获国家三等奖
		论文	《基于思维导图的高中生物教学模式构建研究》发表于《求学》
	张 韬	论文	《浅析概念图在高中生物教学中的应用》发表于《中小学教育》
	沈 强	课题	作业功能激活化学高效课堂的研究 中学教师发展环境的实践研究
	赵永艳	竞赛	市教育教学基本功大赛，获市一等奖
		论文	《新课程高中化学学习习惯差异研究》发表于《高考》
	孙 萍	竞赛	化学学科竞赛，指导2名学生获省三等奖
	温 泉	课件	《内处力作用与地表形态》获市一等奖
	章学明	论文	《高中数学课堂教学中的师生协作互动教学策略研究》发表于《数学学习与研究》
	汪 斌	教学设计	利用校史整合内容进行专题复习的教学设计获国家级一等奖
		优质课	获市一等奖
		论文	《宋恕的教育观》发表于《中国教工》
	张世主	论文	《浅谈如何增强高中政治教学的趣味性》发表于《中学生学习报教研周刊》
	陈 跃	论文	《高中数学教学中中学生解题能力的培养探析》
		竞赛	《骨干资优类》获市一等奖、市职工技术能手
		优质课	《根式》获市一等奖
	何 希	教练	语文报杯全国中学生作文大赛金牌指导教师
	叶国芹	竞赛	第二十三届"语文报杯"全国中学生作文大赛，分获金、银、铜奖
	周成军	论文	《文本细读让语文更有味》获省三等奖
	高 衡	课题	编号MJG20065市级课题"新高考改革背景下的增强高三语文作文教学实效性的行动研究"结题
		竞赛	2021年马鞍山市优质课赛获一等奖、经典诵读赛获一等奖 2021年荣获省委宣传部授予的"优秀指导教师"称号 指导高三（1）班褚一凡参加"光彩杯"诗歌散文大赛，获市一等奖 指导高三（21）班洪远韬参加"爱国心·报国情·强国志"主题征文比赛，获省三等奖
		论文	《巧用各种素材，高分作文属于你》发表于《教学与研究》2021年第11期
	乔 尚	竞赛	2021年马鞍山市经典诵读大赛，获一等奖 2021年马鞍山市基本功大赛，获一等奖
	张园园	竞赛	指导高一（18）班学生邵瑞琪参加2021"外研社杯"全国中学生外语素养大赛，获省一等奖

续表

年份	姓 名	类别	教 学 成 果
2022	汪 静	课题	基层中学教师专业化成长的实践研究
	王冬冬 吴光华	课题	省级：STEM 推进：核心素养视域下高中生物教材拓展性实践课程的开发与利用研究
		论文	《浅析拓展性实践活动在高中生物学深度学习中的应用》发表于《中学生物学》2022 年 2 月
	徐祝云	优质课	安徽省新课程新教材优质课大赛获二等奖
	唐 凝	课题	马鞍山市第十届优秀教育科研成果评选获市二等奖
	张勇(小)	课题	马鞍山市第十届优秀教育科研成果评选获市二等奖
	孙 萍	论文	《基于高中化学核心素养的数字化实验的教学设计与实践》获市一等奖
	王 韬 孙 萍	微课	《纯碱工业》获市一等奖
	孙 萍 洪三毛	论文	《"铁的重要化合物"数字化实验教学》发表于《中学化学教学参考》2022 年第 3 期（下）（总第 562 期）
	汪 斌	论文	新时期中共党史的学科体系和话语体系获国家级一等奖
	高 衡	优质课	安徽省新课程新教材优质课大赛获一等奖

后 记

2022年，适逢和县第一中学建校120周年。100周年校庆前，原教导主任王阁老师受学校领导委托，编写了《安徽省和县第一中学校史》（以下简称《校史》），为后来《校史》的续编奠定了基础。110周年校庆前，语文特级教师薛从军受秦贤清校长的委托，续写了《校史》。这次续写，在体例上重新规划，内容上作了新的构思与补充。学校领导和相关同志严格把关，保证了《校史》的质量，2012年由吉林银声出版社出版。

2021年10月，薛从军、许森（历史高级教师）受汪静校长的委托，再次续写《校史》。学校高度重视《校史》编写工作，副校长王武志、办公室主任姚锐锋给予诸多帮助。

如何建构《校史》的体例？编者借鉴历史著作的编年体与纪传体。历程，采用编年体；人物传略，采用纪传体。人物材料，大部分是本人提供，其语言风格不一，详略各有差异。我们编辑时，尽量统一。

编者走访了许多老同志，如访问一中老校友潘才谟、麻嘲炎等，得到了第一手资料；同时，编者还征求了张小兵、马仁君、杨玉堂、李强等专家的意见和建议。

续编部分，依靠学校各部门及时提供准确资料。总务处、政教处、团委、党建办、资助办能及时提供有用资料。对于缺乏有用资料的部分，我们从《和县年鉴》中又找到相关资料，办公室也能及时补充。尽管这样，续编的《校史》还是缺乏一些可贵的历史资料，这是一大缺憾。

《校史》（评议稿）出来后，我们请教育史志专家王久江、常兴胜、江德成、严寿斌等和学校领导、部分教师进行评议。专家和学校领导提出了很多中肯的意见与建议。和县第一中学校友之子、马钢退休职工夏业干先生，主动义务校对《校史》，其精神令人感动。还有许多校友积极提供材料，热情帮助，提出许多有价值的建议。在此一并致谢。

  《校史》的编写是集体智慧的结晶，是众多人劳动与努力的成果。虽然如此，错误还是难免，敬请广大读者批评指正。

《安徽省和县第一中学校史》编写组

2022 年 8 月

图书在版编目（CIP）数据

安徽省和县第一中学校史：1902—2022 / 安徽省和县
第一中学编 . —北京：中国文史出版社，2022.9
　ISBN 978-7-5205-3667-7

　Ⅰ.①安… Ⅱ.①安… Ⅲ.①中学—校史—和县—
1902-2022 Ⅳ.①G639.285.44

　中国版本图书馆 CIP 数据核字（2022）第 165274 号

责任编辑：李晓薇

──────────────────────

出版发行：中国文史出版社

社　　　址：北京市海淀区西八里庄路 69 号　　邮编：100142
电　　　话：010 - 81136606　81136602　81136603（发行部）
传　　　真：010 - 81136655
印　　　装：北京温林源印刷有限公司
经　　　销：全国新华书店
开　　　本：787mm×1092mm　1/16
印　　　张：21.25
字　　　数：380 千字
版　　　次：2022 年 9 月北京第 1 版
印　　　次：2022 年 9 月第 1 次印刷
定　　　价：78.00 元

──────────────────────